W0063014

Allegría

Der Autor

Peter Berling wuchs in Berlin und Osnabrück auf. Nach einer Maurer-lehre nahm er ein Grafikstudium an der Akademie der Bildenden Künste in München auf; später kam er über die Werbegrafik zum Film. Er wirkte als Charakterdarsteller in mehr als 70 Filmen mit, etwa unter der Regie von Werner Herzog, Martin Scorsese, Helmut Dietl, Jean-Jacques Annaud, Volker Schlöndorff, Liliana Cavani sowie in Filmen von Helge Schneider. Außerdem wurde er als Produzent (u.a. für Rainer Werner Fassbinder), Kritiker und Chronist bekannt. Über Fassbinder verfasste Berling die bio-graphische Schrift »Die 13 Jahre des Rainer Werner Fassbinder«, in der er detailliert Leben und Arbeit des Regisseurs beschreibt. Zudem schrieb er mehrere Drehbücher bzw. arbeitete daran mit, darunter auch bei dem umstrittenen Film »Spielen wir Liebe« aus dem Jahr 1977. Er lebt seit 1969 in Rom.

Peter Berling tritt noch im Fernsehen auf, so z. B. in den Sendungen *10 vor 11* und Prime-Time/Spätausgabe, in welcher er in verschiedene Rollen eines Interviewten schlüpft und von Alexander Kluge mit gespiel-ter Ernsthaftigkeit befragt wird.

PETER BERLING

ZODIAK

Die Geschichte der
ASTROLOGIE

Von den Anfängen bis in die Gegenwart

ULLSTEIN

Besuchen Sie uns im Internet:
www.ullstein-taschenbuch.de

Allegria im Ullstein Taschenbuch
Herausgegeben von Michael Görden

Umwelthinweis:
Dieses Buch wurde auf
chlor- und säurefreiem Papier gedruckt.

Ullstein Taschenbuch ist ein Verlag der
Ullstein Buchverlage GmbH, Berlin.
Überarbeitete Neuausgabe
1. Auflage Januar 2010
© 2002 by Ullstein Heyne List GmbH & Co KG, München
Umschlaggestaltung: FranklDesign, München
Titelabbildung: akg-images / Jürgen Sorges
Satz: Keller & Keller GbR
Gesetzt aus der Berling Roman
Druck und Bindearbeiten:
GGP Media GmbH, Pößneck
Printed in Germany
ISBN 978-3-548-74484-1

INHALT

I

AM ANFANG WAR ...? /9

VORZEIT BIS FRÜHES MITTELALTER

II

DIE GEOMETRIE DES ZODIAK /51

III

STERNENBILDER /67

DIE SAGENWELT DER TIERKREISZEICHEN

XI
DIE EKLIPSE DER SCHWARZEN SONNE /302
IRRWEGE DES 20. JAHRHUNDERTS

XII
EIN ANDERER BLICK IN DIE ZUKUNFT /343
AUSSICHTEN UND EINBLICKE

ANHANG /365

* * *

MEINER MUTTER
ASTA BERLING
IN LIEBE UND DANKBARKEIT
NEC SPE NEC METU

ἐν ἀρχῇ
ἦν ὁ λόγος

I

AM ANFANG WAR...?

VORZEIT
BIS FRÜHES MITTELALTER

Die Geschichte der Menschheit gewährt, was überlieferte, entdeckte und entschlüsselte Zeugnisse anbelangt, nur Einblick in einen Bruchteil ihrer Vergangenheit. Gerade mal die letzten sechs, sieben Millennien enthüllen dem Archäologen Spuren ihrer verborgenen Schätze – und auch das nur in Form von einigen grob bearbeiteten Stelen, Scherben von Tontafeln und erstaunlich gut erhaltener, beeindruckender Höhlenmalerei. Das ist sehr wenig, wenn man das Alter bestimmter Funde menschlicher Knochen bedenkt, die sich immerhin auf mehrere Millionen Jahre zurückdatieren lassen.

Vielleicht stand den Altvorderen ganz einfach nicht der Sinn nach bleibender Dokumentation ihres Kampfes ums nackte Überleben. Darauf lässt die Beschaffenheit der ältesten Fundstücke schließen. Denn soweit ihre Inhalte enträtselt werden können, wandten sie sich nicht an nachkommende Generationen, sondern an höhere Wesen. Steinerne Zeugen berichten von Versuchen, mit Gottheiten zu kommunizieren.

Mangels eindeutiger Dokumente verbleibt alles, was sich in der Frühzeit der Menschheitsgeschichte abgespielt hat, letztlich Mutmaßung – man maßt sich den Mut an, sich in die Gedankenwelt jener Menschen hinein zu versetzen, und vieles bleibt somit nicht erklärbar. Was mag sie, die vermutlich weder lesen noch schreiben konnten, bewogen haben, an überlegene, vom mühseligen Erdenalltag unabhängige Mächte zu glauben und sie in derart aufwendiger Form zu verehren?

Für den Anfang bot sich naturgemäß ein Kult der Erde selbst an, auf der und von der die Vorfahren des Menschen lebten, die sie nährte. Da sie von Tieren umgeben waren – die entweder Gefahr oder Nahrung bedeuteten –, traten bald Tiergottheiten an die Seite der »Großen Mutter« Erde. Dann kam die Sonne dazu, die nicht nur Licht und Wärme spendete, sondern am Gedeihen der in die Nahrungsmittelkette integrierten Fauna maßgeblich beteiligt war. Ob die Frucht spross, blühte, wuchs, reifte, hing maßgeblich von ihr ab, genauso, wie die Ernte ausfiel. Man konnte nur hoffen, dass sie Tag für Tag am Horizont erschien – doch ein Übermaß an Sonne und Hitze machte selbst im letzten Moment alle Erwartungen zunichte. So rückte auch die Sonne bald in den Rang einer dominierenden Gottheit auf, zumal sie im Gegensatz zu der vertrauten und eigentlich nicht als außenstehende Macht wahrnehmbaren Erde ein unerreichbarer, unerklärlicher Fremdkörper war, Respekt heischend und offensichtlich hoch über die Erde gestellt.

Die ehrfürchtige Beobachtung ihres regelmäßigen Tuns führte vom erfahrbaren Tag zu länger wirkenden Zeitrhythmen. Man bemerkte, dass sich ihre Bahn im Laufe des Jahres entscheidend veränderte. Die Sonnenwendepunkte wurden festgehalten, die *Äquinoktien* (Tagundnachtgleichen) im Frühling und im Herbst, wenn Tag und Nacht die gleiche Länge aufwiesen, desgleichen die *Solstitien,* jene beiden aufregenden Ereignisse des längsten Tageslichtes im Sommer und des ausdauerndsten Dunkels im kalten Winter. Warum diese Schlangenbewegung erfolgte, gehörte zu den verehrungswürdigen Geheimnissen der göttlichen Scheibe. Anders als auf ihre wärmenden Strahlen, die oft im Kampf mit den Wolken unterlagen, war auf diesen Rhythmus Verlass. So wurde das Jahr viergeteilt, die Jahreszeiten entstanden als grobe Maßeinheit.

Dem hellen Tag stand die Nacht gegenüber. Die Sonne gab ihre Macht an ein weiteres »Großes Licht« am Himmel ab, das über Tausende von Sternen zu gebieten schien: den Mond. Ihn konnte man ungestraft betrachten, ohne das Augenlicht einzubüßen, doch fiel auf, dass er seine Gestalt ständig änderte, von der vollen, runden Kreisform bis zur feinen Sichel, um sich dann kurz ganz ins Dunkel zu hüllen und gleich darauf wieder an Fülle zuzunehmen. Auch das erfolgte in schöner Regelmäßigkeit und offenbar unbeeinflusst von irgendeiner höheren Macht. Die Frauen waren wohl die Ersten, die einen besonderen Einfluss des Mondes auf ihren Körper feststellten. So erklärt sich das Wort *Mens* für die sich regelmäßig wiederholende Fruchtbarkeitsperiode, das denselben indogermanischen Wortstamm (*man*) hat wie »Monat«. Auch das deutsche Wort »Mond« hat hier seinen Ursprung.

Da die Frauen der neuen Gottheit als Erste huldigten, wurde das lunare Element in allen Kulturen von Anfang an als weiblich angesehen (auch wenn die Deutschen vom »Mann im Mond« sprechen und dafür der Sonne die Männlichkeit vorenthalten). Die Frauen machten kein Aufheben um die Entdeckung der Zusammenhänge zwischen ihrem Körper und dem Mond. Der Beginn des Matriarchats ist das Verschweigen der Wechselwirkung von Zeugung und Schwangerschaft – die frühen Frauen verheimlichten den Männern deren Anteil am Entstehen neuen Lebens. Nur *sie* schenkten dem Stamm Kinder, und das verschaffte ihnen für lange Zeit große Macht.

Spätestens in dieser Phase wurde der Mondzyklus in den Kalender eingeführt. Das Problem war nur, dass er mit seinen 28 Tagen aufs Jahr be-

König Melich-Pak von Babylon stellt seine Tochter dem höchsten Priester vor. Das Relief stammt aus dem 13. Jh. v. Chr. und zeigt über den Personen die Kultgottheiten Sonne, Mond und Venus.

zogen nicht recht funktionieren wollte – es sei denn, man hätte sich auf 13 Monate eingelassen. Weil die Sonnenwendepunkte und die Tagundnachtgleichen schon als feste Daten etabliert waren, teilte man jedes Vierteljahr in drei Abschnitte und erhielt so zwölf Monate – der Mond konnte sehen, wo er blieb. Wenigstens gelang es seinen Anhängern, die »Sieben-Tage-Woche« durchzusetzen, ein Viertel einer Mondperiode.

Damit allerdings passte nun gar nichts mehr zusammen, und bis zum Beginn des letzten Millenniums laborierten Mathematiker und weniger gelehrte Geister daran herum, den Kalender – die Länge des Jahres – durch Zugaben und Stutzen auf ein korrektes Maß zu bringen. Man kann diese Jahrhunderte langen Bemühungen auch als ehrgeiziges Streben verschollener Kulturen verstehen, die angesehene und vielfältig teil-

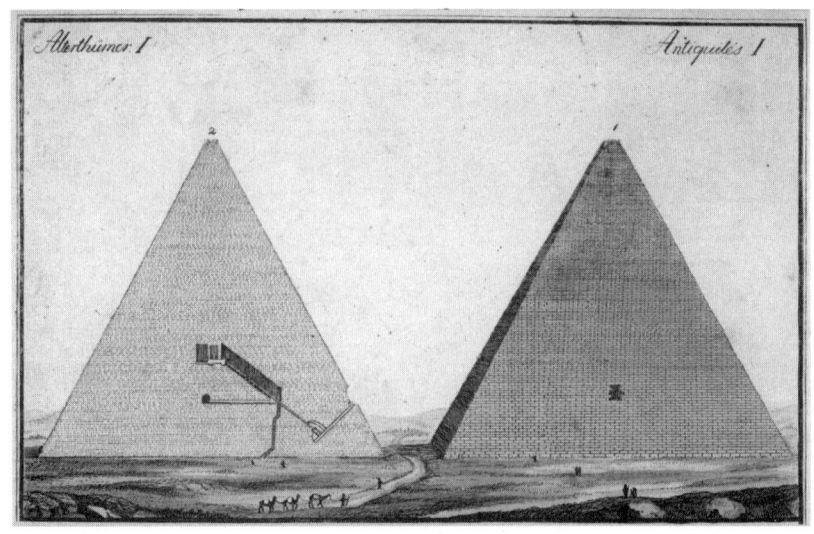

Die Pyramiden von Gizeh zählten zu den sieben Weltwundern.
Sie dienten nicht nur als Grabstätten der Pharaonen, sondern vor allem als
steinerne Rechen-Instrumente, die klare Bezüge zur Stellung der Gestirne und
zu den Maßen unseres Planeten aufweisen.

bare Zahl Zwölf mit der magischen Primzahl Sieben unter einen Hut zu
bringen (bestand doch die Sieben aus der Drei und der Vier, die multi-
pliziert dann wieder Zwölf ergeben).

Es mag auch sein, dass die Entdeckung der Planeten zur Sieben führte.
Man fand fünf besonders hell strahlende Sterne, die ihren Stand, ein
jeder für sich, ebenfalls veränderten und die man deshalb auch *Wanderer* nannte. Da das nächtliche Firmament, der glitzernde und in seiner
Ausdehnung und Schönheit rational nicht fassbare Sternenhimmel, als
solches bereits ein unerklärliches Wunderwerk war, lag es nahe, diese
Planeten neben Sonne und Mond ebenfalls und stellvertretend für alle
anderen Sterne zu Gottheiten zu erheben. Auf jeden Fall ergab ihre Einbeziehung zusammen mit der rationalen Teilung des Sonnenjahres in
enger Verbindung mit den Zyklen des Mondes die bis heute gültige
Basis, auf der sich die Astrologie entwickeln konnte.

Letztlich entspringt diesem – scheinbaren – Gegensatz genau jenes
Kraftfeld, das die Astrologie über Jahrtausende am Leben erhalten hat,
nämlich die Erkenntnis, dass neben dem logischen Kausaldenken, sym-

bolisiert durch die rationale Zwölf, ein Gedankenkosmos existieren könnte, der sich einzig und allein auf »Entsprechung« stützt. Dieser *Logos* schwebt sozusagen frei im Raum, ähnlich den fernen Sternenwelten – oder dem Unbewussten der menschlichen Existenz, der Seele.

GRABHÜGEL UNTER WÜSTENSAND

Bisher geht die astro-archäologische Wissenschaft davon aus, dass die Anfänge der menschlichen Beschäftigung mit dem Lauf der Gestirne im Zweistromland Mesopotamien liegen. Die Quellenlage lässt vermuten, dass mit den ersten Zeugnissen von Euphrat und Tigris jene Lehre ihren Anfang nahm, die in der Weiterentwicklung zu dem komplexen Gebilde führte, welches man als Astrologie bezeichnet. Aber warum entstand sie dort – oder wie gelangte sie dorthin?

Erst Ende der Siebzigerjahre des 20. Jahrhunderts entdeckten Archäologen in der Sahara ein Netz künstlich aufgeworfener Hügel, *Tumuli*, die meist vom Wüstensand begraben waren. Ihren Kern bilden Felskammern, und ihre Eingänge – oft lange, überdachte Korridore – sind fast durchweg auf den Einfall des Sonnenlichts ausgerichtet, so wie es sich zum winterlichen Solstitium dargeboten haben muss. Diese Bauten, sicher auch als *Nekropolen* (Totenstädte) angelegt, ziehen sich vom südlichen Marokko, dem Wendekreis des Steinbocks (*Tropicus Capricornus*) folgend, durch die Wüste (den Norden von Niger berührend) bis zu den Nilkatarakten (zwischen dem dritten und dem vierten) und weiter bis nach Bahrain am Persischen Golf. Universitäten in Europa haben jetzt begonnen, die entnommenen Gesteinsproben zu datieren. Ein Tumulus an der Grenze von Mali wurde auf etwa 4750 v. Chr. geschätzt, der aus dem Hoggar im südlichen Algerien auf etwa 5055. Sie sind also älter als alle Funde, auf die man bislang gestoßen ist.

Wie eine breite Straße zieht sich das Band von der marokkanischen Küste, quasi dem Atlantik entsteigend, gen Osten. In der Gegend von Fezzan konzentrieren sich die Tumuli – in einem Umkreis von nur 150 Kilometern hat man bislang fast 60 000 solcher Artefakte identifiziert. Die ältesten stammen aus dem Neolithikum (sechstes Jahrtausend–

1800 v. Chr.), die jüngsten aus der Zeit der Islamisierung. Als verschieden große Punkte (man hat zwölf unterschiedliche Bautypen katalogisiert) auf einer Karte eingetragen, wirken sie wie vom Himmel gestürzte Sterne – oder wie ein kundig angelegtes Abbild des nächtlichen Firmaments. Zeugen des hohen Entwicklungsstandes einer Zeit, als die Sahara noch ein blühendes Land um das Atlas-Gebirge war, das dem benachbarten Ozean den Namen gab.

Die systematische Erforschung dieser schwer zugänglichen, verborgenen Bauten wird aus vielerlei Gründen bisher nur halbherzig betrieben. Sie könnte schließlich zu der schwer verdaulichen Erkenntnis führen, dass die Menschheit, die die Erde heute bevölkert, bei weitem nicht die erste und einzige ihrer Art war. Immerhin sind die ältesten Skelettfunde (*homo africanus*, gut zwei Millionen Jahre v. Chr.) auf diesem Kontinent gemacht worden und nicht in der »Wiege der Kulturen«, dem Mittleren Orient.

STERNENGÖTTER

In Mesopotamien wich der Kult der Erde bereits in grauer Vorzeit der Übermacht der Gestirne. Fortan galten das Himmelszelt als Sitz der Götter und die Sonne als Herrscher des lichten Tages. Der Mond übernahm nicht nur die geheimnisvolle Nacht, sondern auch die meisten Bereiche des Fraulichen, von der Liebenden bis zur Magierin, von der bewahrenden Hüterin des Herdfeuers bis zur Mutter der Kinder.

Nicht zuletzt bestand die Macht der Frauen darin, dass sie anfänglich die Priesterinnen der nun entstehenden, meist unterirdischen Höhlentempel stellten und so in der Lage waren, den Zusammenhang zwischen Kopulation, Empfängnis und Geburt verborgen zu halten. Wurde eine von ihnen schwanger, begab sie sich in eines der Heiligtümer, die noch der Großen Mutter geweiht waren, verbrachte dort die Zeit bis zur Niederkunft und trat erst wieder ans Licht und vor die Männer, wenn sie ein neugeborenes Menschenleben an ihrer Brust als »Wunder« präsentieren konnte. In den Tempelruinen von Malta (4600–2500 v. Chr.) kann man heute noch die Grifflöcher sehen, wo sich die Gebärenden in

Hockstellung festhielten. Die Priesterinnen der Großen Mutter bestimmten also durch ihre Gottesgabe über Nachwuchs, Wohl und Wehe eines Volkes. Da fast alle Völker in dieser Frühzeit der Entwicklung der Astrologie Meeresanrainer waren, konnte es nicht ausbleiben, dass man die Macht der Mondgottheit über die Gezeiten entdeckte. So hielt auch das nasse Element Einzug in die innige Verbindung Mond/Frau.

Mit dem Wandel der Erdbewohner von Jägern zu Hirten richtete sich die Observierung der Gestirne zunehmend auf den Wechsel von Hitze und Kälte, Naturkatastrophen wie Überschwemmungen und Trockenperioden. Die Beobachtung ihres regelmäßigen, doch immer veränderten Auftretens erbrachte wichtige Erfahrungswerte für das tägliche Leben von Mensch und Tier (was später zu den »Bauernkalendern« führte), und ihr unerklärlicher Einfluss erhob sie zu Gottheiten, die es zu erfreuen oder zu besänftigen galt. So entstanden die Sternengötter. Die Vorstellung vom übermächtigen »Himmel« hat sich bis heute nahezu unverändert erhalten.

Mit Ackerbau, Landbesitz und festem Haus setzte die Sorge um die Fruchtbarkeit des Bodens und den Erhalt der Ernte ein. Aus der Angst vor der Zukunft heraus entstand die Tradition der Opferung, der Versuch, die göttlichen Mächte versöhnlich zu stimmen. Natürlich wurden, wie in archaischen Kulturen üblich, Menschen geopfert, denn den Göttern gebührte nur das Beste. Vor allem unter diesem Aspekt – der Befriedigung himmlischer Mächte – setzte eine immer intensivere Beobachtung der Sterne ein. Die Oberschicht des Volkes begann »Beziehungen« wie Wohlwollen und Strafe zwischen dem Wirken der Himmelskörper und den Geschehnissen auf Erden herzustellen. Die Gestalten dieser archaischen Tiergottheiten wurden ans Firmament projiziert, man glaubte sie in bestimmten Sternbildern wiederzuentdecken. Diese Übertragung wurde zur sakralen Kunst; so etablierte sich die Priesterkaste durch Wissen und Weissagung neben den Fürsten, die Kraft ihres Schwertarms herrschten.

Früheste bekannte Spuren von der Lehre vom Wirken der Sterne finden sich bei den sumerisch-akkadischen Völkern Babylons, im heute irakischen Zweistromland, seit etwa dem dritten Jahrtausend v. Chr. Bis dahin wurde das Schicksal von König und Volk aus der Omendeutung gelesen. Siebzig Tontafeln in Keilschrift, unter dem Namen Enuma Anu Enlil bekannt, sind erhalten. Die Nachfolger der Sumerer zwischen Euphrat und Tigris, die Assyrer, entwickelten als Erste eine frühe Form der Astrologie.

Bruchstücke von Aufzeichnungen aus der Regierungszeit des Sargon von Akkad (Mesopotamien, ca. 2350 bis 2295 v. Chr.) weisen bereits auf eine intensive Beschäftigung mit den Wanderern, den Planeten, hin.

DAS ENDE DES MATRIARCHATS

Wahrscheinlich etablierte sich mit der Übertragung von Tiergestalten auf den Sternenhimmel und der Anerkennung ihrer Göttlichkeit eine neue, männliche Priesterzunft, die diesen Neuerungen aufgeschlossener gegenüberstand. Sie errichtete ihre Observatorien so hoch und dem Himmel so nahe wie möglich und verschaffte sich durch Beobachtung und Berechnung einen Vorteil gegenüber den Höhlenpriesterinnen. Das regelmäßige Erscheinen von Gestirnkonstellationen wurde ihnen zur Richtschnur für Saat und Ernte, mit deren Hilfe Schutzmaßnahmen gegen Hitze, Kälte, Regenzeit und Dürre ergriffen werden konnten.

Der Lauf der Sonne durchs Jahr fand sich wieder im Wirken der Tiergottheiten, die sich für diese frühen Völker in einem Reigen am nördlichen Firmament darboten. So entstand die ringförmige Sternbilderfolge, die später zum Tierkreis wurde.

Das erste namentlich bekannte Kompendium der Babylonier über astronomische Beobachtungen, das *Mul-apin*, beschreibt noch 18 verschiedene Konstellationen am Sternenhimmel: »... entlang des Pfades, den der Mond jeden Monat entlangläuft, wobei er sie streift ...« Es wird auf älter als 1000 v. Chr. geschätzt und umfasst außer den bekannten Konstellationen die Plejaden, Orion, Perseus, Auriga, Pegasus und den Wal.

Die Zwölfer-Teilung, die sich dann durchsetzte, war schon durch die vier Wendepunkte vorgegeben; die Bilder mussten nur noch vergeben werden, und das nahmen die Priester des »neuen Wissens« in die Hand. Zu diesem Zeitpunkt war den Frauen das sorgsam gehütete Geheimnis von Zeugung und Geburt längst entglitten. Nachdem die Männer ihre Funktion als »Erzeuger« begriffen hatten, war es schnell vorbei mit der Macht der Frauen als Lebensspenderinnen.

Diese Erkenntnis beendete das Matriarchat de facto und unwiderruflich. An die Stelle der freiwilligen Hingabe an den der Erde geweihten

Stiergott trat die Vergewaltigung durch den Bock. Die Vergeltung der Patriarchen war gnadenlos – und hält bis heute an. Die Sonne (Mann, Feuer, Schwert) setzte sich, verstärkt durch die Luft (Geist), gegen den Mond (Weib, Wasser, Seele) – gestützt allein auf die Erde – durch.

Nicht von ungefähr wurde damals (spätestens 2500 v. Chr.) beim Wechsel vom weiblichen Taurus zum Patriarchat des martialischen Aries der Beginn des Tierkreises auf das neue, männliche Symbol festgelegt. Das astrologische Jahr begann nun mit dem Frühlingsäquinoktium und wurde bis dato so beibehalten. Es dauerte allerdings noch lange, bis man sich endgültig auf die heutigen Bezeichnungen und Abgrenzungen einigte.

Das Bild der Mütterlichkeit hat in Jahrtausenden durchaus Veränderungen erfahren: Die ägyptische Göttin Isis (hier den Horus säugend) zeigt noch die klar selbstbestimmte Mutterschaft, die römische Juno (dem Mars die Brust reichend) bereits deutlich den Eheverdruss, die Jungfrau Maria (auf ererbter Mondsichel) die aufopfernde Hingabe der Mutter. Parallel zu dieser Entwicklung verlief in der Antike die schleichende Unterdrückung der Frau.

DER KREIS DER TIERE

Bereits in dieser Frühphase hatte die Astrologie längst auch am Oberlauf des Nils Fuß gefasst. Das Verdienst der Ägypter ist zweifellos die Einführung der Mathematik in den immer noch mehr als Kult betrachteten Umgang mit der Astrologie, allerdings unter Vernachlässigung der Planetengötter. Die Namen der Tierkreiszeichen wurden Sternbildern des nördlichen Firmaments entlehnt. Das ist auf der Himmelskarte (siehe Vorsatz) – Italien, 18. Jahrhundert – sehr anschaulich dargestellt, wenn auch die Positionen an Genauigkeit zu wünschen übrig lassen. Die Griechen nannten diese Abfolge von Sternbildern *Zodiakos kyklos*, »(zyklischen) Kreis der Tiere«. Auch dieser Begriff hat sich unverändert gehalten, obgleich der Tierkreis fast zur Hälfte aus herausragenden, meist zu Halbgöttern erhobenen menschlichen Archetypen besteht: der **Schütze** (Jäger, in Wahrheit ein Zentaur, halb Mensch, halb Tier), der **Wasserausschütter**, die **Zwillinge** als Besonderheit der Natur und der göttlichen Vorsehung und selbstredend männlich, während dem Weib entweder als **Jungfrau** die Alternative zwischen häuslichem Herd und Opfer zugewiesen wurde oder im Symbol der **Waage** die Funktion der Hüterin des »Rechts«, Priesterin einer längst entmachteten Göttin. Beide sind die letzten weiblichen Domänen im Tierkreis.

Stier und **Widder** entsprachen symbolisch den häufigsten Herdentieren des Menschen. Bereits auf das Jahr 2420 v. Chr. lässt sich die Verehrung eines Stier-Wettergottes (und einer Hirschgottheit) in Kleinasien datieren.

Die beiden übrigen sind **Löwe** und **Steinbock**, dem Wilden, Ungezähmten zugeeignet. Der Erste steht für königliche Herrschaft, während der »Ziegenfisch« auf eine mythologische Vergangenheit zurückblicken kann. Die Wasser-Zeichen **Krebs** und **Fische** stehen für alles Getier, das sich der heimischen Einvernahme zu entziehen vermag, dem Menschen »un-heimlich« wird, der unbewussten Verdrängung und damit dem Unterbewusstsein anheim fällt. Kein Zeichen jedoch verkörpert diesen Bereich symptomatischer als der **Skorpion** – sein phallischer Giftstachel (seine männliche Komponente) verbreitet Faszination und Furcht.

HIMMLISCHE WANDERER

Aus der Zeit um 2700 v. Chr. stammt die erste Stufenpyramide in Ägypten. In der 4. Dynastie wurden die ersten monumentalen Kalenderbauten errichtet, um 2550 v. Chr. die große Pyramide des Cheops bei Gizeh. Mit Hilfe ihrer Kanten ließen sich die Äquinoktien genau festlegen. Auch sonst bezieht sich ihre Struktur auf astronomische Gegebenheiten; so korrespondieren bereits ihre Grundrissmaße erstaunlicherweise mit dem Erdumfang. Später entstanden Abu Simbel sowie die Hypostelen-Halle von Karnak (nicht zu verwechseln mit dem bretonischen Ort Carnac); jede ihrer 134 Säulen ist nach astrologischen Gesichtspunkten ausgerichtet. Ihr Erbauer, Pharao Ramses II. (1290–1223 v. Chr.), bestimmte die Einführung der Kardinal-Zeichen (Widder, Krebs, Waage, Steinbock) für die Wendepunkte zu den Äquinoktien bzw. Solstitien. Das Jahr wurde auf 365 Tage festgelegt (ohne Schaltung) und jeder Tierkreis-Sektor in drei Dekane unterteilt (in ihren Abmessungen schwankende Zehner-Abschnitte, die bei 360 Grad Kreisumfang somit ungefähr Zehn-Grad-Segmenten entsprachen).

Aus der Bibliothek des Assurbanipal von Ninive (668–626 v. Chr.) sollen die viertausend astrologischen Tafeln in Keilschrift stammen, die auf das Jahr 2000 v. Chr. datiert werden, sich aber auf viel ältere Ereignisse beziehen. Sie sind eines der frühesten Zeugnisse, wie Menschen über große Zeiträume hinweg Himmelskonstellationen und deren »Folgen« registrierten, um im Wiederholungsfall, also bei gleichen oder ähnlichen *Konjunktionen* (eine Konjunktion ist der Stand bestimmter Gestirne nahe beieinander), auf die zu erwartenden Konsequenzen vorbereitet zu sein.

Als mit Assurbanipal der letzte assyrische König starb, ging die Herrschaft auf die Chaldäer aus dem Süden des Zweistromlandes über. Unter ihren Hohepriestern begann die Blütezeit der Astrologie. Zusätzlich zu dem Herrscherpaar Sonne und Mond wurden die fünf Himmelskörper, die die Erde umkreisen, endgültig mit konkreten »Einflüssen« versehen und bestimmten göttlichen Prinzipien zugeordnet. Den Hauptgottheiten Sonne und Mond wurde soviel Bedeutung beigemessen, dass sie in ihrem Zyklus bzw. in ihren Phasen sogar noch unterschieden wurden:

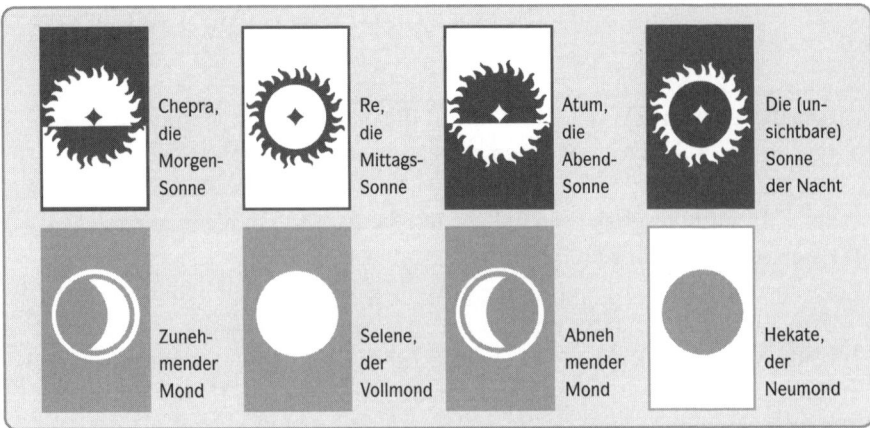

	Chepra, die Morgen-Sonne		Re, die Mittags-Sonne	
	Atum, die Abend-Sonne		Die (un-sichtbare) Sonne der Nacht	
	Zuneh-mender Mond		Selene, der Vollmond	
	Abneh mender Mond		Hekate, der Neumond	

Den anderen Planetengottheiten oblag es vor allem, die Prinzipien der Herrscher zu differenzieren, so entsteht das Prinzip:

 **Hermes / Merkur** für (schnellen) Wechsel bzw. Ambiguität, für Gegensätze und deren Ausgleich; wertfrei bis frivol (Hermes, der Mittler und Götterbote).

 **Aphrodite / Venus** für die Liebe der Geschlechter zueinander, den Bestand des Glücks durch familiäre Harmonie und sichtbaren Reichtum, Festlichkeit, Freigebigkeit und Schmuck.

 Ares / Mars für den Kampf (der Geschlechter wie auch die kriegerische Auseinandersetzung mit Feinden), für Aggression, Trotz, Ehrgefühl und Treue, Verletzungen und ständige Gefahr.

 **Zeus / Jupiter** für Herrschaft, Reichtum an Wissen und Macht, Fortbestand und Vermehrung der Werte, Väterlichkeit, Belohnung – soweit die Wahrung des Besitzstandes solche Allüre zulässt.

 **Kronos / Saturn** für Erziehung und Zucht, Recht und Richter, Strenge und Strafe, Weisheit und Alter. Konservativ im Gehabe und orthodox im Denken, oft puritanische Maßstäbe anlegend – bis zur perversen Entartung.

Verlorenes Wissen

612 v. Chr. wurde die Bibliothek von Ninive von den Medern zerstört. Mit ihr verlor die Menschheit einen großen Teil ihres gespeicherten Wissens. Diodorus Siculus schrieb: »Seit langer Zeit haben die Chaldäer Beobachtungen der ›Sterne‹ durchgeführt und als Erste von allen Menschen äußerst akkurat die Bewegungen und die ›Stärke‹ der einzelnen Gestirne untersucht. Das versetzt sie in die Lage, viel über die Zukunft der Menschen vorauszusagen.« Diese Aussage über die astrologischen Kenntnisse der Babylonier wies bereits auf den Ruf hin, den die Chaldäer später genießen sollten. Sowohl Cicero in De Divinatione *als auch Plinius in seiner* Naturalis Historia *beziehen sich auf das Wissen der Chaldäer.*

Diesen »Planetengöttern« wurden im weiteren Verlauf der Geschichte feste *Domizile* (*Häuser*) zugewiesen. Jeder der fünf erhielt deren zwei, eines für den Tag, eines für die Nacht.

Das mag sich aus dem Phänomen Venus ergeben haben, denn ursprünglich hielt man Abendstern (*Hesperos*) und Morgenstern (*Phosphoros*) für zwei verschiedene Gestirne.

Bisher hielt man die Existenz eines lunisolaren Kalenders erst seit der 3. Dynastie von Ur, also 2100 v. Chr., für gesichert. Doch seit der Entdeckung der Königsarchive von Elba (Syrien) muss eine Division in zwölf Mondmonate bereits Mitte des dritten Jahrtausends angesetzt werden. Sogar die vier Mondphasen (von Neumond über die zunehmende Sichel des siebten Tages, den Vollmond am 14., den abnehmenden Mond am 21. bis zu seinem »Verschwinden« am 28. Tag) waren genauestens bekannt. Die zum Sonnenjahr fehlenden Tage wurden jeweils angestückelt, mal am Anfang, mal am Ende des Jahres, möglichst so, dass der Mondzyklus keinen Schaden nahm. Auch der Sonne wurde – außer in ihrer Eklipse – durch die Einteilung des Tages und der Nacht in jeweils vier Drei-Stunden-Abschnitte gehuldigt. So entstand früh eine Tradition religiöser Kulthandlungen zu festen Zeiten, eine Einrichtung, die sich bis heute in den *Horen* (Stundengebet) christlicher Mönchsorden widerspiegelt. Der 24-Stunden-Tag wurde um 1700 v. Chr. eingeführt.

Dem Lauf der Venus schenkten nachweislich erst die Sumerer, dann die Babylonier unter ihren lokalen Bezeichnungen (Innana/Ninsianna/Ischtar) große Beachtung. Ob ihre Ekliptik ebenfalls zur Zeitmessung benutzt wurde (wie z. B. von Indiokulturen), ist ebenso unbekannt wie die Rolle der vier übrigen Planeten Jupiter, Saturn, Merkur und Mars, obwohl deren sumerische Namen auf archaische Vorstellungen von ihrem Wirken schließen lassen.

Die Erfassung der astronomischen Bewegungen und die Ausübung der geheimen Kunst des Deutens blieben den Tempel-Observatorien vorbehalten, während sich die »heilige Wissenschaft« ausschließlich dem Wohl des Staatswesens und des Königs widmete. So wurde die Astrologie zur Geheimlehre, und diese Konnotation begleitete sie durch alle Zeiten bis zum heutigen Tag.

STEINERNE ZEUGEN

Während die Tempel der Mondgöttin Sin (ursprünglich eine männliche Gottheit) und des Sonnengottes Schamasch in der alten Königsstadt Assur ebenerdige Monumentalanlagen waren – sie stammen aus der Regierungszeit von Samschi-Adad I. (1813–1781 v. Chr.) –, wurden für die Observatorien Hochbauten aufgetürmt. Die *Zikkurate* (Stufentürme mit Hochtempeln) waren eher monumentale Kultstätten der Astrologie als Götterburgen. Schon die Tempel des Gottes Enlil und der Göttin Innin in der ältesten Sumererstadt, Nippur, weisen solche pyramiden-ähnlichen separaten Bauwerke auf. Errichtet wurden sie wahrscheinlich von König Ur-Nammum (2112–2095 v. Chr.), dem Begründer der 3. Dynastie von Ur. Sein heute noch erhaltener Zikkurat wurde erst um 600 v. Chr. von Nebukadnezar II. beendet. Auch die von ihm errichteten Tempel des Gottes Enki in Eridu und des Gottes Anum in Uruk sind mit Peiltürmen ausgestattet und allesamt nach Südosten ausgerichtet, genau wie die Tumuli der Sahara und die Dolmen, die sich von dort über die Bretagne bis nach Irland und Schottland ziehen. Als König Sargon von Assyrien im letzten Viertel des achten Jahrhunderts seine neue Hauptstadt Dur-Scharruken errichtete, bevorzugte er eine Nordwest-Ausrichtung. Nur für die Mondgöttin Sin hielt er sich an die bisherige Tradition. Ein Grund mag gewesen sein, dass er sich von den Sumerern abheben und das babylonische Erbe in Mesopotamien auch kulturell antreten wollte. Damit leitete er eine intensive astronomische Erforschung des Sternenhimmels ein.

Bereits 1360 v. Chr. errichteten die Kassäer in Mesopotamien den Zikkurat Dur-Kurigalzu als Ziegelbau. Die meist fünf- oder siebenstufigen (Sonne, Mond und die fünf Planeten) Steinmassierungen von über einhundert Meter Höhe symbolisierten die Verbindung zwischen Himmel und Erde. Die oberste Plattform des berühmtesten Zikkurats, des um 600 v. Chr. erbauten Hochtempels von Babylon (der biblische Turm von Babel), wo sich die legendäre erste »Sternwarte« befand, war nur Eingeweihten zugänglich. Jede Nacht wartete dort eine jungfräuliche Priesterin auf den Sternengott Marduk, um von ihm geschwängert zu werden.

Sakkara (Ägypten), Stufenpyramide des Djoser, um 2600 v. Chr.
Mit der Machtergreifung des Patriarchats entstanden die ersten Zikkurate, im Gegensatz zu den Höhlenkultstätten immer höher aufgetürmte Tempelanlagen, die auch der Beobachtung der Gestirne dienten.

Daneben finden sich auch in Europa Zeugnisse verschollener Kulturen, die zweifellos über ein beachtliches astrologisches Wissen verfügten, wie der Steinkreis von *Stonehenge* (Südengland, ca. 2000 v. Chr.) mit seinen *Aubrey'schen Löchern* (so genannt nach ihrem Entdecker John Aubrey 1627–1697 n. Chr.) bezeugt. Generationen von Forschern stritten sich darüber, ob die Riesensteine nach Punkten in der Laufbahn der Sonne oder der des Mondes errichtet wurden. Erst mit Hilfe von Computern stellte sich heraus, dass die Beobachtung *beider* Gestirne vorgesehen war. Die Steine wurden verschoben, sodass die Konstrukteure dieser gigantischen Rechenmaschine Sonnen- bzw.

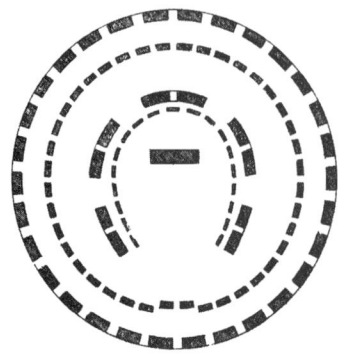

Mondfinsternisse vorauszusagen vermochten. Der Priester musste dafür genau in der Mitte der Anlage stehen, wo sich auch noch Spuren eines Altars befinden. Außerdem entdeckte man, dass bestimmte, außerhalb der Ringe aufgefundene Positionssteine (in denen sich fast alle Peillinien bündeln) ein perfektes Rechteck bilden.

Der Steinkreis von Stonehenge war mehr als eine Kultstätte, wie sie die Aquatinta von Robert Havell aus dem Jahre 1816 darstellt. Die Position seiner Megalithentore wies schon immer auf den Stand der Sonne zu ihren Wendepunkten hin. Doch erst durch die Entdeckung der »Aubrey'schen Löcher« erkannte man, dass – bei versetzten Peilsteinen – die Anlage als perfekte Kombination von Sonnen- und Mondkalender diente.

Ein vergleichbares geometrisches Gebilde findet sich erst dreißig Breitengrade östlich wieder: Auf ihm steht die große Pyramide von Gizeh, deren Maße in einem erkennbaren Verhältnis zum Erdumfang stehen und die nach astronomischen Konstellationen ihres Erbauungszeitalters ausgerichtet ist.

Kannten die Erbauer von Stonehenge die Dimensionen des Erdballs bereits ebenfalls derart genau? Oder gab es zwischen ihnen, von denen man sonst kaum etwas weiß, und den bereits hoch zivilisierten Ägyptern eine Art geistige Verbindung? Wie verlief sie – oder wer waren die Vermittler solchen Wissens?

Auch die *Externsteine* im Teutoburger Wald im Nordwesten Deutschlands waren keineswegs ein Hünengrab, sondern ein vorgeschichtliches Sonnenheiligtum. Bearbeitungsspuren am Rundfenster lassen sich auf die Eisenzeit (ca. 1000 v. Chr.) datieren. Hier fielen die Strahlen der den Germanen heiligen Sommersonnenwende ein. Die ersten christlichen Missionare, die, von Karl dem Großen gesandt, den Sachsen hier eine Kapelle einrichteten, benutzten sogar noch den Altar in der nordöstlichen Achse.

Vom hohen Schottland bis hinüber auf den Kontinent zieht sich eine Kette von teils hoch aufragenden Kultsteinen, teils tief in die Erde getriebenen Sakralgrüften, die seit Tausenden von Jahren auf das Licht der Erkenntnis der sie erforschenden Wissenschaftler warten.

Das Gleiche gilt für die *Nuraghen*, rudimentäre Steinbauten, die sich über ganz Sardinien verstreut finden. Sie werden auf 2500 v. Chr. datiert und scheinen also fast zeitgleich mit den Pyramiden entstanden zu sein. In den Fünfzigerjahren des 20. Jahrhunderts entdeckten Archäologen den Monte d'Accoddi, einen Hügel, den sie erst für eine Nuraghe hielten (er hatte im Zweiten Weltkrieg als Artillerieposten gedient). Ausgrabungen brachten eine Stufenpyramide zutage, deren rechteckige Basis dreißig mal vierzig Meter misst. Eine steinerne Rampe von vierzig Meter Länge und zwölf Meter Breite führt zu ihr hinauf.

Erst mit Beginn der Achtzigerjahre wurden die Ausgrabungsarbeiten wieder aufgenommen. Die Archäologen stießen im Innern der Pyramide auf einen Hohlraum, einen gewinkelten Gang, den eine kleine weiße Mauer schnitt. Auch der Gang selbst war gekalkt. Bei der Entdeckung, dass sich dahinter eine weitere Kammer befand, die ganz in rotem Ocker gehalten war, wurde die schnurgerade niedrige weiße Mauer achtlos zerstört. Man fand auch Reste raffiniert angelegter Lichtschächte. Erst kürzlich erkannte man, dass die Wände zwischen äußerer und innerer Kammer exakt die Differenz zwischen den beiden Wendepunkten der Sonne darstellten, deren jeweiliger Stand der Ekliptik auf der nicht mehr erhaltenen weißen Linie abgelesen werden konnte. Die Universität von Utrecht stufte das Alter der Pyramide auf etwa 2590 Jahre ein. Die Anlage, die an einen babylonischen Zikkurat, wenn nicht an einen Aztekentempel erinnert, stellt zwar für Sardinien ein Unikum dar, doch keineswegs für den gesamten Mittelmeerraum. Inzwischen wurden, vor allem im Küstenbereich der iberischen Halbinsel und des Maghrebs weitere verdächtige Hügel gesichtet, die ihrer sorgfältigen »Freilegung« harren. Aufsehen erregten zu Beginn der Neunzigerjahre dann die Funde auf den Kanarischen Inseln. Mit ihnen gerieten viele bisher akzeptierte Theorien ins Wanken. Den Ausführungen von *Prof. Harald Braem* in seinem Buch *Das magische Dreieck* kommt das Verdienst zu, die Diskussion über die Wege der Megalithkulturen, einschließlich der ersten Pyramiden, neu entfacht zu haben.

Auf den äußeren Hebriden erheben sich rund fünfzig Monolithen, angeordnet in der Form eines keltischen Hochkreuzes. Geht der Mond über ihnen auf, lesen sie sich wie ein Kalender. *Sleeping beauty* nennt die Bevölkerung der Isle of Lewis die Steine von Callanish heute, was schmeichelhafter ist als das gälische *Cailleach na Mointeach* (»alte Frau aus dem Moor«).

Slieve na Calliagh (»Hexenhügel«) heißen die beiden Steinhaufen im irischen Loughcrew. Ein langer Gang führt hinab zur Hauptkammer, deren Wände unregelmäßig mit Sonnenmotiven verziert sind. Der amerikanische Forscher Martin Brennan entdeckte in den Achtzigerjahren, dass die

Die Zauberhüte der Magier – oft meterhoch und aus schwerem Goldblech – stammen aus der Tradition der übernatürlichen hohen Kopfbedeckungen der Priesterkönige und werden auf 1000 v. Chr. datiert. Sie vermittelten nicht nur besondere Würde, sondern zwangen den Träger auch zur konzentrierten (meditierenden) Kopfhaltung, während ihre alles überragende Spitze als Antenne zum Göttlichen fungierte.

Mysteriöse Seefahrer

Vermutlich kam das geheime Wissen über das Meer. Denn unübersehbar ist die Darstellung von Schiffen – bis hin zu aufwendigen Grabanlagen für die Bootsleiber. Sie stellen mehr dar als nur Grabbeigaben für Herrscher, ihnen wird eine Verehrung zuteil, die im Menschen die Erinnerung an uralte Legenden wachruft (Argos), von halbgöttlichen Helden und heroischen Weisen, Priesterkönigen, die über das Wasser kamen und den Völkern (über-)lebenswichtiges Wissen brachten – bevor sie wieder verschwanden. Von wo kamen sie, wer hatte sie gesandt? Und woher hatten sie ihre Weisheit, ihre Kenntnisse bezogen?

Sonnenstrahlen sowohl bei den Frühlings- wie bei den Herbstäquinoktien auf bestimmte Reliefs treffen und dazwischen jeder Punkt einen Teil des achtteiligen keltischen Kalenders darstellt. Selbst die Schaltjahre sind berücksichtigt.

Das älteste bekannte, überdachte Bauwerk der Region ist Newgrange in Irland (3200 v. Chr.). Unter einer elf Meter hohen Kuppel verläuft ein Schacht, in den durch einen schmalen Schlitz genau zur Wintersonnenwende ein Lichtstrahl fällt, der über eine steinerne Spirale wandert.

Die Ähnlichkeit dieser Bauten, ob nun Tumuli oder Dolmen, ist unstrittig, von denen in Vandea im Südosten Marokkos (Megalithikum) bis zum berühmten Tumulus.von Kercado in der Bretagne, der auf das fünfte Jahrtausend geschätzt wird. Die Graffiti aus der bovidianischen Periode (Zeitalter des Stiermatriarchats) der Nekropolis von Tauz weisen auf eine Entstehung vor 2500 v. Chr. hin. Allen ist die Ausrichtung auf den Aufgang der Wintersonne gemeinsam. In Nordafrika hat sich diese Tradition lange gehalten, wie man an dem bekannten Tumulus von Tin Hinan, einer Königin der Tuareg aus dem vierten Jahrhundert *nach* Christus, erkennt.

Gleichgültig, ob diese tief in die Erde getriebenen oder gen Himmel errichteten Anlagen lediglich Grabkammern mit erwiesener astronomischer Ausrichtung waren oder Großkalender mit unbewiesenem Bezug zu frühen Formen der Astrologie, beide Archetypen weisen eine Gemeinsamkeit auf: die klare Polarität Frau / Mann. Jeder Schnitt durch einen Dolmen zeigt eindeutig die Form des weiblichen Uterus. Woher

Der Zodiak an der Decke des Hathor-Tempels zu Dendera (Tentyris)
entstand zur Herrschaftszeit des Kaisers Augustus in Ägypten.
Zu erkennen sind nicht nur die 12 Tierkreiszeichen und 5 Planeten
(Sonne und Mond wurden – mit Rücksicht auf den Imperator – ausgenommen),
sondern auch ihre »Exaltationen«. Die 36 Dekane umringen den Zodiak.

die Erbauer der Tumuli solche anatomischen Kenntnisse hatten, ist unklar. Das Wissen der eingeweihten Priesterkaste musste den Erdarbeitern nicht mitgeteilt werden. Bei den meisten Menhiren dagegen drängt sich der Vergleich mit einem Phallus auf. Wurde die Auseinandersetzung zwischen dem Höhlen-Matriarchat und dem Patriarchat der Erektion auch auf den Kultstätten ausgetragen – in Stein verewigt?

Der größte Menhir, *Er Grah*, liegt zerbrochen auf einer Halbinsel der Bretagne. Er misst über zwanzig Meter und ist sicher der gewaltigste Megalith, der auf dieser Erde je errichtet wurde. Da keine Gegend der Welt eine solche Ansammlung von Menhiren aufweist wie die Region um das südbretonische Carnac, ist anzunehmen, dass einst viele von ihnen auf diesen steinernen Leuchtturm ausgerichtet und ihre Peillinien auch von astronomischer Bedeutung waren. Oder wies der Menhir einst weithin sichtbar auf den Atlantik hinaus, eine Verbindung zu einer untergegangenen Hochkultur, deren Existenz und astronomische Fertigkeiten heute noch genauso viele Rätsel aufgeben wie *Le Grand Menhir Brisé?* Strahlte das Wissen, das zur Erschaffung solcher Zeituhren notwendig war, von der Bretagne aus und verbreitete sich über Seefahrer im Mittelmeerraum, drang nach Ägypten ein – erreichte die Küsten Amerikas? Oder gelangte die Kenntnis von der Bedeutung solcher Bauten über die iberische Halbinsel (Los Millares, Almería) und die Pyrenäen in den Norden Frankreichs, bis hinauf nach Schottland, ins Eismeer, überbrückte den Atlantik, durchquerte die Sahara gen Osten? Welchen Ausgangspunkt man auch immer annehmen wird, es bleibt die Frage, *woher* das geheime Wissen kam, das schließlich zur Errichtung der Pyramiden führte – und wer es an die Gestade Europas brachte.

DIE HIMMELSSCHEIBE VON NEBRA

Das Vorgehen der Schatzsucher im Juli 1999 war derartig amateurhaft, dass es nachträglich wie wundersamer Schutz einer frühgermanischen Isis erscheinen muss, dass dem »Objekt« kein nennenswerter Schaden zugefügt wurde. Das Aussehen des türkisfarbenen Tellers mit seinem offensichtlich eine güldene Sonne, Mond und Sterne darstellenden Dekor schrie so sehr nach plumper Fälschung, dass die bronzene Scheibe – für sich allein ausgebuddelt – eher als Untersatz für einen Anhaltiner Blumentopf hätte enden können als in einem eigens für sie errichteten Museumsprachtbau.

Einzig die übrigen Beigaben des »Schatzes« (kostbare Prunkschwerter und Armreifen) brachten die Raubgräber dazu, ihrem Fund einen ge - wissen Wert beizumessen. Es dauerte nahezu drei Jahre, bis der Landes- archäologe Harald Meller ihnen bzw. den mittlerweile eingeschalteten Hehlern die Beute wieder abjagen konnte. Kurz darauf war die Sensation perfekt! Die im Durchmesser 32 cm große, ca. 2 kg schwere Scheibe ist auf den Zeitraum 2100 bis 1700 v. Chr. zu datieren. Durch Erdproben erwiesen, wurde sie um 1600 v. Chr. »bestattet«, sie ist also zumindest 3600 Jahre alt und damit die *weltweit älteste konkrete Himmelsdarstellung und einer der bedeutendsten archäolo- gischen Funde überhaupt.* Inzwischen sind alle metallurgischen und iso- topischen Untersuchungen abgeschlossen, an ihrer Echtheit besteht kein Zweifel mehr.

Dass auch ihre ursprünglichen Nutzer und Hüter sich ihrer hohen spirituellen Bedeutung, ihrer göttlichen Symbolkraft bewusst waren, lässt sich aus den inzwischen vorgenommenen Ausgrabungen (also dem Fundort der Scheibe) ersehen. Zutage trat ein Observatorium aus dicken Eichenstämmen. Die mehrfach ringförmig gesicherte Anlage legt den Schluss nahe, dass der kostbare Diskus nur wenigen Eingeweihten zu- gänglich war und streng vor Blicken Unbefugter, aber auch vor Räubern bewacht wurde.

Was ihren Verwendungszweck anbelangt, war es das Naheliegendste, die Himmelsscheibe als bäuerliche Erinnerungshilfe für Aussaat und Ernte zu sehen. Dafür machte sich als einer der ersten hinzugezogenen Astronomen, Professor Wolfhard Schlosser von der Universität Bochum, stark. Das auf der Scheibe deutlich identifizierbare Siebengestirn (die Plejaden) war in der Bronzezeit Ende der ersten März-Dekade in der Abenddämmerung zu sehen, der Mond als schmale Sichel. Im Herbst, Mitte Oktober, verschwand das Sternbild in der Morgendämmerung und der Mond stand weitaus fülliger. Die Ungenauigkeit der beiden essentiellen Daten sind auf die unterschiedlichen Längen von Mond- und Sonnenjahr zurückzuführen.

2006 zeigte jedoch der Astronom Rahlf Hansen (Planetarium Ham- burg) die Eignung der Scheibe auf, Mondjahr (354 Tage) und Sonnen- jahr (365 Tage) miteinander in brauchbaren Einklang zu bringen. Von der »Dicke« der Mondsichel zum Jahresbeginn im Frühjahr (März) hing ab, ob ein ausgleichender Schaltmonat (29,5 Tage) zusätzlich angefügt

Himmelsscheibe von Nebra, gefunden am 4. Juli 1999 von Raubgräbern in einer Steinkammer auf dem Mittelberg nahe der Stadt Nebra in Sachsen-Anhalt.

wurde. Damit überflügelt das auf der Scheibe festgehaltene und sichtbar gemachte astronomische Wissen des frühbronzezeitlichen Mitteleuropas den bisher bekannten ältesten Keilschrifttext *mul-apin* aus Babylon um glatt 1000 Jahre. Bis zu ihrer Entdeckung haben nur wenige den germanischen Ureinwohnern eine so weit fortgeschrittene Beobachtung, Fähigkeit der Berechnung und handwerkliche Umsetzung zugetraut, zumal inzwischen auch erwiesen ist, dass die Scheibe tatsächlich in der Gegend ihres Auftauchens entstanden ist und nicht etwa einen Import aus dem Mittelmeerraum darstellt. Früheste ägyptische bzw. babyloni - sche Darstellungen finden sich zeitlich erst gut 200 Jahre später.

Es kann als sicher angenommen werden, dass es sich bei dem kreisrunden Himmelskörper im linken Teil der Scheibe nicht um die Sonne handelt (auch nicht um deren symbolisch dargestellte Nachtseite), noch um den Vollmond, sondern um die **Venus**. Ihre Periodizität, ihr Er-

Stele des Adadniraris III. (810–783 v. Chr.) mit den Symbolen seiner Schutzgötter: Plejaden, Venus (als achtstrahliger Stern) und Mond auf der linken Seite oben. Die drei Gestirne sind in der gleichen Art und Weise angeordnet wie auf der Scheibe von Nebra.

scheinen als Morgen- bzw. Abendstern stehen in enger Beziehung zum Auftreten der Plejaden. Die auf der Scheibe angebrachten »Sterne« sind deswegen kaum als dekorative Elemente zu werten, sondern als wohl überlegte Markierungen der synodischen Venusbahn, des einzigen Planeten, der es zu Kalenderehren brachte.

Wie inzwischen Untersuchungen der verschiedenen Goldauflagen (mittels des Teilchenbeschleunigers BESSY und hochintensiven Röntgenstrahlen) ergeben haben, hat die Scheibe im Laufe ihres Gebrauchs (ca. 400 Jahre) Modifizierungen erfahren. Eine denkbare ist die Umstellung vom Venus-Kalender auf eine luni-solare Zeitmessung. Die beiden später hinzugefügten Horizontbogen weisen jeweils einen Winkel von 82° auf. Das entspricht ziemlich exakt dem Unterschied zwischen Sonnenaufgang/-untergang zur Zeit der Winter- bzw. Sommersonnenwende, wie er sich am Horizont des Fundortes, von Mittelberg aus gesehen, darbot. Entsprechend positioniert, ließ sich die Himmelsscheibe so auch weiterhin als Kalender benutzen.

Doch nach etlichen Generationen ging das Wissen um die so wichtigen Schaltmonate wahrscheinlich verloren, die Kette der mündlichen Überlieferung innerhalb der für den rechten Gebrauch der Scheibe verantwortlichen Priesterschaft muss gerissen sein. Ohne Deutungshoheit dieser astronomisch gebildeten Kaste verkam sie zum reinen Kultobjekt – ein Schiff, vermutlich eine Sonnenbarke, wurde zusätzlich appliziert, einzelne »Sterne« versetzt, der Rand mehrfach gelocht. Allein sein Alter bewahrte dem nicht mehr handhabbaren Artefakt noch dem ihm zustehenden Respekt. Irgenwann wurde es feierlich einer für ewig gedachten Sicherheit zugeführt. Die Himmelsscheibe vom Mittelberg wurde – inmitten ihrer früheren Wirkungsstätte, umgeben von Opfergaben – der mütterlichen Erde übergeben, aus deren reichen Schoße sie einst gekommen.

Wir wissen nichts über ihre Bedeutung, ihre Ausstrahlung über die Region hinaus. Es ist kaum anzunehmen, dass ein solches Instrument ein Unikat darstellt, denkbar ist eher, auf eine der vielen Spitzen eines in tiefen Geröllschichten schlummernden Zauberberges gestoßen zu sein. Die Zukunft unserer Vergangenheit hat gerade erst begonnen.

DAS ERBE BABYLONS

Das Erbe Babylons trat Hellas an. In Griechenland erlebte die Astrologie im vierten Jahrhundert v. Chr. – allerdings auf dem Umweg über Ägypten – die entscheidende Entwicklung zur »individuellen« Horoskoplehre. Damit entglitt das Wissen von den Sternen und ihrer Deutung den Händen der einzig auf den König und damit das Gemeinwohl ausgerichteten Priester und wurde zunehmend zur Domäne von Privatgelehrten, den Philosophen.

Die Astronomie war bereits bekannt, als Alexander der Große um 330 v. Chr. von seinen Eroberungszügen den chaldäischen Astrologen Berossos (340–270 v. Chr.) mitbrachte. Der – ein ehemaliger chaldäischer Priester des Gottes Bel (später Baal) zu Babel – konstruierte 269 v. Chr. den *Heliotrop* (eine kleine schattenwerfende Kugel als Sonnenuhr) und gründete auf der griechischen Insel Kos eine Astrologenschule. Seine Vorhersagen beeindruckten die Athener so, dass sie zu seinen Ehren eine Statue mit goldener Zunge errichteten.

Aristoteles (384–322 v. Chr.) berichtet von einem weiteren chaldäischen Sterndeuter, der nach Athen kam und Sokrates (477–399 v. Chr.) dessen Ende weissagte (Hinrichtung durch den Schierlingsbecher). Der wohl erste rein griechische Astrologe dürfte jener Philosoph Kritodemos gewesen sein, der unter diesem Pseudonym den *Pinax* verfasste, der als die älteste erhaltene Schrift der griechischen Astrologie gilt. Aristoteles selbst lehnte die Astrologie zwar ab, doch das hinderte seine Anhänger nicht, sich auf sein Prinzip des *Primum mobile* zu berufen, wie man den Sternenhimmel lange Zeit bezeichnete. Ihren Höhepunkt erreichte die hellenische Astrologie, nachdem sie sich endgültig aus der Abhängigkeit von den Babyloniern und Chaldäern gelöst hatte, mit Poseidonios von Apameia (135–51 v. Chr.), dem Lehrer Ciceros. Poseidonios war der »Erfinder« der Naturphilosophie, aus der sich später die Naturwissenschaften entwickelten.

Allmählich entwickelte sich der Berufsstand des Astrologen. Die Astrologie – untrennbar mit der Astronomie, der Erforschung des Sternenhimmels verbunden – etablierte sich als anerkannte und geachtete Geisteswissenschaft, doch haftete ihr von Beginn an der Ruch von Wahrsagerei an (ein lästiges Erbe der Chaldäer).

Um 400 v. Chr. wurde in Ägypten der Sonnenkalender eingeführt: das Jahr zu zwölf Monaten à dreißig Tagen plus fünf zusätzliche macht 365. Zum Jahresbeginn bestimmte man den Frühaufgang des Sirius, der mit der jährlichen Nilüberschwemmung zusammenfiel. Als die beiden Daten immer weiter auseinanderdrifteten, wurde ab 238 v. Chr. jedes vierte Jahr ein Schalttag eingelegt; so erreichte man die heute noch gültige Zahl 365,25.

Im zweiten Jahrhundert v. Chr. trat die Astrologie ihren Siegeszug durch fast alle wichtigen Zivilisationen des Westens an. Der Astronom und Mathematiker Hipparchos von Nikäa (Hipparch, 190–125 v. Chr.) erstellte einen Katalog von über eintausend Gestirnen samt Koordinaten, entdeckte den Rhythmus der Äquinoktien und Solstitien und übertrug erstmals die Tierkreiszeichen auf bestimmte Partien des menschlichen Körpers. Die Zuordnung wird bis heute mit nur leichten Abwandlungen von allen Astrologen anerkannt. Zu diesem Zeitpunkt wurde die Erde immer noch als Scheibe gesehen, mit dem griechischen Berg Olymp, dem Sitz der Götter, als Mittelpunkt und umgeben vom Oceanus.

Eine Schnittstelle zwischen griechischer und ägyptischer Geisteswelt war die Vielvölkermetropole Alexandria, eine Hochburg antiker Ge - lehrsamkeit, die zudem zwei der sieben Weltwunder beherbergte. Die Bibliothek von Alexandria hat auch heute nichts von ihrem legendären Ruf eingebüßt, wenngleich sie nach der muslimischen Eroberung als »Hort heidnischer Ketzerei« vernichtet wurde. Monatelang sollen mit ihren Schriften die öffentlichen Badehäuser beheizt worden sein – viele bedeutende, unwiederbringliche astrologische Schriften wurden auf diese Weise Opfer der Flammen. Das andere Weltwunder war der berühmte Leuchtturm auf der Insel Pharos (erbaut ca. 300 – 279 v. Chr.), der, wie man annimmt, auch zur Himmelsbeobachtung diente.

In Alexandria verfasste Euklid (viertes Jahrhundert v. Chr.) sein Lehrbuch der Geometrie. Hier wurde das erste Koordinatensystem erschaffen, mit dessen Hilfe man die Fixsterne genau positionieren konnte. Hipparch entdeckte die *Präzession* der Erdachse (die Bewegung der Erdachse in ca. 25 800 Jahren um den Pol der Ekliptik). Deshalb ersetzte man den siderischen Tierkreis, der von einem Fixstern ausging, durch den tropischen, der mit dem Frühlingspunkt beginnt. Mit Ausnahme der indischen Astrologie und ihren Ausläufern (z. B. der anthroposophischen Astrologie), die mit dem siderischen Zodiak arbeiten, verwenden seit Claudius Ptolemäus (ca. 100–167 n. Chr.) alle Astrologen diesen tropischen Tierkreis.

Um 200 v. Chr. entwickelte Hypsikles wiederum in Alexandria die Theorie von den Aufgangszeiten der Tierkreiszeichen in den verschiedenen Breitengraden. Nachdem Hipparch sie durch mathematisch-trigonometrische Erkenntnisse verbessert hatte, war dem Häusersystem der Weg bereitet. Inzwischen konnte man einigermaßen zuverlässig auch die Positionen der Planeten und die Ekliptiken vorausberechnen. *Ephemeriden-Tafeln* (fortlaufender Kalender der Planeten-Positionen im Tierkreis) lösten die Himmelsbeobachtung ab; die mathematisch-abstrakte Astrologie war aus der Taufe gehoben worden.

Da man immer wieder zu sehen glaubte, wie Schiffe am Horizont »verschwanden«, vermutete schon Aristoteles eine Kugelgestalt der Erde, die Eratosthenes von Kyrene (280–200 v. Chr.) ziemlich genau auf ihren Umfang berechnete. Die noch weiter gehende, kühne Behauptung des Aristarchos von Samos (310–ca. 230 v. Chr.), dass gar nicht diese Kugel, sondern die Sonne das Zentrum sei, um das sich alles drehe (was immerhin die Entdeckung des heliozentrischen Systems des Kopernikus um fast zweitausend Jahre vorweggenommen hätte!), setzte sich nicht durch.

Der Mythograph Aratos (ca. 310– 245 v. Chr.) beschrieb in seinen *Phainomena* erstmals eine *Armillarsphäre* (Winkelmessgerät), womit er die Grundlage eines astronomischen Koordinatensystems schuf. Davon leitete Hipparch dann die Präzession ab, wodurch sich der Frühlingspunkt des Tierkreises in etwa 2166 Jahren um jeweils ein Tierkreiszeichen nach hinten verschob. Um das Jahr null folgte auf das Zeitalter des Widders (Goldenes Vlies) das der Fische (Christentum) und um ca. 2200 n. Chr. (nicht früher!) beginnt das Zeitalter des Aquarius, des Wassermanns.

Die Griechen machten die Astrologie des Orients zum »System«, während die Ägypter sie vorher vor allem zur Zukunftsdeutung benutzt hatten. Die Hellenen im ptolemäischen Ägypten unternahmen erstmals den Versuch einer Darstellung der astrologischen Lehren als Ganzes. Durch diese Systematisierung war es ihnen möglich, über die philosophischen Grundlagen der Astrologie nachzudenken, was die Orientalen nicht taten.

Astrolabium (erfunden angeblich von Hipparchos, 2. Jh. v. Chr.). Von den Arabern weiterentwickelt und verfeinert, diente das Winkelmessgerät zur Berechnung von Konstellationen. Durch Auswechseln der Messingscheiben ermöglichte es eine rasche Bestimmung von Aspekten. Seine Benutzung wurde durch das Aufkommen der Ephemeriden-Tafeln überflüssig.

Auch die Legenden um den mysteriösen Hüter astrologischen Geheimwissens Hermes Trismegistos, die noch ungetilgte babylonische und persische Spuren aufwiesen, enthielten mehr magische Züge als den Ansatz zu einer fundierten Theorie, wie sie ihm später in der Alchemie übergestülpt wurde. Bei dieser »Systembildung« lassen sich unterschiedliche Richtungen ausmachen. Die ältesten stellen wohl die sogenannten *Salmeschiniaka* dar, auf die sich später die *hermetischen* Schriften bezogen. Beide hatten bereits Offenbarungscharakter.

Schon im zweiten Jahrhundert v. Chr. hatte man den Versuch unternommen, alle bisherigen astrologischen Lehren und Orakelverfahren in einem Handbuch zusammenzufassen. Es muss großes Ansehen genossen haben, doch der Verfasser ist unbekannt, auch der Titel des Werkes blieb im Verborgenen. Sein Inhalt ist nur aus bruchstückhaften Überlieferungen geläufig (so durch Vettius Valens, ca. 2. Jh.), und zwar meist in Form von brieflichen Mitteilungen des Astrologie kundigen Priesters Petosiris an den berühmten Ägypter Nechepso. Unter beider Namen wird das Werk heute zitiert, doch beide sind fiktiv. Darin werden vor allem astronomische Ereignisse wie Finsternisse und Kometen behandelt, ebenso die Anordnung der Planeten zur Sonne und vor allem ihre Dominanz über bestimmte Tierkreiszeichen. Doch auch die Bedeutung der Dekane in der *Iatromathematik* wird ausführlich beschrieben.

Zu Beginn des zweiten Jahrhunderts tauchten weitere astrologische Werke auf. Die Namen ihrer Autoren sind ebenfalls Pseudonyme, wie

Orfeus, Kritodemos und Serapion, wobei Letzterer als Schüler des großen Astronomen Hipparch identifiziert werden konnte. Später schrieb man dieses verschollen gegangene Opus Magnum dem Hermes Trismegistos zu. Aber auch der persische Religionsstifter Zarathustra (Zoroaster, etwa 630–553 v. Chr.) wird häufig als Quelle für uralte östliche Weisheit zitiert. Eine endgültige astrologische Ordnung, die sich bis heute als verbindlich durchsetzte, wurde ungefähr im zweiten vorchristlichen Jahrhundert abgeschlossen.

Ebenfalls zu dieser Zeit setzte der Einfluss der Stoiker auch auf diesem Gebiet ein. Ihr Terminismus kam der Astrologie sehr gelegen, bestätigte er ihre Lehre doch als grundlegende Einheit für die Sicht der Welt als Gesamtorganismus. Die berühmtesten Verfechter der Stoa waren Poseidonios und Panaitios von Rhodos (ca. 180–109 v. Chr.). Strittig zwischen ihnen war der Nachweis einer Beeinflussung des Irdischen durch die Strahlen der Sterne. Poseidonius ging darauf nicht en détail ein, sondern rechtfertigte sie aus der Gesamtkonzeption des Kosmos.

Er gab der Astrologie, die bisher aus Divinationsmethoden bestand, durch diese philosophische Fundierung eine Bedeutung, die sie – mit den Augen ihrer Gegner gesehen – unausrottbar machte. Durch die Stoa wurden die Sterne für das Empfinden der Menschen zu göttlichen Mächten. Sie schuf damit eine Astral-Theologie, die sich schon deswegen beim Volk durchsetzte, weil im Gegensatz zu allen anderen Religionen hier sichtbare und erfahrbare Mächte am Werke waren. Man konnte zu den Sternen beten, um dem verhängten Geschick zu entgehen. Dieser Widerspruch zwischen Fatalismus und Aufhebbarkeit des Beschlossenen durch Opfer und Sühne wurde auch im Römischen Reich nicht getilgt.

CHALDÄER IN ROM

Während der Punischen Kriege (264–146 v. Chr.) traten im antiken Rom erstmals Astrologen auf, die Astrologie wurde zur Modeerscheinung. Damit verkam sie schnell zur Wahrsagerei, verquickt mit dubiosen Heilpraktiken und alchemistischen Zauberkunststücken. Auf den Erkenntnissen der hellenistischen Welt basierend, schossen astro-philosophische Schulen wie Pilze aus dem Boden. Der eingeschleppte Streit zwischen Sophisten einerseits und den Anhängern des Sokrates sowie den Neuplatonikern andererseits stiftete auch hier Unruhe und Unsicherheit. Dazu kamen noch die Pythagoräer! Sowohl Cato (234–149 v. Chr.) als auch Cicero (106–43 v. Chr.) wandten sich gegen die Ausbreitung des Aberglaubens und seine Ausbeutung durch Scharlatane.

Nicht nur zahlreiche Patrizier bedienten sich der Astrologie, sondern auch die Anführer der immer wieder aufflackernden Sklavenaufstände. Manchem Verschwörer wurde die Sterndeutung allerdings zum Verhängnis. So fanden die Schergen des Marius im Gewand des von ihnen erschlagenen Optimatenführers Octavius ein Stundenhoroskop, das ihm empfohlen hatte, Rom nicht zu verlassen. Auch der griechische Usurpator Leontios war schlecht beraten, was den richtigen Zeitpunkt für seine Machtergreifung und Kaiserkrönung anbetraf. Zu spät begriff er, dass er sich nicht an der Macht halten konnte; doch noch vor seiner Gefangennahme (und eigenen Hinrichtung) ließ er seine Astrologen köpfen.

Heute mutet es erstaunlich an, dass in einer derart irrationalen Zeit ein Mann seinen nüchternen Sachverstand nutzte, das völlig aus dem Ruder gelaufene *calendarium* wieder in Ordnung zu bringen: Denn die Jahresuhr ging um ganze drei Monate nach! Gaius Julius Caesar reformierte den Kalender im Jahr 46 v. Chr. unter Mitwirkung des Astronomen Sosigenes und brachte ihn durch gezielten Einschub von neunzig Tagen mit der echten Jahreszeit wieder in Übereinstimmung. Octavius Augustus, Caesars Adoptivsohn und Rächer, ließ aus Gründen der Staatsräson den Glauben verbreiten, dass Caesars Seele in dem Kometen fortlebe, der im Jahre der Ermordung des Herrschers (44 v. Chr.) am Himmel erschienen war. Er selbst verfügte als Kaiser, dass sein Geburtszeichen, der Steinbock, in Münzen geprägt wurde, veröffentlichte sein eigenes Horoskop schon zu Lebzeiten und brachte es gezielt in Umlauf.

Noch während der Kaiserzeit kehrten die Chaldäer aus dem Untergrund zurück, einflussreicher denn je, von Imperatoren und Höflingen umworben. Nicht von ungefähr wurde um etwa 30 n. Chr. im Palastareal des Kaisers Tiberius auf Capri ein Observatoriumsturm errichtet, das *Specularium*.

Unter dem für seine Dekadenz berüchtigten Kaiser Caligula (12–41 n. Chr.) verfasste Dorotheus von Sidon den berühmten, jedoch verloren gegangenen *Pentateuch*, der später die Grundlage der arabischen Astro-

Eingriffe der Staatsgewalt

Mit dem Sammelbegriff »Chaldäer« für Wahrsager, Sterndeuter und Zauberer jeglicher Art bezeichneten die Römer alle Magier griechischer, syrischer, babylonischer und persischer Herkunft. Während die Familie der Scipionen die Chaldäer förderte, war Cato d. Ä., der im modischen Philhellenismus eine unrömische Verfallserscheinung sah, einer ihrer erbittertsten Gegner. Als ihr Treiben überhandnahm, erließ der Fremdenprätor Cornelius Hispallus 139 v. Chr. ein Edikt, wonach sämtlich Chaldäer binnen zehn Tagen die Stadt Rom und das Römische Reich zu verlassen hätten. Derlei drakonische Maßnahmen blieben allerdings weitgehend wirkungslos, weil es zu viele fremdländische Sklaven und Freigelassene gab, von den Gesandten der einzelnen Völker ganz abgesehen.

logie bildete. Juvenal (67–140 n. Chr.) beschrieb, dass die Römerinnen ständig ihr Ephemeriden-Täfelchen mit sich führten und auch für die geringsten Kleinigkeiten ihr Horoskop konsultierten – gleich, ob es sich um den Besuch der Freundin, der Arena oder des Bades handelte, das Einnehmen von Medizin oder das Schneiden der Fußnägel. Erst durch Vettius Valens, dann durch den griechischen Philosophen Plotin (205–270 n. Chr.) und seinen Schüler Porphyrios (Autor von *Utrum stellae aliquid agant*, 233–304 n. Chr.) wurde die in Verruf geratene Astrologie rehabilitiert und mit der Astronomie versöhnt.

In Ägypten feierte die nun endgültig zur Wissenschaft erhobene Lehre ihren Triumph an der Hochschule von Alexandria, und zwar vor allem durch das vierbändige Werk *Tetrabiblos* des Claudius Ptolemäus, das unter anderem die Bewegungsberechnungen der Planeten zusammenfasst. Doch trotz seines Bemühens um eine Synthese bahnte sich damit die Trennung zwischen Astronomie, der Erkenntnis, und Astrologie, ihrer Auslegung, an.

Ptolemäus' geozentrisches Konzept, das die Erde als Mittelpunkt des Sternensystems sah, zu dem nach wie vor Sonne und Mond gezählt wurden, sollte sich über 1400 Jahre lang halten. Ihm zufolge bewegen sich sieben Planeten auf »Sphärenbahnen« um die Erde (von innen nach

Tierkreiszeichen und die Wirkung des Mondes bei bestimmten Handlungen (nach einem Kalender des 16. Jahrhunderts)				
Tierkreiszeichen	Aderlassen	Bartscheren	Nägelschneiden	Brettspiele
Widder ♈	+	–	+	+
Stier ♉	–	–	+	+/–
Zwillinge ♊	–	+	–	+
Krebs ♋	+/–	+	+	+
Löwe ♌	+	+	+	–
Jungfrau ♍	–	–	–	+/–
Waage ♎	+	+/–	+	+
Skorpion ♏	–	–	+/–	+/–
Schütze ♐	+	+	+/–	–
Steinbock ♑	–	+/–	+/–	–
Wassermann ♒	+/–	–	–	–
Fische ♓	+	+	–	–
+ günstig – ungünstig +/– neutral				

außen: Mond, Merkur, Venus, Sonne, Mars, Jupiter, Saturn). Da Ptolemäus allen außer Mond und Sonne eine gewisse Exzentrik zubilligte, ergab das eine zufrieden stellende Erklärung. Sein 13-bändiges Hauptwerk gelangte später unter der arabischen Bezeichnung *Almagest* nach Europa.

DER STERN VON BETHLEHEM

Die Stellung des Christentums zur Astrologie war schon sehr früh gespalten. Paulus und die ersten Kirchenväter setzten sich heftig gegen den Astral-Fatalismus zur Wehr, der mit dem christlichen Primat des freien Willens und dem Erlösungsglauben nicht zu vereinbaren sei. Tertullian sah in den Planetengottheiten nichts als Dämonen, Teufel, die den Gläubigen nur vom rechten Pfad abbringen wollten.

Andererseits übernahm das frühe Christentum eine Reihe astrologischer Symbole, wenn auch nicht die ihnen zugrunde liegenden Denkweisen: Geburt durch die *Jungfrau*, die *drei Magier* aus dem Morgenland (in ihnen sah man die sternkundigen Meder, die in Persien große Macht als zauberkundige Priester innehatten), die *zwölf* Apostel, der Tod am *Kreuz*, die heilige *Drei*faltigkeit, die *vier* Evangelisten – bis hin zu den eindeutig astrologisch beeinflussten Visionen der Apokalypse des Johannes von Patmos und der Lehre von den Weltzeitaltern bei Johannes dem Täufer. Bei genauem Hinsehen ist der astrologische Aspekt des gesamten Umfeldes so stark, dass es bis heute nicht wenige Forscher gibt, die Jesus nicht für eine historische Gestalt, sondern für einen reinen Astral-Mythos halten.

Obwohl die Astrologie profunde astronomische Kenntnisse voraussetzte, deren Studium an die Stelle der früheren Einweihung getreten war, galt sie dem Christentum weiterhin als eine »dem Schicksal huldigende Lehre«. Für einen Moment jedoch schien sie absorbiert zu werden: Christkönig setzte sich auf den Thron der Sonne, die Jungfrau bettete sich in die Mondsichel, die vier Evangelisten bemächtigten sich in Kreuzform der so genannten »festen« Charaktere des Tierkreises, andere Götter wurden nicht geduldet. Als die einen den Untergrund der Katakomben verließen, mussten andere wieder untertauchen. Allzu gern übersah die junge Kirche den Widerspruch, dass Bethlehem ohne die drei Astrologenkönige aus dem Morgenland und ohne das Wissen um Himmelserscheinungen wie Kometen nie gefunden worden wäre und das Neugeborene nie seine spätere Bedeutung erlangt hätte.

Für die himmlische Lichterscheinung, die die drei Magierkönige nach Bethlehem führte (Mt 2,1–11), hatten Astrologen bald eine Erklärung zur Hand: Im Jahre 7 v. Chr. traten die Planeten Jupiter und Saturn dreimal im Tierkreis-Bild der Fische in Konjunktion. Kepler hielt dies nur für eine Vorankündigung des wundersamen Lichtes, das den Magiern den Weg wies. Andere meinen, die Konjunktion selbst habe wie ein heller Stern gewirkt, der die Magier auf die rechte Spur gebracht habe (Geburt des Messias), sei es durch Offenbarung, sei es durch die Sterndeutungskunst. Dagegen spricht, dass die Deutung des Saturns und der Fische in Bezug auf Israel erst im Mittelalter auftauchte und sich zu den Umständen der Geburt des Messias in der älteren überlieferten Astrologie keinerlei Grundlage findet. Ohnehin ist es physikalisch unmöglich, dass ein Planetenpaar den Weisen von Jerusalem bis nach Bethlehem vorangezogen und dort stehen geblieben sein soll. Bleibt also nur die Erscheinung einer *stella nova* oder des Halley'schen Kometen, der aber bereits 12 v. Chr. durchzog.

Ganz außer Acht ließen die christlichen Eiferer die Astrologie jedoch keineswegs. Beglückt stellten sie fest, dass der Stern von Bethlehem auch ein neues Zeitalter einläutete: das der Fische. Mit der dramatischen Vollendung des Erdenwandels von Jesus durch ein römisches Militärtribunal, als angeblich über seinem Haupt am Kreuz die griechische Inschrift *ICHTHYS* angebracht wurde (griech. Fisch, aber auch lesbar als »Jesus Christos Theou Yios Soter«, d. h. »Jesus Christus, Gottes Sohn, Erlöser«), war den Kirchenvätern klar, dass das Zeitalter der Pisces das ihre sein sollte, ja musste! So wurde das Symbol der Fische zum Synonym der ersten Anhänger der neuen Lehre.

DIE GÖTTLICHKEIT DER CAESAREN

Den Caesaren diente das Himmelsgewölbe nicht nur als astrologisches Instrumentarium, sondern auch als Insignum imperialer Macht. Nichts konnte mehr Glanz und Würde verleihen als das sonnendurchflutete Firmament des Tages und die sternenfunkelnde Himmelskuppel der Nacht.

Zum Bemühen, sich in göttlicher Pracht zu zeigen, gehörten sicher auch die Wagenrennen im Circus Maximus, stellten die dahinrasenden Gefährte doch nichts anderes dar als die Gestirne auf ihrer kosmischen Umlaufbahn mit dem Kaiser als symbolischem Mittelpunkt.

Augustus' Adoptivsohn Tiberius (42 v. Chr. – 37 n. Chr.) ging bei einem berühmten Astrologen zur Schule, Thrasyllus aus Alexandria, Sohn einer Prinzessin aus Kommagene. Nach seiner Thronbesteigung wurde Thrasyllus Hofastrologe und kaiserlicher Berater. Als er starb, holte der Kaiser dessen Sohn, Tiberius Claudius Balbillus, aus Alexandria an den Hof, wo dieser nacheinander die Kaiser Tiberius, Caligula, Claudius und Nero beriet. Damit war – ein seltener Fall – ein Sternendeuter in eine Position aufgestiegen, die dynastische Qualitäten aufwies, denn immerhin begleitete Julia Balbilla, seine Enkelin, später Kaiser Hadrian nach Ägypten.

Trotz dieses Umstandes verfügte Tiberius, dass alle Chaldäer auszuweisen seien, und verbot ihre Bücher. Seinen Astrologen Balbillus befragte er, wie es später auch Nero tat, regelmäßig nach dem Auftauchen von Personen mit »kaiserlicher Nativität« und ließ sie – *initiis obsta* – sofort umbringen.

Erhaben über die Astrologie fühlte sich Caligula (37 – 41 n. Chr.). Als ihm jedoch sein Hofastrologe Appolonius eine ungünstige Prognose für die nahe Zukunft stellte, holte er sicherheitshalber bei Sulla ein Gegengutachten ein. Doch der prophezeite ihm sogar den baldigen Tod und behielt damit Recht, im Zuge einer Palastverschwörung wurde Caligula erstochen.

Nero (37–68 n. Chr.), schon in frühen Jahren von Claudius und seinem Lehrer, dem Stoiker Seneca, mit der Astrologie vertraut gemacht, war initiiertes Mitglied des unter den römischen Legionären beliebten Mithraskultes. Dieser Kult kannte ein dem christlichen Abendmahl ähnliches Ritualmahl mit anschließender Kommunion. Ursprünglich keineswegs die Sonne selbst, sondern ein ihr zur Seite stehender »Genius« des Äthers oder des heiteren Himmels, gelang es Mithras bald, über Nachtdunkel und Winter zu triumphieren und in Grotten und Höhlen an die Stelle seines Herrn, Ormuzd, zu treten.

Der astrologiegläubige Kaiser Augustus ließ sein Tierkreiszeichen Capricornus sogar auf Münzen prägen.

Unter Kaiser Septimius Severus erlangte der nach Rängen und harten Prüfungen straff gegliederte Mysterienkult offizielle Anerkennung, nahm er doch den initiierten Legionären die Furcht vor dem Tod. 378 n. Chr. ließ der Präfekt Gracchus die verborgenen Kultstätten des Mithras in Rom zerstören, und seine Anhänger flohen in den Untergrund. Im siebten Jahrhundert machte der Islam dem Kult auch in Persien ein Ende. Die grausame Verfolgung vertrieb seine Anhänger nach Indien. Dort wurden die ›Parsen‹ (Perser) zu »Feueranbetern« und konnten sich bis heute als wohlhabende Sekte vor allem in Bombay halten.

Nero ließ für sich in der Nähe des Kolosseums einen Prunkpalast erbauen, die *Domus Aurea*. Im Ostflügel befand sich laut Beschreibung des Tacitus ein Bankettsaal in Form einer Rotunde, deren Kuppel sich wie das Weltall Tag und Nacht drehte. Ausgrabungen haben ergeben, dass es sich wohl um ein Planetarium handelte, in dem die Sternbilder auf beweglichen Holztafeln in Rillen liefen und so die Bewegung des Firmaments simulierten. Ein Meisterwerk der beiden kaiserlichen Maschinenbauer Severus und Celer!

Den von seinem Vorgänger übernommenen Hofastrologen Balbillus machte der Kaiser im Jahr 55 n. Chr. zum Präfekten von Ägypten und zum Rektor der Bibliothek von Alexandria. Als der Tyrann endlich starb, verhängte der römische Senat eine *damnatio memoriae* über den Verstorbenen, die besagte, dass Nero nicht mehr verehrt werden durfte und sein Namen aus allen Inschriften entfernt werden musste.

Auch Kaiser Domitian (81–96 n. Chr.) verewigte sich mit einem Prachtbau, der *Domus Flavia*, Höhepunkt der von astrologischen Elementen durchdrungenen Kaiserverehrung. Der Imperator setzte sich mit Jupiter gleich und ließ den Prunksaal dieses Palastes, die *aula regia*, entsprechend gestalten. Über dem kaiserlichen Thron befand sich eine mit Sternenmotiven übersäte Kuppel, Symbol des Universums, in dem sich der Herrscher sowohl mit Gott identifizieren ließ, als auch die Rolle des obersten Richters übernahm. Domitian (96 n. Chr. ermordet) hielt sich zwar einen Hofastrologen, verurteilte aber jeden zum Tode, der es wagte, unbefugt das Horoskop des Kaisers zu erstellen.

Unter Trajan (98–117 n. Chr.) erfuhr das römische Imperium seine größte Ausdehnung. Besonders sein Nachfolger Hadrian (117– 138 n. Chr.) stand der Astrologie wohlwollend gegenüber, zog es aber vor, seine Solare selbst zu berechnen, um daraus Jahresprognosen für seine Herrschaft zu erstellen. Im Jahre 136 erkrankte er und bestimmte aufgrund von dessen aussichtsreichem Horoskop seinen Vetter Aelius als Nachfolger. Zu seiner großen Enttäuschung überlebte er ihn.

Der Herrscher ließ das Pantheon erbauen, dessen Öffnung (*Oculus*) die Sonne symbolisierte, während die fünf darunter liegenden, sie umkreisenden Kassettenreihen die fünf Planeten darstellten. Der Zyklus des Mondes kam mit der Anzahl der Kassetten je Deckenring zu seinem Recht – sie beträgt genau 28.

Septimius Severus (146–211 n. Chr.), der erste Afrikaner auf dem römischen Thron, war ebenfalls ein großer Anhänger und Förderer der Astrologie. Er verehrte die karthagische Himmelsgöttin Tanit und den syrischen Baal. Anlässlich der Heirat mit seiner zweiten Frau, der Syrerin Julia Domna, ließ er in Rom ein den Sieben-Planetengöttern geweihtes *Septizodium* erbauen – das allerdings nicht mehr erhalten ist –, denn auch diese Ehe war aufgrund eines Horoskops zustande gekommen. Julia Domna, Tochter des Baalpriesters in Emesa, erwies sich als große Förderin der Astrologie und umgab sich mit zahlreichen Sterndeutern aus ihrer Heimat.

Kaiser Konstantin der Große (280–337 n. Chr.) erklärte das Christentum zur Staatsreligion und gründete als neue Hauptstadt Konstantinopel, das heutige Istanbul. Obwohl ihre Zahl ständig wuchs, waren die Christen noch weit davon entfernt, die offizielle Religion des Imperiums zu stellen. Unter Konstantins Regierung wurde auch das einzige vollständig erhaltene Lehrbuch der Astrologie verfasst: die *Matheseis* des sizilianischen Senators Firmicus Maternus.

INTOLERANZ IM UNTERGRUND

Die tolerante römische Aristokratie huldigte nach wie vor einer Vielfalt von Göttern. Die Caesaren jedoch gaben – aus nahe liegenden Gründen – *sol invictus*, der »unbesiegten Sonne«, den Vorzug, dem siegreichen, wenn auch schon monotheistischen Sonnengott.

Auf Anpassung bedacht, verlegten die Anhänger der neuen Lehre aus Jerusalem ihren bisherigen Feiertag, den Sabbat, auf den »Tag der Sonne« und verschoben die Geburt des Messias vom 6. Januar zurück

Fresko in der Michaelis-Kirche in Lesnovo (Mazedonien), erbaut 1341. Christus Pantokrator, umgeben von den Tierkreiszeichen, zeigt das lang anhaltende Bemühen der Kirche, den heidnischen Zodiak mit ihrer Lehre zu verbinden und zu versöhnen.

auf die Wintersonnenwende, das Mithrasfest am 25. Dezember. Indem sie so ihre jüdische Herkunft verleugneten, unterliefen sie geschickt die römische Staatsräson. Die orthodoxen Kirchen des Ostens feiern Weihnachten weiterhin an Epiphanias. Die weströmische Christenheit beging das Dreikönigsfest dagegen lediglich mit kindlichen Sternsingern – als wären die Heiligen aus dem Morgenland nicht die Ersten gewesen, die von der Bedeutung des Ereignisses betroffen waren, sondern die letzten unbedarften Nachzügler!

Die zunehmende Christianisierung des Römischen Reiches und die damit einhergehenden Verbote der alten heidnischen Religionen erregten schnell Unwillen und Widerstand. Konstantins Vetter Julian (331–

363 n. Chr.) mit dem Beinamen Apostata (»der Abtrünnige«) entsagte dem Christentum und versuchte eine neuplatonische Philosophie, kombiniert mit allerlei Mysterienkulten, durchzusetzen. Sein früher Tod ließ das Vorhaben scheitern.

Unter Theodosius (347–395 n. Chr.) wurde das Christentum zwar wieder zur Staatsreligion, doch die römische Reichseinheit brach endgültig auseinander. Konsequenterweise verbot der Kaiser jegliche Astrologie, was aber wenig fruchtete. Vor allem in Ostrom ließen sich von nun an unübersehbare Bezüge zwischen dem byzantinischem Hofprotokoll und planetarer Astralreligion nachweisen.

Der Kirchenvater Augustinus (354–430 n. Chr.), als Manichäer in jungen Jahren ein eifriger Anhänger der Astrologie, verdammte sie jetzt als *fornicatio animae* und legte damit für lange Zeit die offizielle Kirchenmeinung fest. Das 381 n. Chr. stattfindende Konzil von Laodikeia untersagte den Geistlichen, Astrologie zu betreiben, das Konzil von Toledo (400) definierte jede Beschäftigung mit ihr als Ketzerei. Auf dem Konzil von Braga (563) wurden die ersten Astrologen exkommuniziert. Der Freiraum schrumpfte in den folgenden Jahren immer mehr, bis unter Justinian die Schließung jeglicher Schulen befohlen und allen Astrologen die Todesstrafe angedroht wurde. Bücherverbrennungen wachsenden Ausmaßes taten ein Übriges, den Astrologen den weiteren Aufenthalt im Römischen Reich zu verleiden. Sie flohen scharenweise nach Persien, wo man sie mit offenen Armen aufnahm und sie in neu geschaffenen Kultzentren Einfluss auf die indische und die arabische Geisteswelt nehmen konnten.

Während das Römische Reich zerfiel und das Christentum in Westeuropa zunehmend größere Bedeutung gewann, geriet die Sternendeutung sowohl durch Verbote der Kaiser als auch durch massive Interdikte der Kirche immer mehr ins Abseits. Dass überhaupt astrologisches Gedankengut über die Wirren der bald darauf einsetzenden Völkerwanderungen gerettet wurde und auch in den Norden gelangte, verdankt die Astrologie ihrer Fähigkeit, von Zeit zu Zeit in den Untergrund abzutauchen und dort zu überleben. Die Polemiken des Petrus Chrysologus (ca. 380–450 n. Chr.) und Leos des Großen (fünftes Jahrhundert) zeigen, dass sie auch in dieser Zeit immer wieder Anhänger fand. So entstand eines der umfangreichsten astrologischen Werke, die *Matheseis* des Julius Firmicus Maternus, im vierten Jahrhundert im lateinischen Westen.

Zum Teil pflegten auch Klöster nördlich der Alpen weiter heimlich die Sternenkunde.

Im Osten des zerbrochenen Imperiums hatten die Lehren des Neuplatonismus eine kurze Blütezeit erlebt. Porphyrios (ca. 234–304) und Proklos (412–485) taten sich als Verteidiger der Astrologie hervor. Sie bemühten sich auch um eine Versöhnung mit dem Christentum, das sich hier ebenfalls durchzusetzen begann. Dies belegen die wohlwollende Beschäftigung mit dem Stern von Bethlehem und der über die Astrologie entschlüsselbaren Stellen des Alten Testaments. Die Sterne zeigen irdische Konditionen an, denen sich der Mensch als vernunft - begabtes Wesen mit Gottes Hilfe widersetzen kann. Dem Vorwurf der entsittlichenden Wirkung eines in den Sternen gebundenen Willens trat im vierten Jahrhundert n. Chr. auch der Astrologe Hephaistion von Theben entgegen. Der Alexandriner Origines (ca. 185–254) reduzierte die Astrologie auf eine Lehre von den Sternen als Zeichen und schrieb dem Menschen die Aufgabe zu, diese Sternenschrift zu entziffern.

Doch auch in Byzanz intervenierten Staat und Kirche. Die letzte Publikation astrologischen Inhalts erfolgte unter dem Pseudonym Laurentius Lydus. Kaiser Justinian (482–565) ließ die berühmte Schule von Athen schließen und unerbittlich gegen jeden vorgehen, der Sonne, Mond und Sterne für beseelte Wesen hielt. In der Folge wichen viele Anhänger der alten Lehre und letzte Hüter griechisch-ägyptischen Wissens in den nahen Orient nach Syrien, Persien und Indien aus. Sie bewahrten die hellenistischen Errungenschaften nach dem Fall des Weströmischen Reiches 476 n. Chr. Ihnen verdankt die arabische Astrologie, die sich im hohen Mittelalter in ganz Europa verbreitete, ihre Blütezeit.

II

DIE GEOMETRIE DES ZODIAK

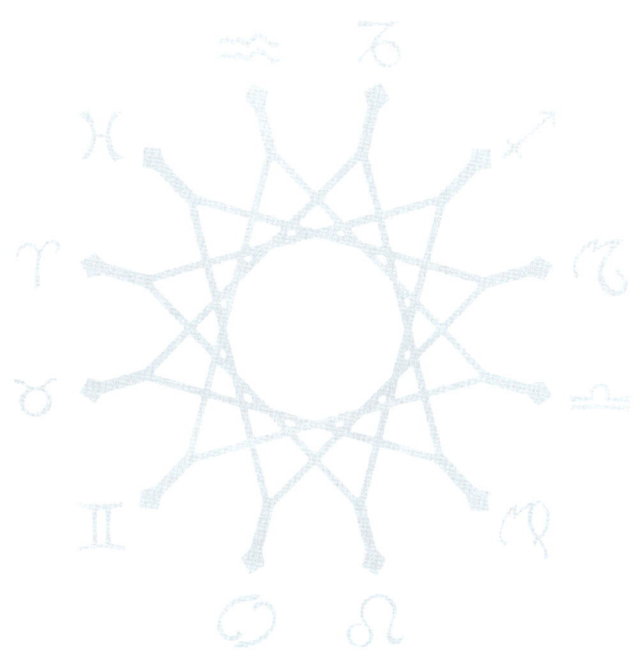

Geschlecht
der Tierkreiszeichen

Es konnte nicht ausbleiben, dass die in ihrem Kreis so regelmäßig angeordneten Zodiak-Zeichen nach einer Differenzierung verlangten. Die nahe liegendste Unterscheidung war zweifellos, dem Herrschaftssystem von Mond und Sonne zu folgen, dem Prinzip der geschlechtlichen Polarität – und zwar alternierend. So ergab sich eine erste Unterteilung: männlich oder weiblich.

Zum Umgang mit der Astrologie ist zu sagen, dass sie weniger auf Deutung des Schicksals abzielt – oder gar auf die Unterwerfung unter mysteriöse Mächte –, sondern vielmehr auf die Erkenntnis von Urprinzipien. Dem archaischen Dualismus von Sonne und Mond entspricht der von Feuer oder Wasser, von Mann oder Frau. Beginnend mit dem Widder (männlich) ist der gesamte Tierkreis im steten Wechsel dieser beiden Gegensätze geordnet. Diesem System entspricht auch die Unterteilung in Tag- und Nachthaus, die ebenfalls dem Prinzip der Polarität entspricht (wie es sich im Übrigen auch in der fernöstlichen Philosophie, z. B. im chinesischen Yin-Yang, findet).

Aus dem Tarot des Andrea Mantegna (1431–1506): Der bedeutende Grafiker der Renaissance bezog auch die neun Musen in sein Kartenwerk mit ein. Die »Geometria« weist auf die für das astrologische System so wesentlichen Figuren Kreis, Quadrat und Triangel hin.

Eine Darstellung des Sonnen-Mannes und der Mond-Frau im
Zeitalter der Alchemie. Hahn und Henne überhöhen die Bedeutung
des Dualismus durch die Frage nach dem (nicht gezeigten) Ei –
eines der beliebtesten Symbole des »opus magnum«.

Lateinischer Merkvers für die Tierkreiszeichen:

Aries, Taurus, Gemini,
Cancer, Leo, Virgo
Libraque, Scorpio, Arcitenens,
Caper, Amphora, Pisces

Folgende Zuordnungen entstehen:

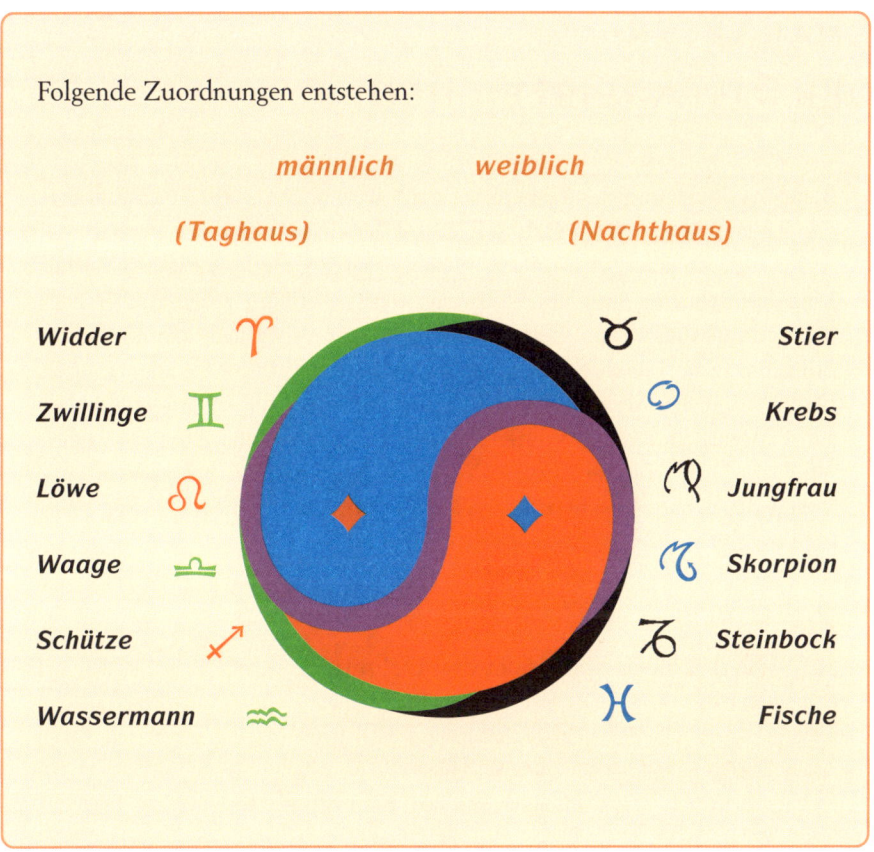

männlich (Taghaus) / weiblich (Nachthaus)

männlich (Taghaus)			weiblich (Nachthaus)
Widder	♈	♉	Stier
Zwillinge	♊	♋	Krebs
Löwe	♌	♍	Jungfrau
Waage	♎	♏	Skorpion
Schütze	♐	♑	Steinbock
Wassermann	♒	♓	Fische

Noch ein Wort zum Yin-Yang-Prinzip: Durch sein Symbol zeigt es, dass in der einen Hälfte stets auch ein (geringerer oder stärkerer) Anteil der jeweils anderen vorhanden ist. Das gilt auch für das Geschlecht der Tierkreiszeichen.

Aufmerksamen Betrachtern wird aufgefallen sein, dass nicht nur die beiden Geschlechter im Lauf des Tierkreises ständig wechseln, sondern dass auch alle roten und grünen Zeichen als männlich gewertet werden, alle blauen und schwarzen hingegen als weiblich. Es liegt auf der Hand, dass man es nicht bei dieser noch recht groben Unterscheidung der Zeichen belassen wollte, zumal sich die ominöse Zwölf ja auch in vier mal drei teilen lässt und damit eine weitere Klassifizierung ermöglicht.

CHARAKTER
DER TIERKREISZEICHEN

Bei der Gliederung des Tierkreises nach dem so genannten »Charakter« der Zeichen handelt es sich um eine Klassifizierung ihrer Verhaltensweise, also ungeachtet ihrer spezifischen, »prinzipiellen« Eigenschaften. Man könnte dies auch ihr »Temperament« nennen, wenn der Begriff nicht schon anderweitig belegt wäre. Die Aufteilung nach drei Gesichtspunkten (z. B. Geist, Seele, Materie) war stets Anliegen aller großen Denker und den Menschen wichtig und vertraut, weil sie einerseits Halt gab (Triped), andererseits einen Ausweg aus dem zwanghaften Entweder-oder des Dualismus eröffnete. Die Dreierkonstruktion bringt zwar die Vernunft, den politischen Ausgleich (Triumvirat), ins Spiel, aber auch eine magisch-religiöse Komponente (Trinität).

Die Astrologie verwendet drei Definitionen:

kardinal = richtungsweisend, bestimmend
stabil = fest, starr, unbeeinflussbar
mobil = beweglich, schwankend, beeinflussbar

Wieder beginnend mit dem (kardinalen) Widder, verläuft dieses Einteilungsschema in oben genannter Reihenfolge rund um den Tierkreis.

Es gelten also:

Widder / Krebs / Waage / Steinbock	*als kardinal*
Stier / Löwe / Skorpion / Wassermann	*als stabil*
Zwillinge / Jungfrau / Schütze / Fische	*als mobil*

Jede dieser drei Gruppen (von Zeichen zu Zeichen verbunden) bildet ein Quadrat, die drei Quadrate übereinander gelegt ergeben einen zwölf-zackigen Stern. Die Kardinalen liegen jeweils am Anfang der Kreisseg-mente, die auch als Jahreszeiten bekannt sind, die Stabilen in der Mitte und die Mobilen am Ende.

Die Zuordnung ist aus der Farbgebung ersichtlich:

kardinal	*violett*
stabil	*rot*
mobil	*blau*

In Fortführung der bisher angewandten Aufteilungsschemata bietet sich als Letzte die Gliederung des Tierkreises in vier mal drei Zeichen-Gruppen an.

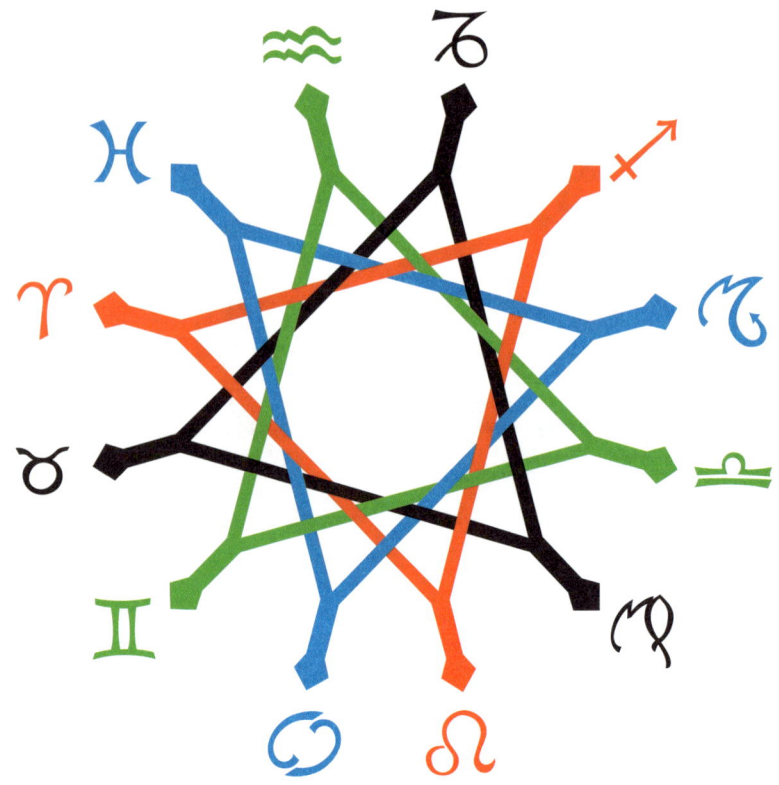

Elementarzuordnung der Tierkreiszeichen

Die logische, lineare Erweiterung und Verfeinerung des Yin-Yang-Ge-gensatzes führt einerseits zur schlichten Verdoppelung des Dualsystems, zum anderen zur geistigen Alternative des Triangels. Jedem der vier im Tierkreis möglichen Dreiecke hat schon Aristoteles ein Element zuge-ordnet.

Wieder beginnend mit dem Widder (dem Feuer zugeordnet), verteilen sich die vier Elemente in der angegebenen Reihenfolge (Feuer, Erde, Luft, Wasser) entgegen dem Uhrzeigersinn über den Tierkreis:

Widder / Löwe / Schütze   sind **Feuer**-Zeichen
Stier / Jungfrau / Steinbock   sind **Erd**-Zeichen
Zwillinge / Waage / Wassermann sind **Luft**-Zeichen
Krebs / Skorpion / Fische   sind **Wasser**-Zeichen

Auffällig ist das geometrische Ebenmaß eines solcherart aufgeteilten Tierkreises: Verbindet man die Häuser des gleichen Elements miteinander, so entsteht ein Stern aus vier gleichseitigen Dreiecken.

Über die typischen Eigenschaften der Elemente werden im Verlauf dieser Einführung noch differenziertere Aussagen folgen.

Die Zuordnung ist aus der Farbe der Zeichen ersichtlich:

rot	= **Feuer**	schwarz	= **Erde**
grün	= **Luft**	blau	= **Wasser**

Es genügt für den Anfang vollauf, sich diese Elementarzugehörigkeit der Tierkreiszeichen einzuprägen, wobei die sichtbaren vier Farben und der Rhythmus ihrer Wiederkehr im Tierkreis eine große Hilfe darstellen. In diesem Zusammenhang sei daran erinnert, dass Feuer und Luft als männlich gelten und Wasser und Erde als weiblich. Zur weiteren Kontrolle mag die Tatsache dienen, dass jedes Element nur einmal in jedem Quadrat von »Charakteren« vorkommt.

Feuer	Aktivität, Wille
Erde	Schwere, Materielles
Luft	Leichtigkeit, Geistiges
Wasser	Passivität, Gefühl

Die Zuordnung eines jeden Tierkreiszeichens zu einem der vier Elemente ist für die Astrologie von herausragender Bedeutung (die Vier nimmt im magischen Zahlenspiel des Zodiaks neben der Zwölf und der Sieben einen hohen Rang ein). Deshalb soll sie an dieser Stelle ausführlich behandelt werden, bevor das Reich der Planeten zum Zuge kommt.

DIE VIER ELEMENTE DES ARISTOTELES

Schon seit alters ist das Kreuz Sinnbild sowohl der Erde selbst wie auch der vier Elemente. Auf nachstehender Zeichnung (14. Jahrhundert) begegnen sie sich in klassischer oppositioneller Anordnung, symbolisiert durch vier mystische Figuren. Die lateinische Inschrift liest sich wie folgt:

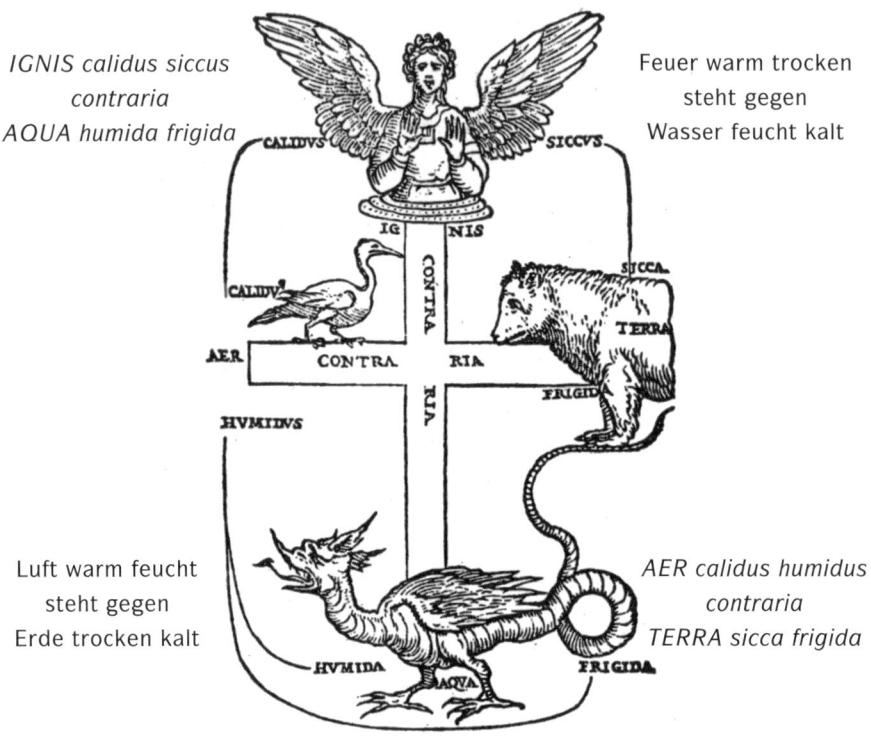

*IGNIS calidus siccus
contraria
AQUA humida frigida*

Feuer warm trocken
steht gegen
Wasser feucht kalt

Luft warm feucht
steht gegen
Erde trocken kalt

*AER calidus humidus
contraria
TERRA sicca frigida*

Der Astrologe Albohazen (Ali Ibn Abi'r-Rigal), auch als Haly Abenragel bekannt, erläuterte zum ersten Mal die Elementarzugehörigkeit der Aristoteles zugeschriebenen Elementaraufteilung als feurig, irdisch, luftig und wässrig.

Die vier Schwestern zeigen nicht nur die vier Elemente, sondern auch die vier Phasen des Feuers im Großen Werk der Alchemie.

Jedem Element werden divergierende Eigenschaften zugeordnet. Im Lateinischen ist die Geschlechtsfrage der Elemente im Sinne der Astrologie beantwortet: *ignis* und *aer* sind männlich, *aqua* und *terra* weiblich.

Luft-Zeichen
die schlauen Zwillinge
die aalglatte Waage
der leichtlebige Wassermann

Erd-Zeichen
der eitle Stier
die schwerblütige Jungfrau
der seriöse Steinbock

Feuer-Zeichen
der bockige Widder
der königliche Löwe
der eifrige Schütze

Wasser-Zeichen
der scheue Krebs
der geile Skorpion
die verträumten Fische

Feuer

Farbe: rot

Das Feuer gilt als Lebensspender. Seine Nutzbarmachung ist eine der großen Errungenschaften der Menschheit. Flammen und Hitzeentwicklung und das Verbrennen zu Asche hat die Bewohner der Erde bis heute in ihren Bann geschlagen. Von ehrfürchtiger Bewunderung bis zu pyromaner Ekstase findet man alle Formen des Umgangs mit Flammen. Das Feuer ist der große Veränderer.

Ohne Feuer wären weite Teile der Erde unbewohnbar. Richtig dosiert, kann es Wasser zum Kochen bringen und Erde zum Schmelzen – doch der Luft ist es gegeben, Feuer zu entfachen oder erlöschen zu lassen. Seit Prometheus den Göttern das Feuer für die Menschheit raubte, ist seine unvergleichliche Anziehungskraft so stark wie die Unsicherheit der Menschen im Umgang mit ihm. Es gilt als unsterblich.

Der gleißende Blitz, vom Donner gefolgt, und die brodelnde Glut der Vulkane erinnern ebenso an das Feuer wie der täglich neu aufsteigende Feuerball der Sonne. Ihre flammende Scheibe ist sein Symbol.

Der Feuer-Salamander in seinem Element verbrennt nach Paracelsus keineswegs in den Flammen der Materie, sondern lebt »im Geistfeuer der Natur«.

Erde

Farbe: schwarz

Der Menschheit mütterliche Ernährerin, ihr vertrauter Lebensraum. Als Element ist der Begriff Erde für jegliche feste Materie bei den Astrologen seit jeher unbestritten. Dieses vierte Element ermöglicht die Existenzbedingungen auf dem Planeten Terra. Es ist von allen vieren das sensibelste: Feuer kann die Erde verwüsten, Wasser löst sie auf, und wie abhängig irdische Lebewesen von der Luft sind, ist allen bewusst. Bei der Definition der Erde als Element dachte man wohl an fruchtbare Ackerschollen und mineralhaltiges Gestein, denn ihre Eigenschaften werden mit Produktivität, Besitz und Prosperität gleichgestellt. Der Charakter der Erde: in sich ruhend, geschlossen, verlässlich. Ihr Symbol ist das Rad des Lebens, der Kreis mit dem (alle vier Elemente vereinenden) Kreuz.

Luft
Farbe: grün

Ohne Luft kann der Mensch nicht leben. Die Luft wurde als Element – klassisch gesehen – auf das Zusammenwirken von Feuer und Wasser zurückgeführt. Ihr Vorhandensein war den Menschen bis ins Zeitalter der Aufklärung nicht geheuer, weil Luft unerklärlich, unsichtbar, unfassbar ist. Heute wissen Gelehrte alles über ihre Struktur. Keines der anderen Elemente käme ohne sie zur Entfaltung. Luft entfacht das Glimmen zum Feuer, erlaubt Leben sogar im Wasser, lässt die Erde atmen. Luft ist der Spiritus, der geistige Existenz einblasende Intellekt. Wissen und Forschung, Höhenflug der Gedanken und effektives Management werden ihr ebenso zugeschrieben, wie Sprunghaftigkeit, Luftschlösser und trügerische Doppelbödigkeit. Der geistigen

»Aus dem Bauch des Windes« gebiert nach alchemistischer Vorstellung die männliche Luft den Stein der Weisen.

Dimension, die sie ein unendliches All ausfüllen lässt, stellt ihr Wirklichkeitssinn das Dreieck entgegen: Wirken kann sie im Lebenskreis nur in Verbindung mit den drei anderen Elementen.

Wasser

Farbe: blau

Das geheimnisvolle, feuchte Element. Während der spru-
delnde Quell den Erdbewohnern nützlich und selbst als rei-
ßender Fluss nutzbar ist, bleiben ihnen Weite und Tiefe des
Meeres stets achtungsgebietend und unheimlich. Als schiere
Wunder mussten die Vorfahren des Menschen die passiven Veränderungen des Wassers erscheinen: Hitze kann es verdampfen lassen, in der Kälte erstarrt es zu Eis. Diese Verwandlungen in veränderte Elementarfor-
men wie Luft oder erdähnliche feste Materie führten dazu, dass dem

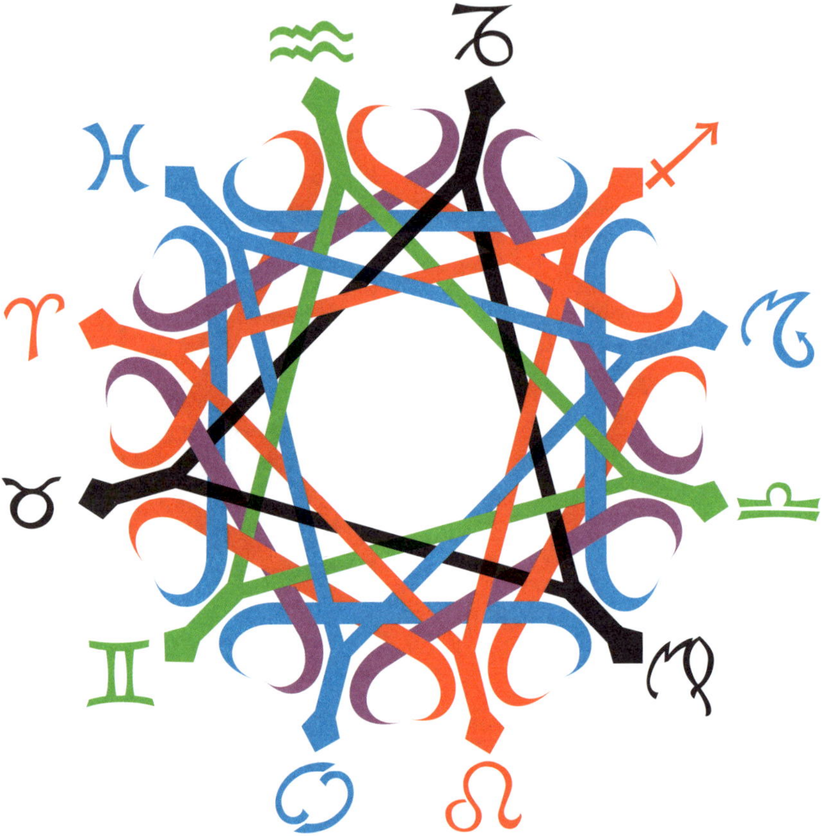

Wasser als typische Wesensarten Unstetigkeit und Launenhaftigkeit zugeschrieben wurden. Das ihm ebenfalls zugeordnete unergründliche menschliche Innenleben wurde zum bevorzugten Terrain der Tiefenpsychologie. Seine Lethargie wechselt mit jähen Emotionen, so wie sich die spiegelglatte See plötzlich zur Sturmflut wandelt.

Wasser kann die Erde tränken, aber auch ertränken. Seine Fülle, von der die Ozeane zeugen, gilt als unerschöpflich. Symbol ist der Mond, die weibliche Gottheit, die im ständigen Rhythmus von Ebbe und Flut zeigt, welche Macht sie über das Wasser hat.

Bereits bei einer Kombination von Elementzuordnung und Charakter gleicht kein Tierkreiszeichen einem anderen. Legt man die beiden Sterne (den der Elemente und den der Charaktere) übereinander, so erhält man ein zwölfstrahliges Sterngeflecht von höchster Harmonie. So wird schon zu diesem Zeitpunkt offenbar, welcher Reichtum an Unterscheidungskriterien den Tierkreiszeichen innewohnt. Dabei blieb das wichtigste Einteilungsprinzip bislang ausgeklammert: die Zugehörigkeit zu bestimmten Planeten.

Nun ist der Lauf der Planeten in sich immer weiter dehnenden Ellipsen um das Zentralgestirn Sonne eine astronomische Erkenntnis. Für die Astrologie bewegen sich die Wanderer, unabhängigen Göttern gleich, nach eigenen Gesetzen über das Firmament. Je nach Sympathie oder einer anderen Art von »Beziehung« lassen sie sich in den Häusern der Tierkreisbilder nieder, deren Position von der Ekliptik der Sonne bestimmt ist. Dieses Verhältnis von »Domizil gewährenden« Figurationen am Fixsternhimmel und »beherrschenden« Planetengöttern als Gästen hat sich in zahlreichen Legenden niedergeschlagen.

*Nicht immer ist der Grund für diese Beziehungen aus der Symbolik der Zeichen des Zodiaks klar ersichtlich, sondern nur durch die mythologische Deutung des geschilderten Vorgangs nachvollziehbar. Um das komplexe System des Zodiak zu erfassen, ist es unverzichtbar, sich der Mythen zu vergegenwärtigen, die den Hintergrund für die Entwicklung der Tierkreiszeichen und deren Bedeutungszuweisung bilden. Nur das Verständnis dieser Sagenwelt erschließt die Wechselwirkung zwischen Zeichen und Planetengöttern, zwischen **Nativem** und **Prinzipien**, die bis heute die Grundlage der Horoskop-Deutung bildet.*

III

STERNENBILDER

DIE SAGENWELT DER TIERKREISZEICHEN

Die 1987 in der Bibliothek von Sippar entdeckte Schrifttafel legt nahe, dass die endgültige Einführung des zwölfteiligen Zodiaks um gut zweihundert Jahre vordatiert werden muss, nämlich in die Regierungszeit des (dort erwähnten) Nabuco Donosor II., also um 600 v. Chr.

Der Lauf des Licht- und Wärmebringers Sonne über die große Zeiteinheit Jahr hinweg wurde schon relativ früh beobachtet. Eine erste bedeutende Errungenschaft der Observation stellt zweifellos dar, dass die Wendepunkte in der Ekliptik des Gestirns erkannt wurden – die Sonnenwenden (Solstitien) im Sommer und im Winter sowie die Tagundnachtgleichen (Äquinoktien) in Frühling und Herbst.

Um die Sektoren dazwischen auf verständliche Weise einzuteilen, wie es sich für das Zusammenleben als notwendig erwies, suchten die Weisen nach weiteren Anhaltspunkten. Sie fanden sie in bestimmten Sternkons -tellationen am nächtlichen Firmament. Aus ihnen entwickelten Mythos, Lebenserfahrung und Phantasie die Sternbilder. Es konnte nicht ausbleiben, dass die Menschen in den Figuren am nächtlichen Himmelszelt auch besondere Eigenschaften vermuteten, die in diesem Zeitabschnitt der Sonneneklipse wirksam wurden, speziell auf die darin Geborenen (in der Astrologie *Native* genannt). Inwieweit dieser Einfluss der Gestirne anfänglich als prägend erachtet wurde, ist nicht überliefert.

Es ist als Theorie ebenso wenig von der Hand zu weisen, dass bereits vorhandene, den Menschen als göttliche Wesen vertraute »Tiere« in den Himmel versetzt wurden, also am Himmelszelt nach ihren Entsprechungen gesucht wurde. Dieser Vorgang wird sich gewiss eine Zeitlang hingezogen haben, bis je nach Kulturkreis auftretende Differenzen und Differenzierungen betreffend der verehrten Tiergottheiten beigelegt waren. Dass der deutsche Ausdruck »Tierkreis« sich *nicht* aus der Übersetzung aus dem Griechischen herleitet, sondern einer Verballhornung des germanischen »Thyr« = Thor = Mars entstammt, ist in den Bereich versuchter Eindeutschungen zu verweisen, wie auch in anderen Fällen die Verwendung germanischer Begriffe in der Astrologie sich nicht als sonderlich hilfreich erweist.

Die seit Jahrtausenden unveränderte Beibehaltung der – letztlich mit viel Phantasie – zusammengefügten Konstellationen zu den uns bekannten Sternbildern, lässt darauf schließen, dass sich hier ursprüngliche Intuition durch Erfahrung ausreichend und überzeugend bestätigte. Da vorwiegend Gestalten aus dem Tierreich gesehen wurden, erhielt der

Zyklus später im Griechischen den Namen »Zodiakos Kyklos«, *Kreis der Tiere*. Auch wenn es sich genau genommen um eine Schlangenlinie handelt, die sich über den nördlichen Sternenhimmel zieht (*siehe Abbildung im Vorsatz des Buches*).

Die meisten Tierkreiszeichen leiten sich überwiegend aus der griechischen Mythologie ab, und zwar aus den Sagen um die Fahrt der Argonauten, die Abenteuer von Herakles / Herkules und die turbu - lenten Geschehnisse im Olymp. Viele Legenden sind allerdings wesentlich älteren, sumerisch-akkadischen und in der Folge assyrisch-chaldäischen Ursprungs.

Viele der – oft unfreiwilligen – »Heldentaten« entwickelten sich aufgrund von frivolen bis maliziösen Einmischungen der Götter in das Leben der Irdischen.

Den so geschaffenen »Heroen« wurden Denmäler am Firmament als Trost zuteil.

Die Übersetzung des Begriffs ZODIAKOS als Tierkreis stellt eine Verengung des ursprünglichen griechischen Wortinhalts dar. Tatsächlich tobt da ein kunterbunter Reigen von Fabelwesen, phantastischen Gerätschaften und Halbgöttern über das Firmament.

Caprarola (Latium, Italien), Villa Farnese,
Sala del Mappamondo. Himmelsdarstellung mit den Sternbildern.
Teilansicht des Deckenfreskos, 1572

ARIES – DER WIDDER

Das Zeitalter des Widders hat seinen Beginn zeitgleich mit den Höhepunkten ägyptischer Monumentalbaukunst. Der Pharao und Sonnengott Ammon-Ra (ursprünglich Amun, ein ägyptischer Herde- oder Weidegott, der Jupiter der Ägypter) lässt sich mit Widderkopf darstellen, und eine Allee von Widder-Sphinxen führt zum Sonnentempel von Karnak. Der Untergang des Widders fällt in die Epoche glanzvollster Machtentfaltung des Römischen Reiches. Sein vemiedlichtes Ende als Osterlamm des aus dem Alten Testament der Juden für Europa maßgeschneiderten Christentums wird der Bedeutung des Symbols, mit dem die Astrologie das Sonnenjahr beginnen lässt, in keiner Weise gerecht.

Der Widderkult beruht auf der Sage vom Chrysomallus, dem Bock mit dem Goldenen Vlies (sein Träger galt als Sohn Neptuns und konnte

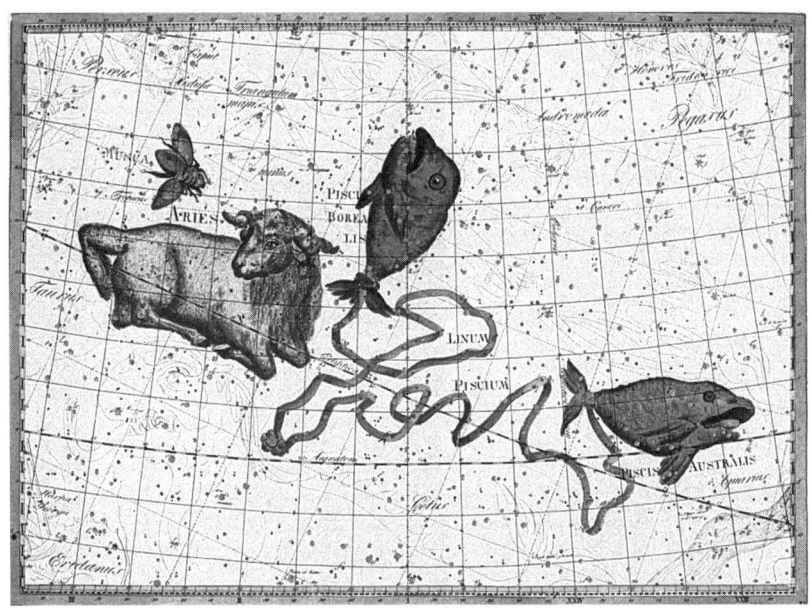

Widder, der Träger des »Goldenen Vlieses«, das Zeichen zu Beginn des Tierkreises, und die durch das mystische Band verbundenen Fische, sein Abschlusszeichen.

sprechen und fliegen). Die Rückführung der Trophäe durch die Argonauten nach Hellas wurde von den Bewohnern von Magna Graecia als kulturpolitisches Signal der Abnabelung von Ägypten verstanden.

Doch schon die Entstehung des Mythos ist bedeutsam: Ein königliches Geschwisterpaar muss fliehen, die Götter schicken einen Widder, der sie auf sich reiten lässt. Beim Sprung über den Bosporus stürzt die Schwester, Helle, ins Meer (Hellespont): Brückenschlag und wohl auch gleichzeitig endgültiger Abschied vom Matriarchat. Der Bruder opfert nach der Rettung den Widder (auf dessen eigenes Geheiß) und hängt das Fell (das Goldene Vlies) im Hain des Ares (= Mars) zu Kolchis auf. In Anerkennung seiner aufopfernden Tat versetzen die Götter das Tier an den Sternenhimmel.

TAURUS – DER STIER

Der dem Widder vorangehende Stierkult der Kreter (das Labyrinth des Minotauros, den dann Theseus bezwingt) hat für den nördlichen Mittelmeerraum geradezu Gründerfunktion: Die phönizische Königstochter Europa wird am Strand von einem Stier entführt (der verkleidete Obergott Zeus auf außerehelichen Abenteuern). Er trägt sie auf seinem Rücken von Karthago nach Kreta über das Meer (Hinweis auf die Wasserkomponente Jupiters). In der gleichen Verkleidung schwängert der Gott auch Io, die sich in eine Kuh verwandelt hat, um zum einen den Mordabsichten der erbosten Hera zu entgehen, zum anderen den Nachstellungen des Zeus, der sie dennoch zur Ahnfrau der wichtigsten Stämme Griechenlands macht (Ionisches Meer). Das Ende des bis dahin herrschenden Matriarchats zeichnet sich ab. Der kraftvoll liebende Taurus der Venus wird Opfer eines Macho-Rituals, wie es sich bis heute in der spanischen Corrida gehalten hat.

Die von Syrien (Baalbek) ausgehende Anbetung des Stierhauptes des Gottes Baal findet ihre Ausbreitung vor allem durch die römischen Legionen, die sein Bild über die Alpen (Stier von Uri) bis an den Limes tragen. Diese martialische Auslegung überschattete lange Zeit die weibliche Komponente des Zeichens. »Taurica« war der Beiname der Diana (der auch Iphigene auf Tauros geopfert werden sollte). Dieselbe Göttin (der Jagd) wurde einst als Hüterin der Herden verehrt, auf einem Stier reitend, dessen Hörner auch als Sinnbild des wechselnden Mondes galten. Venus/Aphrodite (in ihrer lunaren Erscheinung als Hesperos, der Abendstern) zog den Kult der Artemis/Diana, was den erdhaft weiblichen Stier anbetrifft, später an sich. Die Mondherrschaft blieb ihr verwehrt.

GEMINI – DIE ZWILLINGE

Kastor und Pollux (Polydeukes), die Brüder der schönen Helena von Troja, sind das männliche Zwillingspaar, das Zeus (diesmal als Schwan verkleidet) mit Leda zeugte. Die unzertrennlichen Dioskuren nehmen am Zug der Argo zur Wiedergewinnung des Goldenen Vlieses teil. Als Kastor beim Raub einer Rinderherde (deutlicher Einfluss des Gottes Hermes/Merkur, der bekanntlich seine Karriere als Viehdieb begann) getötet wird, verleiht Zeus dem überlebenden Pollux Unsterblichkeit. Der will sie jedoch mit seinem Bruder teilen, und so verbringen die Zwillinge schichtweise, aber gemeinsam einen Teil ihres Daseins im Hades, den anderen als gefeierte »Retter« unter den Menschen.

Mit dem Sternbild gedenken die Götter gerührt der liebenden Brüder, die solcherart den Tod überwanden. Nach dem römischen Mythographen Hygin (*Poetica Astronomica*, entstanden um das Jahr 207 n. Chr.) soll es sich jedoch um Apoll und Herakles handeln. Dies ist höchstens aus Darstellungen herzuleiten, auf denen einer der Zwillinge Pfeil und Leier in den Händen trägt, der andere aber eine Keule.

Die Römer, die sich gern auf die Argonauten als Ahnherrn beriefen, übernahmen das Zwillingspärchen willig: Als Romulus und Remus wurden die ausgesetzten Knaben so lange von der Wölfin (dem Wahrzeichen Roms) gesäugt, bis sie zu jenen Taten fähig waren, auf die ganz Italien heute noch stolz ist.

CANCER – DER KREBS

Das kardinale Wasser-Zeichen, der in sich gekehrte Doppelmond, soll bereits in der Frühzeit der überlieferten Astrologie, also in der Epoche des Zweistromlandes (Mesopotamien) eingeführt worden sein, als die Sonne ihr Solstitium tatsächlich im Krebs hatte und sich von dort an, wie das Schalentier rückwärts bewegte. Wahrscheinlich bildete sich der Cancer aus einer der Erscheinungsformen des Aton (altägyptischer Sonnengott, ca. 3000 v. Chr.), und zwar dem *Chepra*, jenem Mistkäfer, der die Sonne des Morgens aus der Nacht heranrollt. Der goldglänzende Skarabäus mutierte später zum Krebs, der die Sonnenwende anschiebt und nicht ohne Grund seinen Platz vor der Doppelsonne des Herrschers fand.

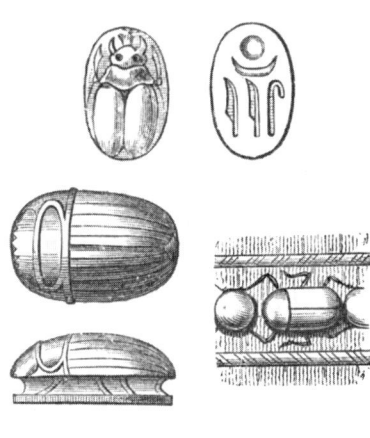

Der Krebs, den Hera losschickt, damit er Herakles im Kampf gegen die vielköpfige Hydra von hinten in die Ferse zwickt, ist zweifellos eine nachgelieferte Legende.

Herakles zertritt den Krebs und enthauptet die Hydra. Der verärgerten Frau des Zeus bleibt nichts anderes, als das unschuldige Tier am Himmelsgewölbe zu verewigen, und zwar entsprechend ihrer eigenen Position als »First Lady« mit Anspruch auf den Platz direkt neben dem herrscherlichen Sonnen-Löwen.

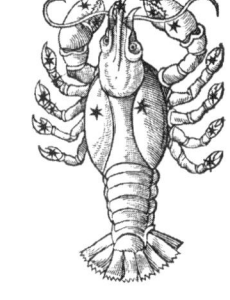

Nach der ägyptischen Mythologie rollte einst der goldene Mistkäfer die Sonne zu ihrem Aufgang. Auch als er in der hellenistischen Astrologie durch den Krebs der Hera (Juno) ersetzt wurde, blieb diesem der Platz an der Seite des Herrschers im Tierkreis erhalten.

LEO – DER LÖWE

 Auch hier liegt der Gedanke nahe, dass das Zeichen der Doppelsonne, der Löwe, zu einer früheren Epoche aufkam, als die Sommersonnenwende auf diesen Himmelssektor fiel. Die Bezwingung des Nemeischen Löwen (damals noch ein Tier der Mondgöttin Selene) ist die erste der zwölf Aufgaben des Herakles. Er zieht ihm das Fell ab und wirft es sich über, sodass das Löwenhaupt seinen Kopf verhüllt. Diese »Königstracht« ist sicher afrikanischen Ursprungs. (So treten heute noch afrikanische Stammeshäuptlinge auf; s. auch »Der Löwe von Juda«, Äthiopien, oder der Löwenleib der Sphinx). Der *Löwe von Kommagene*, das steinerne Monumental-Horoskop am Euphrat zur Krönung des Königs Antiochos I., verdeutlicht die Affinität menschlicher Herrscher zum König der Wüste.

Die Basis seiner Macht besteht jedoch in seiner Gleichsetzung mit dem Licht und dem Feuer des Sonnengottes Sol (Helios/Apoll, auch Hyperion). Ausgehend von Karthago trat der exotische *Leu* seinen Siegeszug als Wappentier europäischer Königshäuser an, so im normannischen England (Richard »Löwenherz«), in der Seerepublik Venedig (Markuslöwe), in Flandern, Böhmen und Bayern. Der königliche Leu als Opponent zum anderen ›festen‹ Herrschaftssymbol, dem kaiserlichen Adler.

VIRGO – DIE JUNGFRAU

 Das weibliche Erd-Zeichen, von dem weder das ursprüngliche Symbol noch das Alter bekannt sind, basiert mit Sicherheit auf dem Fruchtbarkeitskult, dessen Gottheiten durchwegs Frauen waren. Dem weisen Aratos zufolge leitet sich das Bild Jungfrau jedoch von Astraia ab (einer Tochter von Zeus/Themis). Die junge Frau war so beseelt von der Idee, den Menschen Gerechtigkeit und damit Frieden zu bringen, dass sie sich angesichts der Fruchtlosigkeit ihrer Bemühun-

gen entleibte und gen Himmel flog. Daher wird auch sie oft mit Flügeln dargestellt wie ein weiblicher Engel, mit einem Palmwedel in der Hand.

Andere sehen in der Virgo sowohl Tyche (Fortuna) wie auch Dike (Justitia). Selbst die unglückliche Erigone (die sich aus Gram über den Tod ihres Vaters erhängt) wird angeführt. Die jungfräuliche Parthenos/ Pallas Athene hingegen flieht ihren Vater, wird von ihrem Bruder Apoll gerettet und genießt später mit eigenem Tempel die Verehrung der Athener auf der Akropolis.

Die hellenische Mythologie lieferte noch eine andere Legende nach: Zeus' Schwester Demeter (zuständig für Frucht, Reife und Ernte) pflückt Frühlingsblumen mit Töchterchen Persephone. Hades, der Gott der Unterwelt, kidnappt das schöne Kind. Demeter, außer sich, gebietet allen Pflanzen unverzüglich, ihr Wachstum einzustellen. Weltweite Hungersnot ist die Folge. Zeus ordnet die Rückgabe an und schickt Hermes, den Götterboten. Doch Persephone ist schon dem Zauber der anderen Welt verfallen und will Hades nicht mehr verlassen. Früher Fall von Drogenabhängigkeit, bedenkt man auch diesen von Pluto abgedeckten Unterweltsbereich? Der angeblich von Merkur ausgehandelte Kompromiss sieht vor, dass sie einmal im Jahr für kurze Zeit an der Oberfläche erscheint (unter seiner Aufsicht und Verantwortung). Dann bricht die (begrenzte) Zeit weiblicher Früchte an.

LIBRA – DIE WAAGE

Das einzige leblos erscheinende Symbol im Tierkreis war ursprünglich ein Attribut der Jungfrau Astraia, Tochter des Zeus und der Themis. Diese Göttin, zuständig für Reinheit und Gerechtigkeit, war eine frühe Vorläuferin der klugen Pallas Athene (die »dem Kopf des Zeus Entsprungene«), der auch die Wissenschaften anvertraut wurden.
Die eigentlichen Erben des Komplexes Virgo-Libra wurden jedoch Hermes einerseits und Aphrodite andererseits, und zwar beide komplementär: Merkur im weiblichen Erd-Zeichen Jungfrau, Venus im männlichen Luft-Zeichen Waage.

Wenig menschliche Gerätschaften haben ihre Funktion über die Jahrtausende und über alle Kontinente hinweg so konstant beibehalten wie dieses Symbol des Handels und der Justiz. Ihr Ausschlag zur einen Seite kann Reichtum, zur anderen das Richtschwert bedeuten. In Rom kam die Waage erst unter Caesar zu Ehren. Bis dahin war sie Teil des Sternbildes Skorpion, das sich (mit größeren Scheren) bis in die Nähe des Herakles erstreckte. Anlässlich seiner berühmten Kalenderreform (julianischer Kalender) ließ der umsichtige Staatsmann und spätere Alleinherrscher die beiden trennen. Für die relative Jugend des Zeichens spricht auch, dass seine Benennung in vorbabylonischer Zeit noch ›Joch‹ bedeutete, worauf auch seine graphische Gestaltung deutlich hinweist und was – zusammen mit dem Stier – sich in der Venus-Dominanz erklären würde. Für den gesamten Sektor Virgo-Libra-Scorpio gibt es keine eindeutigen Zuordnungen, und die Grenzen zwischen den Zeichen sind schwimmend, ganz im Gegensatz zu den spiegelbildlichen Merkur-Venus-Mars Dominanzen bei Zwillingen-Stier-Widder.

SCORPIO – DER SKORPION

Berühmt wurde Scorpio durch ein prominentes Opfer: Sein Stachel tötete Orion, den großen Jäger. Nach der Götter unerfindlichem Ratschluss wurden daraufhin *beide* ans Firmament versetzt. Unweit vom Skorpion befindet sich sein angeblicher Vorgänger aus vorbabylonischer Zeit, der Adler. Der scheinbaren Unvereinbarkeit dieser beiden Bilder – erhabene Kühnheit auf der einen, ein fast manisches Verlangen zu verletzen auf der anderen Seite – entsprechen die Archetypen der Wappentiere. Der Adler setzte sich trotz seiner Grausamkeit in voller Majestät durch, während dem Skorpion als Heimtücke ausgelegt wurde, was lediglich einer instinktiven Abwehrhaltung entspringt. Gemeinsam sind ihnen latente Gefährlichkeit und impulsive Unberechenbarkeit: die zwei Gesichter des nächtlichen Mars. Es gibt Vermutungen, dass der julianischen Kalender-Korrektur damals auch das verschollene Sternbild Adler endgültig zum Opfer gefallen ist.

Dagegen spricht allerdings, dass bereits im ersten Millennium v. Chr. in der babylonischen Astrologie kein Tier (nicht einmal beim 18-teiligen Zodiak) dieses Namens mehr erwähnt wird, sehr wohl hingegen der Skorpion. Verständlich wäre, dass sich die frühen Christen des Tieres mit dem Giftstachel (dem zu Unrecht allein Tücke und Sexbesessenheit nachgesagt werden) schämten, als sie weit nach der Zeitenwende den vier Evangelisten die festen Charaktere des Tierkreises zuordneten.

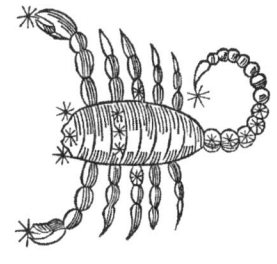

Es ist bis heute ungeklärt, ob der Adler einst den Platz des Skorpions einnahm.

So erhielt Johannes stattdessen noch den alternativen Greifvogel als Wappen, und für Matthäus wurde der Aquarius zum Engel. Keine Probleme brachten der Stier für Lukas und der Löwe für Markus. Der Skorpion ist ein starkes, äußerst komplexes Zeichen, dessen lunare Wasserkomponente nur mit dem Kriegsgott und seiner Feindschaft gegenüber allen anderen Göttern (Aphrodite ausgenommen) zu erklären ist.

SAGITTARIUS – DER SCHÜTZE

Die sagenumwobene Gestalt des Kentauren, halb Pferd, halb Mensch. Der weise Chiron lebt zurückgezogen als Jäger, Arzt und Botaniker. Von göttlicher Herkunft und unsterblich, genießt er einen hervorragenden Ruf als Heldenerzieher.

Einer seiner Schüler, der wilde Herakles, lässt aus Unachtsamkeit einen mit dem Drachenblut der Hydra getränkten Giftpfeil auf den Fuß seines väterlichen Freundes fallen. Chiron, der sonst immer

Der Bogenschütze (*Sagittarius* bzw. *Arcitenens*) wird in allen Kulturen durch den Kentaur dargestellt, ein Wesen mit menschlichem Oberkörper aus einem Pferdeleib herauswachsend.

Rat wusste, kann sich selbst nicht helfen. Er leidet so unter der schwären-
den Wunde, dass er die Götter um Sterblichkeit bittet. So kommt der
Kentaur zu seinem Platz am Himmel, und der Pfeil des Schützen wird
zum Symbol des Tierkreiszeichens, was seine Komplexität ungerechter-
weise mindert, denn in älterer Form hieß es »arcitenens«, bezog sich also
weit mehr auf den »Halter des Bogens«, als auf sein flüchtiges Geschoss.
Dafür spricht auch die Dominanz des Göttervaters Zeus/Jupiter, dessen
herrscherlicher Anspruch weitaus eher auf den Schützen pochen würde,
als auf den Pfeil.

Dem nicht immer glaubwürdigen Hygin zufolge handelt es sich hingegen bei dem Jäger um Krotos, den Sohn des Pan und der Musen-Amme
Eupheme. Die mäzenatisch veranlagten Damen nutzten ihren Einfluss
bei Zeus, um ihren Liebling am Himmel unsterblich zu machen.

CAPRICORNUS – DER STEINBOCK

Der bocksfüßige Pan wird, in seinem
Wald Flöte spielend, von Typhon, dem
Feuer speienden Drachen, attackiert.
In seiner Not springt der kleine Wald-
gott ins Wasser. Sein Unterleib verwandelt sich zum Fischschwanz, sein bis
dahin menschlicher Oberkörper mutiert zu dem eines Geißbocks (caper) –
so entsteht der Ziegenfisch. In dieser
Gestalt verewigt ihn Zeus, sein Retter, am Sternenhimmel, und so wird er korrekterweise dargestellt.

Aus dem Stundenbuch
»The Bedford Hours«,
ca. 1423.

Nach einer anderen Version handelt es sich ebenfalls um ein Mitglied der Panfamilie, das den Göttern in ihrem Streit mit den Titanen zum Sieg ver-
hilft. Der kleinwüchsige, behaarte, bocksfüßige, oft auch gehörnte Wald-
gott empfiehlt ihnen große Tritonhörner, auf denen sie so fürchterlich
trompeten sollten, damit die riesigen Unholde erschrocken fliehen. Zum
Lohn bekommt Pan ein eigenes Zeichen im Tierkreis.

Der Kult um Capricornus ist uralt und wird oft mit dem des Widders verwechselt, verschmilzt häufig auch damit. Die romantische Variante ist das magische Einhorn, die esoterisch-okkulte findet sich im *Haupt des Baphomet* der Templer (dessentwegen sie in dem berüchtigten Prozess von 1307–14 dämonisiert wurden).

Das Horn des Keltengottes Kernunos galt als Symbol des (verborgenen) Reichtums und des Winters: Die Samen ruhen im Schoß der Erde. Schlaf, Tod und Teufel.

Das Sternzeichen Steinbock zeigt den klassischen Ziegenfisch, so wie die Mythologie das Zeichen überliefert.

AQUARIUS – DER WASSERMANN

»Der Wasserausgießer« – so wurde der Aquarius schon zu babylonisch-chaldäischer Zeit dargestellt – war ein Symbol für das Einsetzen der Regenzeit. Der »Regenmacher Ombrios« war eine unübersehbare Anleihe bei Jupiter (Pluvius), wurde aber auch als »Fluch des Regens« geschmäht. Die Griechen nannten ihn Deukalion, und seine Sage erinnert stark an die Legende um die Arche Noah. Nur der Wassermann kann sich in der Sintflut retten. Als der Weltuntergang vorüber ist und kein weiteres menschliches Wesen in Sicht, rät ihm das Orakel der Themis, »die Knochen seiner Mutter hinter sich zu werfen«.

Bei diesem ägyptischen Wasserausgießer wird deutlich, warum das Zeichen im Lateinischen oft mit »amphora« bezeichnet wird.

Deukalion deutet es richtig, indem er die Steine der Erde (seiner Mutter Gaia) als Knochen interpretiert. Andere sehen in ihm Ganymed, den Zeus durch seinen Adler entführen ließ, um den Knaben zu seinem Mundschenk zu machen. So wird er oft kniend dargestellt, aus einem gewaltigen Trinkgefäß (Tritonmuschel?) ausschenkend. Wichtig ist allerdings immer auch das Gefäß (daher wird das Zeichen oft als »amphora« bezeichnet), und nicht allein sein flüssiger Inhalt. Entscheidend ist der geistige Vorgang des Ausschüttens. Aquarius, Zeuge der Zerstörung *und* Erneuerer. Irgendwann im neuen Millenium wird der Frühlingspunkt das langersehnte Zeichen erreichen.

PISCES – DIE FISCHE

Schon mit den beiden vorangegangenen Zeichen erfolgte der Eintritt in das lunare Wasserreich, was die Planetendominanz anbetrifft. Keine Konstellation steht dafür so klar und ausschließlich wie die Fische – zwei voneinander abgewandte Mondsicheln. Laut Überlieferung (al-Biruni, 973–1050) soll es sich in frühbabylonischer Zeit zwar nur um *einen* Fisch gehandelt haben, in sumerischen Quellen wird aber bereits auf das charakteristische verbindende Band zwischen den *beiden* Fischen hingewiesen. Von Eratosthenes ist folgende Legende überliefert:

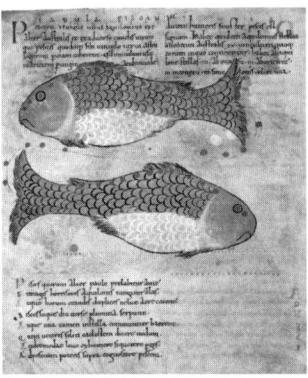

Buchmalerei aus England um 1050. Aus dem Tiberius-Kalender. Angedeutet ist auch das die Fische vereinende Band des mythologischen Ursprungs.

Aphrodite und ihr Söhnlein Eros werden beim Bad von Rheas Ungeheuer Typhon erschreckt und bedroht. Sie springt ins Wasser des Euphrat und bindet Eros mit einer langen Schnur an sich, um ihn nicht zu verlieren. In Ägypten ist das Symbol nachweislich mit der großen Lebensader Nil verknüpft, der anschwellend zum Fischfang einlädt. Die frühen Christen benutzten das griechische Wort für Fisch, *Ichthys*, als geheimes Erkennungszeichen. Das Zeitalter der Fische geht jetzt seinem Ende entgegen.

HEROEN AUF ERDEN

Im Gegensatz zu den Planeten, denen Götterkräfte, die Gewalt von Urprinzipien, zugesprochen wurden und die daher nach den hehren Bewohnern des Olymps (oder deren Altvorderen) benannt wurden, blieben die Tierkreiszeichen menschlich-sterblichen Geschehnissen vorbehalten. Horrordramen, leidvolle Kämpfe, Aufopferung und Entbehrung, Intrigen und Heimtücke kennzeichnen die meisten dieser Geschichten. Doch bei keiner fehlt die eingreifende Hand der Götter, die fast nie unparteiisch waren und längst nicht immer zum Wohle der Handelnden aktiv wurden. Der Platz am Sternenhimmel wird meist als Trost verliehen, als Ausgleich für die tragische Entwicklung, an der die Olympier selten schuldlos sind.

Himmlische Allegorien

Die Erhebung von zwölf Figuren der griechischen Mythologie in den Rang von Tierkreiszeichen heißt nicht, dass die anderen Bilder und ihre Legenden völlig in Vergessenheit gerieten. Zumindest in bestimmten Kulturen spielten sie noch lange eine wichtige Rolle (Sirius und Orion in Ägypten), und auch in der Besetzung der Dekane griffen viele Astrologen auf weitere Halbgötter bzw. Heroen zurück. So geschah es z. B. in den bildlichen Darstellungen im Palazzo Schifanoia (Ferrara, Italien). Nachdem man fünfhundert Jahre lang kontrovers diskutierte, setzt sich nun die Erkenntnis durch, dass dort keiner Planetengötter gedacht wurde, sondern der Mythologie, und zwar unter strikter Beachtung der astronomischen Gegebenheiten. In der figurativen Umsetzung nahm sich der Künstler Francesco del Cossa (1435–1477) die Freiheit, der Mode der Renaissance zu entsprechen. Dazu gehörte neben der phantasievollen Kostümierung auch ein starker Hang zum Okkulten. Nur sieben von den zwölf Fresken sind noch erhalten, vom Widder bis zur Waage. Mit jeweils drei Dekanfiguren geben sie einen seltenen Einblick in die astrologischen Vorstellungen jener Zeit, zeigen aber auch, welchen mannigfaltigen Einflüssen ein Künstler oder sein Mäzen ausgesetzt waren.

Die berühmten allegorischen Fresken des Palazzo Schifanoia zu Ferrara erschließen sich in ihren astrologischen Abbildungen dem nicht eingeweihten Betrachter nur oberflächlich, handelt es sich doch um höchst komplizierte, hermetisch verschlüsselte Anspielungen, zu deren Deutung u. a. Albumasar (mit starken Einflüssen persischer Astrologie) heranzuziehen und ein entsprechendes Studium der Dekanbeziehungen Voraussetzung ist. *Hier*: Die Dekane des Stieres im Monat April.

Die wechselseitige Beeinflussung von Anstiftern oder Auftraggebern (Götter) und ausführenden »Heroen« (meist die Leidtragenden, wenn nicht sogar Opfer) erklärt auch, warum in der Astrologie bestimmten Planeten Herrschaft über entsprechende Tierkreiszeichen verliehen wurde oder die Götter dort aus Affinität ihr Domizil nahmen. Haus und Herr färben aufeinander ab – es ist müßig zu erörtern, wer zuerst da war. Heute haben die Zeichen alle eine feste Bedeutung; die Erinnerung an die mythologische Herkunft (soweit überhaupt nachvollziehbar) ist oft in Vergessenheit geraten.

Rund 26 000 Jahre dauert die Präzession, die Bewegung der Erdachse um den Pol der Ekliptik. In diesem Zeitraum hat sich der Tierkreis einmal um sich selbst verschoben. Wenn wir die Mythologie als Rückbesinnung auf die Wurzeln unseres kulturellen Erbes ansehen, müssen wir eingestehen, dass unser Erinnern kaum über das astrologische Zeitalter des Stieres (ca. 4400–2200 v. Chr.) hinausreicht. Andererseits eröffnet gerade die Symbolgeschichte der Astrologie, macht man sich die Thesen aus *Hamlets Mühle* von Giorgio de Santillana und Hertha von Dechend zu eigen, eine Brücke zu weit davor liegenden Epochen der Menschheit.

IV

DIE DOMINANZ DER PLANETEN

WESEN UND WIRKEN

Spätestens um 700 v. Chr. hatte die damals Ton angebende Astrologie Babylons sich für die heute noch gültigen Planeten entschieden, so wie sie sich auf die Wochentage verteilt finden. Andere kannte man nicht. Das helle, oft anders farbene Leuchten der Planeten, die mit bloßem Auge wahrnehmbare Änderung ihrer Position, der Verlauf ihrer Bahn, die sich von der der übrigen Fixsternbilder schon dadurch unterschied, dass sie anscheinend nach eigenen Gesetzen gewählt war, brachte den Wanderern bereits früh einen besonderen Grad an Verehrung ein. Aus diesem Grund wurden ihnen neben Sonne und Mond bestimmte Fähigkeiten und eine besondere »Macht« zugeschrieben. Das erhob sie bald in

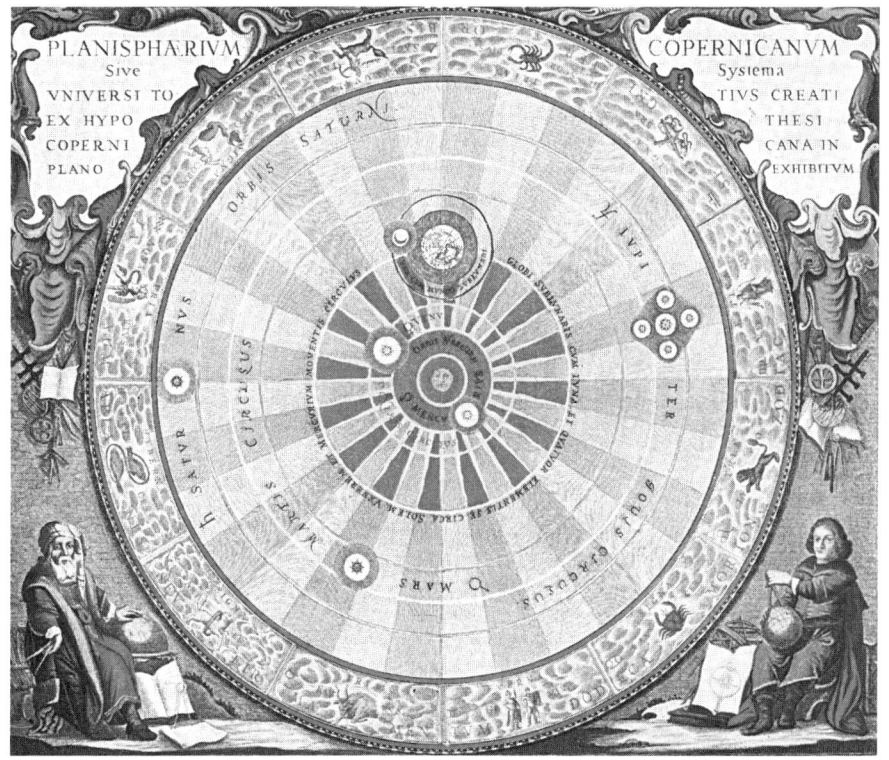

»Planisphaerium Copernicanum«. Heliozentrisches Planetensystem des Kopernikus, 1510.

den Rang von Göttern, von denen man sich Schutz und Förderung erhoffte. Die Planeten brachten – trotz oder gerade wegen ihrer Göttlichkeit – das »Menschliche« in den Tierkreis ein.

Alle bisherigen Eigenschaften der zwölf Zeichen ergaben sich aus der Kombination sachlich zugewiesener Elementarzugehörigkeit und der Einschätzung ihres Temperaments, ihrer Stärken bzw. Schwächen (Charakter). Indem der Mensch die Wandelsterne mit einbezog und sich so damit einverstanden erklärte, sich von deren Wirken beeinflussen zu lassen, begab er sich nicht in die Hand dieser spezifischen Planetengötter, sondern traf eine Wahl. Allerdings brachten die Wanderer auch ein völlig neues Element in die Astrologie ein: die Laune – auch die des Schicksals. Denn die Götter verfuhren keineswegs immer gerecht und weise und zeigten sich nicht frei von niederen Beweggründen.

Die Astrologie gibt mit der Unterwerfung unter Prinzipien dem Menschen die Möglichkeit, sich den aufgezeigten Tendenzen in seiner Nativität (dem Status, in den er durch seine Geburt an einem bestimmten Ort zu einer bestimmten Stunde gestellt wird) entweder dumpf zu ergeben oder durch Eigeninitiative das Beste daraus zu machen. Es steht ihm frei, seine Begabungen zu fördern, Gefahren entgegenzuwirken, Veranlagungen zu entwickeln, Schwächen nachzugeben oder sie zu meistern. Die Planeten symbolisieren also auch den Wandel des Menschen.

Im Folgenden eine knappe Zusammenfassung von Eigenschaften und Wirkungsweise der Planeten:

Sonne (lat. sol),

Symbol des Vitalen, Lenkerin und Richterin aus eigener Vollkommenheit. Kraft, Glanz, Robustheit im Denken wie in der Gesundheit. Klarheit, Sicherheit (bietend und verlangend), Offenheit (oft unsensibel), gepaart mit Durchsetzungsvermögen, Machtwille (bis zur Rücksichtslosigkeit), starkes Ego. Das hilft dem einst unangefochtenen Alleinherrscher darüber hinweg, dass aus seinem Reich viele Stücke von seiner eigenen Brut herausgelöst wurden. Dem früher allmächtigen König blieben nur die Würde und das Feuer-Zeichen des Löwen – der Widder ging an den streitbaren Kriegsgott, der Schütze an den eifersüchtigen Rivalen Jupiter als Gottvater.

Später, als Helios / Apoll, gab sich das Große Licht umgänglicher und freundlich bis heiter. Doch damit wurde es auch zunehmend harmloser – bis »Sol / Sonne« ein Verehrung heischender, zusätzlicher Titel eines jeden Herrschers wurde (*sol invictus*, Sonnenkönig).

Mond (lat. luna),

empfindsam, verschlossen, begabt. Luna, die Herrin der Nacht, der Seele, des Unbewussten, der Träume. Die Macht über das weibliche Wasser und die Meere wurde ihr genommen, doch nur zum Teil. Immer noch herrscht die Mondgöttin über Ebbe und Flut und die Zyklen der Frau, hält ihren schützenden Mantel der Verschwiegenheit über Liebende, Empfängnis und Geburt. Aber Luna bewirkt nicht nur die Gezeiten, sondern beeinflusst gleichermaßen die Flüssigkeiten des Körpers (die ja hauptsächlich aus Wasser bestehen).

Dem misstrauischen Krebs hat sie zu kardinalen Würden verholfen und sich ihn zum nächtlichen Domizil erwählt. Im unberechenbaren, unheimlichen Skorpion und den sensiblen, phantasievollen Fischen bewahrt sie die letzten Geheimnisse, die Psyche, Tiefe und Abgründe des Menschen bergen. Die ihr nachgesagte Falschheit, die Neigung zu Täuschung und Irreführung, erklärt sich aus der Vorsicht: Sie will ihren verbliebenen Besitzstand wahren, – den der unsichtbaren Gegenwelt, bis hin zur Schizophrenie: s. lunatic, s. Manie, maniac.

Merkur (griech. Hermes),

der jüngste aller Götter, der Bote. Bei allem, was dem findigen Knaben anvertraut wurde, bestand er auch auf der Kehrseite. So wurde er zuständig für Mittel und Gegenmittel, Gift und Arznei, Banken und Diebe, Handel und Händel, Klärung wie Vertuschung. Ambiguität ist sein Prinzip, selbst in der Zuwendung zum Geschlechtlichen.

So angemessen ihm die luftigen Zwillinge auch erscheinen, schlüpft der Schelm gleichzeitig problemlos in die gestandene schwesterliche Jungfrau. Als zwiegesichtiger römischer Janus unterstreicht er seine Fähigkeit zum schnellen Wechsel, zur Doppelbödigkeit und Unwägbarkeit. Weil er die ewige Jugend besitzt, bot er sich der Alchemie als fähiger Patron an. Seine Meisterschaft, die Dinge – oft ins Gegenteil – zu verwandeln, brachte ihm den Ruf eines großen Magiers ein. Hermes Trismegistos ist nur einer der Titel, die ihm die Alchemie respektvoll verlieh. Der Stein der Weisen gilt als seine Erfindung.

Im ägyptischen Thot zeigt er aller - dings neben aller Weisheit auch eine düstere Komponente, nämlich die der Totenwelt. Auch in den »Vier Reitern der Apokalypse« von Albrecht Dürer kommt Merkur nicht gerade heiter oder milde daher.

Merkur und seine Planetenkinder. Die italienische Buchmalerei aus dem 15. Jh. zeigt einen ephebenhaften Merkur mit den beiden von ihm beherrschten Zeichen »Zwillinge« und »Jungfrau«. In der Linken hält er eine seltene Form des Caduceus, in der Rechten den Beutel des Händlers.

Venus (griech. Aphrodite).

Der Titel »Göttin der Liebe« allein beschreibt sie unzureichend. Da sie sich als einzige weibliche Figur – abgesehen vom lunaren Teil des Herrscherpaares – in der Männerwelt des Zodiak erfolgreich zu behaupten wusste, wurde ihr alles aufgebürdet, was die Mondgottheit nicht verkraftete und was nicht ihr Bruder Hermes / Merkur skrupellos an sich zog. So verkörpert sie einerseits die Frau, die ihren Mann steht und ihr Leben diplomatisch meistert (in der Waage) sowie andererseits die Frau, die das Leben genießen will und Schönheit, Kunst und Wissen fördert (im Stier). Erst wenn Venus sich das ihr behagende Ambiente geschaffen hat, frönt sie der Lust des Eros, verliert dabei aber niemals den Kopf. Sie, nicht die schüchtern betuliche Mondgöttin, ist die einzige Trägerin der Hoffnung, dass dem weiblichen Element wieder Ansehen, Gleichberechtigung und eine (sonnige) Zukunft zuteil werden möge.

Mars (griech. Ares),

der aggressive »Macho«. »Gott des Krieges« bleibt sein populärster Aspekt, schon weil er auf dem Schlachtfeld mit Kraft und Tollkühnheit die spektakulärsten Siege zu erringen vermag. In der Liebe wird der sture Draufgänger mit Venus nicht so leicht fertig: Sie verweigert dem Eifersüchtigen nicht nur die Ehe, sondern auch das Primat. Das verunsichert das Raubein, macht den Helden verletzlich, nagt an seinem Mythos als unwiderstehlicher Eroberer. Doch Mars ist auch ein Opfer seiner Leidenschaften. Im Skorpion vermag er sich zu verzehren (bis zum Suizid mit dem eigenen Gift), wenn die Flammen ihn umringen, aber seine starke Sexualität wirkt mitreißend. Wie faszinierend, wenn sich da einer nicht um Verletzungen, ja nicht einmal um den Tod schert! Auch im Widder greift er ungestüm und bockig wieder und wieder an, selbst wenn er sich jedes Mal eine blutige Nase holt. Denken, Abwägen, strategische Überlegungen sind nicht seine Sache. Genauso aufbrausend, jähzornig, kurzsichtig und töricht verhält er sich im Umgang mit anderen Menschen. Er stößt sie vor den Kopf und leidet unter der Zurückweisung. Dabei ist er den Männern der treueste Kamerad und aufrichtigste Freund und versteht nicht, warum er nicht von allen Menschen geliebt wird.

Jupiter (griech. Zeus),

im Gegensatz zur Sonne als Herrscher weder absolut geschweige denn unfehlbar. Das liegt in seiner astronomischen Vergangenheit begründet. Er wäre gern selbst eine Sonne geworden, aber weder seine Größe noch seine Energie reichten dazu aus. Als Strafe für seine Anmaßung wurden dem größten aller Planeten die solaren Insignien verweigert – wenn er sie nicht aus Trotz und Hochmut ablehnte. Der Herr des Olymps ist unter den Göttern lediglich primus inter pares. Er steht weniger für Gerechtigkeit als für eine gewisse autoritäre Ordnung, die er durch seine außerehelichen Eskapaden nicht selten selber stört. Immerhin sorgt der passionierte Jäger und Schütze auf diese Weise für Nachwuchs.

Der Göttervater vereinigt viele negative Seiten der Sonne auf sich und musste seinen Besitz immer wieder teilen. So kamen ihm im Laufe der Zeit Himmel (Saturn), Unterwelt (Pluto) und schließlich auch das Meer samt Fischen abhanden (Neptun). Jupiter blieb trotz all seiner Allüren stets ein überaus großzügiger »Herr«. Nicht umsonst ist der Ausdruck »jovial« auf ihn (nämlich den Genitiv Jovis) zurückzuführen.

Saturn (griech. Kronos),

der alte Herr, gilt als der Knochenmann mit der Sense. Deshalb wurde ihm, dem letzten und ältesten der klassischen Planetenherrscher, im Tierkreis der Bereich des Todes angehängt. Folgerichtig ist Saturn für das Geripppe des menschlichen Körpers zuständig, aber auch für Haut und Muskeln und besonders das Knie. Ein fatales Missverständnis ist, dass er seine kleinen Kinder verschlinge.

Dieses Bild sollte allegorisch zeigen, dass Kronos, der Gott der (befristeten) Zeit und des Lebensablaufes, die Menschen schlussendlich wieder zu sich holt. Der rein lunare Saturn wirkt düster, was auch seine unbestrittenen Qualitäten als Lehrer, Erzieher und Richter überschattet. Mit seinem Steinbock assoziiert man Schnee und Felsen.

Auch die mythische Variante des Tieres als Ziegenfisch gibt wenig Anlass zur Heiterkeit. Zugute halten muss man Saturn, dass er sein Taghaus mit allen variablen bis revolutionären Fähigkeiten des Aquarius an den Uranus abtreten musste. Aufgrund seines unbeugsamen Rechtsempfindens gilt er als streng, doch hatte er auch eine verborgene orgiastische Seite, die von den Römern jährlich im Winter während der Saturnalien ausgelassen gefeiert wurde.

Saturn als alter Mann mit Krücke (Knochenschwäche) und Unterschenkelbandagen. Die Sichel weist weniger auf den Sensenmann hin als auf den ihm anhängenden Kastrations-Mythos. Die Straßenszene wird zentral von einer Intellekt fordernden Schachpartie beherrscht. Musiker und Glücksspieler und nebenbei ein tödliches Stechen umrahmen sie.

Uranus (griech. Uranos),

ursprünglich ein uralter Erdgott, der im relativ modernen Olymp der griechischen Götterwelt keinen Platz mehr fand. Sein Reich war längst zerstückelt worden. Hephaistos, der Gott der Schmiede, hatte die Essen der Natur, die Vulkane, mitgenommen und Pluto nicht nur die Schätze im Gestein geplündert, sondern auch noch das mystische Totenreich, den Hades, vereinnahmt. Das Meer wurde an Neptun vergeben. Doch seiner spezifisch geistigen Fähigkeiten ließ sich Uranos nicht berauben – er hütete sie im Verborgenen und machte sie dadurch noch gefährlicher. Von der Atomspaltung, der großen Explosion, bis zur Naturkatastrophe durch Erdbeben und Überschwemmung behielt er jede Art von Zerstörung in der Hand. Nachdem er als Planet entdeckt worden war, nahm er sich gezielt den Aquarius, den »Erneuerer«, zum Domizil, der mit seinem revolutionären Potenzial diese schlummernden Gaben noch verstärken kann. Dennoch wohnt diesem Paar auch die Hoffnung auf eine neue, bessere Welt inne.

Neptun (griech. Poseidon),

der Gott der Meere, nicht des Wassers an sich – das macht ihm immer noch die Mondgöttin streitig, und auch sein älterer Bruder Jupiter hält seinen Anspruch auf die Fische aufrecht. So ist Neptun von den anderen abhängig, und seine Regentschaft wird von vielen nicht einmal anerkannt. Viel weiß er mit ihr sowieso nicht anzufangen. Er ist fasziniert von Fabelwesen und sagenhaften Seeungeheuern, deshalb liebt er Pferde und seine Nymphen. Nicht einmal seinen Dreizack darf er mehr so gebrauchen, wie er es zu Lande gewohnt war (das wird von Uranus nicht geduldet). Lediglich Seebeben kann er noch auslösen. So baute er sich eine Phantasiewelt auf, gilt als Förderer des Kreativen, des schönen Scheins, als Beschützer der Seele und des Unterbewussten, Herr der Träume, der *fiction* und Schutzpatron der Tiefenpsychologie. Sein unermesslicher immaterieller Reichtum führte eher zu Phlegma als zu Frohsinn, sieht man von einem ausufernden Triebleben und dem freien Lauf seines Gespanns ab – Pferdewetten, Irrsinn oder Traumwelt! Die Fische macht er depressiv, sie halten es insgeheim immer noch mit Jupiter.

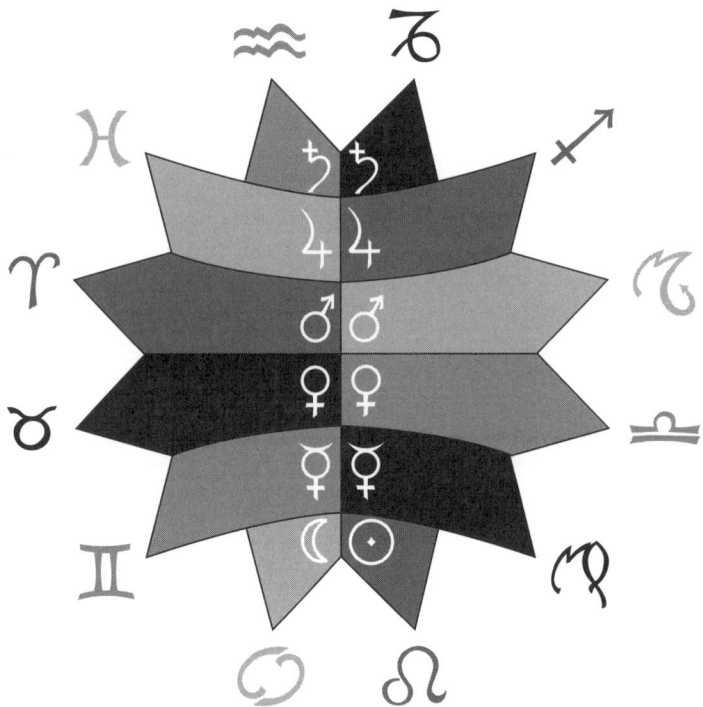

ALTE GÖTTERHERRSCHAFT

Während die Tierkreiszeichen ihre Bezeichnung dem Lauf des Sonnen-jahres durch feststehende (Fix-)Sternbilder der nördlichen Himmelshalb-kugel verdanken, weiß die Astronomie seit Tausenden von Jahren, dass andere Sterne über den Himmel wandern und dabei hell und auffallend strahlen. Dass sie ihr »Licht« von der Sonne beziehen, begriff man erst, als das heliozentrische System Anerkennung fand, obgleich der Mond die Menschen schon früher solche Abhängigkeiten vermuten ließ.

Bis in die Renaissance hinein ging man davon aus, dass sich alle Him-melskörper um die Erde drehten wie der Mond, also auch die Sonne samt den Planeten, und daher in wechselnden Stellungen auf- und untergingen. Trotzdem waren die Astrologen schon früh bemüht, diese wandernden Lichter in ihr System einzubinden. So wiesen sie den un-steten Gebilden feste Häuser zu, räumten ihnen eine besondere Macht über bestimmte Bereiche des Tierkreises ein, in denen man ihnen eine spezielle Wirksamkeit zuschrieb.

Beginnend mit dem Herrscherpaar Sonne und Mond (mit Sitz im Löwen bzw. Krebs) ging die Astrologie bei der Verteilung beidseitig aufsteigend vor (wie bei einem fünfarmigen Leuchter), und zwar gemäß den astronomischen Erkenntnissen. Als Nächster zur Sonne (zur Linken wie zur Rechten) folgte der Merkur (in den Zwillingen bzw. in der Jungfrau), dann Venus (Stier / Waage), Mars (Widder / Skorpion), Jupiter (Fische / Schütze) und abschließend Saturn (Wassermann / Steinbock).

Nach Manilius (1. Jh. n. Chr.) wurde eine Herrschaftszuordnung beschrieben, die sich wie folgt über den Tierkreis erstreckte:

Widder – Minerva	**Stier** – Venus	**Zwillinge** – Apoll
Krebs – Merkur	**Löwe** – Jupiter	**Jungfrau** – Ceres
Waage – Vulkan	**Skorpion** – Mars	**Schütze** – Diana
Steinbock – Vesta	**Wassermann** – Juno	**Fische** – Neptun

Seine Zuordnung konnte sich nicht durchsetzen, stattdessen einigte man sich auf das dem neuen Kalender angepasste System der zwiefachen Dominanz (Tag- und Nachtdomizil), dessen Orbit (in astronomisch korrekter Abfolge) vom Herrscherpaar Mond / Sonne (als angenommene zentrale Einheit) ausgeht.

Neue Domizile

Das unangefochtene Walten der »klassischen Planeten« wurde empfindlich gestört, als in der Neuzeit kurz hintereinander Uranus und Neptun entdeckt wurden. Die im Zuge der Aufklärung in Verruf geratene Astrologie konnte es sich nicht leisten, diese Triumphe der Astronomie zu ignorieren. Also nahm man einfach dem »entfernten« Saturn das Taghaus und dem Jupiter das Nachthaus und siedelte im Wassermann den Uranus und in den Fischen den Neptun an.

 Für den erst im 20. Jahrhundert hinzugekommenen **Pluto** war dann kein Platz mehr frei. Deshalb bringen ihn moderne Astrologen wahlweise bei Widder oder Skorpion unter, Häusern, aus denen sich der Mars jedoch nicht verdrängen lässt. Konservative Astrologen machen diese Neuerungen ohnehin nicht mit und bleiben bei den ursprünglichen sieben Planeten (Sonne und Mond werden *immer* mitgezählt – darin sind sich alle einig).

Beim nachfolgenden Blick auf die Domizilherren, die Planeten, muss man anerkennen, dass die Astrologie zur Zeit ihrer Entstehung astronomische Beobachtung selbstverständlich mit einschloss. Und deshalb schwebte die Lehre von der Sternendeutung niemals losgelöst im leeren (Welten-)Raum, sondern fußte stets auf der Kenntnis aller erfassbaren Bewegungen der Gestirne.

V

DIE MYTHOLOGIE DER PLANETEN-GÖTTER

Ganz gleich, ob man nun der Elementarzuordnung oder dem Charakter der Tierkreiszeichen den größeren Wert beimisst, der alten Götterherrschaft oder den neuen Domizilen der Planeten anhängt, man sollte sich darüber im Klaren sein, dass man sich auf ein mit viel Weisheit und Intuition gesponnenes Netz verlassen kann, dessen Geflecht sich in Jahrtausenden herausgebildet und bewährt hat. Dieses Vertrauen rechtfertigt schon die Kraft der Mythen, aus denen die Astrologie ihre Ursprünge und ihre Berechtigung herleiten kann – auch für die Zukunft. Das macht ihre einzigartige Position aus. An der Schwelle des neuen Jahrtausends steht der Mensch vor mehr Ungewissheit, als er an brauchbarer Erfahrung aus seiner Vergangenheit herübergerettet hat. Das Aufzeigen möglicher Auswege ist die große Chance der Astrologie: Es geht um »das Erinnern an die Zukunft«.

Versammlung der Götter im Olymp. Zeichnung von N. Schweizer, 1872

Soweit es sich verfolgen lässt, herrschte in allen Frühkulturen das weibliche Element als naturgegeben vor, angefangen mit dem Kult der Urmutter Gaia, der Erde selbst. Zur Verstärkung wurde auch Luna/ Selene, die Mondgöttin, in dieses matriarchalische System einbezogen. Dann jedoch begann der Siegeszug des Sonnengottes, dessen strahlende männliche Göttlichkeit stärker betont werden konnte als die dumpfe weibliche Erdhaftigkeit der Großen Mutter. Das unveränderliche, Licht und Wärme spendende Zentralgestirn Sonne brachte der Männlichkeit darüber hinaus den Vorteil, das Himmlische weitaus stärker auf seiner Tagesseite zu haben, als die nur nachts erscheinende, sich stets (»wie ein Weib«) verändernde Mondscheibe.

Um 2000 v. Chr. wurde im assyrisch-babylonischen Zweistromland der Sonnengott Schamasch geboren. Er galt als Sohn des noch älteren Mondgottes Sin, während seine Schwester Ischtar mehr oder weniger die Funktionen der Venus vorwegnahm. Sie bildeten die erste »Triade« Mesopotamiens. Von dieser lunar geprägten Periode entwickelten sich Religion und Astrologie jedoch bald weg.

Die früheste (ab 3000 v. Chr.) bekannte Verehrung der Sonnenscheibe ist Aton in Ägypten (später erst verwandelte er sich in Horus mit dem Falkenkopf). Dieser Kult kannte sogar eine spezifische Vergöttlichung der einzelnen Phasen Atons: Zum Sonnenaufgang erschien er als Chepra, mittags als Re, und er ging als Atum unter. Chepra stellte man sich gern als Mistkäfer (Skarabäus) vor, der die Sonnenkugel morgens über den Horizont rollte. Der Käfer mutierte später zum Krebs (Sonnenwende); als solcher bewegt er sich heute in unmittelbarer Nähe des Sonnen - symbols im Tierkreis. In der Folge drang der Helios-Kult von Kleinasien nach Hellas vor, doch erwies sich der neue Sonnengott anfangs als so schwach, dass es seiner Ankündigung durch Eos, die Göttin der Morgenröte, bedurfte. Die um ihn besorgte Aurora war ebenso seine Schwester wie die ihn zärtlich liebende Mondschein-Selene, die ihn nach des Tages anstrengender Fahrt in Empfang nahm. Seine Gärten, in die er des Abends sein Gespann lenkte, wurden von den Hesperiden gehütet. Erst mit Apoll (in Ägypten Osiris) kam er zu Kräften und, dank seiner Jugend, zu strahlendem Glanz. Zwar galt er noch als Zwillingsbruder der jagenden Mondgöttin Diana/Artemis, aber sie engte ihn nicht mehr ein wie zuvor Venus in ihren verschiedenen Erscheinungsformen als Morgenstern (*phosphoros*) und Abendstern (*hesperos*).

Quasi im Schatten dieser alles überstrahlenden Sonne hielt sich in Ägypten eine Zeit lang die archaische Polarität zwischen der Himmelsgöttin Nut und dem Erdgott Geb. Die Darstellung ist wegen ihrer noch im Matriarchat verwurzelten Positionen aufschlussreich. In der Folge wechselte dieses Verhältnis total: Geist / Luft / Sonne / Mann nach oben, während die Frau (Seele / Wasser / Mond) zur Erde gedrückt wurde.

Unangefochten übernahm Apoll die Sonnenherrschaft von seinem leiblichen Vater Zeus / Jupiter – sofern es sich nicht um eine Fortschreibung des ursprünglich phönizischen Baal-Kultes handelte. Apoll ist eine vielschichtige Gottheit (die wohl erst um 500 v. Chr. den Helios-Kult an sich zog): strafend, ja Verderben bringend, doch auch Unheil abwendend. Er war der Prophetie zugetan (Orakel von Delphi) und schließlich Schutzherr des Gesangs und des Saitenspiels: So erfand er die Leier bzw. die Zither (böse Zungen behaupten allerdings, er habe die Erfindung seinem jüngeren Bruder Hermes / Merkur abgekauft).

Weder Sonne noch Mond erreichten im griechischen Olymp die Götterehren, die ihnen in der Vorzeit uneingeschränkt zugebilligt worden waren. In der hellenistischen Philosophenschule von Alexandria aber wurden die heute noch gültigen Regeln der Astrologie fixiert und damit der Vater / Sohn-Konflikt festgehalten, der aus dem alten babylonischen (Mondgott) Sin dann den immer noch lunaren Zeus / Jupiter werden ließ. Im Rom der Kaiserzeit übernahm Mithras (eigentlich ebenfalls ein Stiergott) die Rolle, allerdings stark sonnenfixiert. In Ägypten hatte man sich inzwischen zusätzlich der Verehrung des Thot verschrieben (dargestellt meist mit Hundekopf, darüber die Mondscheibe). Er wechselte sich mit dem eigentlichen Sonnengott Re/Aton ab, wenn dieser seine Reise in die »Nacht«, in die Unterwelt, antrat. Thot wurde später dem griechischen Hermes angeglichen.

In den isländisch-germanischen Mythen wurde der Platz des Sonnengottes von Freyr gehalten, bis Vater Odin/Wotan seinem jüngsten Spross Baldur den Vorzug gab, der germanischen Helios-Variante. Bei den Kelten wurde Apoll (unter Einbezug des Äskulap) zum Heilgott Dian Cêcht, dem Wohltäter der Menschen, während Dispater Jupiter mal mit Hammer, mal mit Vase (des Überflusses) auch den Kult des Dionysos vereinnahmte und zur Trunkenheit (an Festtagen) animierte.

Apoll wurde meist als schöner Jüngling dargestellt, was später zu Verwechslungen mit Hermes, seinem jüngeren Bruder, führen sollte. Im Hintergrund blieb die starke Figur seines halblunaren Vaters Zeus erhalten, dem Herrscher und Göttervater, dem aufgrund seiner Macht und Ausstrahlung zu Recht Sonnen-Ambitionen unterstellt wurden. *Sol invictus* blieb ein so unangreifbares Primat, dass weder die Pharaonen Ägyptens noch später die Caesaren Roms an der Pflege und Fortführung des Kultes (z. B. des Mithras) sonderlich interessiert waren, reduzierte er doch ihre eigene Gottähnlichkeit.

Der Philosoph und Neuplatoniker Marsilius Ficinus (1433–1499) stellte in seinem letzten Werk *De sole* die These auf, dass die Sonne zwei Gesichter habe: das durch irdische Sinne »wahrnehmbare« und das »verborgene«, okkulte der unsichtbaren »Nachtsonne«. Diese Ansicht gewann auch über die Renaissance hinaus an Bedeutung und inspirierte die Weiterentwicklung und Ausweitung der Astrologie ins Esoterische bis zum heutigen Tage.

Die ägyptische Mondgöttin Isis (noch älter die phrygische Cibele) trat in der Mythologie in verschiedenen Gestalten auf: von Selene (Göttin des Vollmonds) bis Hekate (Neumond, Unterwelt, später auch Zauberei), von Circe bis Lilith. Allen ist eine gewisse Obskurität und häufig auch Grausamkeit gemeinsam (Astarte). Ihre Kulte waren oft von blutigen Opferriten begleitet (s. auch Kali, Indien). Sie sogen die uralten Mutter-Mythen auf (Rhea/Gaia für die Erde, Mara/Maia für das Meer). Dazu stieß später der (heimatlos gewordene) Tochterbereich der Artemis/Diana für Jagd und Tierreich. In dieser Kombination – als Tochter der Titanin Letho – wurde die Mondgöttin Artemis zur Zwillingsschwester des Sonnengottes Apoll, ihr »Bogen« zur Mondsichel. So verhielt es

sich auch bei den Germanen, wo die nahezu universelle Frühlingsmond-
und Liebesgöttin Freyja, auch zuständig für Familie, Herd und Herde, als
Zwillingsschwester des sonnigen Freyr schaltete und waltete.
Die vergleichsweise gutmütige Frau Luna kam erst im untergehenden
Imperium auf, weitgehend entmachtet oder romantisiert (Phöbe/Iphi-
gene), denn das Grundprinzip der Fruchtbarkeit (des Leibes, der Felder
und der Herden) war inzwischen längst an andere vergeben worden.

ENTWICKLUNG UND WEGE DES MYTHOS

Diese Umverteilung spezifischer Bereiche wurde für die Astralmytho-
logie vor allem dann zum Problem, als man sich in der Ausübung der
Astrologie neben Sonne und Mond auf nur fünf weitere Planetengötter
festlegte und in diese Kästchen all das hineinstopfen musste, was Homer
zu einem fein gewirkten, weit angelegten Gespinst verwoben hatte. Dazu kam eine zusätzliche vertikale Gliederung, die der Genealogie, also
nach Generationen. Die Mythologie der Planeten ist eine wilde Mischung von archaischen, elementaren Prinzipien wie Erde, Feuer und
Wasser und einer recht eigenwilligen Auswahl griechisch-römischen Fa-
miliengemenges. Zu weiteren Komplikationen führt, dass der Mythos
der Erdgottheiten sehr verbreitet war, in der Astrologie (Erde als Mittelpunkt) jedoch keine Berücksichtigung fand. Um die Übersicht etwas zu
erleichtern, soll daher nicht mit der geläufigen astronomischen Reihenfolge (wie sie auch im heutigen Zodiak zu finden ist) begonnen werden,
sondern »chronologisch«: dem mythologischen Alter der Gottheiten nach.

Uranus

Uranus ist keineswegs, wie viele meinen, der junge Wirrkopf,
sondern ein uralter Erdgott mit himmlischen Ambitionen, quasi
der Urgroßvater. Geboren wohl in Autogenese oder aus dem
Chaos (Vater unbekannt), beträufelt er inzestuös seine Mutter
Gaia, die Erde (kleinasiatischer Regenmythos, s. auch Wasser-

Der berühmte Stich von Albrecht Dürer (1471–1528)
»Die vier Reiter der Apokalypse«.
Von links nach rechts: Saturn, Merkur, Mars und Jupiter.

mann). Diesem Akt entsprießen die Titanen, die dann den Göttern ihre Herrschaft streitig machen. Von Gaia aufgehetzt, wenden sie sich schließlich gegen ihren eigenen Vater und kastrieren ihn mit der Sichel seines jüngsten Sohnes Kronos (Saturn). Seine Genitalien, ins Meer geworfen, zeugen die »schaumgeborene« Aphrodite (Venus), den Blutspritzern entstammen die Rachegöttinnen, die Erinnyen. So kommen Liebe und Hass auf die Welt. Uranus – der auf der Erde lastende Himmel, der Schöpfer, der Gott des Aufruhrs und der Umwälzungen. Von Kult oder Verehrung finden sich keine Spuren. Einzig Hesiod (ca. 700 v. Chr.) überliefert in der *Theogonie* seine Biografie. Im Germanischen findet sich die Parallele im – von Odin erschlagenen – Urriesen Ymir.

Saturn

Kronos/Chronos ist ursprünglich der Gott des Weinbergs, des Besitzstandes, der Würde und der Gerechtigkeit. Der (meist) zweiköpfige Adler wurde zu seiner Standarte, ein Herrschaftswappen, das die Kaiser von Byzanz übernahmen und das von dort Eingang in die Heraldik des Imperium Romanum fand. Oft hält der Adler noch die Sichel in der einen Kralle. Von seinem eigenen Sohn Zeus/Jupiter entmachtet, nehmen seine lunaren Züge Verbitterung an. So wurde es ihm von dem entmannten, sterbenden Uranos prophezeit: Auch er werde von einem seiner Söhne entthront. Deshalb verschlingt Kronos seine Kinder, kaum dass Rhea sie ihm geboren hat. Wutentbrannt gibt sie ihm statt des dritten Kindes einen ihrer Steine zu essen. Kronos merkt es nicht.

Kronos mit der Sichel, mit der er seinen Vater Uranos entmannte.

Zeus wird gerettet und entmachtet in der Folge seinen unbarmherzigen Vater, der angeblich nach Italien flieht und dort als Saturn das »goldene Zeitalter« anbrechen lässt, paradiesische Zustände ohne Alter, Siechtum und Tod.

Nachdem sein Sohn Zeus ihm in Gestalt des römischen Jupiter dorthin gefolgt ist, werden Saturn aus der wesentlich größeren Machtfülle seines griechischen Vorbildes während der Blütezeit Roms mehr und mehr Einflussbereiche genommen und dafür Düsternis, Siechtum, Verfolgung, Gefangenschaft, Folter und Tod aufgebürdet – was die Römer jedoch nicht daran hinderte, zu seinen Ehren im Dezember fröhliche Festivitäten abzuhalten. Es ist eine Ironie der Geschichte, dass ausgerechnet Saturn die Räusche des Dionysos / Bacchus-Kultes auffangen musste. Beide ähneln sich in ihren orgiastischen Exzessen; extreme Laszivität (Bacchus) vereinte sich mit der befristeten Freiheit der Sklaven (Saturn), sich einmal im Jahr mit ihrer Herrschaft zu vermengen. Die Popularität dieser Saturnalien bewog die Christen, zu diesem Zeitpunkt – 17. Dezember plus sieben Tage – Weihnachten zu feiern.

Saturn, »der Gott, der seine Kinder frisst«, ist eine vielschichtige Schutzgottheit, der zu Unrecht nur Übles nachgesagt wird. Seine Sichel stellt weniger ein Attribut des Sensenmannes dar, sondern weist vielmehr auf die profunde Lunarität seiner Figur als »Altvater« hin, die weit in das entfernte Mondreich Sin zurückweist.

Venus

Die griechische Aphrodite ist wider Erwarten eine der ältesten Gottheiten (wenn man von den Urkulten (Erde / Sonne / Mond absieht) und die erste mit spezifischem Einzugsbereich. Dieses Nichtaltern bringt Frau Venus zusammen mit allerlei Zaubermittelchen wie den Aphrodisiaka häufig den Vorwurf der Hexerei ein (s. Wagners *Tannhäuser*). Ihr doppeltes Erscheinen als Hesperos und Phosphoros wurde ihr selbst dann noch als schwarze Magie ausgelegt, als längst bekannt war (Pythagoras), dass es sich bei Abendstern und Morgenstern um dasselbe Gestirn handelt, wenn auch sein Geschlecht am Abend als weiblich / lunar galt, am Morgen hingegen als männlich / solar. Es ist nicht das Verschulden der Venus, dass ihr im Laufe der vergesslichen Jahrhunderte auch so manches angehängt wurde, was ursprünglich dem Bereich der Mondgöttin zuzurechnen war.

Venus ist eine solare Gottheit. Als Göttin der Liebe hat sie – entsprechend dem Griechischen – unterschiedliche Facetten: Agape steht für die reine, seelische Hingabe, die Liebe zu Gott, *Philia* für die freundschaftliche Zuwendung (so sehr der Begriff in Verruf geraten ist) und *Eros* für die Attraktion des Geschlechtlichen. *Urania* verkörpert die selbstlose, platonische Zuneigung, *Genetrix* die eheliche Harmonie und

Porne die Lust der Sinne. Erst die ungehobelten Römer dienten alle Bereiche dem Amor mit seinem Pfeil an. Diese – nicht nur sprachliche – Verarmung hat sich bis heute gehalten.

Als schaumgeborene Aphrodite dem Meer entstiegen, stiftet die vielseitige Frau Venus (schon als ägyptische Hathor) allerdings Verwirrung unter ihresgleichen und den Menschen. Ihre Priesterinnen (Kultanreicherung durch die römische Vesta) genießen bald als Vestalinnen den soliden Ruf der Tempelprostitution (s. venerische Krankheiten). Doch wird diese achtenswerte Kombination von Lebensunterhalt und religiöser Tätigkeit schon ihrer Vorfahrin, der babylonischen Ischtar, nachgesagt.

In ihren Anfängen auch als Frühlingsgöttin für die Fruchtbarkeit des Feldes verantwortlich, gelingt es der Venus, diese erdhaft-fraulichen Bereiche erst auf Demeter, dann in Rom auf Ceres abzuwälzen. Dort allerdings behält ihr Kult dennoch großes Ansehen, gilt Venus doch als die Großmutter des Aeneas-Sohnes Ascanius Iulus, des Stammvaters der Julier (Caesar, Augustus).

Schon und besonders als Aphrodite hat sie außer mit Ares zahlreiche Liebschaften im Götterhimmel, nur dem Hermes versagt sich das Ehegespons des Schmiedegottes Hephaistos. Der kleine Bruder des Zeus leidet so unter der Zurückweisung, dass der verständnisvolle Herrscher des Olymps seinen Adler aussendet, der ihr eine Sandale raubt. Der Rückgabeakt bringt den Hermaphroditos hervor.

Mit Sterblichen kann Aphrodite durchaus bösartig verfahren. Auf ihrer Lieblingsinsel Zypern wird ein Mädchen größerer Schönheit gerühmt als sie. Aphrodite bringt das Kind dazu, sich vom eigenen Vater schwängern zu lassen. Den Spross aus dieser lasterhaften Vereinigung, Adonis, versucht sie selbst ins Bett zu ziehen, doch Persephone (einzige Tochter des Zeus und der Demeter) kommt ihr dazwischen. Beide gehen leer aus: Ein Eber tötet den schönen Jüngling.

Hephaistos, der Schmiedegott des Olymps, betrachtet im spiegelnden Schild nicht das Antlitz seines ungetreuen Eheweibs Aphrodite, sondern das schlangenumkränzte Haupt der Medusa.

Fatal ist auch das Urteil des Paris, der Aphrodite den Apfel der Schönsten zuspricht: Der Kampf um Troja lässt viele Helden verbluten. Doch es gelingt ihr, Aeneas, ihren Sohn, zu schützen und sicher in seine Heimat Italien zurückzugeleiten. Aphrodite selbst stammt aus Asien, wie Herodot berichtete. Die Assyrer nannten sie Mylitta, die Araber Alilat, die Perser Mitra und die Skythen Argimpasa. Als Astarte wurde ihr neben der Liebe im Nahen Osten auch eine durchaus kriegerische Komponente beigemessen.

Jupiter

Jupiter (Zeus / Deus / Giovis / Io-Piter / Dis-Pater), ursprünglich Gott des Lichts (Sonne wie Mond) und des Wetters, gilt als Fortführung des mesopotamischen Marduk (wenn nicht des noch älteren Sin). Wie der Stadtgott von Babylon stammt auch er aus einfachen Kreisen (Ackerbau). Wie Marduk muss er sich unter den Göttern erst durchsetzen, bis er zum primus inter pares, zum Gottvater Zeus im Obersten Rat der Götter des Olymps, aufsteigt. Ihm entspricht Wotan / Odin im germanischen Walhall, der allerdings seinen Vorgänger Thor beerbt, indem er ihn zu seinem Sohn Tyr / Ziu erklärt.

Der Zeus-Vorgänger Marduk wählt einen anderen Weg: Er teilt sein Reich unter den Kollegen auf (darunter sein Vater Aun) und schafft so die erste »babylonische Triade« Enuma Anu Enlil, wobei er selbst in Enlil – oder Bel / Baal – geschlüpft sein soll. Dieses Dreigestirn bildet eine komplette Kosmologie, wie sie später in der christlichen Dreifaltigkeit wieder aufgenommen wird.

Die Omentexte des Enuma Anu Enlil gelten als das früheste Keilschriftdokument im Bereich der theomorphen Astrologie.

Die Gottheit Jupiter steht vor allem für Recht und Frieden. Die Position des Herrschers erklomm

Jupiter Ammon mit seinem Füllhorn ebenso wie der Zeus von Dodona, hier mit Eichenlaub bekränzt, galten als klassische Vorbilder der Altphilologen des ausgehenden 19. Jh.

Zeus schon in der frühhellenischen Götterwelt, sodass es ihm leichtfiel, seinem Sohn, dem (endlich solaren!) Sonnengott Apoll den Vortritt zu gewähren. In Rom kommt stattdessen der eher missratene Filius Mars zum Zuge und Io-Piter zu einem Denkmal auf dem Capitol. Jupiters (korrekt: Jovis') Autoritätsgehabe, Prunk und Ruhmsucht sowie seine nicht abreißende Kette von Seitensprüngen lassen den *Optimus Maximus* nicht gerade unfehlbar erscheinen. Seine Herrschaft wird immer wieder in Frage gestellt, von seinen unzähligen Kindern wie von den Menschen und der Sonne.

Es gibt noch eine andere Variante der Herrscherkarriere des Zeus: Nachdem sein Vater (Kronos / Saturn) alle Geschwister von Zeus verschlungen hat (s. oben), überredet er die kluge Ozeanide Metis, dem Vater ein Brechmittel einzuflößen. Daraufhin spuckt Kronos alle Kinder wieder aus. Aus Dank erkennen sie Zeus' Oberherrschaft an. Er nimmt sich den Himmel, gibt Neptun das Meer und Pluto die Unterwelt. Auf Erden und im Olymp besitzen alle die gleichen Rechte, doch Zeus hat den Vorsitz inne.

Dennoch wird er zur komplexen Figur im olympischen Pantheon. Kein Name wird so oft erwähnt wie der seine, sei es bei Fürbitten, Schwüren oder Flüchen. Sein herabzuckender Blitz ist gefürchtet und prägt bei den Menschen das Bild väterlicher Allmacht. Deshalb wurde sein lateinischer Name aus *Io* (»Himmel«) und *Pater* zusammengefügt – als Himmlischer Vater prägt er die Gottesvorstellung des Menschen bis auf den heutigen Tag.

Neptun

Der römische Neptun ist nur ein matter Abklatsch seines mächtigen griechischen Vorbildes Poseidon, Sohn des Kronos und der Rhea und damit Bruder Jupiters. In der germanisch-isländischen Mythenwelt entspricht ihm Njördr, der Vater von Freyr und Freyja. Der Nachzügler bekommt sein Reich der Meere erst, nachdem Kronos / Saturn und Zeus / Jupiter Himmel und Erde untereinander aufgeteilt haben. Poseidon, der Herr mit dem Dreizack, mit dem er ursprünglich nicht etwa Fische fing, sondern Felsbrocken wegstemmte und dabei Erdbeben auslöste, erhält das wässrige Zwischenreich zum Dank für seine Teilnahme am Kampf gegen die Titanen des Uranos.

Damit wird Poseidon/Neptun zum Herrscher über alle Seen, Flüsse und Quellen und die darin lebenden Wesen wie Nymphen und Nixen, aber auch über sagenhafte Ungeheuer wie z. B. das Pferd. Rosse ziehen seinen Streitwagen – vermutlich eine Reminiszenz an die Zeit, als die Hellenen (wie auch die Römer) ein Volk aus dem bergigen Binnenland waren. Vielleicht ist es auch eine Anspielung auf eine Legende um die Geburt des Poseidon. Danach soll seine Mutter, Rhea, Kronos ein Fohlen vorgewiesen haben, um ihn davon abzuhalten, das Neugeborene zu verschlingen. Da Kronos selbst gelegentlich die Gestalt eines Pferdes anzunehmen beliebte, erstaunte ihn die Geburt eines Füllen keineswegs.

Poseidon fühlt sich oft durch seinen Bruder Zeus herabgesetzt oder übervorteilt. Auch mit seinen Göttergeschwistern liegt er häufig im Streit. Er stößt seinen Dreizack bei solchen Anlässen zornig in den Fels, sodass Quellen sprudeln oder Überschwemmungen das Land verwüsten. Die Fähigkeit als Meeresgott, sich und andere in jede Art von Getier zu verwandeln, benutzt Poseidon (da unterscheidet er sich keinen Deut von seinem Bruder Zeus), um himmlischen wie irdischen Damen nachzustellen.

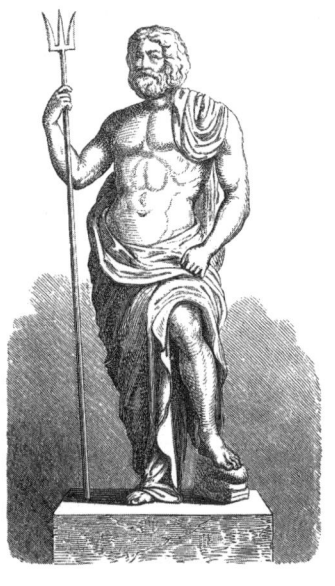

Poseidon. Sein Dreizack diente weniger dem Fischfang als vielmehr um damit Flutwellen auszulösen.

Demeter verwandelt er in eine Stute, um sie als Hengst zu bespringen, Theophane in ein Schaf, um mit ihr den Widder mit dem Goldenen Vlies zu zeugen. Selbst die berüchtigte Medusa soll er zu einer Zeit, da sie noch jung und schön war, als Vogel heimgesucht haben.

Sein römischer Kollege, der Quellengott Neptun, gelangt erst durch das Übergreifen des Poseidon-Kultes nach Italien zu Ehren; bis zu diesem Moment war er völlig unbedeutend – die frühen Römer fuhren noch nicht zur See.

Pluto

Eigentlich galt Pluto als Gott der Ernte, des Heils, des Überflusses. Es gibt eine Legende, derzufolge er die Frucht einer
Liebschaft ist, die Demeter mit Jason, dem Anführer der Argonauten, hatte. Doch spätestens als das Reich des Hades eigens
für ihn aus der Erdherrschaft des Kronos herausgebrochen
wird, ist auch die Vaterschaft klar. Pluto (*Plouton*, »der Reiche«)
erhält nicht nur den Hades, die Welt der Toten, sondern alles, was sich
unter der Erdkruste befindet, samt Mineralien, Metallen und Juwelen.

Nach der gleichnamigen Komödie des Aristophanes (445–385 v. Chr.)
wird Pluto von Zeus geblendet, um sicherzugehen, dass er seine Reich-
tümer wahllos verteilt, statt nach Verdienst zu belohnen. Von ihm zeugt
kein Tempel, kein Bild, und sein Name wird möglichst nicht genannt
oder euphemistisch umschrieben. Denn das Pluto-Prinzip birgt auch die
Finalität alles menschlichen Daseins, vor der es kein Entrinnen gibt. Der
Herr der Unterwelt gilt als unbestechlich und wird von seinem Bruder
Zeus / Jupiter oft mit Richteraufgaben betraut.

In der germanischen Mythologie steht er für das albische Element.
Sein Schatz und seine Tarnkappe finden sich in der Nibelungensage
wieder, sein Imperium wird dagegen von der Riesin Hel (»Hölle«)
verwaltet. Ihm ist auch der »feurige« Loki, der Lichtbringer und Verder-
ber Lucifer, zuzuordnen.

Mars

Ares ist ursprünglich eine pagane Gottheit und für Wald, Feld
und Herde zuständig. Als Beschützer der Hirten entwickelt er
sich zum Gott des Krieges, eine typisch römische Schöpfung.
Marsfelder hießen die Truppenübungsplätze und Aufmarsch-
gelände jeder Stadt, die eine römische Legion beherbergte.
Vom Reichtum des griechischen Mythos lässt Rom ihm nur den unge-
stümen Zerstörungstrieb.

Wiewohl der einzige legitime Sohn des Zeus und seiner Gemahlin
Hera, bleibt Ares der von allen Göttern Ungeliebte, sieht man von
Aphrodite ab. Die Göttin, obgleich Ehefrau des Hephaistos / Vulcanus,
gewährt dem Krieger das Beilager, sooft sich die Möglichkeit ergibt. Von
Apoll auf seine Hörner angesprochen, verfertigt Hephaistos, der Gott
der Schmiede, ein feinmaschiges Drahtnetz. Darin fesselt er die Buhlen-

den in flagranti auf ihrem Liebeslager und gibt sie (sich selbst allerdings nicht minder!) dem Gespött des gesamten Olymps preis.

Im Germanischen entspricht Mars weniger dem Thor, dem zornigen Hammerwerfer, sondern eher dem reinen Kriegsgott Thyr. Aber auch hier schillert noch Loki durch (Träger der Brandfackel, Weltenbrand). Spätestens mit dem aufkommenden Christentum wird er als Lucifer gebrandmarkt.

Als *Gradivus* von den Römern heiß verehrt, gilt Mars nicht nur als aggressiver, mutiger Kämpfer, sondern auch als treu sorgender Ahnherr von Romulus und Remus, um deren Leben willen er die Wölfin zähmt.

Merkur

Der Götterbote Hermes ist der Spross einer Affäre des Zeus mit Maia, der Tochter des Atlas. Doch macht er sich schon in Babylon als Nabu, Sohn des Marduk, nützlich, nämlich als Schutzgottheit für die Schreibkunst, aber auch für den Regen. Bei den Griechen schon als frühreifer Knabe mit allerhand Begabungen ausgestattet (er ist ein Meisterdieb), wird Hermes / Merkur schnell zum Liebling aller und zum Mittler zwischen Götterhimmel und Menschenerde.

Er präsentiert sich als ambigue Gestalt, ist doppelgesichtig (Janus), geistreich-charmant und scharfzüngig beredt (Logos), zuständig für Reisende, Händler und Athleten (Ephebos). Sein Sohn aus der Affäre mit Venus, Hermaphroditos, ist geschlechtlich nicht festgelegt. Er vereint männliche Tatkraft mit weiblicher Zartheit zur vollkommenen Körperlichkeit, ohne jedoch von beiden Geschlechtern je akzeptiert zu werden. Im Gegenteil: Er wird als Zwitter verachtet.

Die Zeichen des Hermes sind Flügelschuhe (manchmal sind die Schwingen auch am Hut befestigt) und ein schlangenumwundener Zauberstab (*Caduceus*, nicht *Aeskulap*, wie oft simplifiziert), denn natürlich zieht Merkur auch die Heilmittel an sich – Gifte eingeschlossen. Dass er sich merkantilen Zwängen (Gott der Banken *und* der Diebe) nicht versagt, zeigt seine Hinterlassenschaft in diversen Sprachen: Kommerz, *merchant* (engl.), *mercenario* (ital.), der sich für Geld verdingende Söldner.

Die Kelten verehren den Merkur unter dem Namen Lugus als Hauptgott, irisch *Lug Samildânach*, d. i. der gleichzeitig (*samh*) zahlreiche (*il*) Techniken (*dân*) Besitzende, der Alleskönner.

Seine Rückführung auf den ägyptischen Thot (der 3000 v. Chr. noch ein Mondgott war), den Gott der Weisheit und des Wissens, macht ihn später zum Patron der Magier und Alchemisten (Hermes Trismegistos). Den »großen Weisen« kannten allerdings schon die Chaldäer (1000 v. Chr.), und die Araber sollen ihn zur Zeit des Moses als den »dreimal Größten« verehrt haben. Selbst mit dem Gott Horus soll er identisch gewesen sein, denn von ihm habe er alles geheime Wissen, das für Auserwählte erfahrbar sei.

Mit dem *Hermanubis* versuchen die Griechen, ihre Göttervorstellungen mit denen der Ägypter in Einklang zu bringen – Hermes samt Schlangenstab, mit dem hundsköpfigen Anubis zu einer Figur vereint. Beide sind Götterboten, Wächter der Unterwelt, führen die Seelen der Verstorbenen in das Totenreich. Es sind dies auch Verweise auf die ernsthafte Seite des Hermes, der aktiv und erfindungsreich ist und stets bemüht, das Verlangen der anderen Götter in (Wohl-)Taten umzusetzen.

Hermes verwandelte sich selbst gern in einen unschuldigen Knaben. Auch in der Alchemie tritt er als das Kind auf. Hier trägt er den Sohn des Dionysos zum Olymp.

VOM GEMISCHTEN OLYMP ZUM ZODIAK DER PATRIARCHEN

Die vorgriechische Mythologie ist wegen des Übergangs vom Matriarchat zum Patriarchat nicht gerade überschaubar. Im Laufe von drei Jahrtausenden verschoben sich die Wertungen stark, wesentliche Genealogie-Konstruktionen fielen der neuen Sichtweise zum Opfer. Eine neue Ordnung wollte sich nur zögernd einstellen. In der Hochblüte der griechischen Sagenwelt (Homer) weist der Olymp zwölf Sitze für Hauptgottheiten auf (in Klammern die lateinischen Bezeichnungen):

Zeus (Jupiter)	– Herr der Götter
Hera (Juno)	– Hausherrin des Olymps und First Lady
Poseidon (Neptun)	– Herr des Meeres
Demeter (Ceres)	– Göttin der Fruchtbarkeit
Hades (Pluto)	– Gott der Unterwelt
Aphrodite (Venus)	– Göttin der Liebe
Apoll (sol invictus)	– Sonnengott
Artemis (Diana/Luna)	– Göttin der Jagd und des Mondes
Ares (Mars)	– Gott des Krieges
Athene (Minerva)	– Göttin der Wissenschaft und des Handwerks
Hermes (Merkur)	– Gott der Händler, der Götterbote

Um den zwölften Platz streiten sich *Hestia* (Vesta), die Göttin der Feuerstelle (Herd wie Tempel) und älteste der drei Kronos/Rhea-Töchter, die zeitlebens unvermählt bleibt (Vestalin), und *Hephaistos* (Vulcanus), der Gott des Schmiedefeuers und der Vulkane, ohne Beteiligung eines Mannes von Hera lieblos zur Welt gebracht, seither hinkend, verliebt in Aphrodite, die seinen Schmuck nimmt und ihn dann mit Ares betrügt. Sein Kult ist schon in vorhellenischer Zeit in Kleinasien und bei den Etruskern zu finden. Während der Vesta-Kult – astrologisch gesehen – wohl vom Venus-Bereich vereinnahmt wurde, bereicherte der Kult des im Pantheon beliebten und sich nützlich machenden Hephaistos sowohl den Planetenmythos des Uranos (Vulkan, als Ausbruch unterirdischer Naturgewalt) als auch den des Pluto (der humpelnde, unansehnliche Schmied).

Eine andere Lesart besagt, dass Hestia und Hephaistos zum Zwölferrat der olympischen Götter zu zählen sind, Pluto dagegen nicht, weil er über die Gegenwelt herrscht, den Untergrund.

Während Zeus, Hera, Poseidon, Demeter, Hades und Hestia *Kroniden* sind, also einer älteren Generation angehören, sind die anderen meist »natürliche« Zeus-Kinder: Ares und Hephaistos von Hera; Apollo und Artemis von der Titanin Letho; Hermes von Maia, der Tochter des Atlas; Athene ist eine Kopfgeburt. Ein weiterer Anwärter auf einen Platz im Olymp ist Zeus-Sohn *Dionysos* (Bacchus), der Gott des Rausches und der Weinberge, der die Zubereitung des Nektars überwacht, den die Olympier zum Erhalt ewiger Jugend zu sich nehmen. Allerdings kann er nur eine Sterbliche als Mutter aufweisen, die thebanische Königstochter Semele. Da Aphrodite nachweislich einen festen Platz im Olymp innehat, gibt es nur noch die Möglichkeit, dass – außer Hades/Pluto – auch Poseidon ausquartiert wird – oder es sind 13. Auf keinen Fall gehören Großvater Kronos (Saturn) oder gar Urgroßvater Uranus dazu. So ergibt sich folgende Sitzverteilung mit separaten Reichen bzw. gesicherter Alterspension für Kronos/Saturn, Uranus, Poseidon/Neptun und Hades/Pluto:

1 Zeus/Jupiter
2 Hera/Juno
3 Demeter/Ceres
4 Hestia/Vesta
5 Aphrodite/Venus
6 Apollo/Sol
7 Artemis/Diana/Luna
8 Ares/Mars
9 Dionysos/Bacchus
10 Athene/Minerva
11 Hephaistos/Vulkan
12 Hermes/Merkur

A		1		B
	2	3	4	
5	6		7	8
	9	10	11	
C		12		D

A Kronos/Saturn
B Uranos/Uranus
C Poseidon/Neptun
D Hades/Pluto

2–4 und 9–11 fanden im Zodiak keine Berücksichtigung.

Wie auch immer: Der erlauchte Kreis reicht aus, um jeden Bereich abzudecken, und ist damit wie geschaffen für die Herrschaft über einen Zodiak, dessen Zwölfer-Aufteilung längst geläufig war.

Das Überangebot an Halbgöttern und Heroen, Musen, Nymphen und Feen (das durch das ausschweifende, phantasiereiche Liebesleben aller Beteiligten noch verwirrender wird) muss die ägyptisch-hellenische Geisteswelt spätestens zur Zeit des Ptolemäus dazu bewogen haben, sich für die Astrologie auf sieben Planetengötter zu beschränken.

Diese Reduzierung warf natürlich Kompetenzprobleme auf: Während des gesamten »klassischen Altertums« gab es unstrittig fünf weibliche Hauptgottheiten. Drei davon werden im »Urteil des Paris« vorgestellt:

- **Hera / Juno**, zuständig für die Würde der Frau und Fraulichkeit,
- die auf Äußerlichkeiten Wert legende **Aphrodite / Venus**, zuständig für Liebe, Mäzenatentum und Käuflichkeit,
- die kluge und streitbare **Athene / Minerva**, zuständig für Wissenschaft und Handwerk.

Hera / Juno, Aphrodite / Venus, Athene / Minerva,
Artemis / Diana, Demeter / Ceres

Die anderen beiden nahmen an dem törichten »Miss-Olymp-Wettbewerb« nicht teil:

- aus Scheu **Artemis / Diana**, zuständig für Jagd, Mond und Tiere,
- um Streit aus dem Weg zu gehen, **Demeter / Ceres**, zuständig für Früchte und Fruchtbarkeit.

Die Entscheidung, den Damen insgesamt nur zwei Planeten, Luna und Venus, zu überlassen, ist ungleich einschneidender in ihren Konsequenzen als die legendäre Vergabe des Apfels an Aphrodite. Hier werden auch die letzten Bastionen des Feminismus geschleift. Erhalten bleiben der Mutter-Komplex und die Geliebte, das Sexualobjekt. Die Gefährtin, die Schwester, wird ausgelöscht.

Die lateinische Luna, ohnehin Quartiergeberin der Artemis für Artisten, Jagende und notwendiges Getier, übernimmt nun auch Hera und rundet damit ihr uraltes Reich eigentlich wieder so ab, wie es ihrer Bedeutung als Mondgottheit zukommt.

Aphrodite schafft sich ein seriöses Standbein durch Einvernahme des Demeter-Bereiches. Das vollzieht sich ziemlich reibungslos. Das Wichtigste für die Zeus-Schwester Demeter: nicht mit Hera unter einem Dach! Nur die tiefe Verachtung, die die aus Zeus' Kopf geborene Athene zeitlebens für Aphrodite empfindet, bewahrt die virile Kämpferin davor, dass ihr Reich ebenfalls zur Gänze von der Gegenspielerin an sich gezogen wird.

Venus nimmt die Kunst und schmückt damit ihren Stier, die Diplomatie hängt sie an die Waage (das Schwert und die verbundenen Augen der Justitia: letzte Reminiszenz an Athene). Wissenschaft und Handwerk kann die ausgeplünderte Göttin zu ihrem Bruder Hermes retten. Diese unverhoffte Erbschaft verstärkt einerseits dessen feminine Züge und macht ihn andererseits streitbarer.

Für die Männer ist besser gesorgt – keiner der Herren muss völlig verschwinden. Im Gegenteil: Selbst die entmachtete Vaterfigur Kronos kommt wieder zu (planetarischen) Ehren. Von der siegreichen Sonne abgesehen, stehen den Herren mit Merkur, Mars, Jupiter und Saturn gleich weitere vier Planeten zur Verfügung (s. die vier apokalyptischen Reiter).

Mit jedem neu entdeckten Planeten (Uranus, Neptun, Pluto) können die Einflussbereiche noch diversifiziert, die männliche Vormachtstellung ausgebaut werden. (Mit Uranus wird sogar eine Gottheit aus der Versenkung geholt, die aus dem Zwölfer-Olymp längst ausquartiert war). Nun geht es darum, sich untereinander zu arrangieren. Der Mythologie folgend, muss Saturn / Kronos zugunsten des Uranus auf sein Taghaus verzichten (ein abstrakter Bereich, mögliche Revolten zwar provozierend, aber auch gleich einkreisend). Jupiter / Zeus überlässt seine Fische dem ansonsten in seinem Schatten stehenden Bruder Neptun / Poseidon, dessen explizite Meeresherrschaft auch auf Kosten der Mondgottheit geht. Nur Pluto, dem in der Mythologie das noch ergründete, (daher) unheimliche Reich des Erdinneren zufällt, geht in der Astrologie bislang leer aus. Ihn mit Mars-Domizilen zu belohnen, kann nur Astralphantasten einfallen, die sich weder über den Hintergrund noch die Konsequenzen einer solchen Kohabitation den Kopf zerbrochen haben. Doch es war durchaus nicht so, dass sich niemand zuvor Gedanken über eine anders geartete Zuordnung gemacht hätte. Von Manilius stammen Merkverse, die erst 1416 von italienischen Humanisten entdeckt wurden. Danach beschützt:

Pallas	den Widder	Vulkan	die Waage
Venus	den Stier	Mars	den Skorpion
Apoll	die Zwillinge	Diana	den Schützen
Merkur	den Krebs	Vesta	den Steinbock
Jupiter	den Löwen	Juno	den Wassermann
Ceres	die Jungfrau	Neptun	die Fische

Teile dieser ansonsten wenig bekannten Einbindung von Olympiern in die Dominanz von Tierkreiszeichen finden sich in den Fresken des Palazzo Schifanoia zu Ferrara.

Auch die nordgermanische (isländisch-skandinavische) Mythologie ist reine Männersache. In grauen Vorzeiten wird die Erde von Riesen beherrscht, gegen die – als Hypostase des Himmelsgottes – der Donnerer Thor mit dem Hammer kämpft (eine Mars-Jupiter-Vulkan-Kombination). Sein Beiname Freyr (»Herr«) verselbstständigt sich zum Sonnengott, als sich die Wanen-Götter herauskristallisieren: Der »Mimir«-Meeresgott Njördr wird zu dessen Vater, an die Seite gestellt bekommt er eine Schwester, Freyja (»Fruchtbarkeit«).

Erst nach der Zeitenwende (sicher unter römischen, wenn nicht unter frühchristlichen Einflüssen) dringt aus Südgermanien mit reichlich monotheistischen Zügen der Ase Odin / Wotan vor. Er holt nicht nur die Schöpfungsgeschichte nach (s. *Edda*), die bis dahin fehlte (Schlachtung des Urriesen Ymir als Parallele zum Titanen Uranos), sondern entmachtet auch Thor zum reinen Kriegsgott Tyr (Mars), verdrängt Freyr durch Bevorzugung seines Sohne Baldur als Sonnengott (Helios / Apoll), während er dessen Schwester Freyja mit seiner Windsbraut Frigg (Artemis) verschmilzt und zur bedeutungslosen First Lady macht. Ihre beharrliche Jungfräulichkeit erinnert an Hera; einen Bezug zum Venus-Bereich stellt höchstens der gemeinsam besetzte »Freitag« dar (Venerdi).

Vater Njördr behält sein Meer und wird immer mehr Poseidon / Neptun angeglichen, allerdings mit leichtem Kronos-Einschlag, da ansonsten kein Pendant zu Saturn in Sicht ist, wie es auch keine Luna entsprechende weibliche, spezifische Mondgottheit gibt. Darin ähnelt die germanische Mythologie der hellenischen, in der Artemis das Lunare nur so nebenbei mitverwaltet. Erst ziemlich spät wird Irm / Isis importiert.

Odin/Wotan zieht auch den im Germanischen nicht ausgeprägten Merkur an sich; bei Hermod, dem Götterboten, ist ein Anklang an den griechischen Hermes zu finden.

Walhall ist im Gegensatz zum heiteren Olymp ein rauer, kriegerischer Ort, düster und vom Untergang bedroht. Sein Gegenreich ist Hel (»Hölle«), der Untergrund der Toten (Hades/Pluto).

Entscheidender Unterschied zu den babylonisch-hellenisch-römischen Mythologien ist jedoch die prägnante Existenz des kontrastierenden »Bösen«, Loki, der als Lucifer zwar das Licht bringt (s. Prometheus), doch sonst nur Zwist und Unheil (Mord an Baldur/Weltuntergang/Wiederauferstehung).

Wenn Loki mit dem griechischen Leukma (»Mond«) zu tun hat, dann wird auch seine Antipodenstellung zur Sonne erklärbar. Seine Tiere fressen das Gestirn (zur Sonnenfinsternis), sein Hass vernichtet erst Baldur, dann alle Götter, Odin eingeschlossen. Ist er der vermisste »Mann« im Mond? Lodur (»lodern«) – *Lochran* im Gälischen (»Fackel«, noch älter: Loukarnâ), »Lohe«.

Sein vom Riesen Sutr in die Welt getragenes Feuer verdirbt, verbrennt, doch nur so ist ein Neuanfang gegeben. Loki kann sich verstellen, trügen und täuschen. Damit erhebt er auch Anspruch auf einen Teil des merkurialen Bereichs, den der Magie, der Alchemie, der Teufelskünste. Aber auch dem großen Hermes Trismegistos ist die Wiedergeburt als »göttliches Kind« in der Eschatologie vorausbestimmt.

Für Göttinnen ist bei den Germanen, denen die Römer mit Erstaunen die Gleichberechtigung der Frauen nachsagten, gleichwohl kein Raum.

Max Klinger, »Das Urteil des Paris«, 1887

Bestenfalls als Walküren, Feen, Nixen, Nornen und bald nur noch als Hexen werden ihnen Tätigkeitsfelder zugewiesen, die sie eher als Feindin des Männlichkeitskults erscheinen lassen denn als Partnerinnen.

Das Übergewicht an Männern führt dazu, dass eine archaische Frauengottheit wieder ins Spiel gebracht wird, die okkulte Lilith, sei es auch nur als »angenommene« Planetenposition, doch wie Pluto mit eigenen Ephemeriden. Den »vergessenen« Frauen ist nicht einmal dies vergönnt. Sie schwirren als Asteroiden oder Planetoiden (also Splitter- oder Trümmerplaneten) zwischen Mars und Jupiter herum: Ceres, Juno, Pallas, Vesta. Ihre Bahnen sind berechnet, doch die Astrologie hat – auch heute – immer noch keine Verwendung für sie, selbst in Anbetracht der offenen Frage, warum Merkur, Venus und Mars weiterhin zwei Häuser zur Verfügung haben.

VI
KALENDARIUM

Im »tropischen« Tierkreis wird die Stellung der Planeten nach ihrem Verhältnis zu jenem Punkt gemessen, den die Sonne zum Frühlingsanfang einnimmt (Äquinoktium), also am Beginn des Zeichens Widder. Dieser Punkt verschiebt sich in 72 Jahren um etwa ein Grad im Uhrzeigersinn, also »rückwärts« im Tierkreis. Daraus ergibt sich in ca. 2160 Jahren ein Wechsel in das nächste zurückliegende Sternbild.

Heute kennt man den Grund dafür. Er liegt in der Präzession, der Drehung der Erde um eine Achse, die erheblich von der gedachten (durch die Polarpunkte) abweicht. Bei der Einrichtung des zodiakalen

»Scenographica systematica Copernicani«.
Heliozentrisches Planetensystem des Kopernikus, 1510.

Systems befanden sich die ausgewählten Tierkreiszeichen noch auf gleicher Höhe mit ihren Vorbildern. Inzwischen ist der »tropische« Widderanfang (fast) über das Zeichen Fische hinaus gewandert.

Vieles spricht dafür, dass die Astrologie dieses Verhalten zwar nicht weiterhin ignorieren – was sie ja meistens auch nicht tut – aber doch über den physikalischen Fakt hinweg sehen sollte, um den Lauf der Sonnenekliptik als konstant anzunehmen. Es geht schließlich um Prinzipien und nicht um eine von mathematischen Realitäten geprägte Wahrheit. Doch sollte jeder ernsthaft Interessierte von dieser vielschichtigen Problematik wissen, auch wenn sie hier nur angedeutet werden kann.

Darüber hinaus sind Zuordnungen üblich, die teilweise der reinen, immer weiter verfeinerten Zeitmessung (Jahreszeiten, Dekane) und der damit verbundenen Ortsbestimmung (Einteilung des Globus in Längen- und Breitengrade) entnommen sind. Auch wurden bereits früh die Tage der Woche den klassischen Planeten zugeordnet und vor allem die Stundenabfolge der einzelnen Tage. Der Stand der einzelnen Planeten und ihre Beziehungen *(Aspekte)* zueinander wurden als so wesentlich erachtet, dass man die Bestimmung des Aszendenten für jeden an einem bestimmten Tag zu einer bestimmten Uhrzeit Geborenen einführte, als ergänzende Information über den Nativen. Von vielen Astrologen wird der Beurteilung des errechenbaren Aszendenten ein weitaus höherer Wert beigemessen als dem automatisch zugewiesenen Tierkreiszeichen. Das geschieht auch schon deshalb, weil allein die Einbeziehung der dafür benötigten Daten *(Ephemeriden)* die gewissenhafte Erstellung eines Horoskops überhaupt erst ermöglicht.

Während die Jahreszeiten für die Bestimmung von Veranlagung und Tendenzen völlig nutzlos sind und die Wochentage weitgehend, ist die Erfassung des Aszendenten wegen der sich ständig ändernden Planetenkonstellation dafür unerlässlich (s. Ausführungen und Tabelle im Anhang).

DAS JAHR DES MONDES

Herrad von Landsperg, ab 1167 Äbtissin des Klosters Hohenburg, gestorben 1195, machte sich in ihrem »Hortus deliciarum« um die zwölf Tierkreiszeichen verdient. Das Werk ging 1870 beim Brand der Bibliothek Straßburg verloren.

Bereits in grauer Vorzeit bemerkte man die sich regelmäßig wiederholenden Veränderungen im Laufe des Großen Lichtes übers Jahr hinweg. Die Sonnenwenden (Solstitien) im Sommer und im Winter sowie die Tagundnachtgleichen im Frühling und im Herbst (Äquinoktien) blieben nicht gleich, sondern verschoben sich langsam, aber stetig nach hinten. Für die beobachtenden Priester war dies anfangs unerklärlich und befremdlich. Vielleicht ist das mit ein Grund, warum sich die Vorfahren des Menschen für alle weiteren Einteilungen an das andere Gestirn, das Nachtlicht, hielten. So entstand vielerorts das Mondjahr, das allerdings im Sonnenumlauf nicht glatt aufging. Deshalb wurde am Ende alle 13 Jahre ein *Tantum* hinzugefügt, die so genannten »13 Nächte« des *Dodekahemeron*. Sie galten als prophetische Vorschau auf die kommenden Monate und Jahre und wurden mit entsprechenden Opfern und Festen begangen. Diese »Monate«, also die Zeitdauer eines Mondumlaufes um die Erde, begann man ab dem Frühlingsäquinoktium zu zählen.

Unsere Monatsnamen stammen entweder von Gottheiten direkt ab (wie Janus, Mars, Maia, Juno) oder von zu Gottheiten erhobenen Imperatoren (Julius Caesar, Augustus). Danach wurde gezählt: *septem, octo, novem, decem.* Es folgten *Januarius* und *Februarius*, und unmittelbar nach den »Iden des März« begann das neue Jahr. Sein Beginn blieb dem beliebten Mars Gradivus vorbehalten. *Februarius* und *Aprilis* beziehen sich auf pagane Rituale.

Bezüglich der Einteilung nach Jahreszeiten ist zu beachten, dass das astrologische Jahr *nicht* wie das Kalenderjahr mit dem 1. Januar beginnt, sondern mit dem Widder, also mit Frühlingsanfang. Es bewegt sich entgegen dem Uhrzeigersinn und endet mit den Fischen. Es bilden also:

Widder
Stier
Zwillinge
den **Frühling**

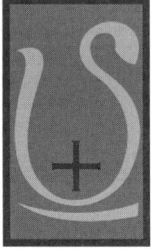

Krebs
Löwe
Jungfrau
den **Sommer**

Waage
Skorpion
Schütze
den **Herbst**

Steinbock
Wassermann
Fische
den **Winter**

Die Jahreszeiten selbst haben in der Astrologie keine Bedeutung erlangt. Ihre Zuordnung zu den Tierkreiszeichen entspricht mehr gängigem Gebrauch und menschlichen Emotionen als etwa wissenschaftlichen Beweggründen. Da diese Einführung jedoch auch astronomische Hintergründe und Zusammenhänge berücksichtigt, wurden sie hier ebenfalls eingebracht. In Ermangelung gängiger astrologischer Zeichen wurden für die Jahreszeiten uralte fernöstliche Symbole (Frühling, Sommer, Herbst und Winter) herangezogen.

Vom Winter zum Frühjahr:
20./21. März
Frühjahrs-Tagundnachtgleiche
Aequinox Vernalis

Vom Herbst zum Winter:
21./22. Dezember
Die längste Nacht
Solstitium Hibernum

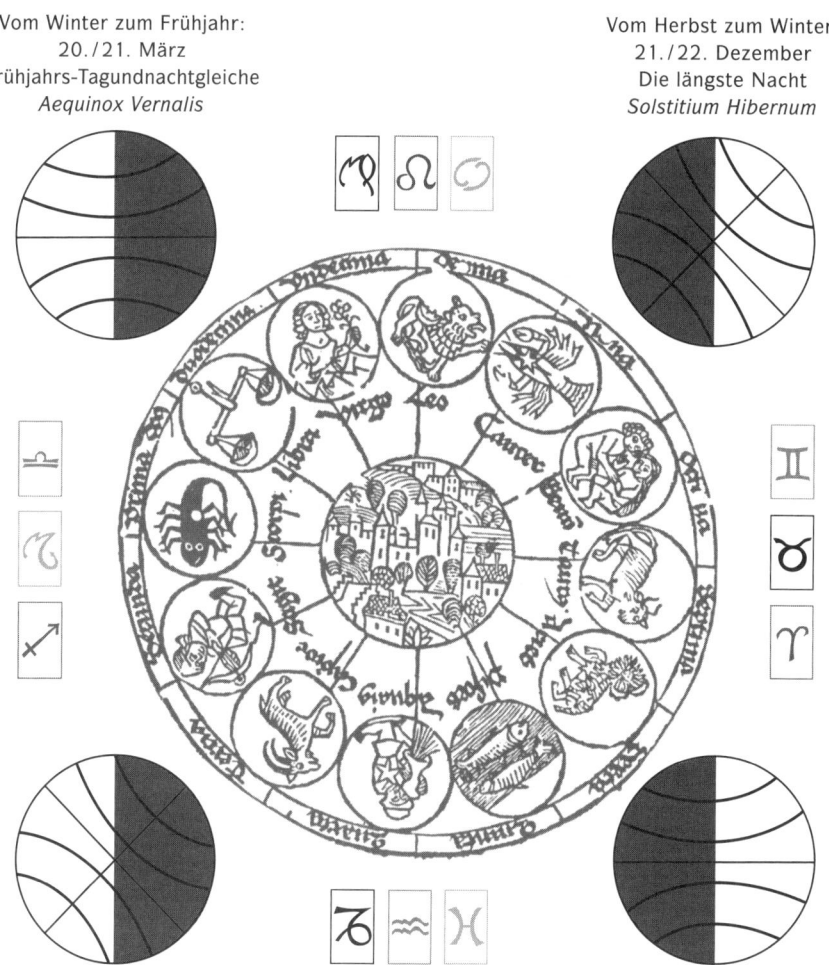

Vom Frühjahr zum Sommer:
21./22. Juni
Der längste Tag
Solstitium Aestivum

Vom Sommer zum Herbst:
22./23. September
Herbst-Tagundnachtgleiche
Aequinox Autumnalis

Die Daten der Tierkreiszeichen entsprechen nicht exakt der Monatseinteilung. Der Wechsel fällt meist auf den Beginn des letzten Drittels (*Dekan/Dekade* genannt, von griech. *deka*, »zehn«) eines Kalendermonats. Die genauen Daten und Längen differieren von Jahr zu Jahr geringfügig, so auch die Übergänge von einer Jahreszeit zur anderen.

DIE DEKANE

Theoretisch erfolgt die Einteilung des Tierkreises in 36 gleich große Abschnitte von je 10° Ausdehnung. Jedes Tierkreiszeichen hat folglich im Prinzip drei Dekane von gleicher Länge; die noch heute anzutreffende Unterteilung von Vulgärhoroskopen in Zeitungen erinnert daran. Nur ist diese Einteilung ziemlich ungenau, denn weder sind alle Tierkreisphasen gleich lang, noch beginnen bzw. enden sie Jahr für Jahr am gleichen Tag. Mitnichten entspricht also ein Dekan immer jeweils zehn Tagen.

Tierkreiszeichen	Dekan	Name nach Firmicus	Name nach Manilius	Teukros (ägyptische Reihe)	Varahamihira (indische Reihe)
Widder	1	Senator	Widder	Mars	Mars
	2	Senator	Stier	Sonne	Sonne
	3	Sentacher	Zwillinge	Venus	Jupiter
Stier	4	Suo	Krebs	Merkur	Venus
	5	Aryo	Löwe	Mond	Merkur
	6	Romanae	Jungfrau	Saturn	Saturn
Zwillinge	7	Thesogar	Waage	Jupiter	Merkur
	8	Ver	Skorpion	Mars	Venus
	9	Tepis	Schütze	Sonne	Saturn
Krebs	10	Sothis	Steinbock	Venus	Mond
	11	Sith	Wassermann	Merkur	Mars
	12	Thiumis	Fische	Mond	Jupiter
Löwe	13	Craumonis	Widder	Saturn	Sonne
	14	Sic	Stier	Jupiter	Jupiter
	15	Futile	Zwillinge	Mars	Mars
Jungfrau	16	Thumis	Krebs	Sonne	Merkur
	17	Tophicus	Löwe	Venus	Saturn
	18	Afut	Jungfrau	Merkur	Venus
Waage	19	Seuichut	Waage	Mond	Venus
	20	Sepisent	Skorpion	Saturn	Saturn
	21	Senta	Schütze	Jupiter	Merkur
Skorpion	22	Sentacer	Steinbock	Mars	Mars
	23	Tepsisen	Wassermann	Sonne	Jupiter
	24	Sentineu	Fische	Venus	Mond
Schütze	25	Eregbuo	Widder	Merkur	Jupiter
	26	Sagon	Stier	Mond	Mars
	27	Chenene	Zwillinge	Saturn	Sonne
Steinbock	28	Themeso	Krebs	Jupiter	Saturn
	29	Epiemu	Löwe	Mars	Venus
	30	Omot	Jungfrau	Sonne	Merkur
Wassermann	31	Oro	Waage	Venus	Satur
	32	Cratero	Skorpion	Merkur	Merkur
	33	Tepis	Schütze	Mond	Venus
Fische	34	Acha	Widder	Saturn	Jupiter
	35	Tepibui	Stier	Jupiter	Mond
	36	Uiu	Fische	Mars	Mars

Der Tierkreis von Dendera zeigt an seinem Außenrand die 36 Dekane als ägyptische Götter. Diese Götternamen wurden zum Teil in die hellenistische Astrologie übernommen und in ihrer Bedeutung vielfach modifiziert, vielfach aber auch missverstanden. Ursprünglich entstammen die 36 Dekane den 36 Zeitsternen im babylonischen Tierkreis, die zur Zeitbestimmung dienten. Es scheint, als ob die Einführung der Dekane die Grundlage für die 24-Stunden-Einteilung des Tages bildete. In Ägypten änderten sie ihre Bedeutung später grundsätzlich und wurden zu Gottheiten, *Dekangöttern*, die den 10° breiten Tierkreissektor beherrschten. Später ordnete die hellenistische Astrologie die Dekangötter in Unkenntnis des Ursprungs wieder gleichzeitig aufgehenden Sternen zu. Diese Wechselwirkung hat im Laufe der Zeit viel zur Verwirrung um die Bedeutung der Dekane beigetragen.

Dekane wurden ähnlich wie die Tierkreiszeichen zu Prognosen aller Art benützt, in Kombination mit der Häuserlehre etwa zu medizinischen Prognosen. In der heutigen Astrologie wird die Dekaneinteilung mehr im Sinne der »Feingliederung« der Tierkreiszeichen verwendet. An Stelle des Wortes »Dekan« wird heute noch gelegentlich das griechische Fachwort *Prosopon* oder (in mittelalterlicher Form) das lateinische *Facies* benutzt.

Die Dekanunterteilung findet sich auch in fernöstlichen Darstellungen, ausgehend von den gemeinsamen Wurzeln mit der hellenistisch-ägyptischen Astrologie. Ihr Vorkommen in Mexiko (auf einigen Maya-Kalender-Scheiben) in einer Zeit weit vor Kolumbus, also im ausgehenden Mittelalter, bedarf allerdings noch der Klärung. Es könnte sich auch um Über- bzw. Unterschneidungen mit dem auf Yucatán ebenfalls üblichen Venus-Kalender handeln.

DIE LÄNGE DES JAHRES

Während das solare Kalenderjahr die bequem teilbare Zahl Zwölf be-nutzt, setzen sich die Monate dem vierphasigen Mondzyklus aus. Damit wurde die sich anbietende weitere Unterteilung in drei ca. zehntägige Dekane beiseitegeschoben, die Sieben-Tage-Woche setzte sich durch, die »klassischen« sieben Planeten nahmen Besitz von der Woche und

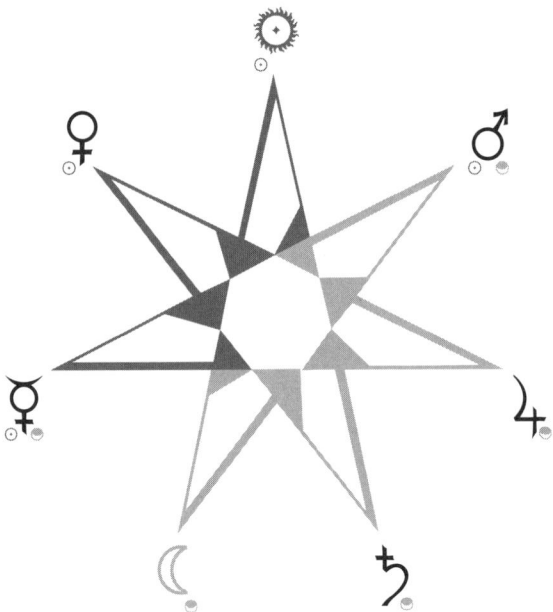

teilten sie unter sich auf. Die Namensgebung für die Wochentage verlief nicht ohne (die üblichen) Reibereien, hat sich aber bis heute gehalten. Sie folgen einem alten Symbol für die Woche, dem siebenzackigen Stern: beginnend mit dem Mond-Tag, danach in der bekannten Reihenfolge Mars, Merkur, Jupiter, Venus, Saturn und schließlich der Sonn(en)-Tag. Ein System, das womöglich über diese Anordnung Aufschluss gibt, berücksichtigt es doch die Unterscheidung nach dem Wesen der Planeten: *solar* bzw. *lunar*.

Die Bestellung des Bodens gab den Hauptanstoß für die Einrichtung von Kalendern. Fast alle Arbeiten in Wald, Feld und Flur müssen zur richtigen Zeit begonnen und abgeschlossen werden. Nur so lassen sich das Wetter und die speziellen Eigenheiten der Pflanzen lebenserhaltend nutzen. Die geregelte Zeiteinteilung wurde besonders notwendig, als sich die ersten Menschen als Ackerbauern niederließen.

Die Anregung kam aus den sichtbaren, festen Zyklen der Natur – aus dem Sonnenjahr, dem achtteiligen Sonnentag (s. Horen, Abschnitte à drei Stunden) und dem Mondmonat. Ursprünglich richtete sich in Sumer und Assyrien das Jahr nach 13 Mondumläufen – 364 Tage –, die einem

Sonnenumlauf von 365 Tagen nahe kamen. Doch erzwang die allmählich zunehmende Differenz beider Jahre eine Korrektur. Daher fügten die Babylonier gelegentlich einen Dekan hinzu.

Auch der ägyptische Kalender musste berichtigt werden. Das Jahr fing mit dem Aufgang des Sirius an und ging mit der Fruchtbarkeit spendenden Überschwemmung des Niltals zu Ende. Aber das System geriet in Unordnung, da der Sirius nach jeweils vier Jahren einen Tag später aufging. Denker aus Hellas fügten zur Korrektur ihres Mondkalenders offiziell zusätzliche Lunar-Zyklen ein, wenn das System zu stark aus dem Ruder lief. Trotzdem hielten viele Griechen eigensinnig an einem abweichenden Privatkalender fest, der aus Pflöcken und einem Brett bestand. Erst die Römer gingen das Problem pragmatisch an und führten unter Caesar im Jahre 46 v. Chr. den julianischen Kalender ein, der auf dem Sonnenumlauf beruhte und bis zur Kalenderreform Papst Gregors XIII. gültig blieb.

DIE TAGE DER WOCHE

Die Bezeichnung der einzelnen Wochentage spielte für die Römer noch keine wesentliche Rolle, da sie die Position des Tages im jeweiligen Monat zahlenmäßig und blockweise markierten (s. Iden des März). Dieses System blieb im Imperium auch unter den germanischen Herrschern noch lange erhalten. Wichtige Bezugspunkte wurden die Daten der Steuerzahlungen, ein System, das noch im hohen Mittelalter Verwendung fand. Im Übrigen war durch die lockere Besetzung der Wochentage durch die sieben Planeten den Ansprüchen der Götter Genüge getan.

Dem Vordringen des Christentums ins Herz des Römischen Reiches, nach Rom und in den nördlichen Mittelmeerraum, ging eine wegbereitende Veränderung der nordischen Kosmogonie voraus. Im Zuge der Völkerwanderung wird Walhall nur kurz dem griechischen Olymp angeglichen, dann setzt sich das dualistische Prinzip der *Edda* durch, der Kampf zwischen Gut und Böse – ein System, das der christlichen Erlösungsbotschaft zumindest in den Anfängen entgegenkommt. Es bleibt wohl einer richtig verstandenen Astrologie vorbehalten, zwischen

grundsätzlichem Fatalismus und Schwarzweiß-
malerei den Weg zur inspirierten Entscheidung
des Menschen über sein Schicksal aufzuzeigen.
Den Religionen ist diese Freiheit nicht gegeben.

Auf jeden Fall lohnt es sich, einen Blick auf die
unterschiedliche Namensgebung der Wochentage innerhalb der Kulturen Europas zu werfen:

Montag

althochdt. *Manetac*, engl. *Monday*, anglosachs.
monamdag, in skand. Sprachen *Mandag*. Ursprung unsicher. Der Wortstamm *mane* für »morgen« taucht schon im Indogermanischen auf
(persisch *mani*) und findet sich in *domani* (ital.),
mañana (span.), *demain* (frz.). Im Keltischen
manis / mant / mat = matina, matin.

Eine spezielle Mondgottheit, also eine Entsprechung zum lat. Luna = »Mond«, ist im Nordgermanischen nicht identifizierbar. Ital. *lunedì*,
frz. *lundi*, wobei die Endsilbe *di* von lat. *dies* =
»Tag« stammt. Erwähnt sei auch das griech. *monatos* (vom indogerm.
Stamm *mon* = »allein«), dessen ursprüngliche Bedeutung mit »einsam
leuchtendes Feuer« wiedergegeben wird (s. auch lat. *monacus* = »Mönch«,
monasterium = »Kloster«).

Die Verwendung von »Monat« für den Mondzyklus könnte auch die
These stärken, dass *mon* am Anfang stand, sich daraus das Wort *moon* =
»Mond« ableitete, das dann im Norden für den lat. Begriff *luna* verwandt
wurde.

Dienstag

Tyr / Thr-Ziu, der germanische Kriegsgott, engl. *Tuesday*, schwyzer-
dütsch *Ziesdi*. Während Thr an den älteren nordgerm. Universalgott
Thor erinnert (mit dem Tyr dann auch verschmilzt), weist Ziu auf den
griech. Zeus (*theos = deus* = »Gott«) hin, dessen Position später von Odin/
Wotan eingenommen wird. Im Lat. ganz klar: Mars (*martedì, mardi*).

Die Wochentage (aus einem engl. Kalender, 1503).
Die Regenten mit ihren Insignien: Saturn mit Krücke und Sichel, Jupiter mit
Pfeilen und Stab, Mars mit Kriegsbanner und Schild, Sonne mit Zepter
und Gesetzesbuch, Venus mit Spieglein und Blütenzweig, Merkur mit Schlangen
(s. Caduceus) und Geldbeutel, Mond mit Garbe und Füllhorn.

Mittwoch

In allen mediterranen Sprachen Merkur (*mercoledì, mercredi*), der ambigue Mittler, Händler und Mediziner (s. das Aseptikum *Mercurium* =
Quecksilber). In der german. Mythologie tritt relativ spät Hermod auf,
der Götterbote (griech. Hermes).

Engl. *Wednesday*, was wiederum auf Wotan/Odin = Zeus/Jupiter
hinweist. Der Ausdruck »Mittwoch« hingegen lässt annehmen, dass zu einem früheren Zeitpunkt die Woche doch mit dem Sonn(en)-Tag begann,
dem (am »Morgen« danach) der Mond-Tag folgte, und mit dem Saturn-
Sabbat endete. Auch diese Theorie würde astrologisch Sinn machen.

Donnerstag

Der Donnerer Thor (sein Hammer war nicht nur Schmiedewerkzeug, sondern auch »Totenhammer«). Engl. *Thursday*, jedoch frz. *jeudi*, ital. *giovedì* – vom Genitiv (*Jovis*) von Jupiter (Sanskrit: *diaus-piter*), der Donnerkeile und Blitze schleudernde Gottvater, Herrscher. Also noch einmal das unklare Vater-Sohn-Verhältnis, wie schon beim Dienstag.

Freitag

Freyja, die alte nordgermanische Göttin der Fruchtbarkeit, engl. *Friday*, lat. Venus (Genitiv = *Veneris*), die Göttin der Liebe, ital. *venerdì*, frz. *vendredi*.

Samstag

Vom hebräischen Sabbat (ital. *sabato*, russ. *subota*, frz. *samedi*). Lat. Saturn, der alte Gott, der Richter. Engl. *Saturday*. Vom Hebräischen her wie auch astrologisch leuchtet es ein, dass man Saturn hier, am Ende der Woche, in alttestamentarischer Strenge antrifft. An dieser Stelle sei daran erinnert, dass das römische Christentum den Saturn schon einmal beerbt hat, als es sein Christgeburtsfest auf den 24. Dezember, in die Saturnalien, vorverlegte (griechisch wie russisch-orthodox: Geburt am 6. Januar). Eine

Eine der wenigen Darstellungen germanischer Gottheiten. Freya deckt fast sämtliche Funktionen der Göttinnen des Olymps ab. Sie zusammen mit Venus auf den Freitag zu setzen wird ihr allerdings am wenigsten gerecht.

dem Kronos/Saturn entspr. Gottheit ist im Nordgermanischen nicht definiert. Der Begriff »Sonnabend« kündigt den darauf folgenden »Tag der Sonne« an.

Sonntag

Tag des Sonnengottes Sol, engl. *Sunday*. In mediterranen Ländern christianisiert zum »Tag des Herrn« (lat. *dominus*, von *dom* = das Haus), ital. *domenica*, span. *domingo*, frz. *dimanche*, wobei die Silbe *di* evtl. auch wieder auf *deus* (»Gott«) hinweist und *man* wieder auf den darauf folgenden Morgen, wenn man von dem ursprünglichen Feiertag des Sabbats ausgeht (demain, mañana).

Die Übertragung von einer Kultur zur anderen, von einer Epoche zur nächsten schafft Begriffsverwirrungen. Im Germanischen macht vor allem der Übergang von Thor zu Odin zu schaffen. Wotan/Odin verteilte sich – wie man gesehen hat – in irgendeiner Erscheinungsform auf drei verschiedene, aufeinander folgende Wochentage. Wochenende und -anfang gruppierten sich um die Sonne, die den nordischen Völkern ungleich wichtiger und essenzieller (Mitternachtssonne, Sonnenwendfeiern) gewesen sein muss als den mediterranen, die bereits früh den paritären Dualismus Sonne/Mond entwickelten.

Beiträge zur Astrologie kamen aus dem hohen Norden nicht. Die Bedeutung und Funktion der zyklopischen vorkeltischen Kalender-Kreisanlagen ist noch längst nicht abschließend erforscht. Die römische Besatzungsmacht (Germanien, Gallien, Britannien) hatte selbst mit Schwierigkeiten zu kämpfen, ihre Götter aus dem Griechischen zu transplantieren. Das Imperium war ständig dem starken Zustrom von Gottheiten aus den Kolonien ausgesetzt, vor allem aus dem Vorderen Orient, aber auch Göttern iberokeltischen Ursprungs.

DIE HÄUSER

Voraussetzung zum Verständnis des Begriffs Häuser ist die Kenntnis der astronomischen Tatsache, dass die Ebene der Sonnenbahn (Ekliptik) in ihrer jährlichen Bewegung um die Erde (so wie vom Menschen wahrgenommen) die Ebene des Erdäquators unter einem Neigungswinkel von 23° 27' schneidet, genannt die »Schiefe der Ekliptik«. Vereinfacht gesagt: Sonne und Erde bewegen sich nicht auf derselben Ebene, sondern schräg gegeneinander versetzt.

Durch das aus Horizont und Meridian gebildete Achsenkreuz wird der Kreis der Ekliptik in vier Quadranten zerlegt, von denen jeder wiederum entsprechend der Bewegung des Himmels in drei Sektoren geteilt wird. Die damit erhaltene Zwölfteilung der täglichen Drehung des Himmels wird *Häuser* oder auch *Örter* genannt. Diese abstrakte mathematische Einteilung ist ein wesentlicher Bestandteil der traditionellen Astrologie.

Tierkreis (*Zodiacus*).
Farbige Miniatur von Giovanni Battista Agnese, 16. Jh.

Zwischen diesen Häusern und der Zwölfteilung in Tierkreiszeichen für den Lauf des Jahres besteht eine gewisse Analogie, die dazu verführt, Zeichen und Häuser zu verwechseln. Bei der gebräuchlichen Vereinfachung beginnt die Zählweise bei **Widder = I. Haus** – und endet mit den **Fischen = XII. Haus**. Die Tierkreiszeichen sind aus der Beobachtung der Ekliptik entstanden und vermitteln den Eindruck, als würden sie sich langsam durch das Jahr hindurch fortbewegen. Die Häuser hingegen verharren auf ihrem Platz. Man muss sie sich als dreidimensionales geometrisches System vorstellen, dessen Grundlagen zwei Ebenen – Horizont und Meridian – bilden, die sich für einen angenommenen Punkt auf der Erdoberfläche niemals verändern.

Das System der Häuser wird astronomisch dazu benutzt, um den Platz (Ort) festzustellen, den sowohl die Tierkreiszeichen, aber auch die Planeten infolge der täglichen Bewegung im Moment eines Ereignisses einnehmen, um also ihre Position zur Geburtszeit zu bestimmen. Astrologisch gesehen dienen die Häuser zur Feststellung der Wirkung, die Tierkreiszeichen und Planeten auf Lebensweg, Wesensart und Neigungen eines an einem bestimmten Ort zu einer bestimmten Zeit Geborenen ausüben. Die Anwendung des Häuser-Systems macht nur Sinn, wenn es gilt, ein seriöses Horoskop zu erstellen. Sie ist Voraussetzung zur Ermittlung des Aszendenten. Andere Interpreten möchten das komplizierte Verfahren der Häuser am liebsten abschaffen. Entsprechend kontrovers fallen die Definitionen betreffend Anzahl (8, 12 oder gar 24), Größe (gleich oder unterschiedlich), Verlauf (im oder entgegen dem Uhrzeigersinn) und Wirkung aus. Entfalten sie ihre größte Macht an der Spitze oder in der Mitte? Brechen sie ihren Einfluss abrupt ab, oder gehen sie fließend ineinander über?

Einig ist man sich nur über den Grundgedanken, der davon ausgeht, dass Planeten je nach ihrer Position unterschiedliche Bereiche beeinflussen. Die einfachste Form der Vorstellung ihres Wirkens ist die der *Domizilianz* in »festen« Häusern. Außer Acht gelassen werden dabei die spezifischen Eigenschaften der (ansonsten) durchnummerierten Domizile. Doch dieses Verfahren ist berechtigt, denn es geht hier ja nicht um die Horoskopdeutung, sondern um eine Übersicht der vorhandenen Systeme. Und andererseits wurde der Einfluss der Planeten seit alters so hoch bewertet, dass man sie sich nur als Gottheiten vorstellen konnte, angeführt vom alten archaischen Herrscherpaar Sonne und Mond.

Beginnend mit ihrer Unterbringung, hielt man für die **Sonne** allein das Tierkreiszeichen des **Löwen** für angemessen, während der **Mond** – gleich daneben – das kardinale Wasser-Zeichen **Krebs** zum Domizil erhielt. Von diesen Monarchen ausgehend wurde den übrigen Planeten nach rechts wie links im Kreise fortschreitend jeweils ein Taghaus und ein Nachthaus zugeordnet. Erst wurden die »nahen«, dann die »entfernten« Gottheiten bedacht (übrigens ganz im Sinne und in voller Kenntnis der astronomischen Verhältnisse). So ergab sich:

Planet		*als Taghaus*		*als Nachthaus*
Götterbote **Merkur**		Zwillinge		Jungfrau
Liebesgöttin **Venus**		Waage		Stier
Kriegsgott **Mars**		Widder		Skorpion
Herrscher **Jupiter**		Schütze		Fische
der alte **Saturn**		Wassermann		Steinbock

EINE KLEINE HOROSKOPLEHRE

Für die Erstellung eines Horoskops ist die Position des Aszendenten unerlässlich. Dabei handelt es sich um jenes Zeichen in der Ekliptik, also der Sonnenbahn, das genau zur Geburt am Osthorizont aufgeht. Um ihn zu ermitteln, bedarf es der genauen Kenntnis der Geburtszeit (wenn möglich auf die Minute) und natürlich des Geburtsortes (Koordinaten). Dafür wird heute meist ein *Aszendenten-Horoskop* verwendet, dessen Felder (Häuser) von dem ermittelten Aszendenten aus gezählt werden. Dieses System wurde unabhängig von der Unterteilung der Ekliptik in die zwölf Tierkreiszeichen entwickelt (siehe Anhang).

Es gibt unzählige Methoden (aber auch Tabellen), diese unterschiedlich breiten Häuser (Schwankungen zwischen 15° und 35°) zu ermitteln. Die bekanntesten sind die *placidianische* (Placidus de Titis, italienischer Astrologe u. Geistlicher, 1603–1668) und die *regiomontanische Manier.* Die eigentliche Erfindung der zwölf Häuser, das so genannte *Dodekatopos,* wird dem Hermes Trismegistos zugeschrieben, genauso die Namensgebung für die einzelnen Felder und ihre Bedeutung für die Wertung des individuellen Schicksals.

Nur die genaue Kenntnis der Geburtsstunde versetzt den Nativen in die Lage, seinen Aszendenten zu errechnen, mit dessen Hilfe er dann auf einer *Ephemeriden-Tafel* den präzisen Stand der Planeten im Tierkreis zu diesem Zeitpunkt auffinden kann. Exakt positioniert auf dem Ring und linear mit dem Geburtspunkt (Asc.) verbunden, ergeben sich für jeden Planeten messbare Winkelverhältnisse zueinander, die sich geometrisch bestimmen lassen und in der horoskoporientierten »Stunden-Astrologie« als *Aspekte* bekannt sind (siehe Tabelle nächste Seite).

Abweichungen vom normierten Winkelmaß – und zwar in beiden Richtungen – werden (je nach Schule, Aspekt und Planet) zwischen 3° und 7°, in Ausnahmefällen auch bis 10° in Kauf genommen. Sie gelten als *plaktil* (»lässlich«) und werden abschwächend gewertet. Mathematisch exakte Aspekte nennt man *partil* (»verlässlich«). *Konjunktion* und *Parallele* sind streng genommen keine Aspekte, sondern Positionen, obwohl sie in den seit dem 18. Jahrhundert gebräuchlichen *Raphaelschen Ephemeriden-Tafeln* als Aspekte geführt werden. Eine Verfeinerung des hypothetischen Einflusses schrieben bereits be-

Die Aspekte				
Bezeichnung	Symbol	Winkelgrad	Eigenschaften	Anmerkungen
Konjunktion	☌	0	sehr stark	Planeten stehen so eng beieinander, dass sie eine gemeinsame Position einnehmen
Dodekatil (semisextil)	⚺	30°	günstig, schwach	
Sextil	⚹	60°	günstig, mittel	
Trigon	△	120°	günstig, stark	
Quadrat	□	90°	ungünstig, stark	
Semiquadrat	∠	45°	ungünstig, mittel	
Sesquiquadrat	⚼	135°	ungünstig, schwach	
Quintil	Q	72°	sehr schwach	
Biquintil	⊥	144°	sehr schwach	
Quincunx	⚻	150°	sehr schwach	
Opposition	☍	180°	sehr stark	Planeten stehen sich genau gegenüber.
Parallele	‖	–	Verstärkt evtl. vorhandenen Aspekt	Beide Planeten haben die gleiche »Deklination«, sind also gleichweit vom ASC entfernt.

stimmte griechische Schulen, aber vor allem ägyptische Astrologen den einzelnen Graden des Tierkreises je nach Stellung im Aszendenten des Horoskops auf das Leben eines Neugeborenen zu. Man nannte sie *Monomoiriai*. Das System ist spätestens seit dem dritten vorchristlichen

Jahrhundert bekannt. Entsprechend versah man jeden Grad, ja jede Minute des Zodiaks mit einem Orakelspruch (*Myriogenesis*).

Zu diesem Komplex gehört auch die Beobachtung des *Paranatellon*, Erfassung und Deutung aller Sternbilder, die gleichzeitig mit dem Aszendenten aufgehen. Über 300 Paranatellonta sind bekannt. Das führte natürlich auch sehr früh zu entsprechenden Talismanen. Paracelsus entwarf zu jedem Tierkreisbild ein Sigill und erließ Vorschriften über dessen Herstellung, die in den Bereich der Esoterik gehören. Doch das Auflegen von Tierkreisamuletten auf erkrankte Gliedmaßen hielt noch lange Zeit an und setzt sich in der angenommenen Heilkraft bestimmter Erze und Steine bis heute fort.

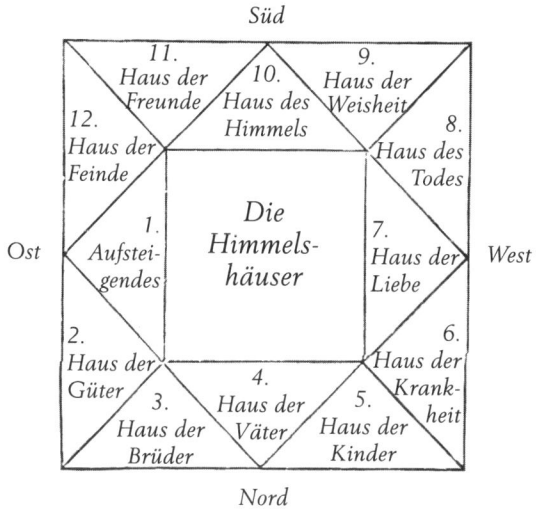

Das früher für Horoskope gebräuchliche
Quadratschema zeigt die den einzelnen »Häusern«
zugeschriebene Bedeutung.

Als *fallende Häuser* (*Cadentes*) gelten der 3., 6., 9. und 12. Ort in der Feldertabelle, auch *Tapeinoma* genannt. In ihnen wird die Wirkung eines Planeten am geringsten eingeschätzt (*Erniedrigung*). *Im Exil* sind Planeten, die aufgrund ihrer Stellung im Aszendentenhoroskop in ihrer »guten« Wirkung behindert sind (*Debilitates*, auch *Schwächen* genannt). Diese negative Position kann sich bis zur *Verbannung* oder sogar *Vernichtung* (*Detrimentum*) steigern.

Bei der *Exaltation* (»Erhöhung«, griech. *hypsoma*) ist die Wirkung eines Planeten am stärksten. Diese Vorstellung spiegelt angeblich die Position des Planeten im Moment der Weltentstehung wider (*Thema mundi*).

Die konträren Punkte liegen sich im Tierkreis bei den meisten Planeten genau diametral gegenüber. Die Thema-mundi-Hypothese taucht schon um 1000 v. Chr. in Babylon auf und hängt mit der Welterneuerungstheorie zusammen, nach der alle 300 000 Jahre abwechselnd durch Feuer (Weltbrand) oder Wasser (Sintflut) eine Wiedergeburt der Menschheit stattfindet.

VII

EXALTATION, FALL UND VERBANNUNG

RENAISSANCE BIS ZUR AUFKLÄRUNG

ARABIEN ALS BEWAHRERIN

Mit dem Fall des Weströmischen Reiches 476 n. Chr. geht der Verdienst der Weiterentwicklung der Astrologie des Okzidents an die arabische Geisteswelt, der eigentlichen Erbin der hellenistischen Errungenschaften auf diesem Gebiet. In der Welt des Islam stand man der Astrologie zumindest anfangs aufgeschlossen gegenüber, wie zahlreiche Aktivitäten bald nach der *Hedschra* zeigen, jenem Zug Mohammeds 622 von Mekka nach Medina, Beginn der muslimischen Zeitrechnung. Als Vater der arabischen Astrologie gilt der Philosoph al-Kindi (Albumasar, ca. 813–870),

Planetentafel. Osmanische Miniaturmalerei, um 1620.

dessen schriftliches Werk verschollen ist. Erhalten ist dagegen die *Einführung in die Kunst der Sterndeutung* des Alcabitius, der 967 in Sargossa starb. 830 baute in Bagdad Kalif al-Mansor, ein Sohn Harun-al-Raschids, das größte Observatorium der damaligen Welt.

Man kann Arabien in dieser Phase durchaus als Retterin der abendländischen Astrologie betrachten, denn die Glaubenspolitik Ostroms trug erheblich zur Zerrüttung des astrologischen Lehrgebäudes bei. Die Angriffe der kirchlichen Orthodoxie, von Gelehrten wie Petrus Diakonus oder Theodoros Meliteniotes vorgetragen, wurden zwar schon von Kaiser Manuel Komnenos abgeschmettert, der selbst zugunsten der Astrologie die Feder ergriff. Der längst nicht ausgestandene Streit zwischen Chris-ten, Stoikern und Neuplatonikern brachte die reine Lehre dennoch in schwere Bedrängnis. Das Dogma von der christlichen Freiheit und freien Willensentscheidung fand zwar schließlich auch zugunsten der Astrologie Anwendung, wurde aber ausdrücklich durch eine Warnung ergänzt: Die Astrologie müsse sich der göttlichen Gewalt unterwerfen. Die arabischen Werke hatten letztlich nur Materialwert als Stoffsammlungen, denn der Einfluss der Sterne auf die Entscheidungen des Menschen wird darin verworfen. Trotzdem hatte diese Archivierung zur Folge, dass das astrologische Wissen in seiner gesamten bestehenden Form erhalten blieb und auf die zukünftige Entwicklung Europas einwirken konnte.

RÜCKKEHR NACH EUROPA

Von Alexandria aus, später auch durch die zurückströmenden Teilnehmer der Kreuzzüge, erreichte die Astrologie (zusammen mit Philosophie, Astronomie, Mathematik und Medizin) die Lehrstühle der ersten europäischen Universitäten. Gegen den Willen der Kirche verbreitete sie sich an den Höfen Europas, und zwar wieder zum Teil als aufsässige Geheimlehre, zum Teil als revolutionäre, mathematisch-astronomische Erkenntnis. Neuerdings wird vermutet, dass die Kaiserpfalz Karls des Großen schon um das Jahr 800 auf dem so genannten Granusturm (später Ostturm des gotischen Rathauses) ein Observatorium besaß (dessen Gerätschaften womöglich Geschenke des Kalifen Harun-al Raschid waren), doch unstrittig sind gewisse Visierlinien im – ursprünglich karolingischen – Dom.

Die akademische Anerkennung der Astrologie in Europa zeigte sich an ihrem Erfolg an den neuen Universitäten. Bologna richtete schon 1125 den ersten Lehrstuhl für Astrologie ein. Dass ihr Ordinarius Cecco d'Ascoli 1327 verbrannt wurde, hatte mit seinen ketzerischen Ansichten, nicht aber mit seinem Fach zu tun. Astronomie und Astrologie wurden von vielen endlich wieder als Einheit empfunden und als Wissenschaft respektiert.

Astronomen bei der Himmelsbeobachtung auf dem Berg Athos. Illustration zu den Reisebeschreibungen des Sir John Mandeville (um 1300–1372).

Kein christlicher Herrscher des Abendlandes verzichtete zu jener Zeit auf den Rat eines – meist arabischen – Astrologen. Er gehörte zum Hofstaat wie Narr und Minnesänger, Leibarzt und Beichtvater. Auch für König Alfonso X. von Kastilien (1226–1284), der ein Gremium aus arabischen, jüdischen und christlichen Gelehrten mit der Erstellung besonders genauer Planetentafeln beauftragte (1248–1272), war dies eine Selbstverständlichkeit.

Das Gleiche galt für den des Arabischen mächtigen Staufer-Kaiser Friedrich II. (1194–1250). Unter seiner Herrschaft wurde das Königreich Sizilien bald zu einem der bedeutendsten Zentren für orientalisches Wissen. Friedrich richtete nicht nur die erste Medizinische Universität (in Salerno) ein, sondern berief auch einen internationalen Gelehrtenkreis. Für die Übersetzung speziell astrologischer Schriften warb er Michael Scotus an († ca. 1235), der schon in Toledo als Übersetzer aus dem Arabischen tätig gewesen war und sich dort vor allem mit der Philosophie des Ibn Ruschd (latin. Averroës) befasst hatte. Die Begabung Michael Scotus' half Friedrich II., das Misstrauen zu überwinden, das er anfänglich gegenüber der Astrologie gehegt hatte.

»Mundus Elemantaris / Mundus Intelligentiarum«.
Christlich-allegorische Darstellung des Weltbildes mit Planetensystem, Tierkreis
und Göttlichem Wesen. Kupferstich von Wolfgang Kilian (1581–1662).

Die Einleitung zu Scotus' *Liber Introductorius* enthält die erste selbstständige Darstellung der Astrologie im mittelalterlichen Abendland. Verübelt wurde Scotus jedoch, dass er bei seiner Averroës-Übersetzung die Bibel an die Stelle des Korans setzte. Die Haltung der Astrologen im ausgehenden Mittelalter wurde aus diesem Grund von einem christianisierten Averroismus bestimmt, der die Astrologie als Wissenschaft auffasste, was Ibn Ruschd noch heftig bestritten hatte. Wie im Koran und in der arabischen Philosophie offenbarten bei Scotus Bibel und Wissenschaft die *eine* in Gottes Willen gegebene Wahrheit. Der Wissenschaftler bedarf der Erkenntnis der Gott innewohnenden Möglichkeiten und ist auch darin von Gottes Gnade abhängig.

Friedrich II. erhielt als Geschenk von Sultan al-Kamil Band IX des *Liber Iudicum*, der seitdem in Italien und Deutschland umgeht. Friedrichs Bastardsohn Manfred ließ später das *Centiloquium Hermetis* übersetzen, das in Italien ebenfalls zu großer Beliebtheit gelangte.

Die Universität von Padua war zu Beginn des 13. Jahrhunderts das Zentrum abendländischer Astrologie. Von größter Bedeutung für deren Akzeptanz war, dass berühmte Denker wie Thomas von Aquin sich ihr gegenüber nicht ablehnend verhielten. Da der sizilianische Thron die Verbindungen nach Byzanz nie ganz gekappt hatte, gelangte von dort aus jetzt eine zweite Welle der alten griechischen Astrologie ins Abendland. Die berühmtesten Autoren wurden »ausgegraben«, übersetzt und weiter überliefert.

Obgleich sie an und für sich eine glaubensneutrale Wissenschaft darstellt, fanden sich im Dunstkreis der Astrologie Anhänger häretischen Gedankenguts. Die Freiheit des Geistes, sich mit Stand und Wandel der Sterne individualistisch auseinander zu setzen, zog die Frage einer entsprechenden Gottbeziehung nach sich – im offenen Gegensatz zum vorherrschenden Zwangskollektivismus der römischen Kirche.

War das unterentwickelte Abendland am Ende des 11. Jahrhunderts auf den Kreuzzügen zur kriegerischen Missionierung der Ungläubigen ausgezogen, so kehrten jetzt »Infizierte« aus dem Morgenland zurück. Reicher an Wissen und kultureller Erfahrung, erschienen sie Rom als Verbreiter von Seuchen unerwünschten, liberalen, »ketzerischen« Gedankenguts. Die Astrologie war nur ein Teil dieser schnell unkontrollierbaren Strömungen und gefährlich, weil sie dank ihrer esoterischen Tradition leicht untertauchen und sich dennoch verbreiten konnte.

CHRISTLICHE MISSION

Lange Jahre waren sich – wie schon zu den Anfängen des Christentums – führende Theologen uneins, ob sie die Astrologie als nützliche Bereicherung der Kirchenlehre einvernehmen oder als Zauberkunst verdammen sollten. Johannes von Salisbury (1115–1180) entschied kurz und bündig, dass der Voraussageanspruch dem Vorrecht des Gotteswillens zuwiderlaufe. Albertus Magnus (1193–1280), einer der bedeutendsten Denker des Mittelalters, der in ganz Europa lehrte, räumte ein, dass die Sterne zwar nicht die Seele des Menschen beeinflussen könnten, wohl aber Körper und Geist.

Sein berühmtester Schüler, Thomas von Aquin (1225–1274), erklärte die Astrologie dagegen zum würdigen Gegenstand des Studiums und sah sie aufgrund ihrer kosmologischen Vorstellungen als Ergänzung zur Theologie. In seiner *Summa Theologiae* relativiert er sein Plädoyer:»… *astra inclinant non necessitant* …«(»die Sterne geben Hinweise, machen geneigt; doch sie nötigen nicht, bestimmen nicht …«).

Im Norden Europas kam der lange Zeit isolierte, germanisch-keltische Kulturkreis erst unter der römischen Besatzung mit der Lehre vom Walten der Sterne in Berührung. Erste Berichte des römischen Geschichtsschreibers Tacitus (ca. 50–116) erwähnen diese Kontakte jedoch nicht ausdrücklich. In der Folge schilderte der byzantinische Historiker Prokopius (490–562) die Ablösung der alten Wanen-Götter durch Odin (russ. *odin* =»der Eine«).

Mit dem Vordringen christlicher Missionare erfuhren dann auch – von den Kirchenoberen sicher ungewollt – die jenseits des Limes gelegenen Länder, zuvorderst die britischen Inseln und Skandinavien, von den neuesten Errungenschaften des Vorderen Orients. Was diese Männer hoch im Norden antrafen, war eine ausgeprägte Seelenwanderungs- vorstellung unter Einbeziehung von Tier- und Natur-Divinitäten. Bestrebungen, wenigstens die Lehre vom Tierkreis und dem Wirken der Planetengötter damit zu verbinden, fruchteten wenig. Erst als die – meist irischen – Mönche von einer ihnen unbekannten Schöpfungs- und Weltuntergangsgeschichte erfuhren und Odin mit dem alttestamentarischen Jahwe gleichsetzten, sahen sie den Weg zum heilbringenden Monotheismus in seiner Dreifaltigkeit bereitet. Viele dieser frühen

Missionare bezahlten das anfängliche Missverständnis als Märtyrer mit dem Leben.

Das komplexe Götterbild der Germanen hielt der isländische Volkstribun und Dichter Snorri Sturluson im Jahre 1230 in der so genannten *Kleinen Edda* fest.

Zum europäischen Vordenker und Vorkämpfer der Astrologie als Wissenschaft wurde der englische Naturforscher und Philosoph Roger Bacon (1214–1294). In seinem Hauptwerk *Speculum Astronomiae* verteidigt er sie vehement als »auf Erfahrung und Experiment begründet und begründbar«.

»Jeder Astrologe ist des Ruhmes und der Ehre wert, denn er hat vor Gott, seinem Schöpfer, Gnade gefunden. Durch eine Lehre wie seine *Astronomia* kennt er wahrscheinlich viele Geheimnisse Gottes und weiß Dinge, die nur wenige wissen«, heißt es bei dem schottischen Ge - lehrten Johannes Duns Scotus (1266–1308). Der Nominalist Scotus (nicht zu verwechseln mit Friedrichs Michael Scotus) überwachte für den deutschen (Gegen-)König Richard von Cornwall die Übersetzung des Aristoteles aus dem Arabischen. Sein berühmtester Schüler war William von Ockham, der aus Umberto Ecos etwa im Jahr 1327 angesiedeltem Roman *Der Name der Rose* bekannt ist.

Mit dem Ende des Mittelalters hatte sich die Lehre von den Sternen nicht nur durchgesetzt, sondern auch zu der Form gefunden, die nunmehr allgemein und völkerüberschreitend als verbindlich angenommen wird. Die Diversifikation des Tierkreises, seine Elemente, die Beziehungen der einzelnen Zeichen untereinander und ihre Beeinflussung durch die sieben Planeten waren im Prinzip festgelegt und stellten ein in seinen Strukturen vermittelbares, ausgereiftes System dar, das sich nun über Jahrhunderte hinweg nahezu unverändert behaupten wird. In seiner unübertrefflichen Mischung aus Mythologie, Erfahrung, Erkenntnis und Intuition sollte es auch auf absehbare Zeit erhalten bleiben, wenn die Menschen es nicht mit wesensfremden Konstruktionen überfrachten oder wie Quacksalber missbrauchen, sondern im kosmologischen Entsprechungsdenken der Astrologie die Chancen erkennen, die sie für ihre Weiterentwicklung bereithält.

Der Hochkulturengürtel

Der chinesische Tierkreis besteht aus den Zeichen
Ratte, Ochse, Tiger, Kaninchen, Drache, Schlange, Pferd,
Schaf, Affe, Hahn, Hund, Schwein.

Bereits gegen Ende des ersten Jahrtausends der Zeitrechnung war die Kombination von registrierender Beobachtung und ableitender Auslegung rund um den Globus verbreitet. Interessanterweise entspricht das Auftauchen von immer weiter verfeinerter Astronomie und Astrologie exakt dem Hochkulturengürtel, der sich nördlich des Äquators und mehr oder weniger dem Wendekreis des Steinbocks folgend um die Erde spannte. Er reichte – wenn man von der klassischen Wiege der Astrologie ausgeht – von Babylon in Mesopotamien über Angkor-Vat (Khmer), Indien und China bis zum Reich der Maya jenseits des Pazifiks in Mexiko. In der anderen Richtung drang er aus dem Zweistromland nach Ägypten vor, nach Hellas und von da zumindest bis nach Rom bzw. zu den Etruskern, von deren astrologischen Erkenntnissen nichts bekannt ist, obgleich sie vielleicht als erste auf europäischem Boden die Bezeichnung Hochkultur beanspruchen konnten.

Jenseits des Atlantiks

Die Inka in Peru nennen ihre alte Hauptstadt Cuzco »Nabel der Erde«.
Sie wurde 1440 von dem Herrscher Pachacuti angelegt. Zwei kanalisierte
Flüsse kreuzen sich in ihrer Mitte. Dort stehen der Tempel des Sonnengottes
und sein Thron, dort laufen auch alle ceques (Peillinien) zusammen, jede so
unterteilt, dass sich daraus der Jahreslauf der Inka ergibt, der von siderischen Mondmonaten ausgeht. Eine ganze Stadt als riesiger Kultkalender!
Das Ausweichquartier der letzten Herrscher auf der Flucht vor den spanischen Konquistadoren lag hoch in den Anden – Machu Pichu, die »Stadt
des Himmels«. Sie wurde erst 1911 von Hiram Bingham von der University
of Yale vom Flugzeug aus entdeckt. Zur Wintersonnenwende lassen sich
dort ähnliche, durch die millimetergenaue Bearbeitung der tonnenschweren
Granitsteine erzeugte Lichtphänomene feststellen, wie sie auch im Vorge-
birge der Pyrenäen durch den Sonneneinfall in die Fensterschlitze der
Gralsburg Montségur – ebenfalls zur Sonnenwende – zu beobachten sind.
Von den Pyramiden und Zikkuraten weiß man heute, dass sie nicht nur nach
astrologischen Gesichtspunkten angelegt waren, sondern dass ihre schräg
von innen nach außen verlaufenden Gänge nichts anderes als auf den
Himmel gerichtete »Fernrohre« darstellten. Das Observatorium von Caracol
in der alten Maya-Stadt Chichén-Itzá verfügt über eine Wendeltreppe (daher
»die Schnecke«) im Inneren. Sie führt zu Fensteröffnungen, die genau der
Planetenposition der Venus zu bestimmten Zeiten des Jahres entsprechen.
Das Gestirn wurde von den Maya als die Gottheit der »Gefiederten Schlange«, Kukulkán, verehrt, von den Azteken und Tolteken als Quetzalcoatl. Nur
deren Priester durften das Gebäude betreten. Unweit von diesem Rundturm
erhebt sich die Stufenpyramide El Castillo. Zu ihr führen vier (exakt nach
den Himmelsrichtungen ausgerichtete) äußere Treppenaufgänge hinauf, die
jeweils 91 Stufen haben (91 x 4 = 364). Zählt man die (allen gemeinsame)
oberste Plattform als Stufe hinzu, ergibt das die 365 Tage des Sonnenkalen-
ders. Auch die Priester von Uxmal und Nohpat, zwei anderen Kultzentren
auf Yucatán, hielten sich an diese Vorgabe des Sonnengottes. Doch daneben huldigten sie der Venus, ihrem Zwilling im Maya-Schöpfungsepos
Popol Vuh, der Krieger geweiht und Menschenopfer dargebracht wurden.
Sie ließen den Hunahpu-Almanach für diese Riten (fünf Umlaufbahnen der
Venus zu 584 Tagen) in einem achtjährigen Zyklus des Sonnenjahres (zu
365 Tagen) aufgehen; beides ergibt die Summe von 2920 Tagen.

Wie die zweifellos astronomisch ausgerichteten Bauten der Urvölker aus der nördlichen Sahara, die Sprache der Basken Iberiens, die rätselhaften steinernen Spuren der Kelten bis hinauf in den hohen Norden einzuordnen sind, ist noch völlig unklar. Mit der Entschlüsselung von Zeugnissen aus der vorbabylonischen Vergangenheit ist es nicht weit gediehen. Ab 2500 v. Chr. tut sich die Forschung schwer, ab 5000 ist sie ratlos. Bislang hat sie nur einen geradezu winzigen Bruchteil der Geschichte des *homo erectus* – und auch diese nur fragmentarisch – erschlossen.

Probleme bereiten nicht nur die ungeklärten Spuren von Frühkulturen in Europa, deren steinerne Hinterlassenschaften durchaus Zeugnis ablegen von ihrer Vertrautheit mit Stand und Lauf der Sterne. Während man den Weg des geheimen Wissens aus dem Zweistromland nach Osten einigermaßen gesichert nachvollziehen kann, bleibt die erstaunliche Parallelität des Erkenntnisstandes in Mittelamerika ein noch zu erforschendes Rätsel. Gab es das sagenhafte Zwischenreich Atlantis vor der westeuropäischen Küste, oder waren die Erbauer von Stonehenge bereits in der Lage, den Atlantik zu überqueren? Liegt der Ursprung kultureller Entwicklung doch im Kaukasus, und damit auch der Beginn der Astrologie? Bahnte sie sich von dort einen Weg sowohl gen Westen (Babylon, Keltenwanderung) als auch über den fernen Orient, die Beringstraße in den mittelamerikanischen Raum? Ist die »indianische« Kultur eine Entwicklung, die erst dann oder schon ab 15 000 v. Chr. einsetzte?

Jedenfalls, das zumindest scheint gesichert, drang die Lehre von den Sternen von der Halbinsel Yucatán nach Süden bis ins Reich der Inka vor. Doch auch im heutigen Nordamerika finden sich Spuren indianischer Kultstätten, die vor allem auf die Sonne ausgerichtet waren, so die aufwendige Installation in den Felsen des Chaco Canyon in New Mexico. Die mysteriöse *Casa Grande* im Süden von Arizona stellte nach neuesten Theorien als dreidimensionales Modell das Zentrum der Welt dar, mitsamt Nadir und Zenit.

Der Baubeginn von Teotihuacan nördlich von Mexiko-Stadt wird zwar auf das Jahr 100 n. Chr. datiert, doch lässt die Ausgereiftheit der Anlagen auf bereits vorhandenes Wissen schließen. Als die Azteken in das nördliche Hochland von Mexiko vordrangen, fanden sie nur noch Ruinen vor. Aber diese beeindruckten sie derart, dass sie dort ihre berühmte große Sonnenpyramide und die (kleinere) Mondpyramide erbauten. Die Ausrichtung der sie verbindenden Zeremonialallee warf für

»Der Sonnenstein«, Basis des Kalenders der Azteken, Mexiko.
Gewicht 25 t, Durchmesser 12 Fuß. 1479 n. Chr.

die Archäoastronomie viele Fragen auf, bis man den Lavatunnel tief unter dem Hauptheiligtum entdeckte, dessen Peillinie direkt auf die Plejaden zielt. Vermutet wird sogar – man stützt sich dabei auf das Maß der Stufen (*Mercatorprojektion*) –, dass den Erbauern die abgeplattete Kugelform und die Präzession der Erde schon bekannt waren.

Im Fernen Orient

Bereits mit dem Niedergang Babylons im siebten Jahrhundert v. Chr. zog die Kunst der Chaldäer gen Osten. In Indien wurde sie von der Lehre Buddhas (560–430 v. Chr.) aufgesogen, in Tibet heimisch. Später, im frühen Mittelalter, erreichte die Bedeutung der Astrologie einen Höhepunkt in den auf den Sternenhimmel ausgerichteten Tempelanlagen von Angkor-Vat oder dem Bayon-Tempel in Angkor-Thom (beide in Kambodscha) mit seinen zahlreichen Türmen und den in die vier Himmelsrichtungen blickenden Gesichtern Brahmas. Im Reich der Mitte vermengten sich die verschiedenen Schulen der Sterndeutung mit seit langem bestehenden astronomischen Kenntnissen und den Lehren des Konfuzius (Kung-tse, chin. Philosoph und Sittenlehrer, 551–479 v. Chr.). Ihre größte Machtentfaltung erfuhr die Astrologie jedoch im Persien Zarathustras, wo sie quasi zur Staatsreligion erhoben wurde. Hier galt sie als die Lehre vom Kampf der Herrscher des Lichts und der Finsternis, in dem der Mensch Partei zu ergreifen hatte.

In der Einöde der Berge südlich des Kaspischen Meeres entstand ebenfalls ein hoch entwickeltes Zentrum. Alamut beherbergte neben dem ersten Rotationsokular eine Fülle apokrypher Schriften, so zum Beispiel eine astrologische Aufschlüsselung der Tiere der Apokalypse. Die reichhaltige Sammlung früh christlicher Schriften im persischen Khorassam, Sitz des Großmeisters der Assassinen-Sekte, ging beim Mongolensturm 1254 in Flammen auf, ebenso wie kurz darauf das Observatorium von Bagdad und die berühmte Bibliothek von Medina. Die Welt verlor quasi auf einen Schlag einen Großteil ihres bis dahin gespeicherten Wissens.

Mehr noch als durch Fahrlässigkeit wurde in dieser Umbruchphase durch religiöse Intoleranz mehr Altes vernichtet als Neues geschaffen. Die Plünderung Konstantinopels 1203 / 04 (vierter Kreuzzug), die radikale Verwüstung des Languedoc während der »Kreuzzüge gegen den Gral« (1209–1244) und die Folgen der spanischen Reconquista (1031–1492) trafen ganz besonders die Astrologie.

Sie erholte sich von diesen Schlägen nie mehr ganz. Da half es wenig, dass der Tatarenherrscher und Astronom Ulug Beg (1394–1449), wie um die Untaten seiner Vorfahren wiedergutzumachen, in Samarkand eine gewaltige Sternbeobachtungsanlage errichtete und man an allen islamischen Universi-

täten daranging, die Werke des Ptolemäus, die Planetentafeln und die Sternenkataloge der bedeutenden Astronomen al-Battani (Albategnius, ca. 858–929) und al-Sufi (903–986) durch Abschriften zu sichern. Gefördert vom Sultan, beobachtete und berechnete man die Elemente der Sonnenbahn und die Präzession, verbesserte die trigonometrischen Methoden und verfasste astronomische Tafeln, deren Gültigkeit fast 1000 Jahre anhielt.

Der Mathematiker und Astrologe Campanus (Giovanni Campani, 1233–1296) übersetzte die Elemente des Euklid aus dem Arabischen und entwarf eine (heute noch benutzte) Domizilkonstruktion. 1274 verarbeitete Nazir ed-din Tusi, arabischer Universalwissenschaftler in Bagdad, seine Beobachtungen zu Planetentafeln und Fixsternkatalog. Er veranlasste 1260 den Ilkhan von Persien, den Mongolenfürsten Hulagu, zum Bau einer mit Astrolabien, Armillarsphären und Quadranten perfekt ausgestatteten Sternwarte in Megara. Dessen Bruder, Kubilai Khan, erster Kaiser von China, baute 1279 das große Observatorium von Peking.

Von da an ging auch die Lehre von der Deutung der Sterne im Fernen Osten ihre eigenen Wege. Die Astrologie konnte zu diesem Zeitpunkt in China bereits auf einer Tradition aufbauen, die sich annähernd 3500 Jahre zurückverfolgen lässt. Eine Sternwarte aus der Zeit der Han-Dynastie (206–220 n. Chr.) wurde bei Hunan ausgegraben. Erhalten blieb der Chomsong-Dae genannte Observatoriumsturm (ca. 640 n. Chr.), der auf koreanischem Territorium errichtet worden war.

Ulug Beg (1394–1449), Tartarenherrscher und Astronom, Erbauer des zum Teil unterirdischen Observatoriums von Samarkand.

INQUISITION UND TOLERANZ

Im Abendland ist die Astrologie zur Selbstverständlichkeit des kulturellen Lebens geworden, was ihr einerseits eine Hochblüte künstlerischer Verfeinerung einbringt, sie aber der kritischen Auseinandersetzung und schöpferischen Weiterentwicklung beraubt. Der italienische Humanismus des ausgehenden 15. Jahrhunderts sah sie als Wissenschaft und Weltanschauung, weil sie zwei Dinge bejahte, die ihm in seiner Forderung nach Wahrung der Menschenwürde entgegenkamen: die Gesetzmäßigkeit des Alls in der Beziehung seiner Körper zueinander und die Natürlichkeit in den Beziehungen der Teile des menschlichen Körpers. Beide Ansichten schlossen das Wunder aus, genauso den Zufall, der allein mit Gottes freiem Willen erklärt werden konnte.

Die florentinische Akademie, deren bedeutendster Vertreter Marsilius Ficinus (1433–1499) war, zog von den sich damit anbietenden Lösungsmöglichkeiten die unchristliche vor. Seines Zeichens Arzt, versuchte sich Ficinus in seiner *De vita triplici* an einem Gesamtbild der Medizin auf astrologischer Grundlage. Anstelle des *regnum gratiae* fordert er ein *regnum naturae*, also die Ausübung der freien Entscheidung des Menschen. Das erinnert stark an Platon, der in *Vom Staate* über den persischen Astralmythos referiert, nach dem jeder Mensch vor seiner Inkarnation sein Schicksal frei wählen könne, das dann von den Schicksalsgöttinnen am Himmel festgeschrieben werde. Die Planeten sollten darüber wachen, dass die Geschicke ihren Lauf nahmen.

Später wurden die Planetengötter zu eigenständigen Wesenheiten und Erfüllungsgehilfen des Weltschöpfers. Diese Nichtanerkennung der Notwendigkeit kirchlicher Vermittlung lenkte bald das gestrenge Auge der Inquisition auf die Zunft der Astrologen. Auch das Wort *experientia*, das Lucas Gauricus (1476–1558) und Hieronymus Cardanus (1501–1576) immer öfter in ihren Schriften führten, wo sie mit Statistiken die Richtigkeit ihres Vorgehens zu beweisen suchten, zeugte in den Augen der Kirche von zunehmend ketzerischem Gedankengut innerhalb der Astrologie. Damit wurden ihr wieder Ehren zuteil, die sie mit unausrottbarer astraler Wundergläubigkeit in schwankenden Abständen zu verspielen pflegte, doch noch war ihre Faszination groß genug, um über alle Widrigkeiten zu triumphieren.

Beobachtung und Messung der Sterne mit Hilfe des Jakobsstabs,
Holzschnitt, Anfang des 16. Jh.

Zumal das ptolemäische System nach wie vor nicht angezweifelt
wurde, ereigneten sich auf dem Gebiet der wissenschaftlichen Erforschung der Gestirne auch keine bahnbrechenden Veränderungen. Die
Astronomie verkümmerte zum Anhängsel ihrer populären, wenn auch
anrüchigen Schwester Astrologia, die sich unbekümmert in Szene setzen konnte, während die ernsthafte Erkundung der wahren himmlischen
Verhältnisse und der Rolle der Erde im Sonnensystem für Leib und
Seele zu gefährlich geworden war. Der Kirche kam die Vorstellung,
die Erde sei der Mittelpunkt des Universums, mehr als gelegen, und so
rührte sie vorerst nicht an der ursprünglich angefeindeten Lehre vom
Wirken der Sterne.

DIE ERDE – EINE KUGEL?

Der bayerische Astronom Johannes Müller (Regiomontanus, 1436–1476) bereiste schon als Student Italien. 1463 verfasste er ein grundlegendes Werk über sphärische Trigonometrie, *De Triangulis*, und führte die Dezimalbruchschreibweise ein. Im Jahr 1471 ließ er sich in Nürnberg nieder, wo ihm der Landgraf von Kassel (selbst ein interessierter Astronom) den Bau der ersten Sternwarte Deutschlands (wenn nicht sogar Europas) ermöglichte, eine noch ziemlich primitive Beobachtungsanlage durch kleine Fenster im Dachgiebel. 1475 rief Papst Sixtus IV. Regiomontanus nach Rom, damit er an einer Kalenderreform mitwirke. Im Jahr vor seinem Tod durch die Pest entwarf Regiomontanus noch eine völlig innovative Häusereinteilung (bis heute gültig) und gab neu berechnete astronomische Tafeln heraus, die Kolumbus (1451–1506) und Vasco da Gama (ca. 1469–1524) später als Navigationsgrundlage dienten. Sie bestärkten auch den Zweifel des Nikolaus von Kues (1401–1464), der sich auf dem Totenbett traute, zum ersten Mal auszusprechen, dass die Erde unmöglich ruhender Pol des Universums sein könne. Das ptolemäische System geriet ins Wanken.

In der Renaissance eskalierte der Streit um die Position der Erde und die Stellung ihrer Bewohner im Universum. Ist der Mensch ein Geschöpf des (christlichen) Gottes und daher Herr über die Natur, oder unterliegt er dem Willen (heidnischer) Gottheiten, denen die Astrologie der Neuplatoniker huldigt? Die Astrologen gerieten als Freidenker immer mehr ins Visier der Inquisition, besonders als das Zeitalter der Aufklärung begann.

Der noch dem Mittelalter verhaftete Roger Bacon hatte zur kritischen Prüfung scholastischer Lehrautoritäten (Aristoteles) aufgerufen, und – wenn nicht unterstützt, so doch ermutigt durch den Staufer-Kaiser Friedrich II. – zu freierer Naturbetrachtung durch Experiment und Erfahrung.

Wegbereiter der in Mode kommenden *Nominalisten* waren die Schüler von Duns Scotus wie William von Ockham, die scharf zwischen unbegründbaren Glaubenswahrheiten (»göttliche Willensakte«) und nachweisbarem Wissen durch Erkenntnis trennten. Dazu gehörte auch Nicolaus von Oresme († 1382), der erstmals eine Achsendrehung der Erde annahm und entsprechende Berechnungen anstellte.

Cusanus (Nikolaus von Kues, bürgerlich: Krebs) fasste im Jahr 1440 die geistigen Strömungen seiner Zeit in seinem Hauptwerk *De docta ignorantia* zusammen. Dieser Angriff auf »die gelehrte Unwissenheit« läutete das Ende der mittelalterlichen Scholastik ein: »Das unendliche Universum hat weder einen Mittelpunkt (wie die Erde oder die Sonne) noch kann es rational erfasst werden.« Das besänftigte die Kirche und spornte die Forscher an.

Nach der offiziellen Entdeckung Amerikas 1492 durch Christoph Kolumbus erfuhr die Alte Welt von den gewaltigen astronomischen Tempelanlagen der Inka, Azteken und Maya – aber auch von ihren blutigen Opferritualen. Auf den ersten Blick friedlicher bot das sich Fremden zö-

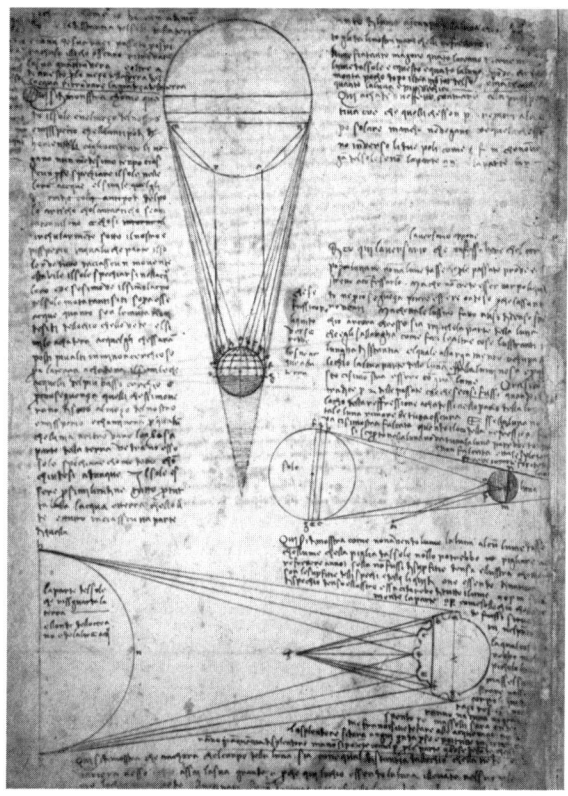

Leonardo da Vinci (1452–1519), Notizen und zwei Diagramme
zum Verhältnis von Erde und Mond zur Sonne.

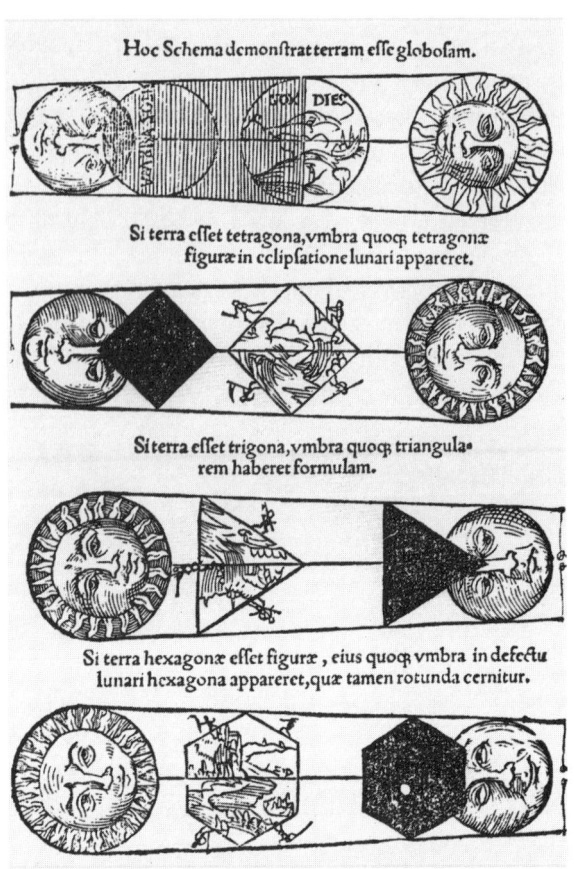

Hoc Schema demonſtrat terram eſſe globoſam.

Si terra eſſet tetragona, vmbra quoꝗ̃ tetragonæ figuræ in eclipſatione lunari appareret.

Si terra eſſet trigona, vmbra quoꝗ̃ triangularem haberet formulam.

Si terra hexagonæ eſſet figuræ, eius quoꝗ̃ vmbra in defectu lunari hexagona appareret, quæ tamen rotunda cernitur.

Petrus Apianus, eigentlich Peter Bennewitz;
Astronom, Geograph und Mathematiker (1495–1552).
Nachweis der Kugelgestalt der Erde.

gerlich öffnende Indien dar, das sich seine eigene astrologische Tradition, die eng mit dem Hinduismus verbunden war, bewahrt hatte. Staunend standen die ersten Besucher aus dem Westen vor dem Panch-Mahal, einem fünfgeschossigen Bauwerk mit offenen Pfeilerhallen aus dem Jahre 1570 in Fatehpur-Sikri nahe der Residenzstadt des Mogul-Kaisers Akbar.

Der Arzt, Jurist und Astronom Nikolaus Koppernigk (Kopernikus, 1473–1543), erst Domherr in Thorn, dann Generaladministrator in bischöflichen Diensten, stieß, von Cusanus beeinflusst, bereits 1507 auf die zwar mathematisch noch unbewiesene, aber schlüssige Heliozentrik des Sonnensystems. Veröffentlicht wurden seine Vorstellungen in *De revolutionibus orbium coelestium* erst an seinem Todestag, dem 24.5.1543. Er beließ die Erde zwar als geistigen Mittelpunkt des Universums, degradierte sie jedoch zum Teil des Sonnensystems. Der tägliche Umschwung des Himmels, erklärte er, sei bedingt durch ihre Eigenrotation. Kopernikus widmete sein Werk vorsichtshalber Papst Paul III., fand aber wenig Zustimmung, nicht einmal bei seinen Kollegen. So bahnbrechend seine Theorie auch war, im Detail blieb sie unbefriedigend, da sie sich weniger auf Berechnungen stützte als auf die Forderung nach logischen Schlüssen und nach wie vor von – zwar exzentrischen – Kreisen ausging, nicht aber von Ellipsenbewegungen. Und doch hatte das aristotelische Weltbild damit seinen ersten, obgleich nicht entscheidenden Riss bekommen. Das Buch stand bis 1835 auf dem päpstlichen Index.

PHILOSOPHEN UND PROPHETEN

Ungeachtet der Scheiterhaufen der Inquisition war das 16. Jahrhundert reich an Astrologen, allerdings unterschiedlichster Prägung, zumal das Lager der Reformierten – schon dem Vatikan zum Tort – allen unbesehen Schutz angedeihen ließ. So geschah es zum Beispiel Johannes Stöffler (1452–1531), dem Verfasser eines Ephemeriden-Almanachs (beginnend A. D. 1489 und bedeutsamerweise endend mit seinem eigenen Todesjahr, 1531). Seine Horoskope waren begehrt; unter seiner Klientel befand sich auch der katholische Kaiser Maximilian.

Julius II. (1443–1513) beauftragte seinen Astrologen damit, den günstigsten Tag für seine Krönung zum Papst herauszufinden. Unter seinem Nachfolger Leo X. wurden die Astrologen fester Bestandteil des vatikanischen Hofstaats. Eigens zum Zweck der angestrebten Kalenderreform erbaute man im Vatikan den *Turm der Winde* (1576–1579). Dessen Meridianzimmer sollte als Beweis dafür dienen, dass der von Julius Caesar 46 v. Chr. eingeführte julianische Kalender so weit von der Zeitmessung abwich, dass eine grundsätzliche Korrektur notwendig geworden war.

Stöfflers bekanntester Schüler, Johannes Schöner (1477–1547), erfreute sich der Protektion von Philipp Melanchthon. Der schrieb ihm die Vorworte zum *Lehrbuch der Astrologie* und zu seinen *Immer Währenden Planetentafeln*. Nicht verbürgt ist der Satz, der jedoch seine Einstellung widerspiegelt:»Sich in der Ordnung der astrologischen Wissenschaft zu bewegen ist Gotteserkenntnis und führt zur Bewunderung von Gottes Werk.«

SPHERE DE COPERNIC.

Sphären-Modell nach Kopernikus mit der Sonne als Mittelpunkt, umkreist von Merkur, Venus, Erde (mit geneigter Achse), Mars, Jupiter, Saturn.

Als skeptisch erwies sich dagegen Martin Luther (1483–1546) in einem Brief an Melanchthon:»Ei, ich frag nicht nach eurer Astrologia, ich kenn mein natur und erfar es.« Es ist eine irrige Meinung, dass die Reformation Nüchternheit in die Sternendeutung gebracht hätte. Auch an den protestantischen Höfen Dänemarks und Schwedens blühte der Aberglaube. Nicht einmal der berühmte Tycho Brahe (1546–1601) bildete da eine Ausnahme.

Paracelsus (Philippus Theophrastus Bombastus von Hohenheim, Arzt und Alchemist, 1493– 1541) lehrte durch Vermittlung seines Mentors, Erasmus von Rotterdam, als Professor in Basel, von wo er 1527 aber schon nach wenigen Monaten verjagt wurde.

Seitdem trieb es ihn als ruhelosen Vortragsreisenden durch das Kriegsgewühl – von London in den Balkan, von Neapel bis nach Tübingen. Nachdem er in Ferrara promoviert hatte, verlangte er, dass jeder Arzt astrologische Kenntnisse besitzen müsse, um die astralen Einflüsse auf die Menschen zu verstehen. Das hatte schon Hippokrates (460–377 v. Chr.) der Schulmedizin genauso unmissverständlich ins Stammbuch diktiert:»Ein Arzt, der nichts von Astrologie versteht, hat kein Recht, sich Arzt zu nennen.« Für Paracelsus blieben Physik und Chemie die Grundlagen jeglicher Forschung. Was die Astrologie in der Medizin anging, hielt er es wie folgt:»Die Sterne zwingen uns zu nichts, was wir nicht wollen.«

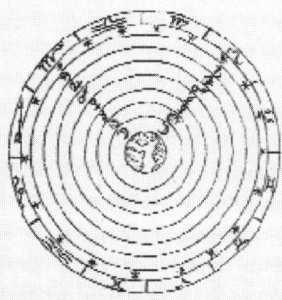

Für Plato (427–347 v. Chr.) war der Kosmos Abbild der um sich selbst kreisenden Weltenseele. Die Sonne ist, vom Mittelpunkt Erde aus gesehen, unmittelbar nach dem Mond angeordnet.

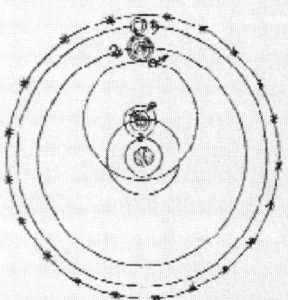

Im so genannten pseudoägyptischen System des Vitruvius kreisen Merkur und Venus um die Sonne und diese wiederum, wie die übrigen Planeten, um die Erde.

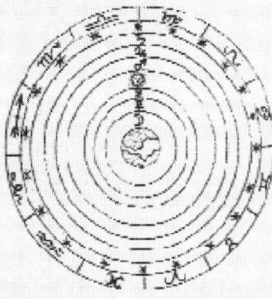

Das System des Ptolemäus (100–160 n. Chr.) sah die Erde im Zentrum und blieb bis zur kopernikanischen Wende absolut vorherrschend.

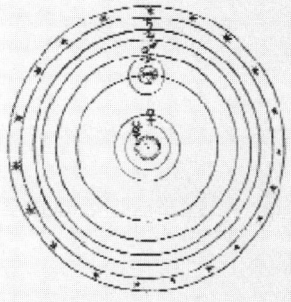

Kopernikus rückt 1543 die Sonne endgültig in den Mittelpunkt, um die nun auch die Erde kreist.

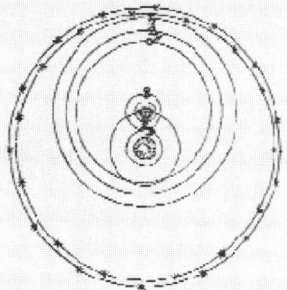

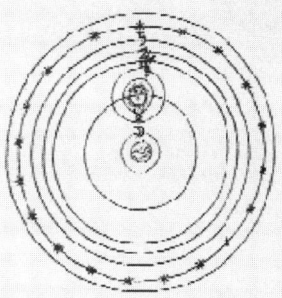

Das tychonische und das semitychonische System (1580, als letzter Kompromissversuch zwischen neuer Erkenntnis und kirchlichem Dogma): Um die Erde als Mittelpunkt kreist die Sonne, die wiederum das Zentrum einiger oder aller Planeten bildet.

Ein schwacher Trost für seinen Kollegen, den spanischen Arzt Michael Servet (1511–1553), der den Blutkreislauf entdeckte und in Genf als Freidenker verbrannt wurde.

Es bedurfte keiner großen Sehergaben, um in den Wirren dieser Jahre Katastrophen ankündigende Prognosen aufzustellen, wie es zum Beispiel Johannes Virung für den *Königsaspekt* des Jahres 1524 tat (*coniunctio magna*). Immerhin bestimmte er den Beginn der Bauernkriege exakt. Die dunklen Prophezeiungen des Michel de Nostradamus (1503–1566) geistern noch heute durch die Welt, wie seine Lyon-Weissagung aus dem Jahre 1555, derzufolge Papst Johannes Paul II. 1986 zu Tode kommen sollte. Seinen Ruhm hatte Nostradamus begründet, indem er den vollkommen unwahrscheinlichen Tod des französischen Königs Henri II., der bei einem Turnier durchs Visier ins Auge gestochen wurde, präzise vorhergesagt hatte.

Albrecht Dürer (1471–1528),
»Der Astrologe«,
Holzschnitt.

Katharina von Medici, die Witwe, stellte ihn daraufhin als Hofastrologen ein und ließ ihn in einer nächtelang andauernden Séance die Zukunft des Königshauses beschwören.

In einem Spiegel sah Katharina jeden ihrer Söhne kurz auftauchen, doch am Ende erblickte sie ihren protestantischen Schwiegersohn, den Hugenotten Henri von Navarra (Heinrich IV., 1553–1610) auf dem Throne Frankreichs. Wütend brach sie die Sitzung ab.

Obwohl auf dem Konzil von Trient (1545–1563) alle Bücher über Weissagungsastrologie verboten wurden, erhielt der Provinzial des Karmeliterordens, Junctinus (Francesco Giunini, 1523–1580), 1573 die Druckerlaubnis für sein *Speculum Astrologicum*. Der Dominikanermönch und Philosoph Tommaso Campanella (1568–1639) wurde 1599 magischer Praktiken angeklagt und in Neapel zu lebenslangem Kerker verurteilt. Papst Urban VIII. ließ ihn sich ausliefern und beschäftigte Campanella im Vatikan. 1634 überredete ihn Kardinal Richelieu zur Flucht nach Paris, wo er für König Ludwig XIII. das Traktat *Der Sonnenstaat* (*La città del sole*) verfasste. Darin entwickelte er die Idee eines christlich-sozialen Staatsgebildes unter der Führung von Priester-Philosophen.

Das Pech der richtigen Prophezeiung

Der Philosoph und Staatsmann Francis Bacon (1561–1626) wurde von König Jakob I. von England 1618 zum Lordkanzler ernannt. Als einer der ersten Gelehrten Europas verlangte er, dass empirische Erfahrung an Stelle der scholastischen Spekulation zu setzen sei. In seinem Essay Astrologia sana *fordert er, die unbestrittenen Prognosemöglichkeiten des astrologischen Metiers von unqualifizierter Wahrsagerei zu säubern.*

Dabei hatte er besonders den umstrittenen Vertrauten von Königin Elisabeth I. (1533–1603) im Auge, Doktor John Dee (1527–1608), der seiner Gönnerin den Stein der Weisen und das Lebenselixier versprach und schließlich in Ungnade fiel.

Ihm folgte William Lilly (1602–1681), der 1651 den großen Brand von London für das Jahr 1666 voraussagte, was ihn wegen vermuteter Mittäterschaft vor Gericht brachte.

Shakespeare machte sich über seine Zeitgenossen lustig:

»… meine Nativität fiel unter ursa major«, ließ er den Bastard Edmund in King Lear *scherzen, »und so folgt denn, ich müsse rau und verbuhlt sein. Ei, was! Ich wäre geworden, was ich bin, wenn auch der jungfräulichste Stern am Firmament auf meine Bastardisierung geblinkt hätte!«*

DIE GOLDENEN JAHRE DER ASTRONOMIE

Besonderes Glück hatte der dänische Adelsspross Tycho Brahe. Sein König ließ ihn mit der *Uranien-Burg* auf der Insel Hven (nordöstlich von Kopenhagen) in den Jahren 1576–81 die erste Sternwarte Europas einrichten, die diesen Namen wirklich verdiente. Noch perfekter geriet dem königlichen Astronomen 1584 die *Sternenburg*, bei der erstmals Verankerungen und Schutzdächer für die sensiblen Instrumente vorgesehen waren.

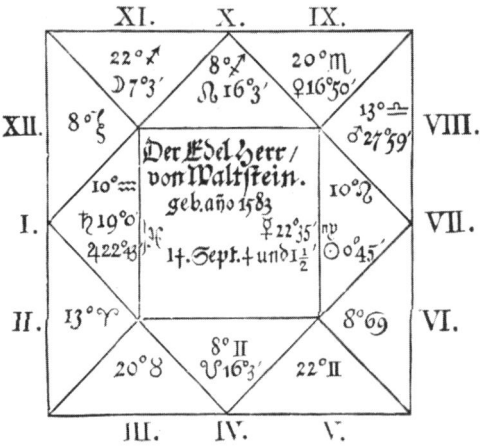

Horoskop des Feldherrn von Wallenstein,
erstellt von Johannes Keppler.

Brahe machte sich vor allem mit seinen genauen Positionsbestimmungen einen Namen. Auch er ließ sich zu Prophezeiungen hinreißen, die ihm noch nach seinem Tode Ruhm einbrachten: Er sagte sowohl das Ableben des türkischen Sultans richtig voraus als auch die Bedeutung Königs Gustav Adolf II. von Schweden, der als »Löwe aus dem Norden« Deutschland verwüsten, die Reformation retten und 1632 sterben würde. Von Kaiser Rudolf II. an den Hof zu Prag berufen, holte sich Brahe, ein Anhänger des konservativen *ägyptischen Systems*, als Mitarbeiter Johannes Kepler (1571–1630). Er ermunterte ihn, die Thesen des Kopernikus durch Beobachtungen und Berechnungen zu untersuchen und gegebenenfalls zu beweisen.

1596 verfasste Kepler das noch weitgehend spekulative Konvolut *Misterium cosmographicum*. 1609 veröffentlichte der mittlerweile zum kaiserlichen Hofastronom aufgestiegene Forscher seine ersten beiden Gesetze in *Astronomia nova* und *Lex arbitralis* (Ellipsenbahnen). Das dritte, das er 1619 in *Harmonices mundi* publizierte (über das Verhältnis von Umlaufzeiten und Entfernungen der Planeten zur Sonne), wurde später durch das Newton'sche Gravitationsgesetz bestätigt. Obgleich Kepler sich selbst vornehmlich als Physicus sah, trat er für die gefährdeten Kollegen ein: »Warnung an etliche Theologos, Medicos und Philosophos, dass sie bei billicher Verwerffung des Sterneguckerischen Aberglaubens nicht das Kind mit dem Bad ausschütten und hiermit ihrer Profession unwissend zuwiderhandeln.«

Während Kepler auch als Hofastronom von Ferdinand II. kaiserlichen Schutz genoss, erging es anderen eifrigen Verfechtern der kopernikanischen Thesen übler: Galileo Galilei (1564–1642), der die Gesetze des freien Falls und des Pendels formulierte, die Kepler durch die Gesetze der Planetenbewegung ergänzte, musste vor der Inquisition abschwören. Haft und Verbannung brachten ihm sein die damalige Welt erschütternder Ausruf ein: »… und sie dreht sich doch!«

Bereits Martin Beheim hatte die Erde 1492 als Globus vorgestellt – eine frei im Raum schwebende Kugel, die von einer unendlich größeren Himmelssphäre umschlossen war. Das hatten zwar schon die Ägypter

Die Titelseite von Keplers Untersuchung zu Kopernikus, Ausgabe 1635.

gewusst, doch war es im Laufe der Zeit in Vergessenheit geraten. Den endgültigen Beweis erbrachte die Expedition des Portugiesen Fernão de Magalhães (span. Magellan, 1480–1521), der die Erde umsegelte. Er selbst wurde auf den Molukken erschlagen, aber eines seiner Schiffe erreichte 1522 den Ausgangshafen Sanlúcar.

Die vergrößernde Wirkung von Glaslinsen war schon zur Zeit der Ptolemäer in Alexandria bekannt. Aufgrund einer anderen wissenschaftlichen Arbeit Keplers, der *Dioptrik*, wurden die ersten Versuche unternommen, sie in die Praxis umzusetzen. Als Erfinder des ersten Linsenfernrohrs gilt der Holländer Hans Lipperhey (ca. 1570–1619). Eingeführt wurde es von Galilei, der sich während seiner Verbannung auf dem Land 1609 selbst ein solches Gerät bastelte. Er war der erste Mensch, der die Mondkrater, die Monde des Jupiters und den »Ring« des Saturns erblickte. Auf die bestehenden oder in Bau befindlichen Sternwarten hatten diese *Refraktoren* vorerst keinen Einfluss.

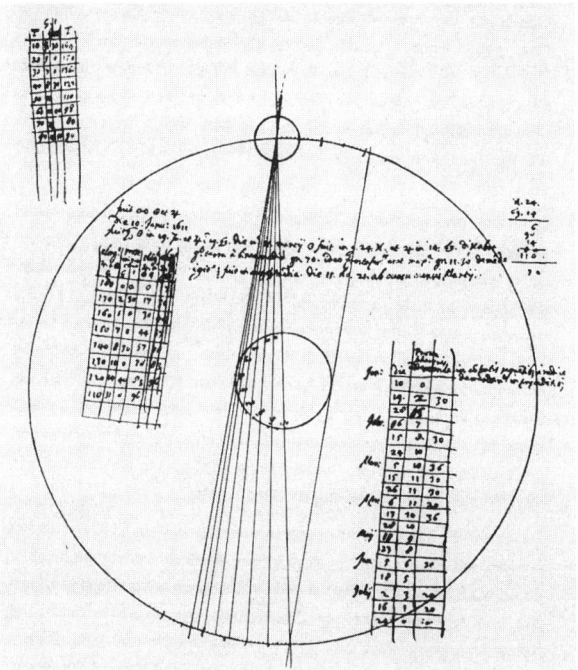

Eigenhändige astronomische Zeichnung und Berechnungen von Galileo Galilei vom 10. Januar 1611.

Galileis Forderung, »das Buch der Natur mit Hilfe der Mathematik zu lesen«, kamen seine Zeitgenossen überall in Europa mit der Planung von Observatorien nach. Der erste Sternatlas (*Uranometria*) des Astronomen und Advokaten Johann Bayer erschien 1603 und führte neue Gestirnsnamen ein, die bis heute in Gebrauch sind.

Der gregorianische Kalender

Längst hatten auch die Päpste bei Hofastrologen Zuflucht genommen. Die ersten christlichen Himmelsatlanten erschienen. 1582 ließ Gregor XIII. auf Anregung von erklärten Anhängern des Cusanus und des Kopernikus den bis dahin benutzten julianischen Kalender korrigieren. Den Bisextus, jenen alle vier Jahre im Februar einzulegenden Schalttag, hatte schon Caesar eingeführt, doch 365,25 Tage stellten sich als etwas zu lang heraus. Zehn Tage wurden gestrichen und alle hundert Jahre der Wegfall des Schaltjahres verordnet (wie erst im Februar 2000 geschehen).

WIDER DIE CHIROMANTEN UND ALCHEMISTEN

Lebensunsicherheit und Glaubensunmut, »Ketzer«- und Hexenverfolgung, Pest und Cholera, Krieg, Gewalt und Entdeckungen, aber auch die Mystik schufen zu Beginn der Neuzeit den idealen Nährboden für die seltsamsten Sumpfblüten einer alles überschwemmenden Laien-Astrologie. Wer etwas auf sich hielt, ließ sich täglich sein Horoskop erstellen. Geschäfte, Reisen und militärische Unternehmungen wurden dem Stand der Sterne angepasst. Vergeblich warnte Wallensteins Leibastrologe Seni den Feldherrn am Vorabend von dessen Ermordung 1634: »Von falschen Freunden droht nahes Unheil …« Der Satz könnte auch der Astrologie selbst gegolten haben.

Alle Ermahnungen halfen nicht: 1665 verbot Minister Colbert (1619–1683), der Gründer der Accadémie des Sciences, seinen Astronomie-Professoren zu Paris die Beschäftigung mit der Astrologie. Die Königin der Wissenschaften war zur Gunstgewerblerin herabgesunken. Was einst nur geschulten Kräften einer Führungselite zugänglich war, stand plötzlich allen offen, und das galt nicht nur für die Kunden, sondern auch für die Lieferanten. Jeder Bader konnte sich nebenbei als Chiromant betätigen, jede Hebamme als Wahrsagerin, jeder Klempner als Alchemist. Der Morast an Superstition und obskuren Ritualen zu ihrer Ausbeutung in der »angewandten« Astrologie war der mühsam sich etablierenden und auf äußerste »Reinheit« bedachten »Wissenschaft«, speziell in den Fachgebieten Mathematik, Astronomie und Physik, aber auch in der Medizin ein Dorn im Auge. Obendrein sah sich die Lehre von der Deutung der immer massiveren Bedrohung durch die konser - vative Kurie ausgesetzt. 1600 wurde Giordano Bruno auf dem Campo dei Fiori verbrannt. Der Domenikaner hatte die Lehre von einer in Zeit und Raum unendlichen Welt aufgestellt, erfüllt mit unzähligen Sonnen.

In Europa setzte sich das aufgeklärte Paris an die Spitze der Forschung. Morin de Villefranche (Jean Baptist, 1583–1656), der als Professor der Medizin und Astronomie am Collège de France wirkte, gab 1661 die 26-bändige *Astrologia Gallica* heraus, in der erstmals die Grundlagen der Astrologie systematisch dargelegt wurden. Unter Ludwig XIII. (1610–1643) wurde nicht nur der Absolutismus eingeführt, sondern auch die Gradeinteilung des Globus. Der Nullgrad wurde durch die Insel Ferro gelegt (und später auf Proteste der Pariser Sternwarte hin in die Hauptstadt verlagert, wo er bis zum Verlust an das englische Greenwich verblieb).

In Paris ließ Sonnenkönig Ludwig XIV. in den Jahren 1667–72 eine Sternwarte errichten, die ganz seinen Vorstellungen von einem königlichen Bauwerk entsprach. Sie enthielt einen Schacht in die Tiefe (bis zu den Katakomben), der doppelt so hoch war wie das barocke Gebäude selbst und noch sinnloser als viele seiner Einrichtungen. Der Architekt Claude Perrault bekam prompt Streit mit dem Ersten Königlichen Hofastronomen Cassini. Als Kompromiss wurde im zweiten Obergeschoss ein Saal eingerichtet, mit hohen Südfenstern und einer im Fußboden eingelegten Meridianlinie, was Cassini zu Rom im päpstlichen Turm der Winde gesehen hatte. Das flache Dach des Baus (Perrault

Instrumente des Johannes Hevelius (1611–1687)
zur Erforschung der Sonnenflecken.

wollte ihn ursprünglich mit einer Kuppel schmücken, womit er seiner
Zeit weit voraus gewesen wäre!) stand den Astronomen zur Aufstellung
ihrer tragbaren Instrumente zur Verfügung, die damals noch – ob der
langen Brennweiten der Fernrohre – wahre hölzerne Ungetüme waren.
Der König fand wenig Gefallen an dem Ganzen, obgleich er, wie die
meisten Capets, ein offenes Ohr für seine Hofastrologen hatte. Der
Letzte seines Geschlechts auf dem Throne Frankreichs, König Ludwig
XVI., glaubte genau wie seine Gemahlin, Marie Antoinette, fest an die
Macht der Sterne. Ihre Horoskope dürften ihnen vermutlich zu günstig
interpretiert worden sein: Im Januar bzw. Oktober des Jahres 1793 endeten sie unter dem Fallbeil der Guillotine.

Sciatericon totius motus primi mobilis.
Der Jesuit Athanasius Kircher (1602–1680) nahm die gregorianische Reform
zum Anlass, einen Sonnen- und Mondkalender zu erstellen, der verschlüsselt
auch ein Horoskop der Reform enthält.

Athanasius Kircher

Der Jesuit Athanasius Kircher (1602–1680) kommt 1633 nach Rom, kurz nach dem Prozess gegen Galileo Galilei (1564–1642) wegen des Diskurses »über die zwei Weltthemen« (1632), in einer Zeit der Verunsicherung zwischen wissenschaftlicher Erkenntnis, Astronomie und Kirche. Kircher verbarg seine Sympathie für die neuen Thesen geschickt, dem Vorbild des von ihm (als versierter Ägyptologe) verehrten Hermes Trismegistos folgend, nach dem nicht jedes Wissen für jedermann bestimmt und geeignet sei. So erhielt er 1635 nicht nur den Lehrstuhl für Mathematik, sondern ausdrücklich auch für Astronomie. In seinem Mundus subterranaeus (1665) vertritt er durchaus noch das ptolemäische System neben dem des Kopernikus, aber schon 1656 scheinen in seiner Arbeit über den Kosmos Hernerarium Extaticum bereits die radikalen Ideen des Giordano Bruno durch.

1637 schickte der Orden Kircher, den (frisch konvertierten) Markgrafen Friedrich v. Hessen-Darmstadt nach Sizilien und Malta zu begleiten, wovon Kircher in seiner Praefatio del Mundus (1664/65) berichtet. In der Folge prägte Kircher wie kaum ein anderer die wissenschaftliche Neugier und die intellektuelle Weltoffenheit der Jesuiten als Sammler (von Hermetica fremder Religionen und Kulturen bis zu Raritäten und naturwissenschaftlichen Curiosa aus allen Teilen der Erde), eigenwilliger Erfinder und vielseitiger Lehrmeister. Die Kombination von Missionaren und Forschern trug wesentlich zur erfolgreichen Ausbreitung des Ordens über den gesamten Globus bei. Die Tatsache, dass sich der rührige Jesuitenpater bis zu seinem Tod des Wohlwollens aller berühmten Barock-Päpste wie Barberini (Urban VIII., 1623–1644), Pamphili (Innozenz X., 1644–1655) und Chigi (Alexander VII., 1655–1667) erfreute, erlaubte ihm, ein durch reiches Bildmaterial und zahlreiche Schriften (u. a. den Obeliscus Pamphilius (1650), Oedipus Aegyptiacus (1652/54), dokumentiertes Werk zu hinterlassen, das schon zu Lebzeiten ein Musaeum Kircherianum erforderte. Seine Fähigkeiten als Zeichner, Graveur und Maler standen seinen technischen Basteleien (Uhren, Orgeln und Rechengeräte, Astrolabien und gar eine camera obscura) in nichts nach. Die Modernität und der Wagemut (wenn man die Zeit bedenkt) seiner Arbeiten erstaunen noch heute.

Akademische Denkweisen

Als die Sternwarte von Greenwich 1675 gegründet wurde, übergab man sie dem Ersten Königlichen Astronomen, John Flamsteed (1646–1719). Der erstellte sofort ein Horoskop für das einzuweihende Observatorium und fand das Resultat bezüglich seines zukünftigen Ruhmes und seiner Weltgeltung selbst so abstrus, dass er seinen Vortrag der Prognose mit den Worten schloss: »*Risum teneatis amici?*« (»Wollt ihr da nicht lachen, Freunde?«)

1673 wurden europäische Jesuitenpater nach Peking berufen, um die dortige kaiserliche Sternwarte auf den neuesten Stand der Technik zu bringen (Der Vatikan richtete erst 1932–35 in der Sommerresidenz der Päpste, Castel Gandolfo, mit der *specula Vaticana* ganz offiziell ein eigenes Observatorium ein!). In Kopenhagen gingen die Protestanten bereits 1637–42 einen Schritt weiter und installierten eine Sternwarte auf dem

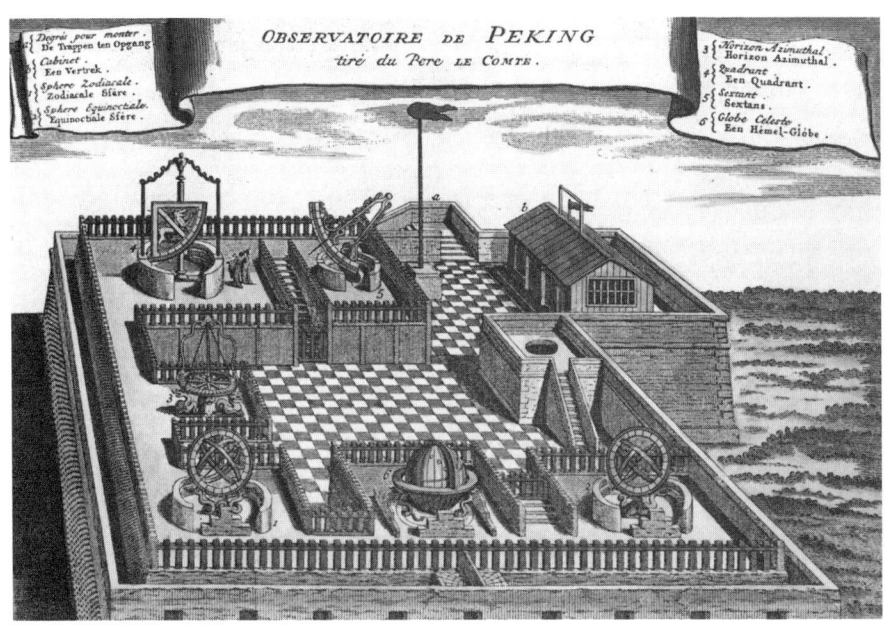

Perspektivische Ansicht der alten chinesischen Sternwarte in Peking nach ihrer Renovierung durch die Jesuiten (1747).

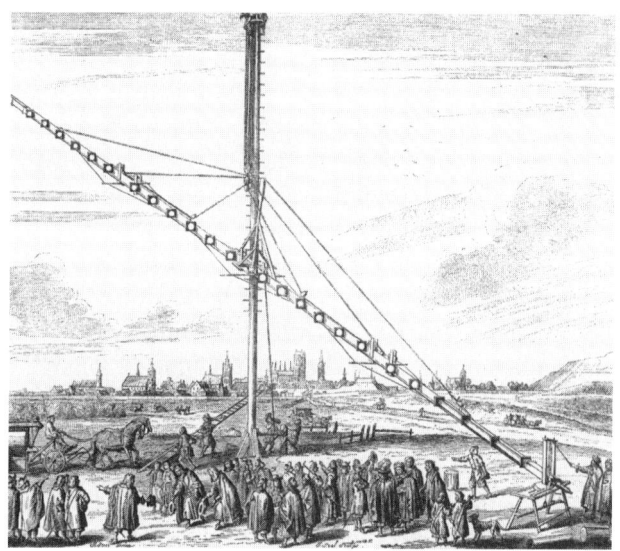

Riesenfernrohr zur Himmelsbeobachtung
des Danziger Astronomen Johannes Hevelius.

runden Turm der Kirche. Dessen Besonderheit stellte eine gewendelte Rampe für Reiter im Inneren dar, deren Lichtschacht tief in die Erde reichte.

Die erste Universitätssternwarte Europas wurde 1633 in Leiden (Holland) eröffnet – eine Holzplattform auf dem Dach. Ähnlich verfuhr Johannes Hevelius (1611–1687) in Danzig, nur überspannte er gleich die Firste von drei benachbarten Häusern.

Die neue Fortschrittsgläubigkeit machte immer rücksichtsloser Front gegen die mit Magie und Okkultismus behaftete Astrologie, einen »Hort der Rückständigkeit«. Henri Selva (*1861), einer ihrer letzten bedeutenden Vertreter, versuchte, in *Traité théorique et pratique d'astrologie généthliaque* der Tendenz entgegenzusteuern: »Wie jede Wissenschaft und jede Kunst erfordert die Astrologie ein gewisses Talent. Die für einen guten Astrologen in erster Linie erforderlichen Eigenschaften sind mathematisch geschulter Scharfsinn und gesunde Urteilskraft.«

Ein unbekannter Zeitgenosse des Morin de Villefranche führte den Gedanken fort: »…Wer nach Meisterschaft verlangt, muss eine über die rein algebraische und geometrische Rechenfähigkeit hinausgehende Gabe

besitzen: die der Intuition. Was bei den Chaldäern als übertriebene, esoterische Geheimhaltungspraxis erscheint, war nichts anderes als eine
Vorsichtsmaßnahme, Unberufene von der Astrologie fern zu halten. Nur
wer das strenge Basis-Studium der Beobachtung und Messung durchlaufen hat, wer beweisen kann, dass er auch in weiteren Dimensionen zu
denken vermag, sollte – Begabung vorausgesetzt – ›initiiert‹, das heißt
eingeweiht werden und Einsicht in das Wesen und die Regeln der Deutung und Auslegung erhalten. – Kein unbilliger Vorgang.«

Als »unwert« ächtete der Astronom Edmond Halley (1656–1742)
die Astrologie. Halley war der Nachfolger J. Flamsteeds als *First Royal
Astronomer* und berechnete die Bahn des nach ihm benannten Kometen.
Isaac Newton (1643–1727), ab 1669 Professor in Cambridge, später
Präsident der *Royal Society* und Begründer des Gravitationsgesetzes
(1666, *Philosophiae naturalis principia mathematica*), wies den Kollegen
zurecht: »… der Unterschied zwischen Ihnen, Mister Halley, und mir ist
der, dass ich mich damit beschäftigt habe und Sie nicht.«

Es ist falsch, Wissenschaftler wie Kepler, Kopernikus oder Newton für
den Niedergang der Astrologie verantwortlich zu machen. Alle großen
Astronomen verteidigten die ernsthafte und wissenschaftliche Beschäftigung mit ihr. Aber die Aufsehen erregenden Forschungsergebnisse dieser
berühmten Denker und die neuesten physikalischen Entdeckungen versetzten der Astrologie ungewollt schwere Rückschläge, als da wären:

1618 Brechung des Lichts durch Snellius (1580/91–1626)

1665 Beugung des Lichts durch Grimaldi (1618–1663)

1675 Lichtgeschwindigkeit durch Römer (1644–1710)

1690 Wellen des Lichts durch Huygens (1629–1695)

1728 Aberration des Lichts durch James Bradley (1693–1762)

Der deutsche Gelehrte Julius Wilhelm Andreas Pfaff (1774–1835)
machte sich die Mühe, eine umfassende Bestandsaufnahme des astrologischen Wissens des Okzidents anzufertigen. Darin stellte er die verschiedenen Lehren vor und nannte viele der dazu erschienenen Abhandlungen und Kommentare der großen Meister der Vergangenheit.

Auch in England wurden verschiedene enzyklopädische Lehrbücher verfasst, die nur einen Nachteil hatten: Sie basierten auf dem inzwischen überholten ptolemäischen System. Als wissenschaftliche Disziplin war die Astrologie nicht mehr gefragt, in den Observatorien spielte sie keine Rolle. Die altehrwürdige Lehre stagnierte. Eine bizarre Ausnahme war die Astrologin Lady Hester Lucy Stanhope (1776–1839), die unter dem Sternenzelt der Wüste Nordafrikas Zuflucht gesucht hatte, wo sie von Ratsuchenden aus aller Welt konsultiert wurde.

Erst Dichterfürst Johann Wolfgang von Goethe (1749–1832) nahm sich der verstoßenen Schwester wieder an, ohne im Grunde allerdings besonders hilfreich zu wirken. Seine Einstellung spiegelte ironisch-väterlich – und damit letztlich auch nur verächtlich – seine vorgebliche Souveränität wider, sich mit wohlgesetzten Worten zum Zeitgeschehen zu äußern, ohne sich vom Anliegen und der Geschichte des Gegenstandes seiner Betrachtung behelligen zu lassen. Im Brief an Schiller vom 8.12.1798, in dem er auch auf die Entdeckung des Uranus (1781) anspielte, heißt es: »Der astrologische Aberglaube ruht auf dem dunklen Gefühl eines ungeheuren Weltganzen. Die Erfahrung spricht, dass die nächsten Gestirne einen entschiedenen Einfluss auf Witterung, Vegetation etc. haben; man darf nur stufenweise immer aufwärts steigen, und es lässt sich nicht sagen, wo die Wirkung aufhört. Findet doch der Astronom überall Störungen eines Gestirns durchs andere. Ist doch der Philosoph geneigt, eine Wirkung auch auf das Entfernteste anzunehmen. So darf der Mensch im Vorgefühl seiner selbst nur immer etwas weiter schreiten und diese Einwirkung aufs Sittliche, auf Glück und Unglück ausdehnen. Diesen und ähnlichen Wahn möchte ich nicht einmal Aberglauben nennen, er liegt unserer Natur so nahe, ist so leidlich und lässlich als irgendein Glaube.«

Die Grenzen aufklärerischen Rigorismus' waren erreicht: Es gab kein sicheres Wissen! Der größte Denker seiner Zeit, der Königsberger Immanuel Kant (1724–1804), verfügte in seiner *Kritik der reinen Vernunft*: »… die Welt kann nur erkannt werden, ›wie sie uns erscheint‹, nicht, ›wie sie ist‹ …« Das rehabilitierte die Astrologie zwar noch nicht, räumte ihr aber einen Überlebensraum ein.

Vergessen waren die hilfreichen Anregungen Francis Bacons für eine vernünftige Methode des Erkennens, um eine »richtige« Welterklärung zu finden, die frei sei von Dogmen: »Nur Erfahrungen, die von der Beobachtung eines Vorganges zu allgemeinen Gesetzen führen, vermitteln ein Wissen, das Bestand hat und Macht bedeutet« (*induktive Methode*). John Locke (1632–1704) hingegen leugnete überlieferte »angeborene« Ideen: »Nur innere und äußere Sinneserfahrungen vermitteln Erkenntnisse.« Dem stellte René Descartes (Cartesius, 1596–1650) seinen Rationalismus gegenüber: »Allein durch Denken und logische Schlüsse (Prinzipien) wird Wahrheit gefunden« (*deduktive Methode*), »Natur und Geist sind absolut verschiedene Dinge« (*Dualismus*).

Baruch Spinoza (1632–1677) folgerte aus »rational« abgeleiteter Übereinstimmung von »Denken und Sein« die Einheit von Gott und Natur (*Monismus*). Sein Pantheismus wirkte ebenso auf die Aufklärung wie das vermittelnde System des Gottfried Wilhelm Leibniz (1646–1716): Der sittlich freie Mensch solle die vernünftige Ordnung »dieser besten aller nur möglichen Welten« zu erkennen suchen.

Mit allen diesen Gedanken wäre die Astrologie sicher hervorragend ausgekommen und hätte damit sogar ihre Existenzberechtigung belegen können, wenn sie ihre Union mit der Naturwissenschaft Astronomie nicht durch das in der Aufklärung übliche Kausalitätsdenken begründet hätte. Astrologie beruht *nicht* auf Ursache und Wirkung, sondern auf einer ableitenden, eher vergleichenden Logik, auf dem Gedanken »im Himmel wie auf Erden«.

Doch ihr Verhältnisdenken wurde, obwohl sie das bitter nötig gehabt hätte, nicht formuliert. Sie verlor sich in einem Wust von teilweise haarsträubenden Nebensächlichkeiten, die natürlich angreifbar waren, und versäumte es sträflich, sich als klare geistige, erfahrene, durchdachte und intuitive Haltung zu offenbaren. Da half auch nicht, dass Friedrich Wilhelm Schelling (1775–1854) sie zur »Einheit aller Gegensätze« erklärte und Wilhelm Schlegel (1767–1845) sogar forderte: »Die Astronomie muss wieder zur Astrologie werden!« Deutscher Idealismus konnte sie nicht retten. Zur Selbstreinigung musste sie erst den morastigen, zumeist unseriösen und teilweise abstrusen Talboden durchschreiten, den sie sich fahrlässig selbst bereitet hatte.

VIII
BLÜTEN
DER ESOTERIK

FRÜCHTE DER ALCHEMIE

MIKROKOSMOS UND MAKROKOSMOS

Neben der empirischen Seite der Astrologie hat sich, und das schon seit alters, die emotionale Betrachtung des Kosmos weiterentwickelt, zeitweise mit Auswüchsen in jedem nur denkbaren Bereich des Lebens und der den Menschen umgebenden Natur. Zur Komplettierung der verschiedenen Aspekte der Astrologie seien dem Interessierten auch diese oft ans Esoterische grenzenden »Lehren« nicht vorenthalten. Im Übrigen ist der ihnen zugrunde liegende Gedanke einer wie auch immer gearteten Entsprechung zwischen der Sternenwelt (in Vertretung für das Universum, den Makrokosmos) und dem Leben der Menschen auf Erden (Mikrokosmos) nicht von der Hand zu weisen. Besonders auf dem Gebiet der Medizin entwickelte sich bereits in der ausgehenden römischen Kaiserzeit ein System der Zuordnungen von Organen, Zonen und Funktionen des menschlichen Körpers zu den Tierkreiszeichen und Planeten, das als »Melothesie« bekannt wurde. Selbst die von Friedrich II. zu Salerno eingerichtete Hochschule für Medizin, die nach arabischem Vorbild streng wissenschaftliche Maßstäbe anlegte, sah sich nicht in der Lage, den Glauben in die herrscherliche Macht der Sterne über Wohl und Wehe der Physis in vernünftige Bahnen zu lenken. Bis ins 17. Jahrhundert hinein ließen sich astrologisch (aus-)gebildete Ärzte in ihrer Behandlung von Krankheiten vom Stand der Sterne leiten und verschrieben entsprechende Rezepturen und Therapien (Iatromathematik). Wie so oft in der Astrologie finden sich auch in der Anwendung solcher Beziehungsmedizin, dem Nativen entsprechender

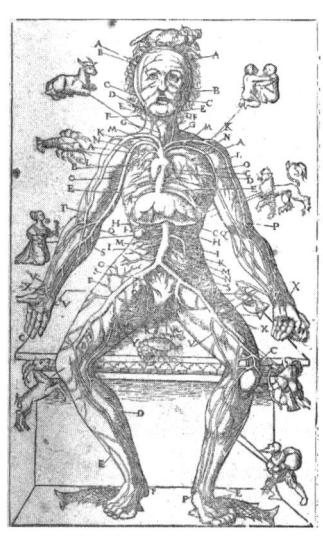

Illustrierte »Aderlassmännchen« sind seit dem ausgehenden 14. Jh. überliefert. Doch schon Ptolemäus rät im »Centiloquium«, »kein Glied zur Ader zu lassen, in dessen Zeichen der Mond eintritt«.

Planeten und deren Zuordnung zu Organen und Körperteilen nach verschiedenen Traditionen				
Planet	Symbol	Nechepso-Petosiris	Agrippa	v. Rantzau (16. Jh.)
Saturn	♄	Kopf, Hals	rechtes Ohr, Milz, Magen, Blase	rechtes Ohr, Milz, Blase, Knochen, Zähne
Jupiter	♃	Schulter, Brust	Leber, Fleisch, Magen, Bauch, Nabel, Rippen, Brust, Eingeweide, Blut, Arm, rechte Hand, linkes Ohr	Lunge, Brustkorb, Leber, Arterien, Samen
Mars	♂	Zwerchfell, Sehnen	Blut, Adern, Nieren, Galle, Hintern, Rücken, Samengänge	linkes Ohr, Galle, Nieren, Venen, Genitalien
Sonne	☉	Herz, Lunge, Leber	Herz, Schenkel, Mark, Gehirn, rechtes Auge	Gehirn, Nerven, Herz
Venus	♀	Leber, Sexualorgane	Nieren, Hoden, weibl. Genitalien, Samen, Fleisch, Fett, Bauch, Schamhaare, Nabel, Rückgrat, Lenden, Lippen	Adern, Nieren, Genitalien, Samengefäße, Brüste, Gurgel, Lenden, Hintern, Leber
Merkur	☿	Schenkel und Knie	Zunge, Mund, Hände, Füße, Beine, Nerven	Gehirn, Zunge, Hände, Finger, Galle, Schenkel
Mond	☾	Leib, After	Gehirn, Lunge, Rückenmark, Magen, Menses, Exkremente, linkes Auge	Gehirn, linkes Auge, linke Seite, Magen Seite, Magen, Eingeweide, Blase, Leber, weibl. Genitalien

Arzneien, und in der *Melothesie* durchaus ernst zu nehmende Erfahrungswerte und Denkanstöße.

Hierbei geht es um den Gestirnen zugeschriebene, charakteristische Merkmale und (angenommene) typische Eigenschaften. Den Planeten (göttern) werden menschliche Verhaltensmuster übergestülpt, was eine Wechselwirkung zwischen dem Nativen und seinen Sternen entstehen ließ. Der Mikrokosmos verschafft sich Gewicht gegenüber dem Makrokosmos allein schon durch die Zuweisung von Einflüssen, denen die Planeten im Kosmos ausgesetzt sind (Gravitation, Rotation). Schließlich ziehen sie ihre Bahnen um die Sonne in riesigen Ellipsen, auf der sich nicht nur ihre Entfernung zu Sol und der Erde ständig verändert, sondern auch die Intensität ihrer Strahlung. Wenn man bedenkt, mit welchen erfahrbaren Kräften allein der relativ winzige, erkaltete Mond auf Erde und

	Die Planeten und die menschlichen Sinne					
Planet	Symbol	Gesichtssinn	Gehörsinn	Geschmacksinn	Tastsinn	Geruchsinn
Sonne	☉	☉	☉			
Mond	☾			☾		
Merkur	☿				☿	
Venus	♀				♀	♀
Mars	♂	♂		♂		♂
Jupiter	♃		♃	♃		
Saturn	♄		♄			
Uranus	♅				♅	
Neptun	♆					♆

Menschen einwirkt (Ebbe / Flut, Monatszyklen), dann kann man sich vorstellen, welche Macht den anderen, weitaus gewaltigeren Planeten zugeschrieben wurde, als man ihre tatsächliche astronomische Größe erkannte.

WOHL UND WEHE

So wie die Anzahl der für die Astrologie relevanten Planeten strittig ist, verhält es sich auch bei ihrer Natur. Schon bei der uralten Frage nach den »Wohltätern« und den »Übeltätern« scheiden sich die Geister. Traditionell werden Jupiter und Venus übereinstimmend als Wohltäter, Mars, Saturn, Uranus und Neptun als Übeltäter angesehen. Nach Sephariel ist Uranus sowohl elektrischer wie magnetischer Natur und kann daher plötzliche

»Einfluss des Mondes auf den Kopf der Frauen«, dem sie sich wissend hingeben, während die Männer nebenan ihn noch mit Laternen suchen. Franz. Kupferstich, 17. Jh.

katastrophale Wirkungen zeitigen. Ptolemäus betrachtete den Mond als Wohltäter, die Sonne als indifferent, Cusanus galt die Sonne als besonders Glück bringend, Crigenus behauptete das Gegenteil. Je weiter die Planeten entfernt waren und je spärlicher das Wissen war, desto weniger traute man ihnen über den Weg (das traf dann besonders auf Pluto zu).

Ausgehend von der Erde als Mittelpunkt wurden die nächstliegenden Gestirne Mond, Venus, Merkur, Sonne zu *minoren* Planeten erklärt und die weiter entfernten – Mars, Jupiter, Saturn – zu *majoren*. Selbst als seit Kepler die Bezeichnung »Planet« für Sonne und Mond astronomisch unhaltbar wurde, blieb es in der Astrologie dabei. In den letzten drei Jahrhunderten kamen Uranus, Neptun und Pluto hinzu. Manche Astrologen arbeiten sogar mit insgesamt zwölf Planeten, indem sie zwei theoretische Konstellationen hinzufügen: die *Mondknoten* und den *Schwarzen Mond*, auch *Kopf und Schwanz des Drachen* bzw. *Lilith* genannt. Die Erde, astronomisch gesehen ein echter Planet, wird von der Astrologie auch heute noch als Bezugspunkt genommen und daher nicht als Planet gewertet. Einer der wenigen Punkte, in dem sich alle einig sind. Interessanterweise führt in der Lehre vom *Karma*, der Psychoanalyse des Menschen bezüglich seiner früheren Existenz, das Zentralgestirn Sonne die *schwerfälligen* Planeten an, zu denen noch Saturn, Uranus, Neptun und Pluto zählen. Mond, Merkur, Venus und Mars gelten dagegen als *wendig* und sind mehr für das »heutige« Leben zuständig.

Für die klassische Astrologie sind diese Unterscheidungen nur von relativer Bedeutung. So ist Saturn durchaus nicht immer bösartig, Jupiter nicht immer freundlich (besonders im Neptun-Bereich). Der Merkur kann spielerisch von einem Extrem ins andere wechseln und der Mars seine Beziehungen zu beiden Wesensarten brüsk verleugnen. Auch die Venus ist überraschend vielgesichtig: Als Morgenstern durchaus diesseitig, tritt sie als Abendstern in die geheimnisvolle Welt des Unterbewussten, der Vergangenheit ein, und als Schaumgeborene verfügt sie auch über eine oft vergessene Wasserbeziehung.

Bei Sonne und Mond, den beiden Urprinzipien, werden Verstärkung und Abschwächung bis zum Umkehrschluss deutlich sichtbar.

Sonne / Feuer extrovertiert, aktiv, ausstrahlend	**Mond / Wasser** introvertiert, passiv, empfangend
bei **Löwe** (bestätigend) sicher, mutig, vorwärts	bei **Krebs** (bestätigend) unsicher, vorsichtig, rückwärts
bei **Widder** (exaltiert) störrisch, tollkühn	bei **Fischen** (exaltiert) nachgiebig, furchtsam
aber bei **Schütze** (abweichend) unstet, flüchtig	aber bei **Skorpion** (abweichend) stark, bestimmend

Das entspricht dem Prinzip des Yin-Yang, wo sich im hellen Bereich ein kleines dunkles Gegenstück befindet und umgekehrt. Bei den Planeten wird der Part dieses Gegenstückes meist von den beherrschten Tierkreiszeichen übernommen, seltener von den involvierten Elementen. Wichtig ist, dass man sich dieses Dualismus der immanenten Präsenz des Gegenläufigen stets gewärtig ist. Er findet seinen Niederschlag in der Theorie vom Wesen der Planeten (s. Symbolik der Zeichen).

MELOTHESIE
UND IATROMATHEMATIK

Ausgehend von der Vorstellung, dass der menschliche Organismus, das Leben auf Erden (Mikrokosmos), den Gesetzen des Universums (Makrokosmos) folgt, ergab sich zwangsläufig ein Gefühl der Abhängigkeit. Aus einer solchen Unterwerfung heraus entwickelte sich bereits früh (spätestens im chaldäisch gegängelten Rom der Kaiserzeit) eine astrologisch beeinflusste Medizin.

Aus der hellenistischen Geisteswelt sind dazu Traktate des berühmten Arztes Hippokrates, des Begründers der griechischen Heilkunde, überliefert. Doch vor allem sorgten die Araber für eine starke Popularität der Iatromathematik im Abendland. Ihre Blütezeit erlebte sie im hohen Mittelalter, wie zahlreiche Bilddokumente belegen, insbesondere von so genannten »Aderlassmännchen« (anatomischen Darstellungen von menschlichen Körpern mit detaillierter astrologischer Zuordnung). Das führte natürlich auch zu Auswüchsen und Quacksalberei – wobei man wissen sollte, dass *Iatro* nichts anderes als »Barbier« (»Bader«) bedeutet.

Da der Tierkreismann häufig zur Bestimmung des Aderlasses benutzt wurde, hieß er in Deutschland oft nur *Lassmann*. Als sich 1769 neuere medizinische Erkenntnisse gegen den astrologischen Aderlass durchzusetzen begannen, sah sich die Universität Würzburg gezwungen, diese Abbildungen per Erlass aus den offiziellen Kalendern zu verbannen. In den USA wurden noch 1911 in Hunderten von Almanachen historische Aderlassfiguren abgedruckt.

In der Geschichte der Iatromathematik taten sich auch europäische Autoren hervor. Die bekanntesten sind Arnold von Villanova (1235–1312) und Pietro d'Abano (1253–1319). Letzterer gab eine Schrift heraus, *Hippocratis libellus de Medicorum Astrologia a Petro de Abbano in latinum traductus*, die über den Krankheitsverlauf je nach Stand des Mondes in den zwölf Zeichen berichtete. Selbst ein Mitglied der Familie Habsburg, Leopold IV. Superbus, der nur kurz und als Gemahl der Katherina von Burgund im Elsass zur Herrschaft gelangte (1406–1411), fand genügend Zeit, sich vornehmlich mit Astrologie zu beschäftigen. Die von ihm voller Stolz nach Prinzipien der Melothesie verfasste Tafel

Darstellung des Einflusses
der Tierkreisbilder auf den
Menschen, Holzschnitt, 1484.

zum Thema des rechten Aderlasses (er kannte das Problem, hieß er doch
beim Volk »Der Dicke«) erschien erst, lange nachdem ihn der Schlag -
anfall hinweggerafft hatte: *Compilatio Leupoldi, Ducatus Austrie figlii, de
Astrorum Scientia*, Augsburg 1489.

Bereits 1496 gibt der französische Theologicprofessor Jean Ganivet –
er firmiert auf Latein als »Johannes Ganivetus« – seinen *Amicus medicorum* heraus, eine gründliche Fibel der astrologischen Heilpraxis, die explizit auf zodiakale Iatromathematik eingeht, die 1508 in einer zweiten
Übersetzung in Lyon erscheint. Der schon genannte Valens unterstrich
vor allem die Planetenaspekte, und selbst Paracelsus sah in der Iatromathematik für den Menschen nach seiner Vertreibung aus dem Paradies
noch den fühlbar gewordenen Ausdruck der Gottesordnung der Welt
und deren Beziehung zum menschlichen Körper. Kepler nahm bereits
eine kritische Haltung an; er nannte die Melothesie »kindisch«, glaubte
aber aufgrund eigener Erfahrungen mit einer Krankheit an gute und
böse Aspekte.

Schärfer äußerte sich der Altdorfer Physik- und Mathematikprofessor
Abdias Treu (1597–1669), der in vier Disputationen die medizinische
Astrologie jedoch keineswegs aus der Heilkunst verbannt sehen wollte.
Sie solle nur nicht als Offenbarung genommen werden, sondern als diag-
nostisch arbeitende Kunst. Heute akzeptieren vorurteilslose Chirurgen
wieder, dass verstärkte Sonnenfleckentätigkeit den Gerinnungsgrad von

Bluteiweiß beeinflusst oder dass sich Blutungen bei Vollmond schwerer stillen lassen. Das Wissen um solche Phänomene besaßen schon die Babylonier ...

Eine bedeutende Rolle bei der »richtigen« Behandlung spielte das *Radix*-Horoskop, das zu Beginn einer Krankheit erstellt werden musste und dem behandelnden Arzt Aufschluss über Alter, Veranlagung und Disposition des Patienten gab.

In der Kur ging man dann nach *dies infelices* (»Unglückstagen«), *dies critici* (»kritischen Tagen«) und *dies decretorii* (»Entscheidungstagen«) vor, die in einer Siebener-Periodik angenommen wurden und in etwa den Dekanen entsprachen. Das *Decumbitur* war dagegen ein Stundenhoroskop.

Mit Einsetzen der Aufklärung gerieten die Iatromathematik und mit ihr medizinisches Erfahrungswissen aus gut zwei Jahrtausenden in Verruf – und schließlich in Vergessenheit. Es ist das Verdienst des Anthroposophen Rudolf Steiner (1861–1925), wieder auf Zusammenhänge zwischen Gestirnen und Organismus aufmerksam gemacht zu haben, die in der Folge von den unterschiedlichsten medizinischen Fachbereichen aufgegriffen wurden – von der Physiotherapeutik, der Homöopathie und vor allem der Psychoanalyse, aber auch von der Raumfahrtforschung (Astromedizin). Gerade auf letzterem Gebiet geht man unter Federführung der NASA neuerdings sogar noch einen Schritt weiter (zurück in die Zukunft?) – das längst verschmähte und vergessene Makrokosmos-Mikrokosmos-Denken scheint wieder angesagt.

Die nachfolgend kurz besprochenen Grenzgebiete angewandter Entsprechungs-Astrologie stellten keine belächelten Auswüchse dar und sind heute – allein schon im Wettmilieu und beim Toto – wieder überaus populär.

VON GLÜCK UND SYMPATHIE

Glücksorte werden für jeden Nativen generell angenommen: nach Art und Beschaffenheit der Örtlichkeit und der dort verrichteten Tätigkeit wie auch ganz spezifisch bezogen auf bestimmte, geographisch (Koor -dinaten) festliegende Städte und Länder, einmal für das Schicksal der Lokalitäten selbst, zum anderen für den Besucher.

Tierkreiszeichen	Städte	Glücksorte
Widder ♈	Bergamo, Berlin, Birmingham, Braunschweig, Florenz, Marseille, Neapel, Saragossa, Verona, Utrecht, Lindau, Krakau	Fabriken, Stadien
Stier ♉	Dublin, Leipzig, Luzern, Nantes, Parma, Zürich, Mantua, Palermo, Würzburg, Nancy	Gärten, Theater
Zwillinge ♊	London, Metz, San Francisco, Versailles, Nürnberg, Löwen, Mainz, Cordova	Schulen, Messen (Jahrmärkte), Berge
Krebs ♋	Algier, Amsterdam, Bern, Istanbul, Mailand, New York, Tunis, Genua, Venedig, Lübeck, Magdeburg	Wälder, Meer, Ufer
Löwe ♌	Bombay, Bristol, Chicago, Damaskus, Philadelphia, Portsmouth, Prag, Rom, Syracus, Ulm, Linz, Koblenz	öffentliche Plätze, Versammlungen, Kirchen
Jungfrau ♍	Basel, Boston, Breslau, Jerusalem, Los Angeles, Lyon, Nizza, Paris, St. Etienne, Straßburg, Erfurt, Heidelberg, Leiden	Märkte, Restaurants
Waage ♎	Antwerpen, Frankfurt, Freiburg, Wien, Straßburg, Heilbronn, Freising, Speyer, Lissabon	Festsäle, Banketts
Skorpion ♏	Liverpool, Messina, Pompeji, Tokio, Brixen, Danzig, München, Eichstätt, Valencia	Brunnen, Thermalbäder
Schütze ♐	Avignon, Kalkutta, Köln, Narbonne, Nottingham, Peking, Stuttgart, Sheffield, Mähren, Nürnberg	Paläste, fremde Länder
Steinbock ♑	Brüssel, Konstanz, Oxford, Port Said, Augsburg, Jülich, Wilna	antike Ruinen, Wüsten, unterirdische Gewölbe
Wassermann ♒	Bremen, Brighton, Triest, Salzburg, Sydney, Hamburg, Ingolstadt	öffentliche Plätze, Kinos, Bahnhöfe, U-Bahn
Fische ♓	Alexandria, Lancaster, Sevilla, Rouen, Regensburg, Worms	Flüsse, Mühlen

Wahrscheinlich sind schon in grauer Vorzeit Kultstätten, Tempel und Sternbeobachtungsanlagen durchweg nach solchen Gesichtspunkten an ermittelten »magischen« Orten errichtet worden. Bekannt ist seit dem Hochmittelalter, insbesondere seit gotische Kathedralen gebaut wurden, dass sich die ausführenden »Bauhütten« intensiv mit dem Horoskop des vorgesehenen Bauplatzes beschäftigten. Viele der so auf den *pars fortuna* (»Glückspunkt«) ausgerichteten und mit Hilfe des *numerus aureus* (»goldene Zahl«) projektierten sakralen Kolossalvorhaben kamen allerdings nicht zur Ausführung. Solche teilweise grandiosen Pläne geistern seitdem durch die esoterische Literatur.

Tierkreiszeichen	Steine	Metalle	Glückszahlen
Widder ♈	Blutstein, Karfunkel, Rubin, Koralle	Eisen, Stahl, Messing	7 47 87
Stier ♉	Smaragd, Saphir	Kupfer, Bronze, Messing, Platin	5 25 75
Zwillinge ♊	Farbsteine, Smaragd	Quecksilber, Gold	3 13 33
Krebs ♋	Adular, Rubin, Koralle	Silber, Messing	2 12 72
Löwe ♌	Rubin, Topas, Chrysolith	Gold	1 81 91
Jungfrau ♍	Beryll	Quecksilber, Gold	3 23 33
Waage ♎	Achat	Kupfer, Gold	5 25 35
Skorpion ♏	Amethyst, Marguerit	Eisen, Stahl, Silber, Radium	7 47 87
Schütze ♐	Türkis, Amethyst, Opal	Zinn, Schmiedeeisen	4 14 24
Steinbock ♑	Onyx, Diamant, Achat	Blei, Eisen	8 18 28
Wassermann ♒	Bernstein, Achat, Chalcedon	Blei, Uran, alle radioaktiven Elemente	9 39 49
Fische ♓	Korallen, Perle	Zinn, Silber	4 14 24

Anders verhält es sich mit den *Glückszahlen* (siehe Tabelle). Einerseits wurden sie durch das Glücksrad ermittelt, zum anderen waren sie in Form festgelegter Zahlenreihen schon Platon, Philon von Alexandria (jüdisch–hellenistischer Philosoph, 25 v. Chr. – 50 n. Chr.) und Macrobius Theodosius (um 398 n. Chr. *Saturnalia*, sieben Bücher mit literarischen und philosophischen Tischgesprächen) geläufig und wurden später von den Kabbalisten übernommen. Heute bedienen sich ihrer Lotto spielende Anhänger des Mikrokosmos-Makrokosmos-Gedankens.

Die *Glückstage* (siehe auch Tabelle im Anhang des Buches) ergeben sich aus der Kombination des jeweiligen Wochentages (entsprechende Planetengottheit) und der eigenen Planetenkonstellation. Ob eine Übereinstimmung allerdings automatisch Glück bringt, ist zu bezweifeln. Sicher potenzieren solche Tage die Empfindlichkeit. Das erwünschte Wohlbefinden des Einzelnen hängt wahrscheinlich von der persönlichen Einstellung zu »seinem« Planeten ab (s. Anhang).

Tierkreiszeichen	Düfte	Pflanzen	Tiere
Widder ♈	Flieder, Heidekraut, Nelke	Pfingstrose, Dalie, Primel, Mohn, Rhabarber, Tabak, (spanischer) Pfeffer, Meerrettich, Koloquinte, Aloe, Brennnessel, Distel, Stechpalme, Klette, Zwiebel, Knoblauch, Koriander, Ingwer, Senf, Anemone	Widder, Pferd, Wolf, Hund, Schaf, Tiger, Sperber, Geier, Hahn, Schlange, Spinne
Stier ♉	Jasmin, Flieder, Magnolie, Hyazinthe, Rose, Lilie, Alpenveilchen, Weißdorn, Eisenkraut	Reseda, Flieder, Flachs, Lilie, Ölbaum, Dattelpalme, Kiefer, Maiglöckchen, Myrte, Akelei, Wegerich, Rittersporn, Butterblume, Mandel, Aprikose, Feige, Erdbeere, Pfirsich, Apfel, Trauben, Weizen, Sauerampfer, Thymian, Zitronenkraut, Klette, Minze, Salbei, Huflattich	Rebhuhn, Fasan, Taube, Turteltaube, Stier, Bison, Büffel, Kuh, Ziege
Zwillinge ♊	Schwertlilie, Lavendel, Veilchen, Rosmarin, Minze, Akazie, Geißblatt, Weihrauch, Maiglöckchen	Geißblatt, Wacholder, Eisenkraut, Melisse, Kaffee, Tee, Haselnuss, Vergissmeinnicht, Skabiose, Minze, Winde, Fenchel, Petersilie, Walnuss, Baldrian, Sennesstrauch, bittersüßer Nachtschatten, Flachs, Bohnenkraut, Süßholz, Dill	Affe, Fuchs, Papagei, Biene, Ameise
Krebs ♋	Schwertlilie, Veilchen	(Riesen-)Kürbis, Schwertlilie, Wasserpflanzen, Klee, Klatschmohn, Kaktus, Koloquinte, Wunderblume, Kohl, Johannisbrot, Gurke, Endivie, Lattich, Kresse, Champignon, Ysop, Rosmarin, Steinbrech	Katze, Hase, Fledermaus, Schwan, Nachtigall, Frosch, Krabbe und alle Amphibien
Löwe ♌	Heliotrop, Lavendel, Majoran	Palme, Arnika, Muskat, Heliotrop, Apfelsine, Granate, Pfingstrose, alle exotischen Pflanzen, alle Südfrüchte, Zimt, Safran, Reis, Ölbaum, Löwenzahn, Sonnenblume, Walnüsse, Engelwurz, Pimpernelle, Kornblume	Löwe, Adler, Panther, Falke, Hahn
Jungfrau ♍	Hyazinthe, Jasmin, Lavendel, Eisenkraut	Roggen, Weizen, Baldrian, Zichorie, Schafgarbe, Rhabarber, Haselnuss, Gurkenkraut, Majoran, Fenchel, grüne Minze	Fuchs, Biene, alle Hühnervögel
Waage ♎	Rose, Jasmin, Eisenkraut, Vergissmeinnicht, Nelke	Weinrebe, Olivenbaum, Erdbeere, Kresse, Melisse, Rose, Lilie, Stiefmütterchen, Kichererbse, Akelei, Johannisbeere, Pfirsich, Windklee	Rebhuhn, Sperling, alle Luxushaustiere
Skorpion ♏	Nelke, Jasmin, Heidekraut	Zeder, Zypresse, Myrrhe, Enzian, Narzisse, Champignon, Kokos, Pfirsich, Aprikose, Basilikum, Distel, Zwiebel, Johannisbeere, Heidelbeere, Lattich	alle Tiere, die eine Larvenentwicklung durchmachen und die unter der Erde und in stehenden Gewässern leben
Schütze ♐	Veilchen, Lavendel, Vanille, Amber, Orchidee	Sandelholz, Narde, Lorbeer, Buche, Esche, Birne, Linde, Eukalyptus, Zuckerrohr, Birke, Pfeifenstrauch, Majoran, Spargel, Feigen, Petersilie, Himbeere, Salbei	Hirsch, Damwild, Pferd, Elefant, Pfau
Steinbock ♑	Geißblatt, Mimose, Veilchen, Russischleder, Benzoe, Myrte, Engelwurz, Zeder, Sandelholz, Weihrauch	alle Pflanzen, die giftige Alkaloide enthalten (Belladonna, indischer Hanf, Mohn, Bilsenkraut), Mispelbaum, Pappel, Thymian, Gerste, Quitte, Sellerie, Efeu, Hopfen, Radieschen, Zichorie	Ziegenbock, Hund, Esel, Kamel, Schildkröte, alle Nachttiere
Wassermann ♒	alle chemischen Duftstoffe	Pflaume, Mimose, Thymian, Rosmarin, alle Getreidearten, Kamille, Artischocken, Spargel, Lindenblüten, Lorbeer, Majoran, Salbei, Kapuzinerkresse	alle Zirkustiere und alle Tiere, die sich leicht zähmen lassen
Fische ♓	Veilchen, Rosen, Heidekraut, Minze, Reseda, Schwertlilie, Kiefernadeln	Zimt, Strohblume, Geranie, Süßklee, Farnkraut, alle Wasserpflanzen, Anis, Gurkenkraut, Huflattich, Birne, Spinat, Mohn, Indischer Hanf, Angustura	alle Fische, alle wilden, geflügelten Tiere

Tierkreiszeichen und Gesundheit			
Tierkreiszeichen	**Körperteile**	**Organe**	**Gesundheit**
Widder ♈	Kopf, Gesicht	Augen, Ohren	Unfälle, Kopfschmerzen (aus Polarität der Waage: Erbkrankheiten des Rückenmarks, der Nieren), Entzündungen
Stier ♉	Hals	Kehle	Neigung zu Übergewicht
Zwillinge ♊	Schultern, Arme	Lunge, Bronchien, Nerven (Tastsinn)	braucht viel frische Luft, ruhebedürftig, Gemütskrankheiten (Nervensystem)
Krebs ♋	Busen (Brüste)	Bauch (Magen), Darm, Leber	Magenbeschwerden (Verdauung), Anfälligkeit für Wassersucht
Löwe ♌	Brustkorb	Herz, Gehirn, Blut - kreislauf, Wirbelsäule	Herzleiden, hoher Blutdruck
Jungfrau ♍	Hintern	Eingeweide, (Dick-)Darm	Verdauungsschwierigkeiten
Waage ♎	Lenden	Niere, Eierstöcke, Uterus	Entzündungen der Nieren, der Harnleiter
Skorpion ♏	Nase	Sexualorgane, Blase, Anus	Infektion der Harnwege, der Geschlechtsorgane, Hämorrhoiden
Schütze ♐	Hüften, Oberschenkel	Milz, Galle	Alterskorpulenz, Brüche, Arthritis, Hüftleiden, Leberleiden
Steinbock ♑	Knie	Knochensystem, Wirbel, Pankreas (Schilddrüse)	Erkrankungen des Knochengerüsts (Arthrose), Rheumatismus, Erkältungen
Wassermann ♒	Unterschenkel, Waden, Fuß - knöchel, Fesseln	Sprunggelenk, Sehnen	Krämpfe, Zerrungen, Bänderriss (Meniskus, Achillesferse), unregelmäßige Zirkulation (Herz)
Fische ♓	Füße, Zehen	Lymphgefäße	Erkältungen, Übergewicht, Füße (Schwellungen, Deformationen)

Bei den *Gärten der Sympathie* handelt es sich um die ziemlich geradlinige Fortführung der Iatromathematik bis hin zur Alchemie. Die Vorstellungen vom Wirken der Glücksgöttin Fortuna und der Möglichkeit, sie zu korrumpieren, gab es jedoch schon lange vorher.

Bestimmte Steine (vor allem Edelsteine), Metalle, Stoffe, Pflanzen (vor allem Heilkräuter), Früchte, Blumen, Parfüms und Gewürze, Tiere – alles wurde unter dem Aspekt »Glück / Sympathie« erfasst und den Planeteneinflüssen unterstellt bzw. dem in einem bestimmten Tierkreiszeichen Geborenen anempfohlen. So entstanden persönliche Amulette und Talismane – und eine gehörige Portion Aberglauben.

Die Applizierung gegenteiliger Wirkstoffe galt nicht einfach als falsches Mittel am falschen Ort zur falschen Zeit, sondern als »Unglücksbringer«. Heute in West- und Zentralafrika gängige Schamanenpraktiken und ihre Voodoo-Nachfahren in Süd- und Mittelamerika haben sich offensichtlich dieses Wissen erhalten und es weiterentwickelt.

Die Idee, alles und jedes nach den Regeln der »Gärten der Sympathie«, der angenommenen bzw. ersehnten Harmonie mit den Gestirnen, anzuordnen, wurde zur Manie und führte zu den abenteuerlichsten Auswüchsen, beispielsweise in einer Darstellung eines Gastmahls, bei dem die

Planeten und deren Zuordnung zu Organen, Drüsen und Gesundheit nach anthroposophischer Lehre				
Planet	Symbol	Drüsen	Organe	Gesundheit
Saturn	♄	Hypophysen-vorderlappen	Milz	Erkältungen
Jupiter	♃	Hypophysen-hinterlappen	Leber	Apoplexie
Mars	♂	Solarplexus	Galle	Geschlechtskrankheiten bei Konjunktion mit Mond, Geisteskrankheiten (engl. »lunatic«, it. »lunatico«)
Sonne	☉	Thymusdrüse	Herz	Infarktgefahr
Merkur	☿	Schilddrüse	Lunge	Atembeschwerden
Venus	♀	Nebenschilddrüse	Nieren	Fieber
Mond	☽	Bauchspeicheldrüse	Geschlechts-organe (weibl.)	Koliken
Uranus	♅	Keimdrüsen		
Neptun	♆	Epiphyse (»drittes Auge«)		
Pluto	♇	noch unbekannte Drüsenfunktionen		

Speisen nicht nach kulinarischen, sondern nach planetarischen Gesichtspunkten ausgerichtet sind.

Zuordnung der Planeten zu den Lebensabschnitten des Menschen			
Planet	Symbol	Altersstufe	(Gemüts)-Säfte
Mond	☽	Säuglingsalter	phlegmatisch
Jupiter	♃	Kindheit	sanguinisch
Sonne	☉	Jugend	sanguinisch
Venus	♀	Mannesalter	phlegmatisch
Mars	♂	Reife	cholerisch
Merkur	☿	rüstiges Alter	phlegmatisch mit etwas cholerisch
Saturn	♄	Greisenalter	melancholisch

Zuordnung der Planeten zu den Embryonalstadien des Menschen			
Planet	Symbol	Phase	Alter
Saturn	♄	Befruchtung	1. Monat
Jupiter	♃	Atem und Verbindung mit dem Körper	2. Monat
Mars	♂	Blutbildung	3. Monat
Sonne	☉	»Anzünden des Lebensfeuers« (Seele)	4. Monat
Venus	♀	Geschlecht	5. Monat
Merkur	☿	Sinne	6. Monat
Mond	☽	Abschluss der Organausbildung	7. Monat
Saturn	♄	Abschluss der Gestaltausbildung	8. Monat
Jupiter	♃	Lebensfähigkeit	9. Monat

CHIROMANTIK UND TAROT

Die **Handlesekunst**, bis heute von Berufenen und Bluffern erfolgreich betrieben, war ursprünglich eng mit der Astrologie verbunden. Die einzelnen Finger und die Ballen der Hand (*Mondberg, Venushügel*) galten als bestimmten Planeten unterstellt. Mit Hilfe der *Chirologie*, die bis ins 18. Jahrhundert Lehrfach an den Universitäten war, wurden Zukunft und Charakter aus den Handlinien gedeutet. Die *Metopososkopie* zog für den gleichen Behuf die Stirnfalten zu Rate.

Beide Lehren beriefen sich auf die Tatsache, dass man bisher keine zwei Menschen fand, bei denen die Linienführung identisch war (wie bei Fingerabdrücken).

Der **Tarot** (auch *Tarock*) ist ein Kartenspiel aus 78 Karten, das heute vornehmlich divinatorisch benutzt wird. Es gibt 22 Trumpfkarten (*Große Arkana*), 16 Hofkarten (*Kleine Arkana*) – je Farbe 4 – sowie 40 Numeri (*Keulen / Schwerter / Dukaten / Pokale*) von 1 bis 10.

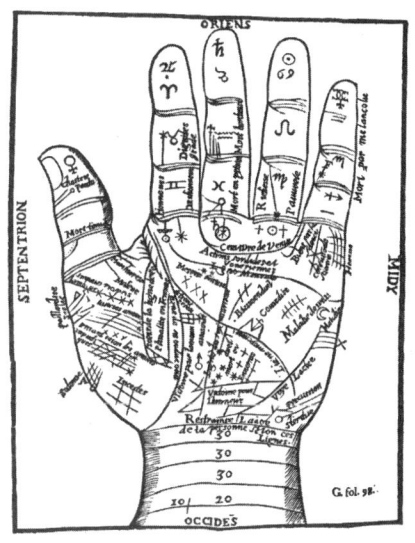

Darstellung nach Jean Baptiste Belot: »Instruktionen zur Erlernung der Handlesekunst« aus dem Jahre 1640.

Die 56 Karten von Kleiner Arkana und Numeri sind aufgeteilt in vier Farben, deren Hofkarten jeweils *Page, Ritter, Königin* und *König* darstellen. Im heute noch gebräuchlichen *französischen Beatt* sind es nur 52, weil Page und Ritter als Bube zusammengelegt wurden. Der Joker entstammt dem Narren der Großen Arkana. Die vier »Farben« symboli-sieren vermutlich die Stände des mittelalterlichen Feudalsystems: Pik (Schwerter) das Militär, Herz (Kelche) die Geistlichkeit, Karo (Dukaten) die Kaufleute und Kreuz (Keulen) das Bauernvolk. Ohne die Großen Arkana ist der Tarot in Mittelmeerländern (z. B. Italien = *Scopa*) als gewöhnliches Kartenspiel im Gebrauch.

Widder
IV. Kaiser:
Wille, Vernunft, Herrschaft,
Vorsehung

Stier
V. Papst:
Inspiration, Priestertum,
Führertum

Zwillinge
VI: Liebespaar:
Leidenschaft, Einheit,
Vereinigung

Krebs
VII. Triumphwagen:
Unabhängigkeit, Einsicht,
Triumph

Löwe
VIII. Gerechtigkeit:
Gleichmaß, Verantwor-
tungsbewusstsein

Jungfrau
IX. Einsiedler:
Weisheit, Vorsicht,
Klugheit

Die Großen Arkana decken sich zum Teil mit den Planeten, andere werden analog zu den zwölf Tierkreiszeichen gesehen.

Zum Wahrsagen werden die benutzten Karten (meist nur die Großen Arkana, selten alle) nach der Zufallsmethode in Häufchen aufgeteilt, von denen (nach Wahl) abgehoben wird. Dabei gibt es nach der Grundtheorie des Tarot keinen Zufall.

Der Ursprung des Tarot ist strittig. Der französische Okkultist Antoine Court de Gébelin (1725–1784) äußerte 1781 die These, dass die Wurzeln im Land der Pharaonen zu suchen seien. Er hatte mit »Königlicher Weg« auch gleich eine Übersetzung zur Hand – beachtlich, wenn man bedenkt, dass damals über die altägyptische Sprache noch nichts bekannt war, weil die Hieroglyphen noch nicht entschlüsselt worden waren. Doch so falsch lag er nicht, denn viele seiner Standesgenossen schrieben den Tarot dem Gott (der Weisheit) Thot zu.

Waage
XI. **Kraft:**
Stärke, Mut, Geduld,
Arbeit

Skorpion
XIII. **Tod:**
Dauer,
Wiedergeburt

Schütze
XIV. **Mäßigkeit:**
Maß, Keuschheit,
Sparsamkeit

Steinbock
XV. **Teufel:**
Krankheit, Gewaltsamkeit,
Brutalität

Wassermann
XVII. **Sterne:**
Hoffnung, Beredsamkeit,
Weg der Natur

Fische
XVIII. **Mond:**
Verrat, Feinde,
Gefahr

Der Kabbalist Eliphas Levi (Alphonse Louis Constant 1810–1875) hielt den Tarot für jüdisch; mehr esoterisch orientierte Magier leiteten den Namen von dem lateinischen *rota* (»Kreis«, »Rad«, s. *sacra rota*, der Gerichtshof des Vatikan) her und sahen im Kelch den heiligen Gral, dazu das Schwert Davids und die Lanze des Longinus. Wahrscheinlicher ist jedoch, dass der Tarot, basierend auf dem Mah-Jongg, aus China über die Seidenstraße nach Europa vordrang und eigentlich nicht der Wahrsagerei diente, sondern ein Gesellschafts- und Glücksspiel war. Als solches schätzte es bekanntlich auch Dr. Sigmund Freud (1856–1939).

Gegen Ende des 13. Jahrhunderts tauchte der Tarot in Marseille auf, und dann war sein Siegeszug durch das christliche Abendland nicht mehr aufzuhalten, wenngleich alle drei monotheistischen Religionen seine Benutzung verwarfen, besonders die Großen Arkana als frevelhaften Götzenkult verteufelten.

DIE KABBALA

Das Judentum stand der Sternendeutung nach der Zeitenwende ablehnend gegenüber, wie entsprechende Verbote im Alten Testament belegen. Im dritten Jahrhundert, als die Juden hellenistischen Einflüssen ausgesetzt waren, weichte diese starre Haltung auf. Im Mittelalter entstand mit der jüdischen Geheimlehre der Kabbala ein auch auf astrologischen Elementen aufbauendes, mystisch-magisches Gedankengerüst, das seitdem aus der Geschichte abendländischer Geheimlehren nicht mehr wegzudenken ist. Das orthodoxe Judentum lehnte diese Entwicklung allerdings schon damals ab und hat seine Meinung bis heute nicht geändert.

Im Laufe des 12. und 13. Jahrhunderts entwickelte sich die Kabbala als mystische Geheimlehre jüdischer Thora-Gelehrter in den meist noch vom Islam besetzten Gebieten Spaniens (El Andaluz) und, von Marseille ausgehend, in Südfrankreich (Okzitanien, Languedoc, Provence). Die beiden Hauptwerke, auf denen sie basierte, waren der *Sohar* und der *Bahir*, deren Anhänger sich erbittert befehdeten. Dies umso mehr, als nach dem Fall von Granada 1492 auch die Juden aus Spanien vertrieben wurden. Während der nachfolgenden Unterdrückung in der Diaspora arteten die Animositäten zu regelrechten Religionskriegen aus. Ursprünglich war die Kabbala u. a. aus der Vermischung (jüdischer) Gnostik mit neuplatonischen Elementen entstanden. Sie lehrte die Emanation, also den Ausfluss eines höchsten Urwesens der göttlichen Sphäre in die Welt, das Da-Sein der Seele *vor* Zeugung und Geburt.

Die Kabbala kennt die Seelenwanderung und basiert auf einem Zahlen- und Buchstabensystem von geheimnisvoller Bedeutung. Eine Verbindung zur Astrologie des Okzidents erfolgt durch die zehn Namen der Erscheinungsformen Gottes (*Sephiroth*). Sie werden mit den zehn Himmelssphären verbunden, die wiederum drei Elementarwelten (oder Zeiten), sieben Planeten (oder Wochentage) und zwölf Tierkreiszeichen (oder Monate) kennen. Diese Konstruktion entspricht den 22 Buchstaben des hebräischen Alphabets (s. a. die Großen Arkana des Tarot) und erlaubt die Erstellung eines kabbalistischen Horoskops.

Die kabbalistische Astrologie lehrt u. a., die Zeichen des hebräischen Alphabets am Sternenhimmel zu finden und so zu lesen, dass sie Botschaften bilden. Die Deutung solcher Omen war ohne profunde Kenntnis der heiligen Bücher nicht möglich.

Ihre Blüte erlebte die Kabbala in der Renaissance. Berühmte Eingeweihte waren der deutsche Arzt und Philosoph Agrippa von Nettesheim (Heinrich Cornelius, 1486–1535) und Pico della Mirandola (1463–1494). Großen Einfluss übte das Buch *Picatrix* aus, eine Sammlung von astrologisch-magischen Texten aus dem spanisch-arabischen Kulturkreis mit Abhandlungen über die Planeten, die Mondhäuser und den gesamten Zodiak.

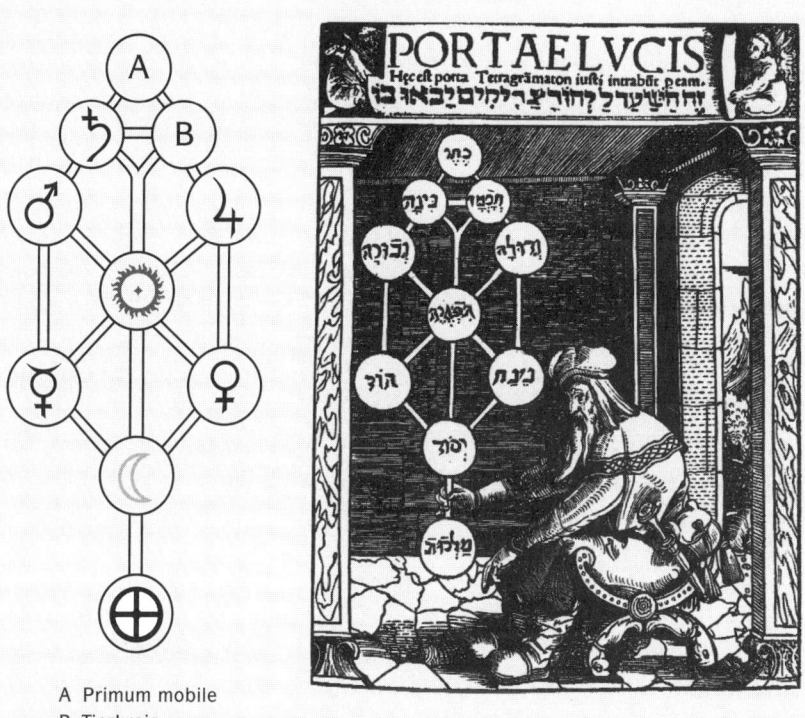

A Primum mobile
B Tierkreis

Der sefiriotische Baum. (Die Zahl Zehn als Grundlage des Weltgebäudes nach dem Buch Jezirah). »Tore des Lichts«, eine 1516 in Augsburg erschienene Teilübersetzung des »Schaare Hora« von Josef Gikatilla, spanischer Kabbalist (Ende 13. Jh.), zeigt den Einzug der Astrologie in die Welt der Kabbala.

DER STEIN DER WEISEN

Die einzigartige Rolle, die der Alchemie durch die Jahrhunderte hindurch in Europa zufiel, verdankte sie weniger dem wissenschaftlichen Anstrich, den sie sich immer wieder zu geben verstand, als vielmehr den bizarren Persönlichkeiten, die sich ihrer bedienten. Die Geschichte der Alchemie in all ihren Verästelungen kann und soll hier nicht abgehandelt werden. Zwei Protagonisten dieser »hermetischen Kunst« übten noch im 18. Jahrhundert auf ihre Zeitgenossen eine derartige Faszination aus, dass sie sich nur mit dem klassischen Satz erklären lässt: mundus vult decipi, ergo decipiamur! (»Die Welt will betrogen sein, also betrügen wir sie.«) Lassen wir sie pars pro toto für den gesamten Sektor dieses extremen Randgebietes der Astrologie stehen.

Die beiden sind der Graf Alessandro de Cagliostro (1743–1795, geboren als Giuseppe Balsamo auf Sizilien) und der Graf von Saint-Germain (geboren ca. 1710, Name und Herkunft unbekannt). Den Grafentitel haben sich beide wohl selbst zugelegt. Nachdem sie, jeder für sich, rasch einen beachtlichen Ruf erworben hatten, konnte es nicht ausbleiben, dass sie einander suchten und fanden. Auf Anhieb entstand eine echte Freundschaft. Die beiden unternahmen gemeinsam ausgedehnte Reisen und spielten sich – bei Geschäften und den Frauen – gegenseitig die Bälle zu.

Der ältere Graf Saint-Germain trat bevorzugt als geheimnisvoller, allwissender Diplomat auf, dem apokryphe Schriften aller verschollenen Kulturen zugänglich waren und der über Verbindungen zu den Spitzen mächtiger Geheimorden verfügte. Dieser Mischung aus Großmeister und Hohepriester gab er selbst den mysteriösen Namen *Althotas*. Als ausgewiesener Kenner okkulter Künste fiel es ihm leicht, sich den Anstrich des eingeweihten Magiers im Range eines Hermes Trismegistos zu geben. Sein Ruhm als Chiromant verschaffte ihm Zutritt zu allen Salons. Als (angeblicher) Geheimagent Frankreichs war er in allen europäischen Hafenstädten zu Hause, denn er wusste durchaus mit seinen Manieren, seiner exorbitanten Gelehrsamkeit und vor allem mit seinen rätselhaften Fähigkeiten zu beeindrucken, indem er sparsam mit ihnen umging. Seinen Erfolg verdankte er zweifellos der Kunst, sich einerseits rar zu machen, dann aber völlig überraschend und überzeugend quasi aus dem Nichts heraus mit größter Gelassenheit aufzutreten. Er galt bald als Phantom, und noch zu Lebzeiten bildeten sich zahlreiche Legenden um seine Person.

Cagliostro dagegen wurde vom Hochadel bis zu den Bankhäusern, eigentlich von allen gesellschaftlichen Kreisen geschätzt und hofiert. Medizinisch war er immerhin so gut ausgebildet, dass er als gefragter Arzt von Palermo aus an allen attraktiven Orten rund um das Mittelmeer tätig war. Seine Reisen führten ihn über Malta bis nach Persien und Ägypten. Seine daraus resultierenden Erfahrungen wusste er glänzend zu nutzen, wenn er an den Hof des Papstes zu Rom, nach Neapel, Paris, Venedig, zum Bei von Tunis oder an die Hohe Pforte gebeten wurde. Auch London und Salamanca blieben von ihm nicht verschont.

Cagliostro beherrschte so ziemlich alle Varianten des Spiritismus, zelebrierte Geisterbeschwörungen, braute Lebenselixiere und Liebestränke, betrieb hemmungslos Wahrsagerei und scheute auch nicht vor billigen Zaubertricks zurück. Seine astrologischen Kenntnisse hatte ihm sein großer Freund Saint-Germain beigebracht, den er tief verehrte und dessen Wissen über die Macht der Sterne er blendend einzusetzen verstand.

Doch seine eigentliche Leidenschaft galt der Alchemie. Cagliostros hypnotischer Charme, verstärkt durch die geheimnisvollen, ständig wechselnden Schönheiten an seiner Seite, öffnete ihm jede Tür. Obgleich er mit »Konsultationen«, orakelhaften Vorhersagen, der psychologisch geschickten Bestätigung der Wünsche seiner Klientel und wohlfeilen Rezepten recht ansehnliche Honorare verdiente, verfiel er immer wieder der Versuchung, sich als Alchemist zu beweisen. Seine angebliche Gabe, mit Hilfe der *Chymischen Hochzeit* aus wertlosem Metall pures Gold herzustellen, wurde ihm mehrfach fast zum Verhängnis. Die erwartungsvoll zahlenden Auftraggeber bezichtigten ihn der Unterschlagung. Doch seine nahezu unwiderstehliche Persönlichkeit half ihm immer wieder aus allerlei Verlegenheiten. Cagliostro gründete geheime orientalische Sekten mit stark erotischen Riten (er galt als äußerst potenter Liebhaber) und musste dann vor den Nachstellungen erboster Ehemänner flüchten. Oder er vollbrachte mirakulöse Wunderheilungen, deretwegen ihm wütende Erben an den Kragen wollten, oder enttäuschte, verhinderte Witwen, die sich zu früh dankbar gezeigt hatten. Schließlich legte er sich mit den Hofjuwelieren von Paris an. Angestiftet hatte ihn der Kardinal de Rohan, den er bei dieser Gelegenheit ebenfalls hereinlegte. Es ging um ein wertvolles Diamanthalsband, und da verstanden die Betrogenen, um

Das »Opus magnum«, das Große Werk der Alchemie, der »Mons adepti« mit
dem Tempel der Weisen in seinem Innern, in dem die »Chymische Hochzeit«
stattfindet. Oben stehen die Planeten (auf der Spitze das Kind Merkur, als Hermes
Trismegistos Schirmherr der Alchemie), im Hintergrund der Kreis des Zodiak,
in den Ecken die vier aristotelischen Elemente.

ihren Ruf bei Hof besorgt, keinen Spaß. Cagliostro landete in der Bastille und hätte sicher ein schlimmes Ende genommen, wenn nicht sein Anwalt (Saint-Germain) den Kardinal bewogen hätte, wider besseres Wissen die Unschuld des Inhaftierten zu bezeugen.

Nachdem ihm der Boden in Frankreich zu heiß geworden war, floh Cagliostro nach Rom. Auch hier konnte er es nicht lassen, sich in Schwierigkeiten zu bringen. Er gründete einen weiteren Geheimorden, den er auf Anraten eines sizilianischen Geldverleihers *Große Loge von Sion* nannte, und nahm in einem prunkvollen Palast Sitz auf dem Aventin. Das brachte die Kirche gegen ihn auf. Ohne viel Federlesens verhafteten ihn die Häscher der Inquisition. Da er über die Hintermänner seiner als häretisch angesehenen Loge nichts auszusagen wusste, ließ man ihm noch die Zeit, seine Memoiren abzufassen, in denen er sich dankbar seines großen Freundes und Lehrmeisters erinnerte und dessen Geschick pries (wahrscheinlich hoffte er bis zuletzt, dass Saint-Germain ihm aus der Patsche helfen würde). Doch nach Ablauf der Frist wurde der uneinsichtige Sünder in aller Stille gehenkt.

Über das Ende des Grafen von Saint-Germain, den man das letzte Mal beim Sturm auf die Bastille in der aufgebrachten Menge gesehen haben will, ist nichts bekannt. Deshalb gilt er keineswegs als verblichen. Man traute es ihm ohne Weiteres zu, das Elixier des ewigen Lebens entdeckt zu haben. Und so geistert der Graf von Saint-Germain weiter durch die Geschichte und die Literatur. Umberto Eco war von ihm so angetan, dass er ihn in *Das Pendel des Foucault* auftreten ließ.

MAGISCHE DREIECKE UND QUADRATE

Zu Beginn dieser Einführung wurden die verschiedenen üblichen Aufteilungskriterien des Tierkreises vorgestellt, ohne dass näher auf die Hintergründe, Theorien und zugewiesenen Gehalte eingegangen wurde, die zu solchen Kriterien der Unterscheidung geführt haben. Sie sind der Gedankenwelt der Melothesie teilweise recht nahe. Solange man ihnen mit der gebotenen kritischen Distanz begegnet, bereichern sie das Erscheinungsbild der Astrologie, regen zu Überlegung und Überprüfung an. Es handelt sich um eine »andere« Sicht der Einteilung des Tierkreises nach Elementen.

Die Dreiecke des Naturells

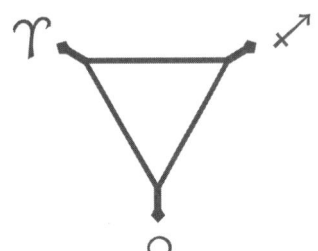

Dreieck des Lebens,
auch *vitales Triangel* genannt.
Allen Feuer-Zeichen ist gemeinsam:
Kraft, Energie, extrovertierte Aktivität,
Herrschaftsdenken, Machtausübung
Temperament: Choleriker

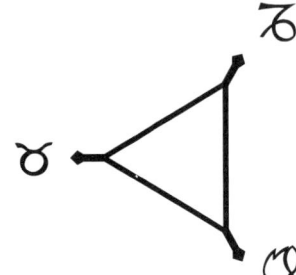

Dreieck der Tätigkeit,
auch *temporales Triangel* genannt.
Allen Erd-Zeichen ist gemeinsam:
Sinn für Erwerb und Besitz, Reputation
und Selbstdarstellung, Vorsicht und
eine gewisse Schwerfälligkeit
Temperament: Melancholiker

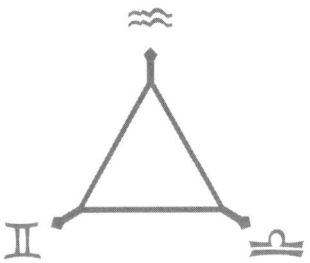

Dreieck der Beziehungen,
auch *relatives Triangel* genannt.
Allen Luft-Zeichen ist gemeinsam:
Kontaktfreudigkeit, Sinn für gesellschaftliche Verhältnisse, Intelligenz und Leichtigkeit im Umgang mit der Umwelt
Temperament:
Sanguiniker

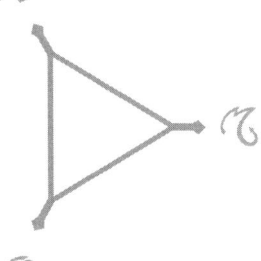

Dreieck des Endes,
auch *finales Triangel* genannt.
Allen Wasser-Zeichen ist gemeinsam:
Gefühlsbetonung, Phantasie, intuitives
Handeln, Passivität, Introvertiertheit,
Sensibilität, Schüchternheit
Temperament: Phlegmatiker

Die Namensgebung der Triangel hält sich an die des Astrologen Francis Baily, nach dessen These der Tierkreis auch ein Abbild des Lebens ist: von Geburt/Lebenskraft (vital) über Erwerb/Besitz (temporal), Fähigkeiten/Beziehungen (relativ) bis zu Bewusstseinsübergang/Tod (final).

Auch die Einteilung des Tierkreises nach dem Charakter erfährt eine zusätzliche, weiter gehende Begründung und »Vertiefung«.

Die Quadrate des Charakters

Quadrat des Fortschritts
im Sinne von Progress, Richtungsweiser, Indikator, Lebensaussichten, Chancen, Entwicklung, Streben, in Bewegung setzen, Führung, Verantwortung. Diese Zeichen werden auch *kardinal* oder *Eckhäuser* genannt.

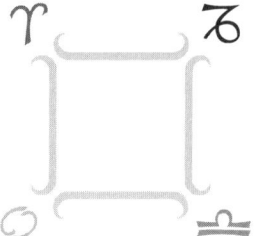

Quadrat des weltlichen Besitzes
im Sinne von akkumulativem Erwerb und possessivem Beharren, Festigkeit, Erfolgsaussichten, Erbe, Verwaltung, Spekulation, Ausbeutung, Profit, Verdienst. Diese Zeichen werden auch *stabil* oder *nachfolgende Häuser* genannt.

Quadrat der Arbeit
im Sinne von physischer Anstrengung, Mühsal, intellektueller Tätigkeit, in Bewegung gesetzt werden, widrige Umstände, Lernprozess, (Lohn-)Abhängigkeit, Fron, Unsicherheit, Prüfungen, Lebensende. Diese Zeichen werden auch *mobil* oder *abfallende Häuser* genannt.

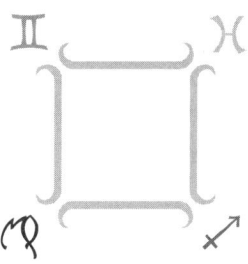

Während sich diese Spezifizierungen in das System des Tierkreises und seine so überraschend klare wie nachvollziehbare Logik eingliedern lassen, gilt dies für einen weiteren, unnötigen Auswuchs der Melothesie bzw. der Iatromathematik *nicht*:

DIE TEMPERAMENTE

Bei der Untersuchung der Tierkreiszeichen auf ihren mythologischen Ursprung hin fällt auf, dass in fast allen Fällen die Prinzipien der sie beeinflussenden Planetengötter oder gar diese in persona in Erscheinung treten. Daneben ist keine Entsprechung von wirklicher Bedeutung, es sei denn die graduierte (Charakter)-Zuordnung zum Kreuz der vier aristotelischen Elemente. Dazu sei nochmals in Erinnerung gerufen, dass Feuer als warm/trocken gilt, Wasser als kalt/feucht, die Mischformen Erde als kalt/trocken und Luft als warm/feucht.

Das Problem dieser Division des Tierkreises als Ganzes in vier Elementar-Blöcke ergibt sich aus der unüblichen Reihenfolge Luft, Feuer, Erde, Wasser.

Die damit kurz vorgeführte Variante soll in den vier Jahreszeiten Frühling, Sommer, Herbst, Winter ihre Rechtfertigung finden.

Wendet man die iatromathematischen Regeln an, weisen diese Temperamente auf folgende Eigenschaften hin: unruhig/aktiv, fest/aktiv, unruhig/passiv, fest/passiv. Bezogen auf Francis Bailys Triangel des Naturells ergeben sie die bekannte Klassifizierung in Sanguiniker, Melancholiker, Choleriker, Phlegmatiker.

Der Versuch, eine derartige Verteilung von Gemütsverfassungen über die vier Jahreszeiten und unter Heranziehung der aristotelischen Elemente vorzunehmen, ist schon im Ansatz fragwürdig. Außerdem verläuft hier (s. nebenstehende Abb.) der Tierkreis völlig unüblich im Uhrzeigersinn. Von der klassischen Astrologie werden diese »Temperamente« mit Recht ignoriert.

Vermeintlich seriöse Astrologen machen es sich heute allzu leicht damit, den gesamten hier geschilderten Komplex als Humbug abzutun.

Gewiss handelt es sich im Sinne der klassischen Astrologie um Randgebiete. Doch das war mehr als tausend Jahre lang nicht so.

Sie enthalten einen von Generationen gesammelten Erfahrungsschatz, den es sich vielleicht zu heben lohnt. Voraussetzung dafür ist allerdings eine intensive Beschäftigung mit der Materie, ein grundlegendes Basiswissen – und die Fähigkeit, »in den Sternen zu lesen«.

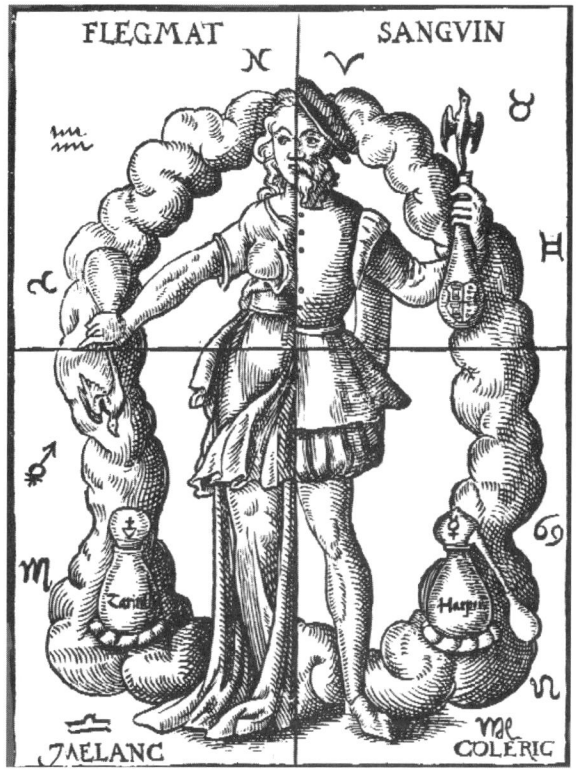

Die Kombination von Alchemie mit der Astrologie gerät
immer dann fragwürdig, wenn sie ihre Vorstellungen den
Gesetzen der Lehre vom Wirken der Sterne aufzuzwingen
versucht. Diesem »Gemütsmenschen« ist weder der
Tierkreis in seiner Laufrichtung korrekt beigegeben
noch entsprechen die vier jahreszeitlichen Sektoren
den Charaktervorgaben der Zeichen.

Der Chinesische Zodiak

Die Astrologie Chinas stellt ein äußerst komplexes System dar, das sich im Laufe von Jahrtausenden völlig unabhängig von der babylonischen Sterndeutung entwickelte. Seine Ausläufer fanden schon aufgrund der fast hermetischen Abschottung des Reiches der Mitte erst relativ spät Eingang in die okkulte Astrologie (s. Tarot). In der Iatromathematik und der Melothesie gab es im ausgehenden Mittelalter aufgrund des hohen Niveaus chinesischer Heilkunde durchaus Berührungspunkte, d. h. Beeinflussungen, wie immer von Ost nach West. Im Folgenden sei das duale System von Yin (weiblich) und Yang (männlich) in aller Kürze zum Vergleich mit der Astrologie des Okzidents zusammengefasst:

Die Zahl Fünf genießt hier eine Vormachtstellung, nach der (fast) alles eingeteilt wird. Zu den bekannten aristotelischen Elementen tritt noch das Holz hinzu. Der Himmel setzt sich aus Sonne, Mond, Erde, Sterne (Planeten) und Konstellationen (entsprechen in etwa den Tierkreiszeichen) zusammen. Diese Tierfiguren, auch irdische Stämme genannt (zwölf an der Zahl), verteilen sich nicht nur über den Zeitraum eines Jahres, vergleichbar den Monaten, sondern auch über den von zwölf Jahren, sodass jedes Jahr unter einem anderen Zeichen steht. Die fünf Elemente hingegen werden für je zwei Jahre an eine Tierfigur gebunden, sodass sie sich erst nach zehn Jahren wiederholen. Damit ist ein permanenter Wechsel in den Kombinationen vorprogrammiert.

Außerdem regiert jede Figur zwei Stunden am Tag, angefangen mit der Ratte um elf Uhr abends und endend mit dem Schwein. Die Geburtsstunde spielt für das chinesische Horoskop eine ähnlich wichtige Rolle wie der Aszendent im westlichen System. Vergleichbar variabel gestaltet sich der chinesische Kalender. Da er sich nach Mondphasen richtet, müssen ständig Schaltungen vorgenommen werden; wenig praktisch für einen Produktionsbetrieb, dafür gesellschaftlich umso spannender. Es gibt Jahre, in denen das Neujahrsfest ganz ausfällt (blinde Jahre), was als ungünstig für den Abschluss von Ehen und Geschäften angesehen wird. Dafür kommen auch Jahre mit gleich zwei Neujahrsfesten vor, und das gilt als besonders glückbringend.

Die Tierfiguren sind, wie im System des Abendlandes, in regelmäßigem Wechsel Yin und Yang zugeordnet, doch wird im chinesischen System auf die Nachbarschaft größten Wert gelegt. Es gibt unvereinbare Partnerschaften und positive Paarkonstellationen. Das Gleiche gilt für die Planeten, wobei Sonne, Jupiter, Saturn und Mars als Yang angesehen werden, Mond, Venus und Merkur als Yin.

IX

DIE SYMBOLIK DER ZEICHEN

Vom Wesen
der Grossen Lichter

Wie schon die Tierkreiszeichen, so werden auch die übergeordneten Planeten bezüglich Charakter und Natur von den Astrologen höchst unterschiedlich bewertet. Für eine möglichst umfassende, übersichtliche und verständliche Einordnung bieten sich die der Dualsymbolik entlehnten Begriffe *solare* (feurige) oder *lunare* (wässrige) Wesen an, die auch die Erde miteinbeziehen. Diese Unterscheidung in Feuer- und Wasser-Planeten bezieht sich nicht auf die Beschaffenheit der Himmelskörper, sondern auf den Typ des Einflusses, der ihnen zugeschrieben wird. Zur Erinnerung: In der Zeit des Ptolemäus galt die Erde als Mittelpunkt des Universums. Alle Gestirne um sie herum wurden, sofern sie sich bewegten, Planeten genannt, so auch Sonne und Mond. Mit Merkur, Venus, Mars, Jupiter und Saturn stellen sie die »klassischen« sieben Planeten.

Von diesen beiden Grundbegriffen gehen alle übrigen Einteilungen und Zuschreibungen aus. Der Sonne und damit dem Solaren wurde im Zuge der fortschreitenden Modernisierung der Astrologie eine immer umfassendere Rolle zugewiesen, während die Psychoanalyse auf mehr Beachtung des Lunaren drängt. Die Planeten unterscheiden sich nach einem der Symbolik entlehnten Begriff entsprechend ihrem Wesen nach Sonnen/Feuer- und nach Mond/Wasser-Zugehörigkeit, also nach

solar   ·   *lunar*

Die Sonne in der linken unteren Ecke   und der Mond in der rechten unteren Ecke
der nachfolgenden Planetensymbole weisen auf die Zuordnung hin.

Der Kern im Kreis des Sonnensymbols weist auf die in ihr verborgene Energie hin. Sie findet sich in gewissen Darstellungen des Uranus wieder, manifestiert sich ebenfalls, wie in der späteren Version des Mars, als nach außen dringender Pfeil. Die Sichel des Mondes steht (in der Waagerechten) ebenso für die empfängliche Schale, das Gefäß, wie es – teilweise verdeckt – von Merkur, Neptun, Pluto (in der alten Form) dargeboten wird. Mit eindeutiger Mondsichel präsentieren sich hingegen Jupiter und Saturn.

Der **Merkur** ist nach Ptolemäus variablen Geschlechts, nach Baily solar in einem männlichen und lunar in einem weiblichen Zeichen. Er ist auf jeden Fall Sonne wie Mond gegenüber vermittelnd eingestellt, also solar wie lunar (positiv).

Die **Venus** gilt zwar als personifizierte Weiblichkeit (was auf eine Mondbeziehung deuten würde), doch von ihrer Natur und Symbolik her gilt die Frau Nachbarin als sonnig und wird solar eingestuft.

Das trifft auch auf die **Erde** (*Terra*) als *Planet* zu, eine Rolle, die sie nur in der Astronomie einnimmt. Als Element wird »Erde« weiblich gewertet, als Planet des Sonnensystems jedoch dem Solaren zugeordnet.

Dem **Mars** wird eine explizit männliche, aggressive Haltung zugeschrieben, doch resultiert diese vornehmlich aus seiner doppelten Verneinung, der Feindseligkeit gegenüber Solarem wie Lunarem. Also beides (negativ).

Der **Jupiter** ist trotz aller Attribute des Herrschers in seinem Wesen lunar. Der Mond allein regiert sein Zeichen und hält die Erinnerung an sein feuchtes Nachtreich wach.

So ist es auch bei dem »alten Herrn« bestellt – dem **Saturn** kommt keine Sonne ins Haus, seit er sich von seinem windigen Tagdomizil getrennt hat; lunar.

Der **Uranus** hat zwar den Hang zum Charakterumschlag, jedoch nie zum Mond hin. Seine geballte Kraft ist solarer Natur.

Neptun hat von seinem Bruder ein Wasserreich als Lehen erhalten und dessen lunaren Charakter weiter vertieft.

Pluto hält sich aus dieser Zuteilungswirtschaft heraus. Man hat ihm kein Haus zugeteilt, und er gibt keine Auskunft über sich. Ins Dunkel gehüllt und ohnehin nur alle 260 Jahre vorbeischauend, hat er, Furcht verbreitend, bislang alle Neugier zurückgewiesen.

Die Bestimmung des **Wesens der Planeten** ist für die Astrologie von relativer Bedeutung. Durch alle Zeiten hindurch tauchen die verschiedensten Einteilungskategorien auf – von *elektrisch* oder *magnetisch* oder *konvertibel* (ein typischer Denkansatz des 19. Jahrhunderts), *fruchtbar* oder *unfruchtbar* (wobei hier die gängigen Synonyme für männlich / weiblich geradezu auf den Kopf gestellt werden) bis *Wohl-* oder *Übel - täter* und schließlich *solar* oder *lunar.*

Die Entscheidung für die letztere Art grundsätzlicher Bipolarität bot sich an, zumal sich dafür auch Indizien aus den Symbolen herleiten lassen. Doch sollte jedem, der sich mit der Problematik einer klaren Zweiteilung befasst, bewusst sein, dass die Astrologie zwar auf einem dualistischen System fußt, dessen Handhabung jedoch mehr nach dem Yin-Yang-Prinzip praktiziert wird.

Dazu kommt eine reziproke Wirkung aus den »beherrschten« Tierkreiszeichen, die wiederum einen Teil ihrer Eigenschaften aus der Zugehörigkeit zu einem Element oder ihrem Charakter beziehen; zwar sind dies beides Einteilungen, die auf die Urformel solar / lunar reduzierbar sind, doch sie hinterlassen Spuren.

Es sei daran erinnert, dass die Beschreibung der Elemente das Feuer als trocken / heiß ausweist und das Wasser als feucht / kalt. Da aber Luft als männlich gilt und Erde als weiblich, sind hier weitere Präjudizien gesetzt.

Bei der **Charaktereinteilung** kann man die Kardinalen als übergeordnet, d. h. neutral annehmen, die Stabilen als männlich und die Mobilen als weiblich – also auch hier Indizien in Richtung solar / lunar. Nicht zu verwechseln sind diese Zuordnungen mit Ende des 19. Jahrhunderts zeitweise in Mode gekommenen Begriffen wie *aktiv* und *passiv*, denn hier gilt Ersteres als männlich und Letzteres als weiblich.

Außerdem ist beim Umgang mit der Symbolik zu beachten, dass das schnelle Schreiben der Zeichen teilweise Kürzel hervorgebracht hat, die heute zu irreführenden Rückschlüssen Anlass geben. Deshalb ist es notwendig, manche Symbole auf ihre ursprüngliche Aussageform zurück - zuführen.

Es gibt Zeichen, die für Ambiguität stehen. Doch das heißt noch lange nicht, dass andere nicht die ihrige verbergen. Immer existieren auch Anzeichen für die entgegengesetzte Möglichkeit (s. »Verborgene Kontraste« im nachfolgenden Kapitel »Die Genealogie der Zeichen«).

Alles in allem ist über die Symbolik in der Astrologie zu sagen, dass sie keineswegs nur ein heraldisches Kürzel darstellt, sondern gleichermaßen kraft des verwandten Signets reziprok auf das symbolisierte Prinzip wirkt. Mutwillige, unbedachte oder nachlässige Veränderungen eines Symbols schlagen auf den Charakter eines Zeichens zurück (s. Mars), verfälschen ihn (s. Uranus) oder vertuschen seinen Ursprung (s. Pluto), wie im Folgenden dargestellt.

Bei der **Symbolik** ist von drei Phasen des Entstehens auszugehen:

1. Die gekerbte oder geritzte Urfassung, die schon aus Gründen der beschränkten und mühseligen Technik einfachste Zeichen bevorzugte, die dennoch die fundamentalen Bedeutungen bzw. Unterscheidungen aufzeigen mussten (Kreis, Halbkreis, Doppellinie und Kreuz).

2. Mit dem Aufkommen des Schreibens mit Federkiel auf Pergament ergab sich auch der Zwang zur geschwinden Darstellung. Die exakte Urform wurde teilweise vernachlässigt oder fiel schwungvollen Auf- und Abstrichen, Schnörkeln oder gar bequemen Vereinfachungen zum Opfer.

3. Mit Einführung des Druckens wurde dann nicht mehr auf die verlorene und vergessene Urform der Symbole zurückgegriffen, sondern auf die Zeichen, die sich in den (inzwischen mehrfach kopierten) Manuskripten fanden. Sie verfestigten sich im Laufe von Jahrhunderten teils nach kalligraphischen Gesichtspunkten, teils wurden sie nach den persönlichen Auffassungen der jeweiligen Astrologen »gestaltet«, bis sie sich mit einer bestimmten Darstellungsart mehrheitlich und damit allgemein verbindlich durchsetzten.

DIE GENEALOGIE DER ZEICHEN

Alle Planetenzeichen sind im Prinzip aus drei Grundsymbolen gestaltet:

der Kreis	*die Sichel*	*das Kreuz*

der Sonne *Geist, Verstand*	*des Mondes* *Seele, Gemüt*	*der Elemente* *Materie, Körper*

Venus

Von den nachfolgenden Planeten sind die näheren (minoren) die Kombination von Kreis und Kreuz. Diese Formgebung findet im Zeichen für die Erde die höchste Vollendung.

Mars

Von den klassischen Planeten beansprucht nur der Merkur alle drei Symbolformen für sich.

Jupiter

Die entfernteren (majoren) begnügen sich wieder mit einer Kombination von Mondsichel und Kreuz.

Saturn

Uranus

Die so genannten teleskopischen Planeten sind Kombinationen der Grundsymbole Kreis / Sichel bzw. Schale / Kreuz. Das Gleiche gilt für Pluto, so man ihm das angemessene Symbol zurückerstattet. Ansonsten bezieht er sein Zeichen aus der Elementarsymbolik der Chemie.

Neptun

OPPOSITION UND AUSGLEICH

Sonne und Mond sind die beiden (dualistischen) Eckpfeiler des gesamten astrologischen Systems, das Herrscherpaar.

Sonne

Symbol: der Kreis mit Zentralpunkt, so wie sie im Mittagsstand zur höchsten Entfaltung gelangt. In sich selbst ruhend, ausstrahlend, gebend.

Ihre feurige Energie bezieht sie aus sich selbst, aus dem glühenden Kern im Innern ihres Strahlenkranzes.

Die Beziehung zu ihrem festen Domizil, dem **Löwen**, ist klar und einleuchtend: die **Doppelsonne**, denn was wie eine Hieroglyphe des Wüstenkönigs erscheint, ist nichts anderes als die festgeschriebene Folge von zwei flüchtig hingeworfenen Kringeln.

Mond

Symbol: meist die Sichel des zunehmenden oder abnehmenden Gestirns, aber auch die Schale. Von Einwirkungen abhängig, je nach Sicht halb offen oder halb geschlossen, wandelbar, empfangend. Der Halbkreis, das offene, Wasser umfassende Gefäß ist die Grundidee lunaren Wesens.

Sein kardinales Zeichen, der **Krebs**, ist ebenfalls eine Verdoppelung: die »Sixty-nine«-Schreibweise ist kein verschämtes Liebesspiel, sondern gleichfalls ein Kursiv-Schnörkel für zwei einander zugewandte Mondsicheln: den **Doppelmond**.

Schlecht beraten wäre der, der in dem Symbol die Zangen des Schalentieres sähe, zumal es vom ägyptischen Mistkäfer Skarabäus hergeleitet wird.

Merkur

Sein äußerlich so symmetrisch-harmonisches Zeichen täuscht. Es birgt die Gefahr, sich *nicht* entscheiden zu können, Launen über den Intellekt zu stellen, beides zusammen über die Realität der Materie. Der Geist im Widerstreit zwischen Seele und Körper. Das Wesen des Merkur ist ambigue solar/lunar (beides positiv).

 **Zwillinge**, der Ausdruck seiner Janus-köpfigen Doppelgesichtigkeit, sein stabiles, männliches Tag- und Luft-Haus, die zwei stämmigen Säulen des Tempels der Dioskuren, Symbol vergöttlichter Männerliebe oder die schlichte römische Ziffer für »Zwei«.

 Die **Jungfrau** liest sich wie die in bekannter Skribentenmanier durch dekorative Auf- und Abstriche eingeleitete Majuskel des Buchstabens »π« für lat. *puella*, »Mädchen«. Eine solche Deutung würde eine Entstehung neueren (römischen) Datums implizieren. Zwar heißt die Jungfrau im Griechischen *Parthenos* (man achte auf die männliche Endung!), aber geschrieben würde das mit »P«; eine nur schwer herauslesbare Verformung.
Doch ist das Zeichen bekanntlich älter, stammt aus babylonischer Zeit, wo es übrigens *ab sin* heißt, zu deutsch: »die Furche«. So gibt es auch eine Schreibart, die eventuell den Rückschluss zulässt, das archaische Symbol für die junge Frau im Tierkreis habe einst ganz schlicht wie folgt ausgesehen:

mögliche Urform des
Zeichens der »Jungfrau«

und alles andere sei Beiwerk, Verformung, wie sie der Lauf der Zeit (und das Vergessen des Ursprungs) mit sich bringen. Allerdings lassen sich auch aus dieser Form wieder ein zur Linse gepresster Sonnenkreis und/oder zwei (gekreuzte) Mondsicheln herauslesen. Doch selbst damit wäre zu einer dem Merkur gemäßen, symmetrisch-harmonischen Prägung zurückgefunden.
Die figürliche Gestaltung berücksichtigt wieder diese Urform.

vermutliche Entwicklung
(Schriftform) des
Zeichens »Jungfrau«

Venus

Wer bei Venus, der Göttin der Liebe, Gefühlsduselei vermutet, verkennt ihren Charakter. Das Elementar-Kreuz ist harmonisch dem Kreis unterstellt – der Geist triumphiert über die Materie. Solide Basis für intellektuelle Winkelzüge oder mäzenatische Liebe zu geistvollen Zirkeln.

Stier als festes Nachthaus, ob erdhaft-archaisches Tauro-Piktogramm oder Hinweis auf die Wasser-Komponente der Göttin (Mondsichel über Sonnenkreis: *Europa*, auf dem Stier durch die Fluten getragen). Auf jeden Fall ein Zeichen, das dem Verstand und Kunstsinn seiner Herrin entspricht.

Waage als kardinales Tagesdomizil, ausgleichend zur Symmetrie hin, aber doch von der typischen Doppelgesichtigkeit aller Luft-Zeichen – nervös auf feinste Schwankungen reagierend. Ob das Instrument der Gerechtigkeit zwischen Ware und Preis die Herrin daran erinnert, dass hier eigentlich eine andere Göttin die Herrschaft antreten sollte, ist bei der abgebrühten Frau Venus allerdings die Frage.

Schließlich war es kaum ihre Schuld, dass die kluge und streitbare Pallas Athene nicht zu Domizilehren kam. Aphrodite hätte das kräftige Fell des Stiers als Nachtlager genügt, der babylonische Name *zibanitu* (»Horn«) wies noch darauf hin.

Der griechische Name *Zugon* (»das Joch«) schließt sich schlüssiger als die spätere Form der römischen *libra* an die eigentliche Herkunft an.

Damit erklärt sich auch, überzeugender als die lateinische In - terpretation, der Symbolgehalt des Zeichens.

Das Wesen der Venus ist solar.

Mars

Ursprünglich trug der Kriegsgott ein Kreuz über dem Kreis (Materie über den Geist gestellt). Dessen spätere, dissonante Verformung zum aggressiven Pfeil entspricht der Prädominanz des Instinktes gegenüber dem Intellekt. Schwankend zwischen sprudelnder Vitalität und tiefer Depression, versteht sich Mars weder mit Sonne noch mit Mond.

Ganz gleich, ob sein kardinales Feuer-Zeichen **Widder** aus der vereinfachten Form des Gehörns des Tieres entstand oder als Symbol für den spaltenden Donnerkeil, es ist ein ebenso gegen sich selbst wie gegen Feinde gerichteter Ausdruck bockiger Energie und zerstörerischer Potenz.

Die Schreibweise seines Nachthauses **Skorpion** (ähnlich ein-geleitet wie beim Zeichen Jungfrau) birgt auf den ersten Blick eine Bedrohung – und zwar für ihn selbst. Wenn der benachbarte Pfeil des Schützen klar und gradlinig nach außen strebt, ist der des stabilen Wasser-Zeichens introvers gekrümmt:

vermutliche Entwicklung
(Schriftform) des Zeichens
»Skorpion«

Wenige mag dies noch an das nahe gelegene Zeichen Adler erinnern, das sich einige inspirierte Urchristen für den Evangelisten Johannes an dieser Stelle wünschten. Ob nun der Blitz aus den Krallen des Greifvogels niederfährt oder der Stich durch den Schwanz des Skorpions auf gewalttätigen Sexus hinweist, der dem Zeichen innewohnt, auf jeden Fall ist hier die Gefährlichkeit der Nachtkomponente des Mars bildhaft dargestellt. Das Wesen des Mars ist solar/lunar (beides negativ).

♀ OFFENE GEGNERSCHAFT

Venus und *Mars* tragen stellvertretend den Geschlechterkampf, wenn nicht den Krieg aus, den sich das Herrscherpaar Mond / Sonne als übergeordnete Wesen versagen. Wie wir aus der Mythologie wissen, war Venus-Ishtar eine wesentlich ältere Gottheit als ihre nächste Planetenumgebung. Ihre größte Machtposition (zu Zeiten des Matriarchats vor vier- bis sechstausend Jahren) stand unter dem Zeichen des Tauros, dem Kult des Stiers.

Ein Teil der Mars-Venus-Aggressivität erklärt sich aus den Ablösungskämpfen. *Das Goldene Vlies* wurde Symbol der aufkommenden königlich-männlichen Ära. In dieser Epoche (ca. 2500 v. Chr.) fand auch der *Zodiakos Kyklos* seine heutige Form. Nicht umsonst wurde der Widder an den Anfang des Sonnenumlaufs gestellt. Berüchtigt wurden in der Folge seine Auseinandersetzungen mit der diametralen Waage der Venus.

Der antiken Polarität in der Symbolik wie im Mythos (Ares war tatsächlich eifersüchtiger Geliebter der Aphrodite) sind auch die heute oft verwendeten (und politisierten) Mann / Frau-Piktogramme entlehnt.

Der Mars trug ursprünglich das Kreuz der Elemente, über den Sonnenkreis gestellt – und damit auf die ausgeglichene, gleichberechtigte Polarität zur Venus hinweisend. Die Verformung in einen diagonal-wegstrebenden Pfeil betont zwar nun die Aggressivität, aber auch eine Selbstflucht. Das Zeichen wurde in sich disharmonisch; mit den Folgen hat sich der Träger herumzuschlagen.

Dass das Erektionsgehabe des Rammbocks heute noch als Symbol für Sexualität verstanden wird, liegt daran, dass die Menschheit – was den Macho betrifft – das Zeitalter des Widders noch immer nicht ganz hinter sich gelassen hat, von den sublimen Fischen letztlich *nicht* das Wesentliche, die Botschaft der Liebe, angenommen hat – und vom Zeitalter des Aquarius immer noch einige Jahrhunderte entfernt ist. Die eigentliche Auseinandersetzung mit der Sexualität von Venus und Mars findet in der Symbolik der ihnen zugeordneten, benachbarten bzw. diametral gegenüberstehenden Tierkreiszeichen statt. Im Widder stellt Mars seine Macho-Qualitäten zur Schau, doch die Penetration findet im Skorpion statt. Im Stier ist die Venus ganz Frau – für die Mutterschaft steht klar der Krebs, das Mondzeichen – doch die verborgene Vaginalsymbolik der Jungfrau wird nicht von der Venus, sondern vom Merkur beherrscht, geschützt.

Zwischen ihrer Welt der reinen Virginität (samt hermetischer Verschlossenheit) und der bedrohlichen Skorpion / Mars-Allianz liegt die Waage, das Taghaus der Venus, ausgleichend, auffangend, gleichsam das Joch männlicher Aggression tragend (s. die Auseinandersetzung mit dem diametralen Widder). Also ein feines Beziehungsgespinst, in dem sich die Venus / Mars-Opposition (wie auch ihre gegenseitige Attraktion) verfängt wie im Netz des He-phaistos, doch offenbar wird dies erst in der Symbolik der Zeichen.

Diese traditionelle Opposition führte dazu, dass sich – wenn man will – besonders bei den »nahen« Planeten in den Tag- bzw. Nachthäusern sowohl eine konträre Symbolik vermuten lässt wie auch eine spiegelbildliche Umkehrung der Zeichen.

Venus kredenzt Mars einen Trunk.
Stich aus Jost Ammaus »Kunstbüchlin«, 1599.

VERBORGENE KONTRASTE

Wie schon zuvor angedeutet, bergen die vermeintlich eindeutigen Aussagen zum Charakter und Wesen der Zeichen immer auch die Möglichkeit zum Umschlag in das völlige Gegenteil. Bekannt ist die Überforderung im Wirken durch Verdopplung. So muss ein Tierkreiszeichen Löwe mit Aszendent Löwe durchaus nicht das höchste Glück auf Erden bedeuten, sondern kann zu Verbrennungen führen – so wie doppelte Fische der Schwermut näher sind als der kreativen Phantasie.

Zum anderen sichern sich die meisten Zeichen gegen unerträgliche Konsequenz ab, durch heimliche, oft gut versteckte Bestandteile bzw. Grundstrukturen, die im absoluten Widerspruch zu ihrem Erscheinungsbild stehen können. Solche Widersprüchlichkeiten sind meist nur zu entdecken, wenn man in der Symbolik der Zeichen auf die ursprünglichen Formen oder auf die mythologische Herkunft zurückgreift. In vielen Fällen verstärken diese scheinbaren oder auch gewollten Gegensätzlichkeiten das Wirken der Zeichen. Auffallend ist jedoch, dass sich diese Basiskontraste fast immer unter der Dominanz eines Planeten über seine »Häuser« abspielen – und dass der Herrscher auch stets für Ausgleich sorgt.

Bei *Venus* ist dieses (vermutete, aber keineswegs bewiesene) System am leichtesten nachzuvollziehen:

| Das Zeichen »Stier« | Vermutliche Urform des Zeichens »Stier« | Mögliche Entstehung des Zeichens »Waage« | Das Zeichen »Waage« |

Bei *Mars* bedarf es schon einiger Phantasie, um in den Domizilen *beide* Elemente durchscheinen zu lassen.

Vermutliche Urform des Zeichens »Widder«

Mögliche Entwicklungsstufe (Schrift) des Zeichens »Widder«

Das Zeichen »Widder«

Vermutliche Urform des Zeichens »Skorpion«

Mögliche Entwicklungsstufe (Schrift) des Zeichens »Skorpion«

Das Zeichen »Skorpion«

Wenn man allerdings die prinzipielle Animosität des Mars gegenüber Wasser wie Feuer in dem von ihm beherrschten Zeichen sucht, also quasi eine »feindliche Übernahme« durch das Gegenteil, dann kann das Feuerzeichen Widder auch als sonnenverschlingende Mondsichel und das Wasserzeichen Skorpion als sich aus der Mondsichel befreiende Sonnenscheibe gesehen werden – in beiden Fällen ein dem Mars adäquater kriegerischer Akt gegenüber dem Solaren wie Lunaren.

»Skorpion«

Vermutliche Urform
Mögliche Entwicklungsstufe
Heutige Schreibweise
Übliche Druckform

Legt man die dem **Merkur** zugeschriebene Ambiguität zugrunde, dann würde es auch nicht verwundern, in den männlichen Zwillingen (in der für die Luftzeichen typischen Horizontalanordnung) »oben wie unten« zwei Mondsicheln zu sehen.

»Jungfrau«

Vermutliche Urform
Mögliche Entwicklung
Heutige Schreibweise
Übliche Druckform

In der erdhaft-weiblichen Jungfrau sucht man allerdings das solare Element vergebens, wenn sich nicht in dem zu »P« verformten Symbol (ähnlich wie beim Skorpion) ein verlorener Sonnenball verbirgt. Dieser These ist eher mit Skepsis zu begegnen, doch bietet immerhin der *capricornus* ein anderes Beispiel, bei dem der Schnörkel des Schreibers das ursprüngliche Symbol überflügelt und sich als eigenständiges Zeichen durchgesetzt hat. Außerdem bleibt dann immer noch die Frage nach »dem Ei und der Henne« offen: Bestand zuerst die Form der sich hermetisch verschließenden Mondsichel – oder entwickelten diese sich aus dem Kreisbogen der Sonne heraus?

ZUR MORPHOTOMIE
DES TIERKREISES

Ausgehend von **SONNE** und **MOND**, dem Herrscherpaar, das sich mit **Löwe** und **Krebs** als jeweils einziges Statussymbol begnügt, entfaltet sich der Zodiak bald symmetrisch wie eine Blüte, streng der astronomischen Reihe folgend, die sich aus der zunehmenden Entfernung zum Hauptgestirn des Systems ergibt.

Der nächstgelegene **Merkur** ist – aufgrund seiner relativ geringen Körpermasse – wohl erst später in den erlauchten Kreis aufgenommen worden, und zwar mythologisch gesehen erst als neugieriges Kind, als diebischer Knabe, dann als Götterbote. Dafür steht das Luftzeichen **Zwillinge**. Mit der **Jungfrau** erwirbt er sich jedoch das seriöse Standbein als Förderer von Wissenschaft und kunstfertigem Handwerk (wozu auch die Technik des Krieges zählt, s. Pallas Athene) bis hin zum Status als großer Magier. Im Gegenzug verleiht der Hermes der erdverbundenen Virgo eine reichhaltige Mixtur von unerwarteten Gaben, geheimnisvollen Kräften, die zu entwickeln sie sonst kaum in der Lage gewesen wäre.

Die älteste Göttin jedoch ist die **VENUS**. Von Anbeginn wird sie als so stark eingeschätzt, dass ihr als einzigem Planeten die Ehre eines eigenen Kalenders gewährt und sie ins himmlische Dreigestirn aufgenommen wurde. Sie ist das Weib! Die strahlende Aphrodite reduziert die Gattin (Luna/Hera/Juno) des Sonnengottes auf die Mutterrolle, Hüterin des Herdes und Heimchen. Im Verlass auf die ausgeprägte Vater/Tochter-Beziehung kann Venus ihr Reich machtvoll und prächtig ausbauen und gestalten. Im bodenständigen **Sier** entwickelt sie Lust, Luxus und weibliche Laune, in der **Waage** zeigt sie Intellekt, Diplomatie und gleichberechtigte Partnerschaft.

Der Mann im **MARS** ist seinem weiblichen Pendant von vornherein unterlegen (auch wenn er sich durch Einführung des Patriarchats kurzfristig eine »Schutzzone« zugelegt hat, die er zur Unterdrückung des starken Weibes missbraucht). Die Bockigkeit seines **Widders** (für den er den offiziellen Beginn des Tierkreises durchgesetzt hat) zeigt seine Schwächen offen im Jähzorn und Flucht in Männerkumpanei. Sein sexuell potenter **Skorpion** ist dem Kriegsgott Ares schon ob seiner weiblich-lunaren Wasserkomponente unheimlich, doch fühlt er insgeheim, dass in diesem Zeichen seine Stärken liegen.

Der **JUPITER** dürfte sich dem Zodiak (zu einem ähnlichen Zeitpunkt wie der Merkur) erst eingeordnet haben, als feststand, dass der alte Göttervater Zeus sich gegen den Sonnengott Apoll / Aton nicht durchzusetzen vermochte. Er ergab sich seiner lunaren Komponente, wählte sich mit den **Fischen** das Wasserzeichen *par excellence* und griff sich mit dem **Schützen** den zentaurischen Jäger aus der mythologischen Schatztruhe, immerhin als – wenn auch flüchtiges – Feuerzeichen eine Reminiszenz an seine solaren Herrscherambitionen.

Ebenso spät wurde dann der Großvater in den Reigen des Kreises einbezogen. Der **SATURN** beschränkte sich von vornherein – was blieb ihm auch anderes übrig, die starken Symbole waren alle schon vergeben! – auf die Mythologie. Im Aquarius nimmt er den legendären ägyptischen **Wassermann** unter seine Fittiche, der ihm jugendliches Revoluzzertum versprach, Umsturz und Erneuerung, während der **Steinbock** dem alten Herrn und Richter, Moralisten und Sensenmann erdbackene, wenn nicht versteinerte Ehren und Würden garantierte. Seine Zeichensymbolik ist mangels Einfallsreichtum des Kronos als einzige dem Firmament entnommen worden.

Vereinfacht und bildlich gesehen, stellt sich also der Stammbaum des *Zodiakos Kyklos* wie folgt dar:

- Im oberen Drittel die Herrscherfamilie samt Botengänger, dem hermeneutischen Kinde!
- Der Mittelteil ist einzig und allein dem Geschlechterkampf gewidmet, der Auseinandersetzung zwischen Weib und Mann.
- Der entfernte, untere Abschnitt fungiert als Altenheim, wobei die Herrschaften sich durchaus noch als rüstig erweisen und allemal gut für Überraschungen sind (*siehe Abbildung Seite 230*).

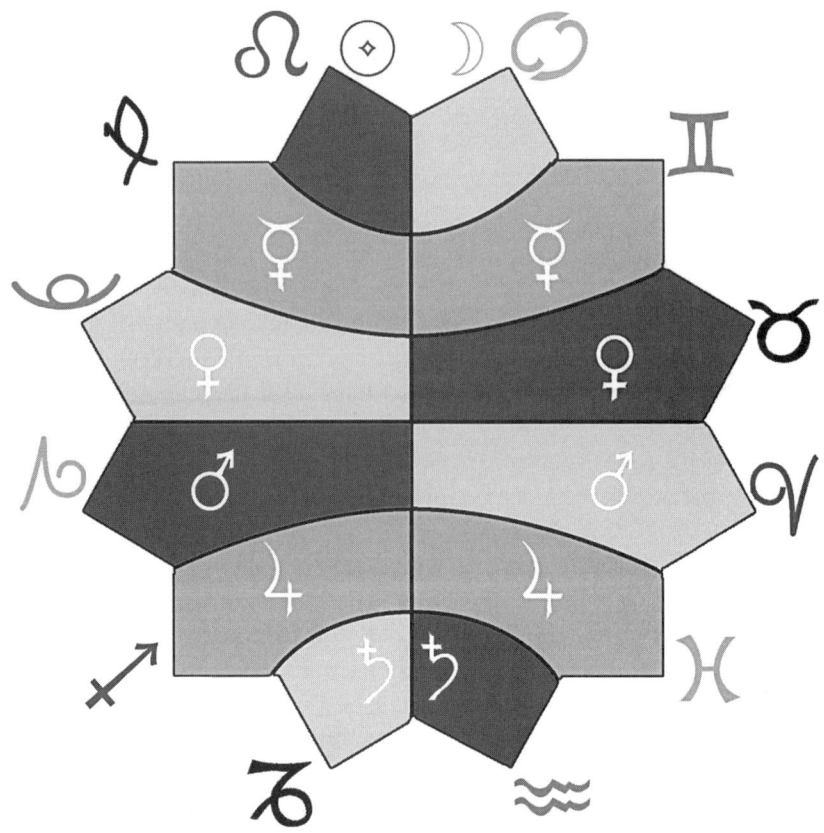

DIE DIAMETRALEN

Gegenüber dem Wappentier **Löwe** (der »Doppelsonne«) des obersten Herrschers **Sonne** (invictus) steht der **Wassermann** des **Saturn** in respektvoller Distanz. Gleiches gilt für den **Mond** und sein scheues Schalentier **Krebs** (den sich verschließenden »Doppelmond«) im Verhältnis zu dem **Steinbock** des alten Herrn.

Beim *Hermes/Merkur* erweisen sich die Diametralen bereits differenzierter. Während das Zeichen der *Zwillinge*, ebenso schlichte Beschreibung der Zwiefalt der Dioskuren, die klassischen Götterboten darstellt, wie man im davonschnellenden Pfeil des *Schützen* die Funktion des »Ab-Gesandten« sehen kann, tritt die facettenreiche *Waage* gegen die *Fische* der Untiefen von Seele und See an. Sie können sich ergänzen, denn sie haben einiges gemeinsam – verfügen allerdings auch über sehr unterschiedliche Charaktereigenschaften. Schon die Symbolik ihrer Zeichen bzw. deren Herkunft weist bei beiden auf den dominierenden lunaren Charakter und ihre mögliche Beweglichkeit, Unstetigkeit hin. Doch dem wirkt bei der Jungfrau die elementare Erdhaftigkeit entgegen, während bei den Fischen das feuchte Element eine Verstärkung solcher Tendenzen in Richtung Träumereien bewirken kann. Auf jeden Fall eine komplexe, andauernde Auseinandersetzung: die sich leicht verklemmende Vulva der Virgo versus die nach allen Seiten offenen Schalen der Mondfische.

Die *Venus* in der *Waage* (Sonnenscheibe über der Mondsichel) sieht sich mit dem *Mars* in seinem kardinalen *Widder* konfrontiert (Mondsichel attackiert Sonnenscheibe, diese setzt sich jedoch als bekannter Feuerkeil oder Widdergehörn durch). Diese Diametrale gilt als klassisch für alle Animositäten zwischen den Geschlechtern, doch sie ist in der Auflösung unschwer zu deuten: Die kühle, verstandesmäßig reagierende Venus ist gefordert, mit diplomatischem Geschick und Einfühlungsvermögen den aufbrausenden, starrköpfigen Heißsporn abzufangen, ohne sein empfindliches Ehrgefühl zu verletzen. Irgendwie gefällt der Göttin sogar der stürmische Feuerkopf, während er sich (natürlich unausgesprochen!) ein solch kluges Weib insgeheim an seiner Seite wünscht.

Der *Mars* im *Skorpion* tut sich da leichter. Hier ist er Mann mit allen begehrenswerten Attributen für ein Vollweib und das bietet ihm *Venus* im *Stier*. Sie trägt die Mondsichel wie Schmuck im Gehörn, ihr solares Wesen zeigt sich offen, und das gefällt dem »Macho«, der in der vermutlichen Urform des Zeichens mit seinem lunaren Wesenszug seine Mondsichel benutzt, die Sonnenscheibe zu beschützen. Eine Diametrale (möglicher) perfekter Harmonie!

So gesehen, zeigen die gegenübergestellten Zeichen (immer eingedenk der sie dominierenden Planetengötter!) nicht nur den Versuch – zumindest bei Beginn der Festlegung des Zodiak –, ihre Basis-Symbole (Sonnenscheibe und Mondsichel) mit einfachen Mitteln klug gegeneinander oder sich ergänzend einzusetzen. Sie geben in einfacher Symbolsprache auch Auskunft über die ihnen innewohnenden Differenzen und Möglichkeiten, Aggressionen und Ausgleich.

TERRA UND DIE 4 ELEMENTARGRUPPEN

Das Zeichen der Erde (Terra) ist gleichzeitig auch das des gleichnamigen Elements. *Das Kreuz der Materie, eingeschlossen in den solaren Kreis des Geistes, aber auch (unsichtbar) in der lunaren Schale (Halbkreis) der Seele schwimmend. Als Symbol kompakt, ausgewogen und in sich ruhend.*

Die Feuer–Zeichen

Nimmt man die Doppelsonne des **Löwen** als das zentrale Sonnen-Zeichen der absoluten Herrschaft, kann man den Keil des **Widders** als nach unten gerichtete, zerstörerische Strafwaffe sehen und den Pfeil des **Schützen** als nach oben gerichtete Lebensbotschaft. Eine Interpretation als Keim für das Frühlingszeichen Aries ist allerdings ebenso wenig ratsam wie die des angespitzten Erdkreuzes des Sagittarius für Herbst und Jagd.

Als Gruppe weisen die Feuer-Zeichen kaum Probleme auf, allerdings auch wenig Phantasie: die zwei Sonnenkreise für den Löwen, aus dem fälschlich eine Hieroglyphe für den König der Tiere herausgelesen wurde. Ganz ähnlich stand wohl ursprünglich nicht das Gehörn des Bocks für den Widder Pate; man muss es als einfache, richtungsweisende Symbolik lesen, so wie sie dem kardinalen Anführer der Tierkreiszeichen zukommt. Das Gleiche gilt für die klare Mondsichel des Jupiter, die nicht als Bogen des *arcitenens* gelesen werden darf. Beim Geschoss des jagenden Schützen weiß man allerdings nicht, ob die relativ spät angebrachte (Mars-)Spitze oder das von Jupiter entliehene Kreuz am Ende des Schafts zuerst da war. Oder sollte es sich ursprünglich (analog zur Doppelsonne) um ein Doppelkreuz gehandelt haben? Und beim Zeichen des Widders um zwei von einander abgewandte Mondsicheln wie bei den benachbarten Fischen? Dann würden sich alle Feuer-Zeichen als Verdoppelungen der Ursymbole erweisen.

Auf jeden Fall verraten die beiden zum Sonnen-Löwen komplementären Feuer-Zeichen flammende Unruhe und aggressive Energien.

Vermutliche Entwicklung des Zeichens »Widder«
Urform des Zeichens »Löwe« (Doppelsonne)
Mögliche Urform des Zeichens »Schütze«

Die Erd-Zeichen

Der **Stier** gibt einen klaren Hinweis auf die beiden wichtigsten Komponenten, nämlich auf Feuer und Wasser, Sonne und Mond, wobei das lunare Element seine Erhöhung erfahren hat.

Jungfrau und **Steinbock** lassen von der Semiotik her wenige Rückschlüsse auf ihre Erdbeziehung zu. Die ihnen zugeordneten Domizile weisen auf ein ausgewogenes Feuer/Wasser-Verhältnis hin.

Als Gruppe zeigen die Erd-Zeichen auf den ersten Blick wenig Gemeinsamkeiten. Die Stier-Hieroglyphe wurde schon als die Mond/Wasser-Komponente der Venus erkannt. Ein harmonisches, festes Zeichen, dem (weil verzichtbar) das irdene Kreuz der Materie abgeht. Komplizierter wird es mit den beiden anderen. Die Urform

der Jungfrau wurde bereits unter ihrem Domizilherrscher Merkur erschöpfend abgehandelt; bleibt der Steinbock. Neben dem hier verwandten Symbol gibt es noch ein älteres, in dem sich die Hieroglyphe von Capricornus erkennen lässt: die Kombination von Gehörn und (Triton-)Horn, so wie er auch meist figürlich dargestellt wird, oft auch im Fischleib endend (s. Ziegenfisch). Zieht man allerdings das Sternbild Capricornus vom nördlichen Nachthimmel heran (1), wird der Ursprung deutlich.

Sternbild Capricornus (1)

Transkription des Sternbildes »Steinbock«, wird von vielen in dieser Form benutzt (2)

Heute mehrheitlich übliche Form des Zeichens »Steinbock« (3)

Hängt man jetzt noch den Abschlussschlenker an, steht das Zeichen deckungsgleich vor dem Betrachter, und so wird es von vielen Schulen und Richtungen heute noch benutzt (2). Wenn man es nun (im Laufe der Zeit, Ursprung vergessen) leicht dreht, verformt es sich zu dem geläufigen Symbol (3). Kronos/Saturn, der Gott der Zeit, steht dabei Pate. Alles in allem sind die Erd-Zeichen die geheimnisvollsten und bergen nicht zuletzt das Mysterium der Schöpfung, aus der der Mensch hervorgegangen ist. In ihren Urformen offenbart sich die Ausgeglichenheit der Nachthöhlen.

Wahrscheinliche Urform des Zeichens »Stier«
Transkription des Sternbildes »Steinbock«
Vermutliche Urform des Zeichens »Jungfrau«

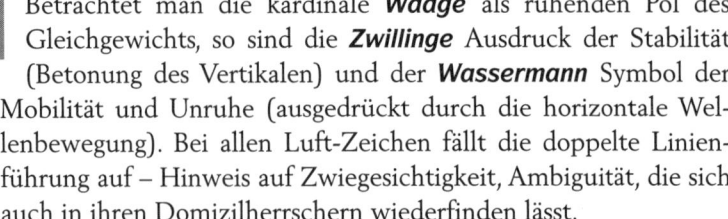

Die Luft-Zeichen

Betrachtet man die kardinale **Waage** als ruhenden Pol des Gleichgewichts, so sind die **Zwillinge** Ausdruck der Stabilität (Betonung des Vertikalen) und der **Wassermann** Symbol der Mobilität und Unruhe (ausgedrückt durch die horizontale Wellenbewegung). Bei allen Luft-Zeichen fällt die doppelte Linienführung auf – Hinweis auf Zwiegesichtigkeit, Ambiguität, die sich auch in ihren Domizilherrschern wiederfinden lässt.

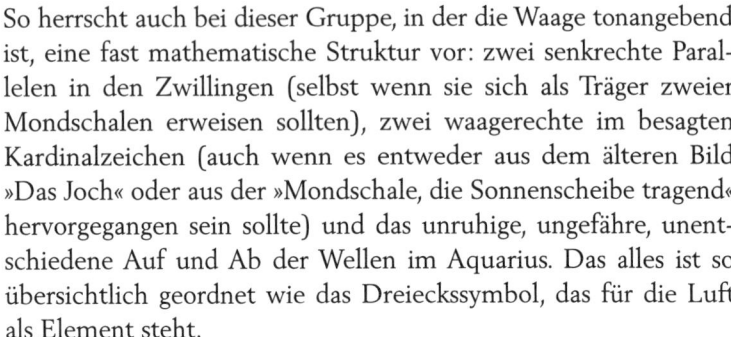

So herrscht auch bei dieser Gruppe, in der die Waage tonangebend ist, eine fast mathematische Struktur vor: zwei senkrechte Parallelen in den Zwillingen (selbst wenn sie sich als Träger zweier Mondschalen erweisen sollten), zwei waagerechte im besagten Kardinalzeichen (auch wenn es entweder aus dem älteren Bild »Das Joch« oder aus der »Mondschale, die Sonnenscheibe tragend« hervorgegangen sein sollte) und das unruhige, ungefähre, unentschiedene Auf und Ab der Wellen im Aquarius. Das alles ist so übersichtlich geordnet wie das Dreieckssymbol, das für die Luft als Element steht.

Die Luft-Zeichen wirken künstlich, aus dem Intellekt erschaffen; kein uralter Mythos scheint sie zu belasten. Und doch stehen sie für den Atem, den der Weltenschöpfer benötigte, um Bewegung in die dumpfe Masse der Materie zu bringen. Ihrem Odem ist das Brennen des Feuers, das Verdunsten und der Niederschlag des Wassers zu verdanken.

Luft ist das Zeichen des spirituellen Menschen. Nicht umsonst wurde der Aquarius (dargestellt als Engel) in der Person des einzig wirklich »inspirierten« Apostels, Matthäus, in die Gemeinschaft der vier Evangelisten aufgenommen.

Vermutliche Urform des Zeichens »Waage«

Wahrscheinliche Urform des Zeichens »Wassermann«

Wahrscheinliche Urform des Zeichens »Zwillinge«

Die Wasser-Zeichen

Vom kardinalen Doppelmond des **Krebses** ausgehend (das Wasser-Zeichen, dessen sich verschließende Schalen Geborgenheit und mütterlichen Schutz ansagen), sind die offenen Bogen der **Fische** – wieder zwei Mondsicheln! – empfänglich für Einflüsse und Eingebungen. Vor einem Auseinanderdriften bewahrt sie das mythische Band. Die Sichel mit aufgerichteter Spitze des **Skorpions** hingegen (ob nun mit darin verstecktem Sonnenkreis oder ohne) steht als Warnung vor der Gefährlichkeit bestimmter Seelenströmungen, vor allem des Unterbewussten und seiner kaum verhehlten Lunarität.

Als Gruppe fügen sich die Wasser-Zeichen der sich anbietenden Verwendung als Mondsicheln – vertikal die Fische, meist horizontal die Schalen des Krebses, nur der Skorpion nimmt sich da aus. Mars hat sicher auf ihn abgefärbt. Seinem rötlich leuchtenden Hauptstern Antares wird Tollkühnheit nachgesagt, seine Verbindung zum Schützen des väterlichen Jupiters ist evident!

Doch auch ohne den Krieger ist hier eine männlich-solare Komponente zu spüren. Sie umgibt nicht nur dieses Zeichen mit einem noch ungelösten Geheimnis, sondern den gesamten Komplex der Wasser-Zeichen. Dass bei der Verteilung fester Charakterzeichen in der Form des Kreuzes an die vier Evangelisten dieser unstrittige Ort des Skorpions dem apokryphen Johannes (in Form eines alternativen Adlers) zugewiesen wurde, gehört zu diesen Rätseln.

Selbst wenn (dereinst) Pluto im Skorpion herrschen sollte (oder gerade dann!), verwalten die Wasser-Zeichen nicht nur das Reich der Seele, des Unbewussten, sondern auch des vergänglichen Lebens – von der mütterlichen Geburt (Krebs) bis zu den finalen Fischen.

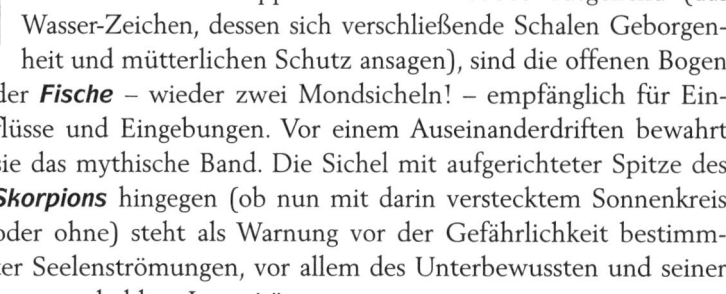

Wahrscheinliche Urform des Zeichens »Krebs« (Doppelmond)

Vermutliche Entwicklungsstufe des Zeichens »Skorpion«

Wahrscheinliche Urform des Zeichens »Fische«

Der Lebensweg

Der Tierkreis durchschreitet in seiner Symbolik auch den Lebensweg des Menschen: von der Zeugung (Widder) und Empfängnis (Stier) bis hin zu Reife und Alter (Steinbock). Die Feuer-Zeichen stehen darin auch für Vaterschaft, Vitalität und das Erfahren und Meistern des Lebens (Löwe, Schütze), die Erd-Zeichen für die materielle Basis (Jungfrau), Lebenslust (Stier) und strenge Regeln (Steinbock), die Luft-Zeichen für Spiritualität, unbekümmerte Jugendfrische (Zwillinge), das menschliche Miteinander (Waage) und im Wassermann für die Möglichkeit der Auflehnung, der Katastrophe – aber auch des Neuanfangs. Die Wasser-Zeichen symbolisieren den Sinn des Lebens, Seele und Gemüt – behutsam und schützend der Krebs, heftig und verletzend der Skorpion, phantasievoll und kreativ die Fische. Sie stehen auch am Ende des Weges.

DIE ENTFERNTEN UND DIE TELESKOPISCHEN PLANETEN

Nach diesem Exkurs in die komplementäre Welt der vier Elemente setzen wir das genealogische Studium der Planeten nun fort.

Im Anschluss an die sonnen- bzw. erdnahen Planeten wie Merkur, Venus, Mars sind jetzt die »entfernten« an der Reihe und anschlie-ßend die »teleskopischen« (so genannt, weil nur mit einem Teleskop zu sehen).

Jupiter

Er hat die Mondsichel über die Materie erhoben, das lunare Reich der Seele über das Körperliche gestellt. Diese Symbolik verzichtet auf jede Anspielung auf seine solare Ambition, die nur noch in seinem Taghaus Schütze erscheint. Doch selbst in diesem Feuer-Zeichen präsentiert sich lediglich das neutrale Kreuz der Elemente, eingebunden in den davonschnellenden Pfeil (also quasi ein Doppelkreuz), Paraphrase seiner entglittenen herrscherlichen Macht, die ihm von der Sonne geraubt wurde. Schon die traditionelle Darstellung des **Schützen** als Kentaur hat eine starke Wasserkomponente, wenn man bemerkt, dass seit alters Pferde dem Poseidon/Neptun zugeordnet werden. An diesen Bruder-Gott verlor Jupiter/Zeus dann sein Nachthaus, die **Fische**.

Das Wesen des Jupiter ist lunar.

Saturn

Er ordnet die Mondsichel der seelischen Abgründe der Herrschaft der Materie unter. Seine Rationalität überwiegt bei weitem seine Depressionen, die Einengung durch irdische Bindungen behindert die Ausweitung des seelischen Bereichs.

Sein **Steinbock**, das kardinale Erd-Zeichen, ist wahrscheinlich weniger eine Hieroglyphe des Tiers, dem Horn des Triton entsteigend, noch eine Reminiszenz an das ursprüngliche Zeichen des Ziegenfisches (babyl. *suhur mas*, griech. *Aigokeros* = »Ziegenhorn«, lat. *capricornus*), aus Babylon über Ägypten nach Griechenland gelangt, sondern ein Abdruck des Sternbildes aus dem Makrokosmos des Firmaments. Dieses Nachthaus genügt seinen Bedürfnissen durchaus. Seine starke Wasserkomponente findet sich schon im Sanskrit als Meeresungeheuer Makara.

Auf den **Wassermann** (bei dessen bildlichen Darstellungen übrigens die gleiche füllhornartige Schneckenmuschel zu finden ist) konnte Saturn leicht verzichten, er machte ihm nur Ärger.

Das Wesen des Saturn ist lunar.

Uranus

Die Symbolik des Uranus ist vielschichtig – das Kreuz über dem Kreis, die beiden Monde zur Seite schiebend. Es gibt Varianten, die sie zu einem »H« – von Friedrich Wilhelm Herschel (1738–1822), seinem Entdecker – profanisiert haben, aber auch (besonders in Deutschland) den völligen Verzicht auf Kreuz und Monde. Sie wurden (ähnlich wie schon beim Mars geschehen) durch einen senkrecht aufstrebenden Pfeil ersetzt, während der Kreis noch mit dem nur der Sonne selbst zustehenden Kern geschmückt wurde. Eine unnötige und zu Verwechslungen Anlass gebende Neuerung.

Wassermann, sein kongeniales Tagdomizil (Luft, männlich) ist bei Uranus wesentlich besser aufgehoben als bei dem düsteren Vorbesitzer. Der Doppelstrahl des Aquarius, die Doppelwelle, lässt sich auf ägyptische Darstellungen zurückführen, auf denen das Wasser (des Nils) beidhändig aus Amphoren vergossen wird. Daher auch im Lateinischen *amphora*, im Griechischen auch *Hydrokoos*, der »Wasserkopf«, wie auch *Kumbha*, Sanskrit, der »Topf«. Das Wesen des Uranus ist solar.

Neptun

Er erscheint heute als klares Attribut zu Wasser und Meer. Die Mondsichel zeigt die Dominanz. Der Pfeil ist weniger Souvenir an den früheren Herrn, als wieder einmal eine Verballhornung des Kreuzes, das in alten Darstellungen über der Schale thront, während unter ihr sogar ein Kreis – anstelle des jetzigen Kreuzes – zu finden war. Der Gott der Meere schaffte da Ordnung, sein Dreizack (auch wenn das Zeichen nicht auf einen Fischspeer zurückgeht) stellt die Symbolik so dar, wie sie seinem Charakter entspricht: Seelisches, Unbewusstes ist bei ihm stärker als die Ratio.

Sein nächtliches Domizil, die **Fische**: zwei voneinander abgewandte Mondsicheln, nur durch eine Nabelschnur verbunden, wie sie auf alten Himmelskarten für das Sternbild *pisces* in ähnlicher Weise zu finden sind. Neptun hat das Getier von seinem Bruder geerbt. Dessen Jäger mit dem Pferdeleib wäre ihm lieber gewesen. Das Wesen des Neptun ist lunar.

Pluto

Das eigentliche Zeichen von Pluto (der Sonnenkreis über waagerechter Mondsichel, darunter das Kreuz) wird von Astrologen mit theosophischer Ausrichtung als das Symbol des vollkommenen Menschen gepriesen.

Allerdings wollten sie das gleiche Zeichen schon vorher dem Uranus anhängen (was sich aber nicht durchgesetzt hat). Das gebräuchliche Pluto-Symbol ist hingegen der Elementarchemie entlehnt.

Das Wesen des Pluto ist weder lunar noch solar (beidseitig negativ).

Damit ist die Vorstellung der Planeten als astrologische Symbole abgeschlossen. Es sei noch einmal in Erinnerung gerufen, dass ihre Eigenschaften in erster Linie typologische Charakteristika des Nativen beschreiben. Sie unterteilen sich in die des Prinzips, d. h. die offensichtlichen, und in die der Entsprechung (Analogien).

Hinzu kommen mögliche Verhaltensweisen (besonders in Bezug auf die Domizile), Neigungen und Probleme. Sie alle zusammen bedingen die Signifikatoren, die Eigenschaften. Diese differenzieren sich in die angestrebten und die erreichten und sind wiederum ein Abbild der Wirkungen. Das Gleiche gilt für Charakter und Natur der Planeten sowie deren Wesen. Dazu gehören auch die von ihnen beherrschten Tierkreiszeichen, die Häuser. Sie stehen in engen Wechselbeziehungen mit ihren Herren, besonders was ihre elementaren und charakterlichen Eigenschaften anbelangt.

Wie wir gesehen haben, ist das Wesen der Planeten selten ganz eindeutig. Ähnlich wie beim Yin-Yang ist in jedem von ihnen auch ein Stückchen des nicht berücksichtigten, konträren Einflusses zu finden.

Da es sich hier um eine »Einführung« handelt, haben wir uns auf wenige, vereinfachte Angaben beschränkt, was den interessierten Leser aber durchaus dazu anhalten soll, sich mit der klassischen Astrologie näher zu befassen. Kaum ein Gebiet der Wissenschaft weist eine längere Tradition auf und kaum eines ist von der Forschung der Neuzeit mehr vernachlässigt oder missverstanden worden. Erst jetzt – seitdem wir fernen Planeten näher rücken, andererseits der ungebrochene Fortschrittsglaube einer Endzeitstimmung weicht – beginnen wir wieder, mit den Mitteln der Moderne auch die Astrologie einzubeziehen in den Versuch zur Klärung der uralten Frage nach dem Schicksal.

X

DIE KINDER URANIAS ZWISCHEN GREENWICH UND BIG BANG

VON DER INDUSTRIELLEN REVOLUTION BIS ZUR MODERNE

ASTRALE BEZUGSPUNKTE

Ende des 18. Jahrhunderts ließ im fernen Indien der Maharadscha von Rajasthan, Jai Singh II. (1686–1744), in allen seinen Residenzen der Astrologie gewidmete Observatorien errichten (von denen das von Jaipur das besterhaltene ist). Er appellierte»an die Fürsten dieser Erde«, überall auf der Welt Baudenkmäler zu konstruieren, deren geographische Positionen einen bestimmten Bezug zum Sternenhimmel aufwiesen. Schon im ausgehenden Mittelalter hatte der Minoritenmönch Bonatus (Guido Bonatti, 1230 – ca. 1300) gefordert, Bauhoroskope für sakrale Anlagen zu erstellen und diese im Grundriss danach auszurichten. Versetzte Dante Alighieri (1265–1321) den Franziskaner dafür ins Inferno (XX. Gesang seiner *Göttlichen Komödie*)? Bonatus' Vorschlag ist nicht von der Hand zu weisen. Wenn man Mikrokosmos-Makrokosmos-Bezüge zugrunde legt, wie es die Astrologie letztlich postuliert, ist ein solcher Versuch – sich dem»Unerklärlichen«anzunähern, sich für eine Spiritualität zu öffnen, von der man nur ahnt, dass es sie gibt, dass sie da sein muss – allemal die Mühe wert. Wenn die Menschen mit Riesenohren der Elektronikschüsseln ins All lauschen, dann ist der Grundriss einer Pyramide oder einer Kathedrale, als Zeichen ihrer Bereitschaft zu hören, zumindest ein ebenso legitimes Signal wie der Druidenfuß bei einer magischen Beschwörung. Die Evolution der Menschheit schlug bekanntlich andere Wege ein.

Weder Idealismus noch Beflissenheit konnten verhindern, dass sich die Dinge mit dem Ausbruch der Französischen Revolution endgültig zu Ungunsten der Astrologie entwickelten. Ein Disput über Grundlagen oder neue Denkansätze fand nicht mehr statt. Schon mangels entsprechender Lehrstühle gingen Forschung und Lehre in eine der Astrologie abgewandte Richtung. Interessierte und begabte Köpfe wandten sich jetzt Bereichen zu, die von der einsetzenden Aufklärung propagiert wurden:»die Wissenschaft im Dienst des technischen Fortschritts«! Nicht nur, dass die Astrologie als Lehre stagnierte und zunehmend als überflüssig empfunden wurde, sie hatte tatsächlich abgewirtschaftet. Ihre Erscheinungsformen im 18. und 19. Jahrhundert beweisen das.

Der Astronomie hingegen räumte die einsetzende Neuzeit die absolut dominierende Rolle ein. Ihre Entdeckungen gingen im Gleichschritt mit

Jantar Mantar – Sternwarte, errichtet ab 1724 unter dem
Maharadscha Jai Singh zu Delhi, Indien. Die in Europa bereits üblichen
astronomischen Gerätschaften aus Holz und Metall wurden hier
als Steinbauten ausgeführt.

dem Zeitgeist. Die Erforscher des Sternenhimmels zogen die Glorie berühmter Astrologen auf sich, den fehlenden Nimbus (ob nun aus dem
Charisma des Magischen oder okkulten Quellen gespeist) machten ver-
dienstvolle Mitgliedschaften in elitären Gesellschaften wett. Astronomen
wurden zunehmend gefördert und geehrt, ihnen wurden kostspielige
Observatorien gebaut und hochdotierte Direktorenposten angedient.

AUGEN AUS MESSING UND GLAS

Die bis dahin gebauten, immer größer werdenden Luftfernrohre stießen bald an die Grenzen der Möglichkeiten von Konstruktion und Handhabung. 1723 führte John Hadley (1682–1744), erfolgreicher Hersteller von Sextanten, der *Royal Society* sein neues *Spiegelteleskop* (Öffnung 15 Zentimeter bei einer Brennweite von 1,56 Meter) vor. Der Vergleich mit einem Fernrohr von 37 Meter Brennweite fiel für den Konstrukteur des Winzlings geradezu glorreich aus. In der Folge wurden Teleskope bis zu einem Durchmesser von 55 Zentimeter gebaut (James Short [1710–1768], Brennweite 3,6 m), doch noch war man in der Erforschung von Metalllegierungen im Glasguss (zur Konstanz des Reflexionsvermögens) nicht weit genug vorangekommen.

Nach kurzer Blütezeit kehrte man beim Bau astronomischer Instrumente zu den Refraktoren zurück. 1758 ließ sich der Hugenotte John Dollond (1706–1761) die Erfindung eines *achromatischen* Fernrohrs patentieren. Er gab damit der astronomischen Beobachtungstechnik einen nicht zu unterschätzenden Auftrieb. Ihm folgten bald die Positionsmessgeräte (Durchgangs- oder Kreisinstrumente) von Jesse Ramsden (1735–1800) und vor allem von William Cary (1759–1825), feinmechanische Wunderwerke mit höchster Qualität auch in der Optik (Schliff der Linsen). In München gründeten 1802 Georg von Reichenbach (1771–1826) und Joseph Liebherr (1767–1840) eine Werkstatt, in Hamburg Johann Georg Repsolds (1770–1830). Dank Joseph von Fraunhofer (1787–1826) konnten sich die Bayern dazu noch eine bahnbrechende wissenschaftliche Leistung an die Fahnen heften: Bei der Bestimmung des Brechungsvermögens verschiedener Glassorten im Licht der Sonne gelang ihm die erste Spektralanalyse.

Lange galten die zur Messung von Gestirnspositionen verwendeten starren Quadranten (Fernrohr als Visier) als nicht übertreffbar, bis schließlich um 1750 Johann Tobias Mayer (1723–1762) mit einem Vollkreisgerät herauskam. 1775 ließ auch Jean Charles Borda (1733–1799) in Paris derartige Maschinen bauen, in England Jesse Ramsden. Damit war nicht nur in Bezug auf die Beobachtungsgenauigkeit ein gewaltiger Sprung nach vorn geglückt; endlich hatte man für die lückenlose, systematische Erfassung des Sternenhimmels die adäquaten Instrumente.

DIE TITIUS-BODE'SCHE REIHE

Im Jahre 1766 hatte der Wittenberger Professor Johann Daniel Titius (1729–1796) eine eigenartige mathematische Steigerung zwischen den zunehmenden Entfernungen von der Ellipsenbahn eines Planeten zu der des nächsten herausgefunden – von dem Sonnennachbarn Merkur bis hin zum Saturn. Der Direktor der Berliner Sternwarte, Johann Elert Bode (1747–1826), brachte dieses Phänomen 1772 als *Titius-Bode'sche Reihe* auf eine griffige Formel. Er bezog diese Abstandsregel auf die Bahn der Erde, deren Radius er mit zehn ansetzte, und gelangte zu dem verblüffenden Ergebnis, dass sich die Distanzen in gewisser Weise von Planet zu Planet verdoppeln:

4 + 0 = 4	Merkur
4 + 3 = 7	Venus
4 + 6 = 10	Erde
4 + 12 = 16	Mars
4 + 24 = 28	sog. Planetoidengürtel
4 + 48 = 52	Jupiter
4 + 96 = 100	Saturn

Die zwischen Mars und Jupiter herumschwirrenden Gesteinsbrocken gaben damals noch Rätsel auf. Man vermutete die Überreste eines zerborstenen Planeten an dieser Stelle, zumal die vorgestellte Reihe – bei Annahme seiner hypothetischen Existenz – glatt über diese »Lücke« hinwegkam. Immerhin begann man jetzt mit einer intensiveren Suche im Bereich »Abstand 28«. Doch eine andere Frage drängte sich in den Vordergrund. Bereits 1778 hatte J. E. Bode, selbst vielleicht am stärksten beeindruckt von der himmlisch-mathematischen Harmonie seiner unangefochtenen, nachprüfbaren These, die Frage öffentlich aufgeworfen, ob »… wirklich die Grenzen des Sonnenreichs da seyn, wo wir den Saturn sehen«. Das lenkte die Aufmerksamkeit auf den noch unbekannten Wanderer jenseits der den Astronomen geläufigen Planetenbahnen.

Herschels Planet

Friedrich Wilhelm Herschel wurde 1738 in Hannover (seit 1714 uniert mit dem britischen Königshaus) geboren. Der Tradition folgend, trat er bereits 1752 seinen Militärdienst in England an, wohin er bald gänzlich übersiedelte. Eigentlich ein nicht unbegabter Musikus, begann der junge Herschel sich für die Astronomie zu interessieren und – da er mit der Qualität erschwinglicher Teleskope unzufrieden war – für den Bau von Fernrohren. 1776 gelang ihm die Konstruktion eines Zwanzig-Fuß-Spiegels mit einem Durchmesser von 33 Zentimeter. Doch für seine eigenen Arbeiten verließ er sich auf ein kleineres 16-Zentimeter-Gerät, das ihm für eine kontrollierte »Durchmusterung« der Sternkarten von John Harris (1702–1773) als geeigneter erschien.

Spiegelteleskop von Friedrich Wilhelm Herschel (1738–1822), mit dem er 1781 den Planeten Uranus entdeckte.

Am Abend des 13. März 1781 bemerkte er einen winzigen Stern, der nicht registriert war – und sich bewegte! Herschel glaubte, einen Kometen entdeckt zu haben, und meldete seinen Fund – trotz aller Bedenken – an die Royal Society, denn dem entdeckten Himmelskörper fehlten die typischen Merkmale wie der Schweif.

Dass ihm, dem Amateur, die Auffindung des Planeten **Uranus** doch gutgeschrieben wurde, verdankte er dem energischen Einsatz des renommierten J. E. Bode, dem die Entdeckung einen weiteren Beweis für seine »Reihe« lieferte, zumal sein Kollege Anders Johann Lexell (1740–1784) die Bahn des neu entdeckten Gestirns mit ca. 19 Erddistanzen passend zu seiner These berechnete. Wilhelm Herschel wurde Mitglied der Royal Society und privater Hofastronom König Georgs III., was ihm erlaubte, die Fernrohrproduktion beträchtlich auszuweiten. Gerade seine Geräte (konstruiert nach dem Gregory--System) sollten bald dazu beitragen, die noch fehlende »Lücke« zu schließen.

DIE OBSERVATORIEN

Nach der Entdeckung des Uranus im Jahre 1781 wäre die Geschichte
der Erforschung des Sternenhimmels kaum derart rasant verlaufen, wenn
nicht der Ergeiz, daran teilzuhaben, die Fürsten der Länder und das reiche Bildungsbürgertum der Städte ergriffen hätte. Im 18. Jahrhundert

Königliche Sternwarte Berlin.
Entwurf 1830 von Karl Friedrich Schinkel, erbaut 1832–1835.
Giebel, Aufriss, Querschnitt, Konstruktion der Kuppel.

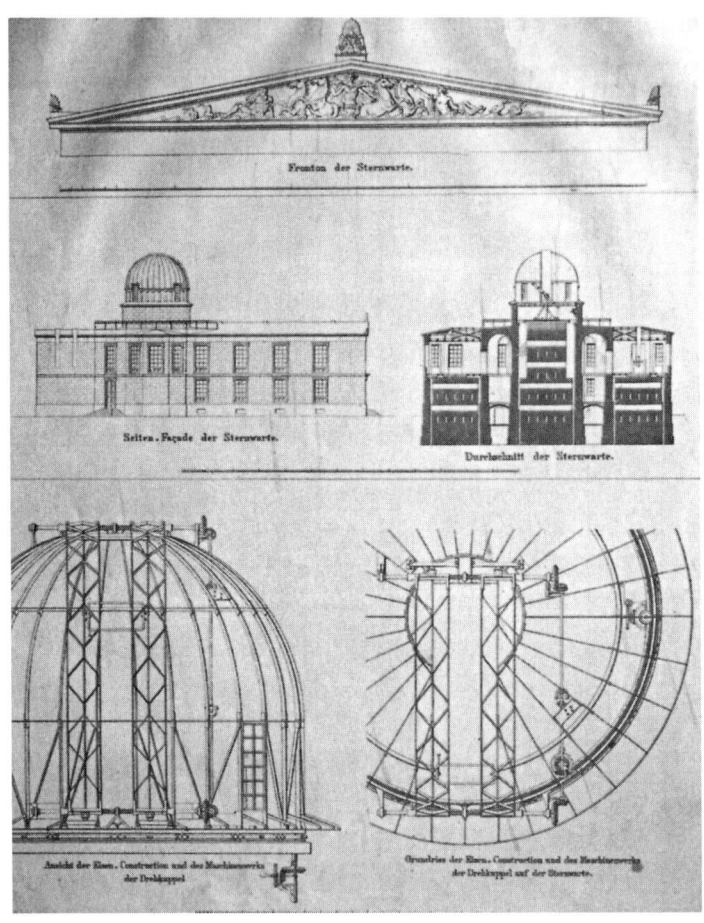

schossen in ganz Europa Sternwarten im Stile des späten Barocks bzw. des frühen Klassizismus wie Pilze aus dem Boden. Keine Residenzstadt, keine Universität, die etwas auf sich hielt, verzichtete auf einen derartigen Turmbau, um den Sternen näher zu rücken. Den Anfang machte die Berliner Akademie (1700–1711), deren Turm 1835 durch die Königliche Sternwarte von Karl Friedrich Schinkel (1781–1841) ersetzt wurde. In der Folge entstanden weitere Observatorien.

Türme zu den Sternen

1712–1725	der Palazzo Poggi zu Bologna
1718–1734	die Kunstkammer von Sankt Petersburg (mit dem so genannten Gottorper Globus)
1721–1723	das Prager Klementinum
1728	die Jesuiten-Sternwarte zu Breslau
1748–1758	der Mathematische Turm der Benediktiner-Sternwarte von Kremsmünster (in dessen Schacht sich der Pendelversuch von Jean Bernard Léon Foucault (1819–1868) wiederholen lässt)
1772–1778	das Radcliffe-Observatorium zu Oxford, dessen Architekt sich vom antiken »Turm der Winde« (Athen, ca. 40 v. Chr.) inspirieren ließ. Die technische Aus - rüstung wurde 1937 nach Pretoria verlegt.
1779–1785	der Kasseler Zwehrenturm beim Fridicianum in der Tradition der Landgrafen von Kassel, die schon 1560 eine der ersten Sternwarten errichtet hatten

Gegen Ende des Jahrhunderts war die Zeit der Improvisation mit Plattformen unter freiem Himmel fast überall vorbei. Die Bauten wurden jetzt mehr und mehr nach professionellen Gesichtspunkten errichtet und von nun an auch mit verschließbaren Kuppeln versehen.

Blick aus den Kuppeln

Das Dunsink Observatory von Dublin (1783–1785) verfügte als Erstes über eine echte drehbare Kuppel, die 1892 vergrößert wurde, während man bereits 1868 einen weiteren separaten Kuppelbau angefügt hatte.

Auch die Universität von Göttingen (1805–1816) besaß eine eiserne Kuppelkonstruktion. Ihr Heliometer ruhte nicht mehr wie bis dahin üblich auf einem isolierten Pfeiler, sondern auf einem Rundgewölbe. Zum ersten Direktor wurde Carl Friedrich Gauß (1777–1855) berufen.

Die königliche Sternwarte von Capodimonte (Neapel) (1812–1820) wurde zum Arbeitsplatz des Giuseppe Piazzi (1746–1826), der 1801 in Palermo den Planetoiden Ceres entdeckt hatte.

Der klassizistische Bau von Caltonhill (1818–1824) in Edinburgh wurde eher als Denkmal für den Stifter John Playfair errichtet, den ersten Vorsitzenden der Astronomical Institution, denn als brauchbares Observatorium. Die Wissenschaftler zogen bereits 1896 wieder aus, zur Königlichen Sternwarte auf dem Blackford Hill.Universitäts-Sternwarten wurden erst in der alten finnischen Hauptstadt Turku (1816–1818), dann in Helsinki (1831–1834) eingerichtet. Beide leitete zeitweilig der Ostpreuße Friedrich Wilhelm August Argelander (1799–1875).

1828 erwarben die Berliner ein 25-Zentimeter-Linsenfernrohr, das schon allein deswegen wertvoll war, weil es das letzte von J. v. Fraunhofer hergestellte war. Dafür erwies sich der alte Sternwartenturm der Akademie als unzureichend. So wurde Karl F. Schinkel mit einem Neubau beauftragt, der Königlichen Sternwarte Berlin (1832–1835), die unverzeihlicherweise 1915 dem Abbruch preisgegeben wurde, nachdem die Astronomen nach Babelsberg umgezogen waren.

Zar Nikolaus I. ließ 1835–1839 in der Nähe seiner Sommerresidenz die gewaltige »Haupt-Sternwarte Pulkowo« anlegen. Sie wurde zu einer der wichtigsten ihrer Zeit, zumal ihr Hauptturm als Fixpunkt für ein groß angelegtes kartographisches Werk diente.

1885 besaß Pulkowo einen amerikanischen Refraktor mit einer 76-Zentimeter-Linse, damals die größte der Welt.

Die Universität der ehemals kurfürstlichen Residenzstadt Bonn wurde seit 1815 von Berlin gefördert. Aus Helsinki berief man F. W. A. Argelander, und Schinkel, Preußens Oberbaumeister, beaufsichtigte den Umbau der bisherigen Sternwarte (1839–1845). Hier entstand zu Beginn des 19. Jahrhunderts die berühmte Bonner Durchmusterung, die Erfassung von 324 198 Fixsternen mit einem kleinen Reflektor von nur 7,8 Zentimeter Öffnung. Heute steht auch ihre prächtige Nachfolgerin als Museum unter Denkmalschutz.

Das Jahr ihrer feierlichen Inbetriebnahme (1846) sollte in die Geschichte eingehen, sowohl in die glorreiche der Astronomie wie auch in die ihrer verwahrlosten Schwester, der Streunerin Astrologie.

Fernrohr des engl. Astronomen
Newall in Newcastle;
Objektiv: 63 cm Durchmesser;
Brennweite: 10 Meter.

HIMMELS-POLIZEY JAGT PLANETOIDEN

Im September des Jahres 1800 trafen sich im Observatorium Lilienthal bei Bremen mehrere führende Astronomen. Außer dem Hausherrn Johann Hieronymus Schroeter (1745–1816) beteiligten sich Heinrich-Wilhelm Mathias Olbers (1758–1840), Carl-Ludwig Harding (1765–1834) und Franz Xaver Freiherr von Zach (1754–1832) an der Gründung einer Gesellschaft, die sich das Ziel gesetzt hatte, in enger Kooperation mit ausländischen Kollegen detaillierte Karten des gesamten Ekliptikbereichs zu erarbeiten. Sie verstand sich als eine »in 24 Departements abgetheilte Himmels-Polizey«. Einer der Bezieher (neben J. E. Bode und J. H. Schroeter) der Herschel-Teleskope war G. Piazzi in Palermo. In der Neujahrsnacht des Jahres 1801 entdeckte er einen Himmelskörper, den er auf den Namen »Ceres« taufte, dessen Spur er aber verlor. Außer Zach machte sich ein bis dahin unbekannter Mathematiker auf die Jagd nach dem Flüchtigen. C. F. Gauß veröffentliche seine Rechenmethode erst 1809 in seiner *Theoria motus corporum coelestium,* von da an ein Standardwerk für Astronomen. Mit Hilfe seiner genauen Berechnungen gelang es ein Jahr später dem Kollegen Olbers, »Ceres« wieder einzufangen.

1802 beobachtete Olbers erneut einen kleinen Stern (in der Jungfrau), der ihm fremd war. Gauß berechnete auch dessen Bahn, und zur Überraschung aller stimmte sie mit der von »Ceres« weitgehend überein. Das legte den Schluss nahe, »Pallas« könnte ebenfalls ein Bruchstück des verlorenen Planeten »4 + 24 = 28« sein. Für die hinzugezogenen Kollegen Schroeter und Herschel sprach schon die Kleinheit der Körper für eine solche Annahme. So fand 1804 Harding die »Juno« und schließlich 1807 Olbers die »Vesta«. Damit war die »Bode'sche Lücke« erst einmal geschlossen. Man stattete die Funde zwar mit den Namen von Göttinnen der griechisch-römischen Mythologie aus, verweigerte ihnen aber die Anerkennung als vollwertige Planeten. Obgleich sie auch nicht viel kleiner sind als der Merkur, heißen sie bis heute »Planetoiden« und blieben ohne die Ehren eigener Ephemeriden-Tafeln.

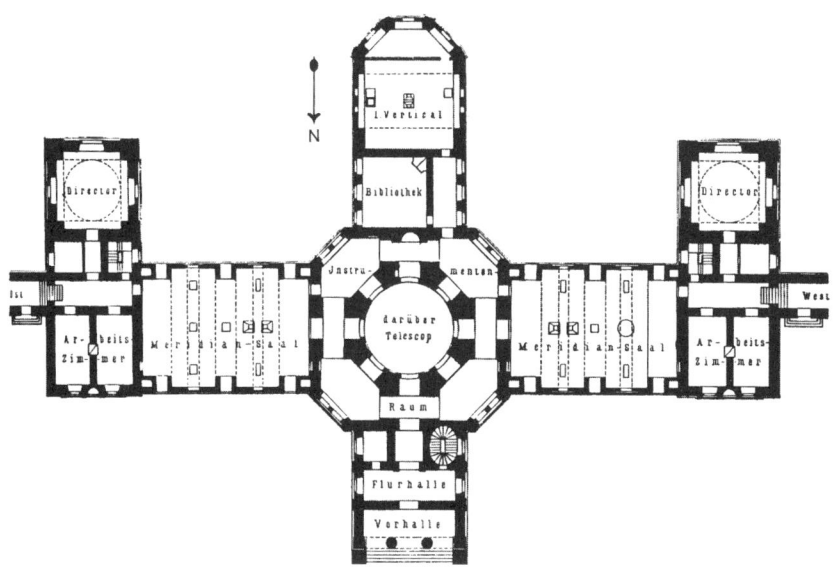

So genannte Haupt-Sternwarte Pulkowo bei Leningrad,
ursprünglicher Grundriss des Hauptgebäudes

BEWEGUNG IM KOSMOS

Daneben wurden die Arbeiten auch auf dem Felde der Sternbewegung und der Lichtgeschwindigkeit vorangetrieben. Schon James Bradley hatte die auftretenden Ortsverschiebungen beobachteter Objekte als Folge der Erdbewegung erklärt, die Kopernikus nicht hatte berücksichtigen können, weil sie auf der erst jetzt erkannten endlichen Ausbreitungsgeschwindigkeit des Lichts beruht. 1720 bestimmte er das Verhältnis zu demjenigen der Erde mit 10 000 : 1. Damit war zwar die reale Bewegung der Erde endgültig bewiesen, doch für genauere Messungen bedurfte es präziser, spezieller Instrumente. Der Münchner Fraunhofer entwarf in seinen letzten Lebensjahren das *Heliometer* zur Distanzmessung, das 1829 in Königsberg in einem eigens angebauten Turm installiert wurde. Schon vorher hatte Friedrich Wilhelm Bessel (1784–1846) mehrfach darauf hingewiesen, dass hellere Sterne nicht unbedingt die der Erde nächsten sein müssten, sondern womöglich die mit der größten Eigenbewegung. Nachdem diese jetzt exakt messbar war, wurde die Auswahl naher Objekte zum wichtigen Kriterium weiterer Forschung.

Die Bedeutung Herschels für die Astronomie erschöpfte sich keineswegs in der allfälligen Entdeckung des Planeten Uranus. Seine weiteren Forschungsarbeiten, die intensive Beschäftigung mit den so genannten *Doppelsternen*, sollte den Blickwinkel seiner Kollegen auf das Firmament entscheidend verändern. Bis dahin waren die Astronomen davon ausgegangen, alle Sterne wären von annähernd gleichem Durchmesser und gleicher Beschaffenheit. Die ausgesandte Strahlungsmenge wäre – bei gleicher absoluter Helligkeit – identisch und die unterschiedliche Wahrnehmung nur auf die unterschiedlichen Entfernungen zurückzuführen: je heller, desto näher! 1785 stellte Herschel in seiner Schrift »Über den Bau des Himmels« die These auf: »... die Sterne seyn von mancherley Größe ...« und könnten durchaus auf ihre Umgebung mit unterschiedlicher Anziehungskraft einwirken.

Es wurden Größenklassen von Eins bis Zehn eingerichtet. Doch obgleich schon Friedrich Georg Wilhelm Struve (1793–1864) in Dorpat 1837 und Johann Heinrich von Mädler (1794–1874) 1838 aufgrund ihrer Messergebnisse die Existenz von Riesen- und Zwergsternen (bei einer über 5000-fachen Massendifferenz) hätten erkennen müssen, gelang erst Ejnar Hertzsprung (1873–1967) die Berechnung der tatsächlichen Entfernung im Kosmos. Er setzte die wahrnehmbaren Größenunterschiede der Sterne in Relation zu ihrer Masse. Damit erschloss sich die Astronomie eine Vorstellung von der Größe des Weltalls.

Fünf Jahre nach Herschels Tod 1822 bewies Felix Savary (1797– 1841) in Paris, dass auch diese fernen Systeme den Gesetzen der gleichen Gravitation folgten wie das Sonnensystem. Damit fand die physikalische Lehre des Isaac Newton auch für die fernen Weiten des Kosmos ihre Gültigkeit. Ein Verzeichnis von Sherburne Wesley Burnham (1838–1921) erfasste 1906 über 14 000 solcher Systeme. Doch bereits die Arbeiten (1760) von J. T. Mayer und in der Folge 1783 von Joseph-Jerôme Lalande (1732–1807) und Nevil Maskelyne (1732– 1811) hatten Herschel und damit Halley Recht gegeben: Auch die Fixsterne standen, ihrem Namen zum Trotz, nicht still, sondern waren in ständiger, elliptisch kreisender Bewegung begriffen.

Schon 1784 / 85 hatte sich Herschel der Erforschung der *Milchstraße* zugewandt, nachdem er ein neues Zwanzig-Fuß-Teleskop konstruiert hatte, das wesentlich lichtstärker war als das, mit dem er den Uranus entdeckt hatte. Viele der *Nebelflecken*, die vor ihm Charles Messier (1730–1817) aufgelistet hatte, ließen sich als Millionen schwach schimmernder Sterne identifizieren – und damit als eine entsprechend hohe Anzahl von Systemen. Zählen konnte er sie nicht, aber aufgrund ihrer Dichte hochrechnen. Doch nicht alle erfassten Objekte entpuppten sich als Sternhaufen. Daneben blieben diffuse, leuchtende Gas- und Staubnebelwolken. Herschel begann auch diese zu bestimmen und in den Jahren 1786 bis 1802 zu katalogisieren. Seine Schwester Caroline, die sich schon mit etlichen Kometenentdeckungen hervorgetan hatte, unterstützte ihn bei dieser zeitraubenden Arbeit. Sie war eine der wenigen erfolgreichen Frauen auf dem Gebiet der Astronomie.

GRIFF IN DIE FÜLLE DER LEERE

Die Erkenntnis, dass es neben Sonnen und den sie umkreisenden Planeten auch andere Formen körperlicher Existenz im Kosmos geben sollte, wurde von vielen Menschen mit Unbehagen wahrgenommen. Man darf nicht vergessen, dass es – gemessen an der Gesamtzeit der Himmelserforschung – gar nicht so lange her war, dass erst die Erde, dann die Sonne als Allmittelpunkt angesehen worden war. Auch gab es noch keine Methoden verlässlicher Entfernungsbestimmung für die hier in Angriff genommenen Bereiche. Herschel war wohl der Erste, der auf den Umstand aufmerksam machte, dass man mit einem Fernrohr nicht nur räumlich weit in die Tiefen des Universums vorstoße, sondern auch einen Blick zurück in dessen Vergangenheit werfe. Wegen der Endlichkeit der Lichtgeschwindigkeit ist das Licht der entferntesten Nebelerscheinungen lange Zeit unterwegs. Damit wird nicht nur ihr hohes Alter offenbar, sondern auch, dass nur eine Phase ihrer ständigen Veränderungen erfasst werden kann. Daraus folgerte er kühn, dass diese Nebel sich womöglich erst durch Verdichtung zu Sternhaufen formten, unter denen schließlich einer sich als siegreiche Sonne durchsetzte.

Fernrohr im Äquator-Saal des Collegio Romano in Rom.

1802 stellte er seine Theorie von der Entwicklung kosmischer Körper vor: eine Linie, wie man sie aus der Natur kennt. Sie endete aufgrund immer weiter sich steigernder Verdichtung mit dem Kollaps, dem Zerbersten und Zerstäuben, um aufs Neue den beschriebenen Lauf aufzunehmen. Kein Gedanke, den die sich als Nonplusultra der Schöpfung betrachtende Menschheit in einem derart forschrittsgläubigen Jahrhundert mit Freude zur Kenntnis nahm. Trost lag allenfalls in der Problematik theoretischer Forschung, dass sich solche Entwicklungen in Zeiträumen von Millionen von Jahren vollziehen, also von keinem menschlichen Lebewesen direkt durch Beobachtung erfahrbar sind. Herschel selbst nahm Zuflucht zum Gleichnis einer Pflanze – vom Keimen, Sprießen, Blühen bis zur Frucht, zum Verwelken und Verwesen (Humus). Jürgen Hamel (*1951) formuliert in seiner 1998 erschienenen *Geschichte der Astronomie* die von vielen nicht wahrgenommene wesentliche Rolle der Astrophysik in jener Zeit wie folgt:

»Diese Arbeiten Herschels im Gefolge der Ideen Immanuel Kants, nun aber auf der Ebene empirischer Forschung, waren von kaum zu überschätzender Bedeutung … die ganze Welt nicht nur als etwas Gewordenes, sondern auch ständig Werdendes?« Der Autor zieht die konsequente Schlussfolgerung: »Dies ist ein Gedanke von universeller Tragweite: Kein gesellschaftlicher Zustand hat Anspruch auf letzte Gültigkeit, die Geschichte geht über jeden Versuch, die Menschen auf ein System zu verpflichten, hinweg.«

Damit erweist Herschel – wenn auch vielleicht ungewollt – der in diesen stürmischen Jahren in Vergessenheit geratenen Astrologie einen mehr als willkommenen Dienst. Wenn sich die Dimensionen von Zeit und Raum den Bewohnern des Planeten Erde und ihrem empirischen Vorstellungsvermögen letztlich unfassbar darstellen, dann ist auch die Anwendung von Prinzipien an der Stelle von kosmischen Figurationen erlaubt, also ein Mikrokosmos-Makrokosmos-Beziehungsdenken, das den Menschen wieder zur moralischen Richtschnur gereichen kann für ein zeitlich begrenztes Leben auf diesem Staubkorn in der Unendlichkeit des Alls. Gerade der unglaubliche Triumphzug der Astronomie Ende des 18. Jahrhunderts, der sich nur von den kaum Schritt haltenden technischen Möglichkeiten aufhalten ließ, eröffnete auch der Astrologie ein geistiges Bewegungsfeld ungeahnten Ausmaßes.

Denn die auf die Spitze getriebene Realität der mathematischen Physik gerann in den Augen vieler zum Irrationalen, sprengte die Fesseln des kausalen Logos und bot der Astrologie endlich wieder die Möglichkeit, auf ihrem ureigenen Terrain zu bestehen. Doch wissen nur wenige Anhänger der alten Lehre vom Wesen der Sterne die Gunst der Stunde, die neu gewonnene Freiheit (sich nicht mehr beweisen zu müssen) zu nutzen. Zu sehr haben jahrelange Missachtung, Unterdrückung und vor allem Ignoranz auf alle eingewirkt, die vielleicht auch auf diesem Feld zu neuen Denkansätzen in der Astrologie hätten beitragen können. Das Einzige, womit sich Astrologen in jenen Tagen hervortaten, war der müßige Streit der Schulen, wie man sich den neu entdeckten teleskopischen Planeten gegenüber zu verhalten habe.

MÜHSAL UND RAUSCH
DER ENTDECKUNGEN

Populär waren nicht mehr astrologische Weisheiten, sondern die Forschungsergebnisse einer elitären Gruppe von Mathematikern, Physikern, hoch spezialisierten Technikern, kurz die Erfolge der Astronomen. Dass es mit der Entdeckung des Uranus nicht sein Bewenden haben würde, war allen klar. Doch selbst Altmeister wie Gauß und Bessel (der schon 1823 Schwankungen im Umlauf des Herschelplaneten festgestellt hatte) scheuten die Mühe der Suche nach dem bereits theoretisch ausgemachten »Störer« der Uranus-Bahn, wie Alexis Bouvard (1767–1843) ihn 1821 nannte, oder sahen die Chance, ihn tatsächlich vors Okular zu bekommen, als zu gering an.

Urbain Jean Joseph Leverrier (1732–1807) und sein Kollege John Couch Adams (1819–1892) nahmen die Herausforderung an. 1844 legte Leverrier der Pariser Akademie seine Arbeit vor, in der er den hypothetischen Ort des *Transuranus* berechnet hatte. Man ließ sich mit der Prüfung viel Zeit. Ähnlich erging es John C. Adams in Kopenhagen.

Die zunehmende Kenntnis der Sternenorte war eine wichtige, wenn nicht die bedeutendste Voraussetzung für die Erfolge des 18. und 19. Jahrhunderts. An ihrer Vervollständigung und Verfeinerung arbeiteten fast alle Observatorien in Europa. Seit Flamsteeds Katalog waren weitere erschienen, so von Bradley, Piazzi, J.-J. Lalande und J. T. Mayer. Nach dem ersten Aufruf (1800) von Franz Xaver von Zach zur gemeinsamen, kollektiven Arbeit in verteilten Zonen der Deklination (Himmelssektoren) veröffentlichte J. E. Bode seine *Uranographia* mit über 17 000 Positionen. Ihm folgte u. a. Ludwig Harding, Bessels Vorgänger als Observator an der Schroeter'schen Sternwarte und danach Professor in Göttingen, mit seinem *Atlas novus coelestis*.

Doch das entscheidende Vorhaben startete 1821 Bessel mit einer methodischen Untersuchung in der Deklinationszone +15° bis −15°. Zusammen mit seinem Gehilfen, Argelander, registrierte er etwa 32 000 Sterne. Das Ergebnis wurde in den *Astronomischen Beobachtungen* der Sternwarte Königsberg publiziert, ein Probeblatt sandte er der Berliner Akademie der Wissenschaften. Er wurde in eine eigens gegründete Kommission berufen. 1825 erschien endlich der Aufruf zur weltweiten Teilnahme aller Astronomen an der Erstellung von umfassenden akademischen Sternkarten.

Bessels Vorschlag fiel auf fruchtbaren Boden und wurde zum grenzüberschreitenden Gemeinschaftswerk, an dem Fachkollegen aus Russland und Italien, England und Ungarn beteiligt waren. Als es endlich veröffentlich werden konnte, sicherte es seinem Initiator wenigstens post mortem den gebührenden Ruhm, als 1846 ein noch druckfrisches Blatt die rasche Auffindung des Neptun möglich machte. Der unermüdliche Bessel hatte seine eigenen Forschungen bis auf die +45°-Deklination ausgedehnt, was ihn auf insgesamt 75 000 erfasste Sterne brachte. Sein Schüler Argelander führte die Arbeit weiter bis zur gewaltigen Anzahl von 324 198 Sternen: die *Bonner Durchmusterung* des nördlichen Sternenhimmels (beendet 1861).

Den Störer dingfest machen: Neptun

Friedrich Wilhelm Bessel, dem auch die erste Berechnung der genauen Gestalt der Erde zu verdanken ist, starb genau in dem Jahr im englischen Cambridge, als die Bahn des Transuranus endgültig fixiert wurde.
Bis die königliche Sternwarte von Greenwich geruhte, die eingereichten Unterlagen einzusehen, vergingen allerdings fast zwei Jahre. Inzwischen hatte sich Leverrier an Johann Gottfried Galle (1812–1910) gewandt, Observator an der Berliner Sternwarte, und ihn aufgefordert, sich an der von ihm und Couch Adams berechneten Stelle nach dem gesuchten Planeten umzusehen.
In der Nacht vom 23. auf den 24. September 1846 benötigte J. G. Galle, dem Heinrich Ludwig d'Arrest (1822–1875) assistierte, nur wenige Stunden, um den Neuen dingfest zu machen:
Neptun*. Wie um keinen Streit aufkommen zu lassen, wurden alle an der Entdeckung Beteiligten bald darauf zu Direktoren renommierter Sternwarten berufen: Adams in Cambridge, Leverrier in Paris, Galle in Breslau und d'Arrest in Kopenhagen.*

DAS PLANETENSYSTEM IM AUSGEHENDEN 19. JAHRHUNDERT

Durch die zusätzliche Entdeckung des Neptun im Jahre 1848 ergab sich für das bislang erforschte Sonnensystem, dem die Erde als Planet angehört, folgendes Bild (in der Reihenfolge des Abstandes vom Zentralgestirn): Merkur – Venus – Erde – Mars – (»Planetoiden«) – Jupiter – Saturn – Uranus – Neptun.

Wer von den astrologisch Interessierten Schwierigkeiten hat, sich die Reihenfolge einzuprägen: Sie entspricht der Abfolge der Dominanz der Planeten in den Tierkreiszeichen – mit dem »Herrscher« Sonne (Löwe) beginnend und mit Neptun (Fische) endend. Nur der Erde als gedachtem Mittelpunkt ist im Gebäude der Astrologie kein Domizil zugewiesen. Daran vermochten auch die Erkenntnisse des Kopernikus über den wahren Charakter des blauen Planeten nicht zu rütteln.

Die Gesetze der Himmelsmechanik wurden bereits von Kepler und Newton festgelegt: Die Planeten sind Körper im Raum, die die Sonne in Ellipsen umkreisen, wobei diese immer einen der Achspunkte bildet. Sie werden von ihrer Gravitation in diesen Bahnen gehalten. Ungeachtet ihrer eigenen Schwerkraft, Energie und teilweise extrem hohen Temperaturen leuchten sie nicht selbst. Ihre scheinbare Helligkeit hängt von ihrer Entfernung zur Sonne ab, ihrer Masse und deren chemischer Zusammensetzung (Dichte der Atmosphäre). Alle zu Beginn des 20. Jahrhunderts bekannten entfernteren Planeten, von der Erde angefangen bis zu Pluto, werden von eigenen Monden umkreist. Die sonnennahen (Merkur bis Mars) ähneln in ihrer kompakten Beschaffenheit im Wesentlichen der Erde.

Die **Erde** ist ein dem Sonnensystem zugehöriger Planet, der bei einem durchschnittlichen Abstand von 150 Millionen Kilometern für seine elliptische Sonnen-Umlaufbahn 365 Tage benötigt, in denen er sich in 23h 56' 4" einmal um seine eigene Achse dreht. Gegen die Ekliptik ist die Erdachse um 23° 27' geneigt, wodurch der Wechsel der Jahreszeiten und die verschiedene Länge von Tag und Nacht hervorgerufen werden. Diese schräge Rotationsachse beschreibt ungefähr alle 26 000 Jahre einen Kreiskegel (*Präzession*). Unabhängig von diesen beiden Eigenbewegungen folgt die Erde der Sonne auf deren Lauf durch das All.

Es gibt etliche Theorien über das Entstehen der Präzession, der Schieflage der Erdachse. Dass ihre Drehung in früheren Zeiten den magnetischen Polen folgte, ist wahrscheinlicher als alles andere. Die These, dass ein Meteoriteneinschlag sie aus der alten Bahn geworfen hat, kann man nicht von der Hand weisen. Es soll sich um das gleiche Geschoss gehandelt haben, dessen Flutwelle Atlantis vor ca. 8400 Jahren vernichtete und das seitdem als Magneteisenberg tief unter den Wassern des Bermudadreiecks sein Unwesen treibt. Der für die Erde beinahe tödliche Ruck führte zur Polverschiebung und lässt sie seitdem taumelnd ihre Ellipsen um die Sonne ziehen.

Dafür sprechen geologische Forschungen in Yucatán bis Charleston und die Tatsache, dass unter dem Eis von Grönland, über die Beringstraße und bis in den Norden Sibiriens Fauna nachgewiesen wurde, die unter den Gegebenheiten der bekannten klimatischen Verhältnisse dort nie hätte überleben können (z. B. Mammuts). Das Symbol der Erde ist das Kreuz der vier Elemente im Sonnenkreis. Für die Astrologie ist sie seit alters der zentrale Bezugspunkt.

Ein **Mond** umkreist sie, den sie zwar im Banne ihrer Schwerkraft gefangen hält, von dem sie jedoch stark beeinflusst wird.
Alle weiteren, entfernten Planeten verfügen über zunehmend mehrere Trabanten.

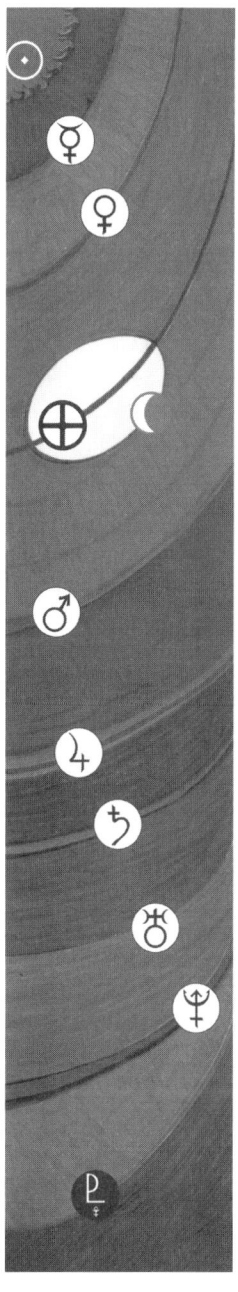

Abstand der Planeten zur Sonne

Die **Venus** ist der erdnächste Planet zur Sonne, der Morgen- und Abendstern, der aus menschlicher Sicht hellste Stern am Himmel. Ihr Abstand zur Sonne – um die sie gegenläufig rotiert – beträgt rund 108 Millionen Kilometer, während sie der Erde bis zu vierzig Millionen Kilometer nahe kommen kann. Durch ihr »Pendeln« um die Sonne (eine Art Schleifenbildung mit Stillstand und Rückwärtsschreiten) erscheint sie als Abendstern (Hesperos) oder als Morgenstern (Phosphoros). Sie weist eine sehr dichte Atmosphäre auf und ist kaum kleiner als die Erde.

Die Ellipse des **Merkur** verläuft zwischen Venus und der Sonne. Mit 46 bis 80 Millionen Kilometer ist er der Sonne am nächsten und daher meist von ihr überstrahlt. Auch der Merkur »pendelt« um die Sonne, die ihn meist verbirgt und ihn höchstens als Abendstern im Frühling oder als Morgenstern im Herbst sichtbar macht. Er ist zwanzigmal kleiner als die Erde und besteht hauptsächlich aus einem festen Eisenkern mit schwacher Anziehungskraft.

Der **Mars** ist der rötlich schimmernde Nachbar der Erde zum Weltall hin. Seine Entfernung von der Erde schwankt beträchtlich, dementsprechend auch seine wahrnehmbare Helligkeit. Die Schleifenbildung des Mars ist um vieles bizarrer als die der Venus, sodass schon Kepler ihn als Prüfstein für seine Theorie der Planetenbahnen nahm. Obwohl seine Masse nur ein Zehntel der Masse der Erde ausmacht, ist er ihr in vielem sehr ähnlich: Auf seiner Oberfläche sind sogar Jahreszeiten zu beobachten, wenngleich seine Temperaturen um die Hälfte niedriger liegen (Abstand zur Sonne 226 Millionen Kilometer). Zwei Monde umkreisen ihn.

Der **Jupiter** ist der größte Planet des Sonnensystems (Abstand bereits 778 Millionen Kilometer). Seine riesige Masse (316-mal größer als die der Erde, aber immer noch dreitausendmal geringer als die der Sonne) beträgt mehr als doppelt so viel wie die aller anderen Planeten zusammen. Dennoch rotiert er so schnell, dass in der ihn umgebenden Atmosphäre kaum Temperaturunterschiede zwischen Tag- und Nachtseite auftreten (im Durchschnitt minus 145°C). In seinem Inneren herrschen Temperaturen von ca. 30000°C, entsprechend enorm ist seine Schwerkraft. Vier große Monde (dem Erd-Mond vergleichbar) und acht kleine umkreisen ihn. Sein starkes Magnetfeld ist Ursprung einer Radiostrahlung (Dezimeterwellen), die 1955 entdeckt wurde.

Der **Saturn** zieht doppelt so weit entfernt (1429 Millionen Kilometer) seine Bahn. Er ist 95-mal größer als die Erde. 15 Monde hat man bislang gezählt, doch erweist sich das System der ihn konzentrisch umlaufenden Ringe (bestehend aus einem oder mehreren im »Instabilitätsbereich« zerborstenen Monden und einem Durchmesser von ca. 280000 Kilometer) wesentlich komplexer als vermutet. Die Wissenschaft geht bei diesem Planeten von einem Wasserstoffkörper mit metallischem Kern von relativ geringer Dichte aus, der infolge der Eigenrotation stark abgeplattet ist.

Der erst 1781 entdeckte **Uranus** ist nur 14-mal so groß wie die Erde, dafür aber bereits 2872 Millionen Kilometer entfernt. Die Beschaffenheit dieses ersten teleskopischen Planeten gibt den Astronomen u. a. noch das Rätsel auf, wieso sich der Planet um eine Achse dreht, die fast in seiner Bahnebene liegt. Auch weiß man erst seit einigen Jahren, dass der Uranus außer fünf Monden ein Ringsystem besitzt. Für das Durchlaufen eines Tierkreiszeichens braucht er sieben Jahre. Bei guten Bedingungen ist er mit bloßem Auge gerade noch wahrnehmbar.

Der 1846 verifizierte **Neptun** folgt in 4498 Millionen Kilometer Entfernung (Masse = 17-mal Erde). Er benötigt bereits fast 14 Jahre von einem Tierkreiszeichen zum nächsten, der Zyklus seiner Schleifenbildung ist ähnlich wie beim Jupiter. Im Übrigen gleicht er in vielen Eigenschaften dem Uranus wie ein Zwilling. Allerdings wurden bei ihm bisher erst zwei Monde entdeckt.

Eine Herrschaftskrise

Die Entwicklung aller Komponenten der Astrologie – von der noch reichlich primitiven Omen-Deutung Babylons (Enuma Anu Enlil) über die Ausarbeitung ihrer wesentlichen Elemente durch die Chaldäer – war mit den letzten Verfeinerungen des hellenistischen Ägyptens im Prinzip um 100 v. Chr. abgeschlossen. Das heißt: Seit rund zweitausend Jahren war die Astrologie in ihren Bezügen (wenn auch nicht Gesichtspunkten) auf den zwölfteiligen Tierkreis und sieben Planeten festgelegt, von denen der Saturn bekanntlich als der am weitesten entfernte galt. Jetzt kamen in relativ schneller Folge (nur 65 Jahre) die zwei neuen, »teleskopischen« Planeten hinzu: Uranus und Neptun.

Für die ohnehin im Argen liegende Astrologie (keiner kümmerte sich mehr so recht um sie) war dies im ersten Moment ein Schlag, stellten die Neulinge doch alles in Frage, wovon man Jahrtausende lang mit größter Selbstverständlichkeit ausgegangen war und ihre Gegner lachten sich ins Fäustchen. Aber auch unter den diversen Richtungen brach alsbald ein heftiger Zwist darüber aus, wie man sich den »Neuen« gegenüber zu verhalten habe. Der Streit wurde wohlweislich unter der Decke ausgetragen, um der Häme der Lehrstuhlinhaber *rerum naturarum* nicht noch mehr Angriffsfläche zu bieten. Es war ja auch peinlich: Über Jahrhunderte hinweg waren die Herren Astrologen von Gestirnen bestrahlt worden, ohne dass sie und ihre gläubige Klientel etwas davon gemerkt hatten.

Die Konservativen aus der Deuterzunft plädierten deswegen dafür, Uranus und Neptun auch weiterhin zu ignorieren. Doch die meisten begannen sich den Kopf und vielleicht auch die Seele zu zerbrechen – so sie dort den Sitz ihrer intuitiven Kräfte vermuteten –, was mit den Neuen zu geschehen habe: wohin mit ihnen und mit welcher Begründung?

Schließlich einigte man sich darauf, dem Saturn das Taghaus Aquarius wegzunehmen und dort den Uranus einzuquartieren. Das schien noch relativ einleuchtend, hatte doch der lunare Bleichling zum sprühenden Wasserausgießer nie so recht gepasst. Es geschah allerdings in völliger Verkennung der verborgenen Aspekte des Saturn – und in (andauernder) Ignoranz dessen, dass die Kombination von Tierkreiszeichen mit ihren Domizilplaneten keineswegs dem bürgerlichen Harmoniebedürfnis zu folgen hat.

Schwieriger wurde es schon, dem Jupiter die Fische zu entwinden. Es ging eigentlich nur mit dem Trick, sie dem mächtigen Herrscher zu vermiesen, indem man dem Neptun das Meer auf den Leib schneiderte bzw. ihm alle für sein Domizil notwendigen Eigenschaften (Wasser, Seele und Gemüt) andichtete, samt Dreizack als Symbol.

Dem Jupiter fehlt sein zweites Haus dennoch, wo er des Nachts sein müdes, herrscherliches Haupt zur Ruhe betten kann – und vor allem gehen ihm seine verträumten Fische ab.

Mit der Zeit gewöhnte man sich an den bereicherten Klub der Planeten. Der Tierkreis verlief nun auf der einen Seite organisch (im Sinne des astronomischen Sonnensystems), auf der anderen Seite (der bisher symmetrischen) begann er sowieso mit dem Widder.

»Artemis ahndet den Frevel Orions durch Tod vom Skorpione«. Selbst Sammelbildchen von *Liebigs Company's Fleisch-Extrakt* erzählen die uralten Geschichten rund um die Sterne.

GESCHLOSSENE GESELLSCHAFT ODER ÖFFENTLICHE VERMARKTUNG

In den Ländern der untergehenden Sonne brach der neue Morgen astronomischer Entdeckungen wie eine kalte Dusche über ein verknöchertes astrologisches System herein. Teils brauste der Sturm an den Anhängern der überkommenen Lehre vorbei und ließ sie wie welke Blätter links oder rechts liegen, teils nahmen die Betroffenen ihn nicht einmal wahr. Sie ignorierten dabei auch die Möglichkeiten, die sich ihnen eröffneten. Einerseits versuchten sich elitär gebende Zirkel, die Astrologie (und ihre Gläubigen als Mitglieder) zu vereinnahmen, schon indem sie ihre Auslegung als die einzig wahre Lehre ausgaben – anderseits entdeckte man allenthalben in Europa die Möglichkeiten ihrer Kommerzialisierung. Astrologie als griffiges Konsumgut – auch für den kleinen Mann!

Auf den britischen Inseln wurde die Astrologie in den letzten zwei Jahrhunderten ungestört praktiziert, während sie überall sonst gegen das neue wissenschaftliche Establishment zu kämpfen hatte. Aber sie dämmerte vor sich hin, nur in populären Almanachen gepflegt. Erst ab 1890 waren Anzeichen eines Wiedererwachens in Verbindung mit einem Boom an spiritistischen Séancen und okkulten Vereinigungen wie dem *Globalen Dawn* zu verzeichnen (wie auch in Frankreich und insbesondere in Deutschland).

»Die Jungfrau« und »Die Zwillinge«. Holzschnitte aus dem 18. Jh. Aus einem Almanach der Tierkreiszeichen und der damit verbundenen Charaktereigenschaften.

Auch wenn die Almanache das Erscheinungsbild der Astrologie in Großbritannien bestimmten, verbesserten sie ihre Reputation keineswegs. Dem konnte auch Richard Garnett (1835–1906) mit seinem Plädoyer in *The Soul and the Stars* nicht abhelfen: »… Es ist nötig, den rein empirischen Charakter der Astrologie zu betonen, weil sie meist für eine okkulte Wissenschaft gehalten wird. Man sieht im Astrologen eine Art Zauberer, und so bleibt nur die Alternative: Weissagung oder Betrug. Doch es ist eine Tatsache, dass – außer der Astronomie, und was die Gewissheit ihrer Daten angeht – die Astrologie die exakteste aller Wissenschaften ist. Ihre Berechnungen beruhen auf keinem anderen kabbalistischen Verfahren als dem der Arithmetik. Die Einflüsse, Himmelskörpern zugeschrieben, mögen imaginär sein, sie sind aber in keiner Weise okkult ...«

Ungerührt von dieser Beschwörung expandierte die Astrologie in Großbritannien in den letzten dreißig Jahren vor dem Ersten Weltkrieg genau in die Richtung von Esoterik, Spiritismus und den entsprechenden okkulten Praktiken.

Zaubermittel in England: der Almanach

Der Glaube an die Macht der Sterne war hauptsächlich den Periodika zu verdanken, die seit 1603 von der Stationer's Company *herausgegeben wurden. Die Werke ihrer Autoren wurden über deren Tod hinaus weitergedruckt, z. B. Francis Moores (1657–1715)* Vox stellarum. *Um 1803 gab es außerdem noch* Merlinus liberatus *von John Patridge,* Olympia domata *von Vincent Wing und* Speculum Anni *von Henry Season. Ihre Auflagen waren beachtlich – weit über 100 000 Exemplare bei einer Bevölkerung anfangs des 19. Jahrhunderts von nicht viel mehr als zehn Millionen. Die erste Astrologiepublikation, die diesen Namen verdiente, war* The Astrologer's Magazine (1793), *in dem sich Pseudonyme wie Mehmet, Mercurius of Bath und Tarantabolus an ihr geschätztes Publikum wandten.*

Dr. Ebenezer Sibly (1752–1799) gab neben Kochbüchern und Anleitungen zu Lebenselixieren auch The Complete Illustration of the Celestial Art of Astrology *in vier Bänden heraus. Darin plünderte er hemmungslos wie ein Quacksalber und ohne jede Sachkenntnis die Arbeiten des 17. Jahrhunderts, so auch den Nonsens von John Gadbury (1627–1707). Das über tausend Seiten starke, als Opus magnum gehandelte Werk zeigt, wie abgestanden und abstrus sich die Astrologie zu jener Zeit darbot, insbesondere durch den wenig inspirierten Einbezug von Hermetik, Magie und Alchemie.*

Fortführung auf Seite 268

1824 rief Robert Cross Smith (1795–1832) unter dem Protektorat Ihrer Königlichen Hoheit, der Princess of Cumberland (bürgerlich: Olivia Serres), The Straggling Astrologer *ins Sternenleben. Auch die berüchtigte Pariser Wahrsagerin Mademoiselle Marie-Anne Adélaide Le Normand (1772–1843) gewann er als Schirmherrin. Er selbst firmierte unter dem Pseudonym Raphael. Das Nachfolgeprodukt seines Almanachs seit 1827 hieß* The Prophetic Messenger. *Als Smith starb, zogen gleich drei weitere »Prophetics« das Geschäft an sich, ohne Raphaels Tod auch nur zu erwähnen.*

Der wichtigste Publizist der viktorianischen Ära war zweifellos Richard James Morrison (1795–1874), Pseudonym Zadkiel.

Er war mit Smith befreundet und ebenfalls Mitglied der mercurii *(eines Klubs professioneller Esoteriker). 1824 ließ er sich als Berater von Spekulanten kaufen. Einer davon war die* Wellington Telescope Company *(Errichtung eines Riesenteleskops nahe dem Glaspalast von Sydenham), für die Zadkiel unverfroren Anleger warb. Diese Pleite überstand er noch glimpflich.*

Kritischer wurde es bei der »Kristallkugel-Affäre«. Zadkiel hatte in einer Aufsehen erregenden Prognose dem Prinzgemahl öffentlich großes Unheil für das Jahr 1861 vorausgesagt, und der starb dann auch prompt und pünktlich. Ein Admiral ließ sich nur mit Mühe davon abbringen, sich mit dem »Magier des Todes« zu duellieren, und strengte dann einen Prozess gegen Zadkiel an, den der glorreich gewann: Die Auflage seines Almanachs stieg auf das Doppelte. Nach Morrisons nicht bekannt gegebenem Ableben wurde das Geschäft von seiner Familie weitergeführt. Der neue Redakteur, Alfred James Pearce (1840–1923), wie sein Vorgänger Mitglied der Astro-Meteorological Society, *leitete den Verlag länger als sein Gründer. Endgültig eingestellt wurde* Zadkiels Almanach *erst 1931.*

Raphaels Almanach *war inzwischen in den Händen von Robert T. Cross (1850–1923) gelandet. Die konkurrierenden Publikationen hatten bereits 1880 jeweils eine Auflage von weit über 100 000 Exemplaren überschritten.*

MADAME BLAVATSKY UND DIE *THEOSOPHEN*

In den Salons des Fin de siècle wurde der Astrologie mit Séancen gehuldigt. Als Hohepriesterin dieser vom Weihrauch der Esoterik umwaberten Orakel feierte man Helena Petrowna Blavatsky (1831– 1891). Die gebürtige Ukrainerin hatte 1875 in New York die *Theosophische Gesellschaft* gegründet (bis dahin hatte sie sich ihren Lebensunterhalt als Medium verdient). Aufsehen erregte ihr 1877 erscheinendes Buch *Isis Unveiled: A Master Key to the Mysteries of Ancient and Modern Science.*

1879 begab sich Madame nach Madras, später verpasste sie ihrer Theosophie im viktorianischen London den endgültigen Schliff: eine Mixtur aus europäischer Hermetik und buddhistischen Mahatmas (Lehren, die sie angeblich in Tibet empfangen hatte, obgleich sie dort wahrscheinlich nie gewesen war).

Helena Petrowna Blavatzky

Die Mitgliedschaft in ihrem elitären Klub war auch in besseren Kreisen begehrt, Sponsorengelder flossen reichlich.

»Jene, die an das Karma glauben, müssen auch an das Schicksal glauben, welches von der Geburt bis zum Tode ein jeder Mensch um sich selbst webt wie die Spinne ihre Gewebe; und dieses Schicksal ist gelenkt entweder von der himmlischen Stimme des unsichtbaren Vorbildes außerhalb von uns oder von unserem mehr vertrauten astralen oder inneren Menschen, welcher nur zu oft der böse Genius der verkörperten Wesenheit, genannt Mensch, ist.«

Die Adepten

Helena Petrowna Blavatsky war die Spinne, und in ihrem Netz verfingen sich die Astrologen von nahezu ganz Europa. In England wurde ihr nützlichster Adept William Frederick Allen Leo (Pseudonym »Alan Leo«, 1860–1917), der das Marketing der Theosophie übernahm, indem er die unbekannte Zeitschrift The Astrologer in die Schlagzeilen brachte. Er tat sich mit Walter Richard Old (1864–1898) zusammen, dem späteren »Sepharial«. Sie gründeten The Astrologer's Magazine, das sie vor allem mit Gratishoroskopen ihrer Abonnenten über Wasser hielten.

Unter ihrem Nachfolger Charles E. O. Carter (1887–1968) wurde das Magazin in Modern Astrology umbenannt. C. E. O. Carter war auch der erste Vorsitzende der Faculty of Astrological Studies, die er zusammen mit Magaret Hone (1892–1969) ins Leben rief. Mit dem Diplom dieser Schule ausgezeichnet, hob 1958 John Addey (1920–1982) das Konkurrenzunternehmen Astrological Association samt eigener Zeitschrift aus der Taufe, dem Astrological Journal. Hauptthema: »Die Kosmischen Zyklen«.

Alan Leo hatte 1884 Bessy Phillips (1858–1931) geheiratet, eine glühende Theosophin und professionelle Handleserin. Unter ihrer Ägide wurden vor allem die Anhänger der Theosophischen Gesellschaft zu zahlenden Klienten. Anfang 1900 führte Leo bereits ein Dutzend Angestellte, die Horoskope in seinem Namen mechanisch vervielfältigten, und unterhielt Filialen in Paris und New York. Sein dienstältester Mitarbeiter E. H. Bailey kündigte als einer der Ersten ob der »respektlosen Prostitution« ihrer Kunst. Dabei galt Leo bei aller Geschäftstüchtigkeit durchaus als seriöser Esoteriker. Schließlich war er zweimal in Indien im Hauptquartier der Gesellschaft gewesen und hatte mehrere Anzeigen wegen Wahrsagerei schadlos überstanden.

Sein Verdienst war zweifellos, dass er die Astrologie einfach, also auf populäre Weise vermittelte: Astrologie für alle.

Alan Leo's Astrologische Lehrbücher

sind am besten geeignet zum Selbststudium, populär
und leicht faßlich gehalten. Bisher sind in deutscher
Sprache erschienen:

Band 1: **Astrologie für Jedermann.**
„ 2: **Was ist ein Horoskop und wie wird
es berechnet?**
„ 3: **Planeteneinflüsse.**
„ 4: **Das Horoskop im Detail.**
„ 5: **Direktionen.**
„ 6: **Die Begründung der Astrologie und
ihre Philosophie.**
„ 7: **Die Mundan-Astrologie.**
„ 8: **Die Grade des Zodiaks, ihre Symbole
und Bedeutung.**
„ 9: **Medizinische Astrologie.**

Preis pro Band Mk. 2.50 und Porto.

Ferner empfehlen wir zur Einführung
in die Astrologie vom gleichen Verfasser:
„Exoterische und Esoterische Astrologie"
Vier Vorträge.   Preis RM 1.20 und Porto.

Ephemeriden-Zentrale.

Sämtliche Raphael's'schen Ephemeriden seit dem
Jahre 1830 vorrätig; ebenso die zur Berechnung erforderlichen Häusertabellen, Horoskopformulare usw.

Astrologischer Verlag Wilhelm Becker
Berlin-Steglitz, Schloßstr. 69

Alan Leo war auch in Deutschland
so populär, dass fast alle seine Werke
übersetzt wurden.

*Walter Richard Old
brach nach dem Tod
von H. P. Blavatsky (bei
dem er zugegen war)
alle Kontakte zur* Theo-
sophischen Gesellschaft
*ab und verschrieb sich
astrologischen Börsen-
prognosen. Doch
Sepharials Bestseller
blieben seine astrologi-
schen Pferdewettsys-
teme wie »Golden Key«
oder »Snapshot«. Erst
nach Olds Tod ent-
deckte der Herausgeber
des* Sunday Express,
*Lord William Maxwell
Aitken Beaverbrook
(1879–1964), den neuen
Markt: reduzierte Astro-
logie, ausgeschlachtet
zur Auflagenerhöhung.
Man kann ihn als ei-
gentlichen Erfinder der
bis heute allgegenwärti-
gen Tageszeitungs- und
Illustriertenhoroskope
betrachten.*

DAS RADIO – STUNDE DER MAGIER

Die Banalisierung und Simplifizierung der Astrologie war die beste Eintrittskarte für den US-Markt. *The Horoscope* (Philadelphia) war der Anfang, Luke Broughton (1828–1899) und Sohn, beide Mediziner, zogen mit *The Monthly Planet Reader and Astrological Journal* nach. Derartige Publikationen lösten die Welle aus, auf der dann Max Heindel, Llewellyn George, Evangeline Adams und andere schwammen.

Llewellyn's astrologische Almanache und Kalender erscheinen bis heute in Massenauflagen – einige inzwischen im 98. Jahr.

Äußerst populär wurde Evangeline Adams (Mrs. George E. Jordan, 1865–1932) mit ihren astrologischen Rundfunksendungen. Kurz vor ihrem Tod (den sie übrigens genau vorhersagte) schrieb die *New York Times*: »… Astrologie und Radio tanzen Hand in Hand zum Sieg!« Für die erleuchtenden, Glück versprechenden Texte war gesorgt – die Re - dakteure mussten nur in den Wühltischen der Antiquariate graben.

Je vergilbter ein Buch, umso begieriger wurde es gelesen. Esoterik und Kabbala waren zumindest seit den Zwanzigerjahren en vogue. Die Hemmungen der Menschen, sich als Adepten des Hermes Trismegistos, der *tabula smaragdina*, der Chymischen Hochzeit, des Tempels der Weisen zu erkennen zu geben, schwanden. »Magier« wurde wieder zur respektvollen Berufsbezeichnung – wie zum Psychiater gehen heute viele wieder zu »ihrem Astrologen« (oder anstatt!).

Von Hollywood aus, das sich sonst nicht gerade literarisch hervortat, versandte Dr. George Llewellyn erfolgreich seine astrologischen Publikationen in Millionenauflagen. Hunderte von »Wissenschaftlern« schrieben für ihn und seine Magazine, und jeder belieferte noch unzählige Zeitungen und Illustrierte mit Tages- und Wochenhoroskopen. Aber auch wissenschaftlich anmutende, preiswerte Neuerscheinungen überfluteten den Astrologiemarkt. 1941 gab es bereits ein halbes Dutzend astrologischer Massenblätter. Amerika wurde im 20. Jahrhundert zum Eldorado einer *popular astrology*, die sich hemmungslos in den Dienst des Massengeschmacks stellte.

DIE ERBEN DES MORIN DE VILLEFRANCHE

In Frankreich war seit der richtungsweisenden und grundlegenden Arbeit des Morin de Villefranche kein astrologisches Talent von ersichtlicher Bedeutung mehr aufgetreten. 1891 bekannte Papus (Dr. Girard Encausse [1865–1916]) in seinem *Traité méthodique de la Science occulte*: »Die Astrologie ist eine der antiken divinatorischen Wissenschaften, deren Regeln heute vollkommen verloren sind.«

En vogue waren die »Illuminaten«, wie J. B. Willermoz, Louis Claude de Saint-Martin (1743–1803), *Le Philosophe inconnu*, und Martines de Pasqually. Die Renaissance der Astrologie setzte erst nach der Erstürmung der Bastille ein, allerdings brachte sie nichts Neues, sondern kam aus der gleichen alten Ecke: Magie, Alchemie, Okkultismus und Rosenkreuzler-Tradition. »Christian Rosencreutz« war eine Romanfigur des 17. Jahrhunderts, die fortan ein Eigenleben führte. Ihr Schöpfer J. v. Andreae (1587–1654), der Verfasser des Traktats *Chymische Hochzeit: Christiani Rosencreutz, anno 1459* (erschienen 1616) geriet bald in Vergessenheit, »Rosenkreuz(l)er« bündeln noch heute im Geheimen. Wieder ausgegraben wurden apokryphe Schriften von Fabre D'Olivet (1767–1825) und Józef Maria Hoëne Wronski (1778–1843). Nur Eliphas Levi (Abbé Louis Constant) ragte heraus. Ihre kabbalistischen Texte hatten

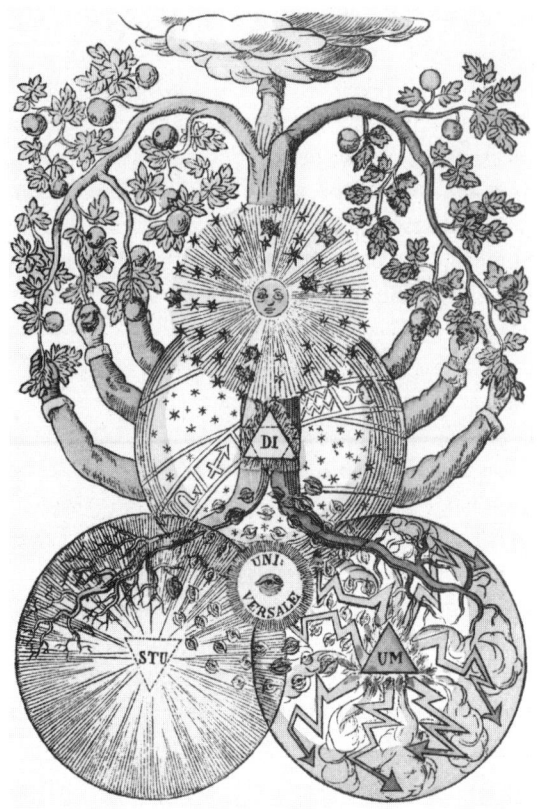

In den geheimen Lehren der okkulten Sekte der »Rosenkreuzer« spielt der »Baum der Erkenntnis von Gut und Böse« eine mystische Rolle.

wenig mit der ursprünglichen, klassisch-jüdischen Schule eines Giovanni Pico della Mirandola oder Johannes Reuchlin (1455–1522) gemein, die noch auf pythagoräischen bzw. neuplatonischen Ideen fußte.

Der bereits zitierte Papus schrieb stellvertretend für seine Kollegen: »Alle Alchemisten sind Kabbalisten, alle geheimen Gesellschaften oder Sekten, die jemals im Abendland aufgetreten sind, Gnostiker, Templer, Rosenkreuzler, Martinisten und Freimaurer, lehnen sich an die Kabbala an und lehren mehr oder weniger ihre Theorien … so wie wir die Kabbala auffassen, ist sie die vollständigste Zusammenfassung dessen, was von der Lehre der ägyptischen Mysterien auf uns überkommen ist.«

Frankreich: Die Revolution fand nicht statt

Eliphas Levi eroberte 1856 für kurze Zeit mit seinem Dogme
et Rituel de Haute Magie *die französische Szene, das heute in
mehreren Sprachen übersetzt vorliegt. Dann betrat Madame
Blavatsky auch hier die Bühne. Ihre ersten Jünger waren Stanislas
de Guaita (1861–1897) und Joseph
Péladan (1859–1918), die eigentlich
als Neorosenkreuzler zu werten
sind, doch der französische Zweig
der Theosophie erlangte nie dieselbe
Bedeutung wie der englische oder
gar der deutsche. Letztlich bezogen
sich alle, was die Astrologie anbe-
langte, auf Morin, dessen monumentale* Astrologia Gallica *von 1661
einsame Spitze und Kompendium
der Astrologie Frankreichs blieb.
Einzig die Abhandlung* Les Mystères
de l'Horoscope *(1887) von Ely Star
(Eugène Jacob, 1847–1942) konnte
sich daneben behaupten. Dessen
weiterer Verdienst war die Veröffent -
lichung lange verschollener Abbildungen der Großen Arkana, der
22 Trümpfe des Tarots. Neben den
Kupferstichen von Andrea Mantegna
(1431–1506) zählen die 1771 von
Court de Gébelins geschaffenen
Karten zu den schönsten ihrer Art.
Diese Arbeit brachte den Tarot
wieder ins Spiel, allerdings auch
seinen mantischen Missbrauch zur
Wahrsagerei.*

Eliphas Levi

Fortführung auf Seite 276

Zu keinem wirklichen Fortschritt in der Astrologie führte das
Wirken von F.Ch. Barlet (Albert Faucheux (1838–1921),
ebenfalls Mitglied im Ordre Kabbalistique de la Rose-Croix.
Hingegen lieferte der berühmte Fomalhaut (Abbé Charles Nicoullaud,
1854–1925) in seinem Manuel d'Astrologie sphérique et judiciaire
(1897) eine beachtenswert präzise Beschreibung der mathemati-
schen Methoden der Astrologie, in der auch die bestehenden
Analogien zwischen Tarot und den Planeten des Zodiak
zurechtgerückt wurden. Außerdem begründete der Nostradamus-
Experte die antifreimaurerische Zeitschrift Revue des Sociétiés
secrètes.
Ein weiterer Priester des Fachs war Abbé Eugène Vignon
(1864– 1936), dessen Petit Manuel pratique de l'Astrologie
1908 erschien.

Erst langsam begann das Interesse für eine Astrologie ohne okkultes Beiwerk wieder zuzunehmen, insbesondere mit Henry Selva und seiner 1902 veröffentlichten *Théorie de déterminations astrologiques de Morin de Villefranche,* die auch in Deutschland große Beachtung fand. Sie bewirkte, dass die französischen Astrologen das System nicht wie in England (z. B. Alan Leo) unreflektiert übernahmen und ausbeuteten, sondern die ganze Thematik ernsthaft aufzuarbeiten begannen, um der klassischen Tradition wieder gerecht zu werden.

Der Erste, der den Versuch unternahm, astrale Einflüsse auf das Schicksal menschlicher Individuen mittels Statistik nachzuweisen, war Paul Choisnard (1867–1930), der unter dem Pseudonym Paul Flambart schrieb. Erst weit nach dem Ersten Weltkrieg, etwa 1930, nahm sich auch die Presse der Astrologie an, mit Publikationen wie *Votre destin* und *Sous le ciel.*

Richtig populär wurde die Astrologie in Frankreich nie, weder auf billigem Niveau wie in England noch als organisierte Vereinsmeierei wie in Deutschland. Dafür blieben ihr die oft unter der Gürtellinie ausgetragenen Fehden erspart und auch der teils willkürliche, teils berechtigte Druck von Seiten der Polizei oder der Gralshüter der Sorbonne.

Keine Schwemme wie im angelsächsischen Sprachraum erlebte Frankreich,
doch auch hier waren Almanache höchst begehrt.

1944 verfasste der belgische Astrologe Vicomte Charles de Herbais de Thun (*1862) die *Encyclopedie du mouvement astrologique de langue française*, eine nicht nur umfangreiche, sondern auch höchst ergiebige Sisyphusarbeit.

GESCHWINDIGKEIT DES FORTSCHRITTS

Noch im ausgehenden 19. Jahrhundert entdeckte William Lassell (1799–1880) nacheinander die Monde der entfernten Planeten. 1862 gelang J. B. L. Foucault die genaue Bestimmung der Lichtgeschwindigkeit und William Huggins die Messung der Sternbewegung nach dem Doppler-Effekt. Der Bau von Observatorien mit immer lichtstärkeren Linsen hatte inzwischen in der gesamten Welt gigantische Ausmaße angenommen, von denen die Astronomie profitierte.

Eine Herausforderung für Ingenieure

Die Universitäts-Sternwarte Leiden war schon 1633 gegründet worden, als erste in ganz Europa. Auch das Linsenfernrohr wurde in Holland erfunden (1608). Aber der wässrige, unsichere Baugrund ließ hier für Astronomen auf die Dauer keine Erfolge zu, obgleich Tausende von Pfählen in den feuchten Boden gerammt wurden. Auch in Kopenhagen, wo schon der berühmte Tycho Brahe gewirkt hatte, genügte der Runde Turm (1637–1642) den Anforderungen der Moderne nicht mehr. 1861 wurde ein Neubau fertig gestellt, der wegen seiner ungünstigen Lage ebenfalls längst aufgegeben ist. Ähnlich erging es dem Bau der Technischen Hochschule in Zürich (1861–1864), für dessen Entwurf immerhin der Architekt Gottfried Semper (1803–1879, Dresden) verantwortlich zeichnete. Endgültig geschlossen wurde er 1979, nicht zuletzt wegen der neuen Installationen in den Alpen (Jungfraujoch 1936 / 37).

Die Universitätssternwarte von Jena (erster Turm 1697) ist noch eng mit den Namen J. W. von Goethe (der 1811 als Minister in Sachsen-Weimar fungierte) und Friedrich von Schiller (1759–1805) verbunden (dessen ehemaliges Wohnhaus in den Bau miteinbezogen wurde). Die optischen Werke Jena (Carl Zeiss, 1816–1888) errichteten im Todesjahr ihres Gründers ein weiteres Observatorium am Ort und stifteten noch 1960 ein Universal-Spiegelfernrohr mit zwei Meter Durchmesser.

Im k.u.k. Wien wurde 1874 die Sternwarte der Jesuiten (1755) durch ein repräsentatives Gebäude ersetzt, das größte in Europa und das letzte in der überholten Kreuzform (für Meridian– bzw. Passage-Instrumente). Erst 1969 richtete man eine Dependance im Wienerwald ein (mit einem 1,52-Meter-Spiegel von Zeiss-Jena), die sich mittlerweile auf die Rotationskontrolle der Erdachse spezialisiert hat. Ebenfalls 1874 ließ Kaiser Wilhelm I. das Astrophysikalische Observatorium in Potsdam bauen, fast gleichzeitig mit dem Lick-Observatorium in Kalifornien und Meudon bei Paris. Diese neue Spezies benötigte keine Meridian-Räume mehr, auch nicht die übliche Nord-Süd-Orientierung.

1967 wurde die Benutzung des größten Doppelrefraktors, den es in Deutschland je gab (12 Meter Brennweite, Durchschnitt 80 bzw. 50 Zentimeter, Steinheil) vorerst eingestellt. Der moderne, unmittelbar daneben von Erich Mendelssohn (1887–1953) 1920 / 21 erbaute Einsteinturm gilt als Musterbeispiel expressionistischer Architektur. Ein fast senkrecht stehendes Fernrohr ist mittels eines Schachts mit der Apparatur für die Spektralanalyse im Keller verbunden.

Gegen Ende des 19. Jahrhunderts verließen die Astronomen zunehmend die repräsentativen Stadtlagen, wo ihre Kuppeln und Rohre Curiosa geworden waren wie der Botanische Garten oder der Zoo. Der immer weiter verfeinerten Arbeit von Beobachtung und Messung kamen die Erschütterungen und die zunehmende Luftverschmutzung in die Quere. So zogen die Wissenschaftler hinaus in die Einöden, in die klare Höhenluft der Berge. Nizza (1879–1886), Pic du Midi (1903–1907) und die Station

Schnitt durch das Observatorium von Nizza (Coupole »Bischofsheim«, erbaut von Gustave Eiffel). Charakteristisch ist die gebäudeunabhängige Sockelkonstruktion für das Teleskop, durch mehrere Stockwerke reichend.

auf dem Jungfraujoch bildeten in Europa die Vorläufer dieser neuen Konzeption von maximierter Forschungsarbeit, die allerdings zugleich zur Touristenattraktion gedieh, so z. B. das Observatorium Fabra Barcelona auf dem beliebten Ausflugsziel Tibidabo, im schönsten spanischen Jugendstil (1902–1904) errichtet. Nach Jahrhunderten von elitär-akademischem Verhalten öffnete sich auch die Astronomie für das Volk. Ein weiteres Novum: Sie fühlte sich nicht mehr an nationales oder gar lokales Prestige gebunden, sondern suchte sich die idealen Standorte für ihre Forschung grenzüberschreitend und kooperativ.

Natürlich entstanden noch vereinzelt Bauwerke, für die dies nicht galt: das private Observatorium von Ondrejov in Böhmen, das, aus tschechischem Nationalstolz geboren (1905–1912), von den Gebrüdern Frič gestiftet wurde, ein technisches Kleinod mit einem Zwei-Meter-Zeiss-Spiegelteleskop, oder die reizvolle *specula Vaticana* in der päpstlichen Sommerresidenz Castel Gandolfo (1932–1935), u. a. mit einem Schmidt-Spiegel von einem Meter Durchmesser ausgestattet und von der *Societas Jesu* betrieben, die sich schon seit langem das Privileg astronomischer Forschung innerhalb der Kirche gesichert hatte (s. Athanasius Kircher und die Sternwarte von Peking).

DER DEUTSCHE WEG

Nach dem Siegeszug der Astronomie im Gefolge des technischen Fortschritts bedurfte es in Deutschland des Anstoßes durch Madame Blavatsky und ihrer Theosophie, um die ziemlich vernachlässigte Astrologie wieder nachhaltig in das Bewusstsein der Allgemeinheit zu bringen.

Zwar hatte im 19. Jahrhundert Julius Pfaff, ein vielseitiger Professor aus Erlangen, lobenswerterweise die erste vollständige Übertragung des *Tetrabiblos* des Claudius Ptolemäus ins Deutsche besorgt und auch eine Kulturgeschichte der Astrologie verfasst (Nürnberg 1816), doch sie waren ohne jegliche Breitenwirkung geblieben. Der Neubeginn astrologischen Interesses im Deutschland der Kaiserzeit beschränkte sich vorerst auf kleinste Gruppierungen, Gemeinden, die sich allerdings um ziemlich bizarre, wenn nicht obskure Priester scharten.

Die Brutstätte des Okkultismus

Helena Blavatsky fand in Elberfeld ihre ersten Jünger, so eine Industriellen-gattin, die bis dahin jedes Jahr nach Paris zu ihrem Meister Eliphas Levi gereist war und Madame den geeigneten »okkulten Raum« zur Verfügung stellte, wo 1884 die deutsche Sektion der Theosophischen Gesellschaft *gegründet wurde. Erster Vorsitzender: Dr. Hübbe-Schleiden (1864–1916), ein bekannter Vertreter des deutschen Kolonial-Anspruchs und seit 1885 Herausgeber der Monatszeitschrift* Die Sphinx. *Zu seinen Mitarbeitern zählten Karl Kiesewetter (1854–1895), der Autor der* Geschichte des Neueren Okkultismus *(1891) und einer der ersten prominenten Drogentoten (er starb bei dem Versuch, hellseherische Fähigkeiten zu erlangen), sowie Dr. Franz Hartmann (1842–1912), der Madame nach Indien (Adyar) begleitet hatte, was er in* Denkwürdige Erinnerungen *(1898) beschrieb. 1899 wurde ein Sekretär eingestellt: »Dr.« Hugo Vollrath (*1877), der zur Schlüsselfigur der Szene wurde, als er 1907 eigenmächtig ein Theosophisches Verlagshaus in Leipzig gründete. Dr. Rudolf Steiner, der damalige Generalsekretär der Gesellschaft, warf ihn hinaus. Vollrath beschwerte sich bei der Zentrale in London, die dem jungen Mann die Mitgliedschaft auf internationaler Ebene bestätigte und ihn mit der Aufnahme in den Orden vom »Stern im Osten« tröstete, dessen Repräsentant er für Deutschland wurde, in Erwartung der Ankunft eines geheimnisvollen »Weltenlenkers«. Der düpierte Steiner trat aus und rief bald darauf die* Anthroposophische Gesellschaft *ins Leben.*

Max Altmann hatte 1908 das Zentralblatt für Okkultismus *veröffentlicht. Sofort schlug Vollrath mit dem* Prana-Journal für experimentelle Geheimwissenschaften *zurück (1909) und warb den Chefredakteur Karl Brandler-Pracht (*1864) von dem Konkurrenten ab. Die erste organisierte Astrologiegruppe in Deutschland war die* Cosmos-Gesellschaft Deutscher Astrologen, *der Otto Pöllner (*1864) und Alexander Bethor (Aquilin Backmund [1876– 1938]) angehörten. Die neue Gesellschaft spezialisierte sich anfangs auf vergleichende physiognomische Studien, vulgo Chiromantie, kombiniert mit Handschriftprobe und Stundenhoroskop. Ebenfalls 1909 gab die Gesellschaft den* Zodiakus *heraus, die erste »reine« Astrologiezeitschrift. 1914 trennte sich Brandler-Pracht im Streit von Vollrath und überließ ihm die inzwischen bedeutendste Fachzeitschrift* Astrologische Rundschau. *Der Verleger hatte auch mit seiner Buchreihe* Astrologische Bibliothek *zunehmend Erfolg, besonders als der Alan-Leo-Schüler Wilhelm Becker bei ihm publizierte.*

Die Astrologie hält Einzug in eine sich industrialisierende Welt.
Uranus ist der Planet, der für den »Fortschritt« steht.
Aus »Glahn's astrologischem Volkskalender«, 1932.

Von einem öffentlichen Interesse oder einer Breitenwirkung der Publikationen konnte nicht die Rede sein. Der Krieg unterbrach, wenn auch nur kurz, die Renaissance der astrologischen Bewegung in Deutschland. Doch die Weichen waren gestellt.

Völlig verstört reagierten die Astrologen auf die Entdeckung des Pluto, für die schon Uranus und Neptun Konflikte heraufbeschworen hatten. Die Existenz des Fremdlings in der Tiefe des Universums war dazu angetan, ihr Selbstverständnis weitaus mehr zu erschüttern als seine »teleskopischen« Vettern. Dabei hatten aufgeschlossene Astrologen sein Erscheinen schon lange bangend erwartet oder wohlig schaudernd herbeigesehnt. Die Namenswahl fiel dementsprechend aus: Pluto, der Herr der Finsternis, der Herrscher über den Hades, das Totenreich, doch auch Gott der verborgenen Schätze, des unermesslichen Reichtums.

Der Herr der Finsternis: Pluto

Inzwischen versuchte die Astronomie, die Schwankungen in der Laufbahn des Neptun und des Uranus zu ergründen. Sie waren, nahm man an, durch die Existenz eines weiteren Planeten zu erklären. Der Amerikaner Percival Lowell (1855–1916) begann 1905 den Himmel nach ihm abzusuchen, doch ohne Erfolg.

1919 berechnete Professor William Pickering (1858–1938) die ungefähre Position des rätselhaften Unbekannten.

Ein Jahr lang beobachtete er vom Mount Wilson aus die in Frage kommenden Sektoren des nächtlichen Sternenhimmels, fotografierte sie systematisch ab – nichts! Es musste sich um einen Trugschluss handeln.

1929, zehn Jahre nach der erfolglosen Suche von Pickering, kramte Glyde W. Tombough (*1906) vom Lowell-Observatorium in den archivierten Fotoplatten und entdeckte einen winzigen Lichtpunkt, der von Platte zu Platte wanderte: Pluto!

*Den Astronomen bereitete diese Entdeckung keine Probleme. Pluto hatte sich aufgrund von »Störungen« berechnen lassen, und man war seiner schließlich habhaft geworden. Seine elliptische Bahn verläuft zwischen denen von Uranus und Neptun, schießt aber am Scheitelpunkt (Entfernung von der Sonne fast 6000 Millionen Kilometer) weit über die des Letzteren hinaus in das Weltall. In diesen eisigen Weiten gefriert selbst Wasserstoff zur festen Masse, was **Pluto** vor allem in Bezug auf die Dichte in seinen Dimensionen der Erde vergleichbar macht.*

Das nach dem Saturn / Uranus-Kompromiss und der strittigen »feindlichen Übernahme« von Jupiter / Neptun mühsam gekittete System der Domizile wusste für den Nachzügler keinen Platz. Mars wehrt sich bis heute gegen den Eindringling. Die Zunft behilft sich damit, dass sie ihn zwar in die Ephemeriden einbezieht, ihm jedoch kein definitives Domizil zuweist, sondern ihn zum Planeten des Gesamt-Menschheits-Geschicks erklärt, im Gegensatz zu allen anderen mit Individualfunktionen. Da die Astrologie bis dato wenig über ihn auszusagen weiß, be-

DER NEU ENTDECKTE
PLANET * PLUTO

Anfang des Jahres 1930 ist in Amerika ein neuer Planet entdeckt, der vorher berechnet worden ist. Er hat den Namen Pluto bekommen, dieser Name war auch längst „vorausgeahnt", als Beispiel diene die in diesem Kalender befindliche kleine Novelle des jungtürkischen Dichters Ali-Bey, die bereits 1923 geschrieben ist und bereits im Vorjahr abgedruckt werden sollte, was wegen Platzmangel unterblieb. Pluto war in der Mythologie der Alten der Gott der Unterwelt, er ist die Sonne im Jenseits. Die Astrologen sind nun eifrig beschäftigt, die Wirkung dieses Planeten zu studieren. Nach Vorschlag des Herausgebers dürfte er Regent des Zeichens Storpion sein. Die ungewöhnliche Bahn dieses Planeten zeigt folgende Zeichnung, entnommen der Monatszeitschrift „Astrale Warte", ebenfalls vom Herausgeber.

benfalls haben wir die Sonnennähe erlebt und das setzt uns in den Stand, seine Wirkung zu studieren. Da viele Leser wissen möchten, wo Pluto in ihrem Horoskop steht, folgt eine Liste, entnommen der „Astralen Warte", März 1931:

Geozentrisch

Datum 1.1.	Deklination ° '	Longitudo	Datum 1.1.	Deklination	Longitudo
1870	2N 8	16 34♏	1901	13 18	16 22
1871	2 30	17 30	1902	13 38	17 22
1872	2 52	18 27	1903	13 59	18 23
1873	3 14	19 23	1904	14 19	19 23
1874	3 36	20 20	1905	14 39	20 24
1875	3 58	21 16	1906	15 0	21 29
1876	4 20	22 13	1907	15 20	22 31
1877	4 42	23 9	1908	15 39	23 34
1878	5 4	24 6	1909	15 59	24 38
1879	5 26	25 2	1910	16 18	25 42
1880	5 48	25 59	1911	16 38	26 46
1881	6 10	26 55	1912	16 57	27 50
1882	6 31	27 52	1913	17 17	28 53
1883	6 53	28 49	1914	17 35	29 58
1884	7 15	29 46	1915	17 54	1 46♐
1885	7 37	0 43♐	1916	18 12	2 10
1886	7 59	1 41	1917	18 30	3 16
1887	8 21	2 39	1918	18 48	4 23
1888	8 43	3 36	1919	19 5	5 31
1889	9 4	4 34	1920	19 23	6 41
1890	9 26	5 32	1921	19 40	7 49
1891	9 48	6 31	1922	19 57	8 57
1892	10 10	7 29	1923	20 12	10 10
1893	10 31	8 26	1924	20 29	11 21
1894	10 52	9 24	1925	20 44	12 31
1895	11 13	10 24	1926	21 0	13 45
1896	11 34	11 23	1927	21 13	14 58
1897	11 55	12 22	1928	21 26	16 13
1898	12 15	13 22	1929	21 41	17 26
1899	12 36	14 21	1930	21 54	18 42
1900	12 57	15 21			

Datum 1.1.	Deklination	Longitudo
1931	22N 6	20° 0♋
1932	22 18	21 18
1933	22 28	22 37
1934	22 38	23 56
1935	22 47	25 16
1936	22 55	26 37
1937	23 2	27 59
1938	23 9	29 23
1939	23 16	0 48♌
1940	23 23	2 15

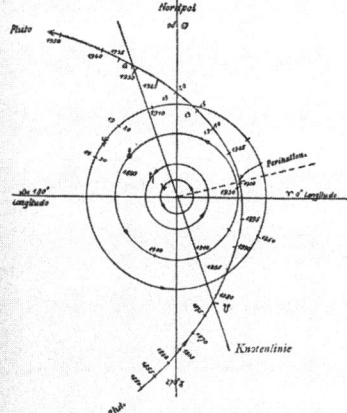

Diese Bahn führt in Sonnenferne in so erhebliche Weiten des Kosmos, daß eine sehr unterschiedliche Wirkung anzunehmen ist, zumal die Umlaufzeit vermutlich 247 Jahre beträgt. Je-

77

Nichts erregte die Welt der Astrologie so sehr wie die Suche und schließlich die Entdeckung des vorläufig letzten Planeten Pluto. Eine angemessene Verwendung fand sie für den »Unheimlichen« keineswegs.

frachtet sie den »Unheimlichen« mit einem Konglomerat von Uranus / Neptun-Aspekten – und zwar mit allen negativen, was ihn nicht sympathischer macht.

Die von den Astronomen erfolgreich abgeschlossene Jagd auf Pluto, mit dem die Zahl der Planeten auf zehn angestiegen ist, inspirierte viele Astrologen zu dem Gedanken, wie günstig es wäre, wenn es entsprechend zu den zwölf Tierkreiszeichen eine gleiche Anzahl von Planeten gäbe. Alsbald kam die Suche nach *Transpluto* in Mode. Behelfsweise werden auch »unsichtbare« Planeten in Betracht gezogen, deren Bahnen den Blicken – durch andere, bekannte Gestirne abgedeckt – angeblich entrückt bleiben.

So huscht zwischen Merkur und Sonne der *»intermerkuriale* Vulkan« herum, den keiner je zu Gesicht bekommen hat, doch Ephemeriden-Tafeln gibt es für ihn. Auch Lilith, der »Schwarze Mond«, »der Mond hinter dem Mond«, gehört dazu.

EIN NEUES UNIVERSUM

1913 trennten sich zwei der größten Geister, die das Abendland gegen Ende des 19. Jahrhunderts hervorgebracht hatte und die sein Denken in maßgeblicher Weise veränderten: Dr. Sigmund Freud (1856–1939) und Carl Gustav Jung (1875–1961).

Der Wiener Psychoanalytiker betrachtete schon seit einiger Zeit mit Unbehagen die Richtung, die der Schweizer eingeschlagen hatte, da sich der mehr und mehr mit vergleichender Mythologie und Religion beschäftigte. Vor allem die Verschiedenheit der Ansatzpunkte religionspsychologischer Auffassungen sorgte dann dafür, dass zwei grundsätzlich unterschiedliche Werke entstanden. Auf der einen Seite steht Freuds *Totem und Tabu* (1912 / 13), in dem der Altmeister religiöse Phänomene nicht als primäre seelische Realität anerkannte, sondern als »universelle Zwangsneurose« abtat, als »Illusion« und »infantile Wahnidee«. C. G. Jung dagegen wies in *Wandlungen und Symbole der Libido* (1912) auf die versöhnenden, heilenden Kräfte hin, die dem Mythos – so man ihn zulasse – innewohnten.

Jung, dem es fern lag, eine neue Bewegung oder gar Sekte ins Leben zu rufen, verwies immer wieder auf die Unsicherheit aller Hypothesen: »... wenn wir überzeugt sind, endgültige Wahrheiten über metaphysische Dinge zu wissen, so bedeutet das nichts anderes, als dass die archetypischen Bilder von unserem Denk- und Fühlvermögen Besitz ergriffen haben ...« Freud wiederum beharrte auf seinen einmal gewonnenen Erkenntnissen. Daran zerbrach ihre Freundschaft. Die beiden sollten sich nie wieder sehen.

Jung hatte erst Medizin in Basel studiert, bevor er sich der Psychiatrie zuwandte (Paris, 1905–1913 Lehrstuhl in Zürich). Den Denker für die Astrologie eingenommen zu haben war zweifellos das Verdienst von Oskar A. H. Schmitz (1873–1931), einem nicht unbegabten, vielseitigen Schriftsteller. Er hatte 1917 in Wien Friedrich Schwickert (1857–1930) kennen gelernt, »Superieur Inconnu« des *Martinisten-Ordens* und Mitglied im *Neutempler-Orden* des Georg Lanz von Liebenfels (1874–1954).

Schwickert wies Schmitz nicht nur in den Okkultismus ein, sondern machte ihn auch mit den astrologischen Arbeiten von Alan Leo und Henri Selva vertraut. 1922 erschien Schmitz' *Der Geist der Astrologie*, mit dem er sich viel Achtung verschaffte.

Derart ausgestattet, trat der Adept in Zürich vor den von ihm verehrten C. G. Jung und ließ sich von ihm in die Psychoanalyse einführen. Als Nächstes tauchte der umtriebige Herr Schmitz in Darmstadt auf, wo Graf Hermann Keyserling (1880–1946) gerade seine »Schule der Weisheit« eröffnet hatte, nachdem ihm sein *Reisetagebuch eines Philosophen* auf einen Schlag zu Ruhm verholfen hatte. Schmitz schrieb sich dort ein, betrieb jedoch so eifrig Propaganda für Jung (der zu diesem Zeitpunkt noch ziemlich unbekannt war), dass der Graf ihn hinauskomplimentierte.

Für Schmitz war vor allem wichtig, dass Graf H. Keyserling, dessen Wort damals viel galt, die Astrologie Jung'scher Prägung nicht öffentlich diskreditierte, auch wenn er sich nicht darauf einließ. Damit war in Deutschland die Diskussion« über eine »Psychologische Astrologie« eröffnet, worauf Schmitz zielstrebig hingearbeitet hatte. Bis dahin hatte man unter diesem Begriff eher die Charakterologie verstanden, also das Studium psychologisch verschiedener Veranlagungen (»Typologie«), einen meist spekulativ betriebenen Bereich der akademischen Psychatrie. C. G. Jung hingegen empfahl die Erstellung des Geburtshoroskops als wirksamen Schlüssel für die »reduktive Analyse« (Zurückverfolgung eines Komplexes bis zu seinen Wurzeln): »Der Sternenhimmel als das aufgeschlagene Buch der menschlichen Seele.«

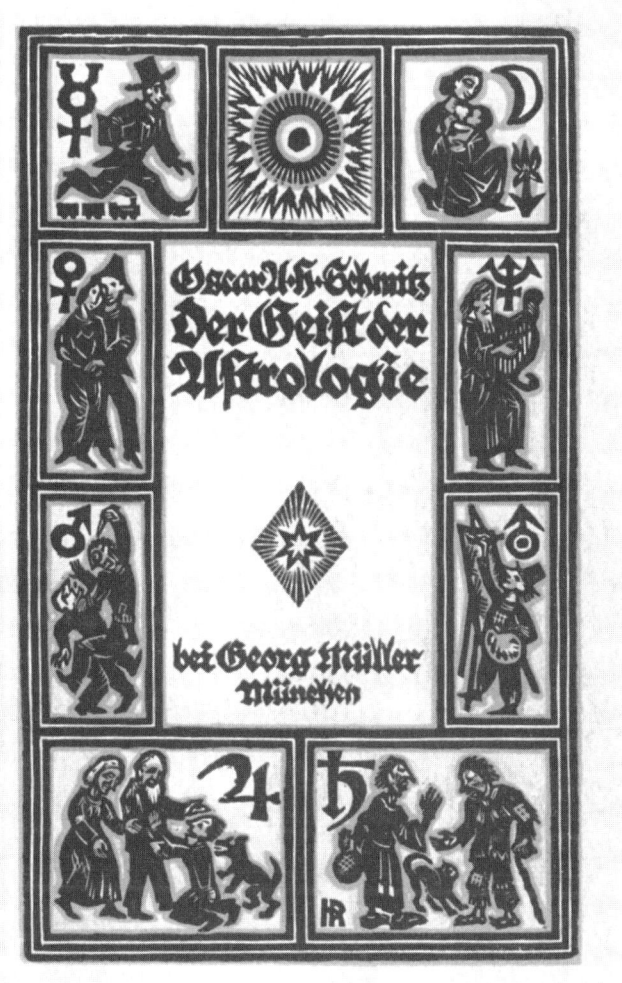

Auch achtbare Veröffentlichungen konnten sich bald
in der Ausstattung dem »völkischen« Zeitgeist nicht mehr entziehen.
Aus dem Jahre 1930.

Jetzt erschienen den aufhorchenden Astrologen Jungs *Psychologische Typen* und Ernst Kretschmers (1888–1964) *Körperbau und Charakter* in einem ganz anderen Licht. Zum Pionier der neuen Richtung wurde Herbert Freiherr von Klöckler (1896–1950). Er warf einen großen Teil der als Ballast empfundenen Auffassungen des Mittelalters über Bord, trennte sich aber auch von der okkulten Szene samt den Theosophen. Sein Standardwerk, *Grundlagen für die astrologische Deutung*, setzte Maßstäbe für das 20. Jahrhundert und war zum Zeitpunkt seiner Veröffentlichung (1926) sicher das meistbeachtete Lehrbuch. Zu des Freiherren Leipziger Kreis zählte auch Dr. Otto Kellner (*Charakterkunde und Astrologie*, 1927), der nun auch die Graphologie nutzbringend einbezog.

Einen anderen Weg war Rudolf Steiner gegangen, nachdem er sein Amt als Generalsekretär der *Theosophischen Gesellschaft* niedergelegt hatte. Von Haus aus katholisch und Naturwissenschaftler, war er schon 1907 mit seinen Vorträgen über »Mythen und Sagen« sowie »Okkulte Zeichen und Symbole« hervorgetreten. Ihnen folgte 1909 der Zyklus »Geistige Hierarchien und ihre Widerspiegelung in der physischen Welt (Tierkreis, Planeten, Kosmos)«.

1913 – im gleichen Jahr, als sich C. G. Jung von seinem Übervater Sigmund Freud löste – gründete Rudolf Steiner seine *Anthroposophische Gesellschaft*. Zugleich eröffnete er in Dornach (bei Basel) das Goetheanum, eine »Hochschule für Geisteswissenschaften«. Während Jung die Religion als Basis nutzte, um allgemein gültige Erkenntnisse für das Zusammenleben von Menschen zu gewinnen, und versuchte, sie durch den Mythos sichtbar zu machen und zu erklären, entwarf Steiner eine Weltanschauung, die sich kaum weniger dogmatisch präsentierte als die herkömmlichen Lehren einer monotheistischen Kirche, vor allem auf dem Gebiet der Pädagogik (Waldorfschulen). Diese Haltung erwies sich mit der von Jung angeregten Öffnung und Infragestellung aller landläufigen Thesen als unvereinbar. Daran änderte auch Steiners Spätwerk *Initiationswissenschaft und Sternenkenntnis. Der Mensch in Vergangenheit, Gegenwart und Zukunft vom Gesichtspunkt der Bewusstseinsentwicklung* (1923) wenig.

Doch die beiden grundverschiedenen Ansatzpunkte wurden zu Wegweisern, nach denen sich die meisten der zu Beginn des 20. Jahrhunderts aufkommenden »Schulen« richten sollten, so die aus der Anthroposophie hervorgegangene *Religions-Philosophische Arbeitsgemeinschaft*

(Augsburg, 1933). Ihr Begründer, der Theologe und Philosoph Herman Weidelener (1903–1972) – erst mit Auftrittsverboten, dann mit Haft verfolgt –, gehörte vorher zum engsten Kreis um Rudolf Steiner, den er jedoch bereits 1924 verlassen hatte. Nach dem Krieg setzte er sich auf regelmäßig abgehaltenen Tagungen seiner Anhänger für eine geistige Erneuerung ein, ohne allerdings die Öffentlichkeit zu suchen (»*Die Götter in uns – Lebenserkenntnis durch die Bilder der Mythen*«, Augsburg 1958).

Ähnlich verhielt es sich mit dem Kreis um den Wiener Arzt Oskar Adler (1875–1955). Sein *Testament der Astrologie* basiert auf Vorträgen, die er 1938 vor seiner Emigration nach London hielt. Diese grundlegende Abhandlung wandte sich nicht nur an eine Elite, sondern postulierte den Status einer Geheimwissenschaft für die Astrologie. Auch Thomas Ring ist mit diesen spirituell Eingeweihten und geistigen Lehrern in einem Atemzug zu nennen.

Für die Entwicklung der Astrologie, der sowieso harte Prüfungen bevorstanden, ist das Werk von C. G. Jung zweifellos ergiebiger. Neben seinem Verdienst, der Rolle des Weiblichen – wenn auch auf dem Umweg über den offenkundigen Dualismus der Astrologie des Zodiak – wieder zur gleichwertigen Anerkennung und Integration verholfen zu haben, verdankt die Astrologie ihm vor allem das Prinzip der *Synchronizität*: die Abkehr von der Vorstellung, dass die Sterne mit Strahlen auf Menschen einwirken und sie so an unsichtbaren Zügeln lenken.

Das Modell der Synchronizität geht davon aus, dass Ereignisse, die sonst in keinem Zusammenhang stehen, allein schon dadurch, *dass* sie stattfinden – oder sogar gleichzeitig stattfinden –, Verbindungen eingehen. Diesen »Beziehungen« räumte Jung den gleichen Rang ein wie dem Gesetz der Kausalität. Und das stellte einen gewaltigen Schritt nach vorne dar in eine Zukunft, in der die Kausalität sich mehr und mehr erschöpfen und an ihre Grenzen stoßen würde.

KONGRESSE UND VERBÄNDE

1922 gelang es dem bemühten A.M. Grimm (1892–1962), in München eine größere Anzahl von Kollegen zu einem »europäischen« Kongress zusammenzutrommeln. Äußerer Anlass war wohl auch die zunehmende Drangsalierung durch die Polizei, die wegen »Wahrsagerei« gegen ihn und Otto Pöllner ermittelte. Zugegen war auch Brandler-Pracht, der sofort Hugo Vollrath informierte. Der erkannte die Publicity-Wirkung einer solchen Veranstaltung, wenn sie nur richtig aufgezogen würde. Hugo Vollrath war immer noch der größte Verleger auf dem Gebiet der Astrologie und Herausgeber der meistgelesenen Fachzeitschrift. Also wurde der nächste Kongress 1923 in Leipzig veranstaltet, und zwar in den Räumen der Theosophischen Gesellschaft – und mit Grimm als Vorsitzendem. Ergebnis war die Einrichtung einer »Astrologischen Zentralstelle« (AZ) in München, die für die Vorbereitung zukünftiger Tagungen zuständig sein sollte. Tatsächlich wurden solche Kongresse – trotz aller Intrigen, Schwierigkeiten mit den Behörden und vor allem handfesten Krächen innerhalb der verschiedenen Richtungen – ohne Unterbrechung bis 1936 abgehalten. Etwas Vergleichbares gab es in keinem anderen Land Europas.

In Leipzig wurde eine »Statistische Zentralstelle« (SZ) ins Leben gerufen, die für die Sammlung und Auswertung aller Daten zuständig war, damit der wissenschaftliche Anspruch der Astrologen untermauert wurde – und Vollrath auf deren Tätigkeit Zugriff hatte. Der Kongressinitiator Grimm wurde wegen Unfähigkeit abgelöst. An seine Stelle trat ein Dr. Wilhelm Mrsic (*1897) von der Universität Zagreb, der diese relativ unparteiische Astrologie-Zentrale bis 1928 wirksam gegen jegliche Einnahmeversuche seitens des mächtigen Verlegers verteidigte. Die nächsten Kongresse fanden 1924 in Berlin, 1925 in Wien, 1926 in Hamburg, 1927 in Magdeburg und 1928 in Kassel statt.

1924 gründete Vollrath verärgert die *AGID (Astrologische Gesellschaft in Deutschland)*, doch bis zur Machtübernahme der Nationalsozialisten 1933 blieb sie ohne Einfluss. Gleichzeitig entstand die *Akademische Gesellschaft für astrologische Forschung* von Dr. Fritz Quade und Dr. F. Schwab, ein elitärer Verein, der sich allerdings zehn Jahre lang halten konnte. Ein weiteres Akademiker-Unternehmen, die *Deutsche Kul-*

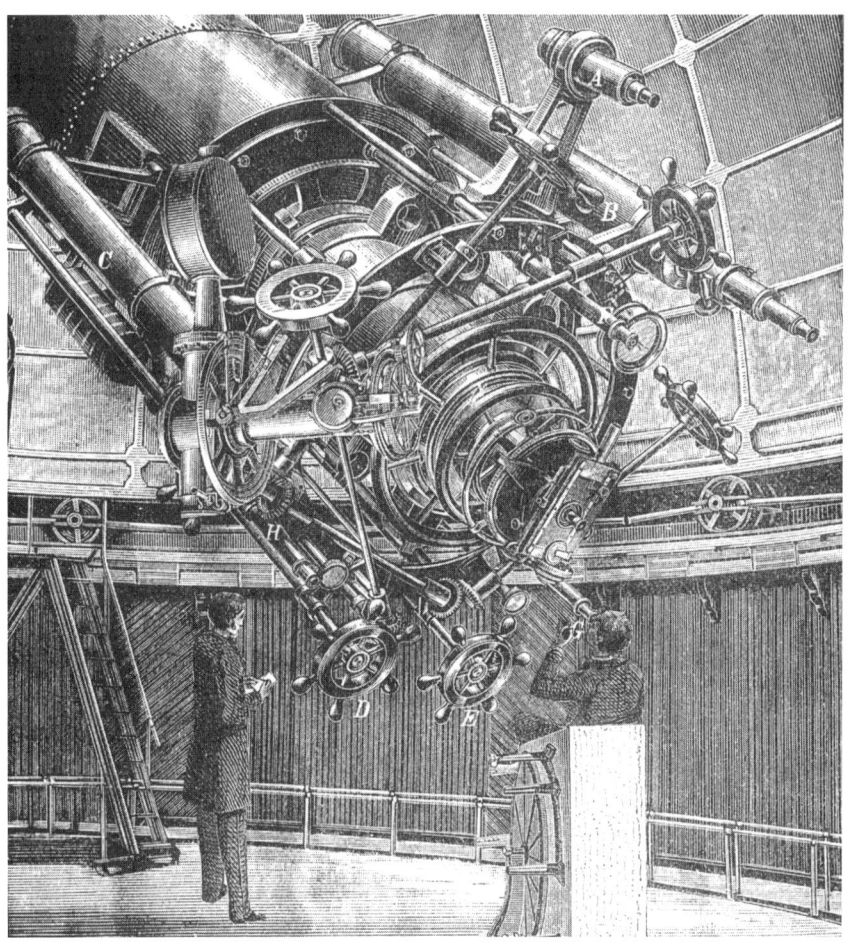

Mit ungeheurem technischem Aufwand wurden die kostspieligen
Apparaturen entwickelt, die den Astronomen den Blick in immer tiefere Weiten
des Sonnensystems gestatteten. Der Beobachtungsstand des Lick-Refraktors,
begehbar von der Drehbühne im ersten Stock aus (Mount Hamilton, Kalifornien).

turgemeinschaft zur Pflege der Astrologie, gegründet 1927, schlief dagegen bereits nach zwei Jahren wieder ein. Immerhin zählten der Bonner
Philosoph Johannes M. Verweyen (1883–1945), der Münchner Paläon-
tologe Prof. E. Daqué und der 1933 von den Nazis in Marienbad ermor -
dete Dr. Theodor Lessing (1872–1933) zu dieser illustren Vereinigung.

Zenit

Die zunehmende Popularität der Astrologie führte Mitte der Zwanzigerjahre nicht nur zu einem enormen Anwachsen entsprechenden Schrifttums, sondern auch zu einer Schwemme von Astrologen. Das brachte bereits 1926 (auf dem Hamburger Kongress) einen Düsseldorfer Anwalt, Dr. Hubert Korsch (1883–1942), dazu, der Zentralstelle die Aufgabe aufzuhalsen, Eignungsprüfungen für Astrologen durchzuführen. Obgleich selbst Mitglied in Vollraths Konkurrenzunternehmen AGID, ließ er sich in die sofort eingerichtete Kommission wählen und bürstete in dieser Eigenschaft den theosophischen Verleger öffentlich ab. 1928 (auf dem Magdeburger Kongress) trat Korsch bereits derart anmaßend auf, dass Dr. Mrsic ihm entnervt den Posten des Vorsitzenden anbot. 1929 (in Nürnberg) wurde er gewählt.

Seine erste Maßnahme war die Ausgabe von Berufsdiplomen. Korsch selber war ursprünglich kein Astrologe, jedoch ein fähiger Organisator mit ausgeprägtem Machtinstinkt.

Als Nächstes gab er den monatlich erscheinenden Zenit *heraus (1930), das offizielle Organ der* Astrologischen Zentralstelle. *Der* Zenit, *sein privates Eigentum, war sicherlich die qualifizierteste und kompetenteste Astrologie-Zeitschrift, die überhaupt jemals irgendwo erschienen ist. Sie zog nicht nur die besten Mitarbeiter von Vollraths* Astrologischer Rundschau *und Wilhelm Beckers* Die Astrologie *ab, sondern auch deren Leser.*

Der Zenit *wirkte im Effekt ebenso totalitär wie sein Erfinder, Dr. Korsch. 1932 formierte sich auf einem »Anti-Kongress« in Erfurt erster Widerstand, angeführt allerdings nicht von den Betroffenen, sondern von dem abgehalfterten Grimm und Reinhold Ebertin, dem Sohn von Elsbeth. Der schickte einen jungen Astrologen aus Hamburg vor, Christian Meier-Parm, der sich schon 1931 auf dem offiziellen Wiesbadener Kongress mit Korsch angelegt hatte. Denn kurz zuvor hatte er in Klöcklers* Sterne und Mensch *seine provozierenden »Horoskope von fünfunddreißig Mädchen in Bordellen« veröffentlicht. Jetzt erklärte Meier-Parm, die »neue Schule« fühle sich von »Plüsch-Sofa-Rationalisten« wie Korsch nicht länger vertreten, und forderte – unter Beifall –, dass man auf das Wohlwollen konservativer Wissen-*

schaft verzichte und eine autonome »Astrologische Universität« ins Leben rufe.

Korsch, der sich inzwischen für einen seriösen Astrologen hielt, verwahrte sich dagegen. Er zitierte den »Großen Eingeweihten« Edouard Schuré (1841–1929): »Nicht im Versuch einer kausalen Begründung ist die Rechtfertigung zu finden, sondern allein im Experiment der Erfahrung.« Dann verlangte er zur Empörung der meisten Anwesenden, sich für Prognosen an empirisch messbare Kraftfelder zu halten, die sich als kosmische Bezugspunkte in unmittelbarer Erdnähe befänden, statt hektografierte Horoskope zu vertreiben, die sich auf unbewiesene »Strahlungen« weit entfernter Planeten beriefen. Der Handel mit vorgefertigten, stereotypen »Schicksalsdeutungen« sei zu unterbinden, und zwar mit Ausschluss und Ächtung solcher Quacksalber.

Nichts dergleichen geschah, aber als Grabenkrieg setzte sich der Kampf fort. Korsch vs. Becker: eine Schlammschlacht mit Fälschungen, Verleumdungen und Nötigung. Der letzte »Offene Brief« der Streithähne erschien im Februar 1933 in Vollraths Astrologischer Rundschau, der sich und seine geballte Pressemacht an die Seite des »Kollegen Becker« und gegen Dr. Korsch gestellt hatte.

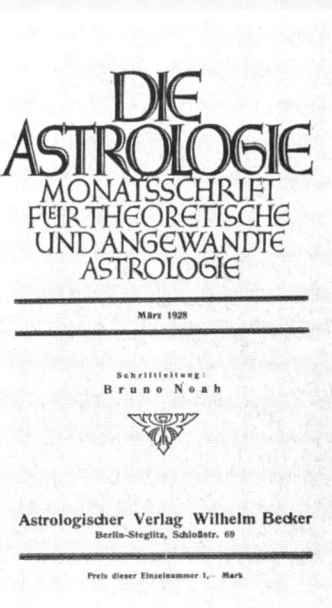

DIE ASTROLOGIE
MONATSSCHRIFT FÜR THEORETISCHE UND ANGEWANDTE ASTROLOGIE

März 1928

Schriftleitung:
Bruno Noah

Astrologischer Verlag Wilhelm Becker
Berlin-Steglitz, Schloßstr. 69

Preis dieser Einzelnummer 1,– Mark

Beckers »Die Astrologie« war eines der ersten Opfer von Korschs Expansionsstrategie.

Im gleichen Monat brannte der Reichstag: Adolf Hitler (1889–1945) war Kanzler des Deutschen Reiches geworden. Eine seiner ersten Amtshandlungen war der Erlass einer Notverordnung »Zum Schutz von Volk und Staat«.

DIE »SCHULEN« –
EINE BESTANDSAUFNAHME

Der Ausgang des Ersten Weltkrieges bedeutete für die Entwicklung der Astrologie in Deutschland eine einschneidende Zäsur, bewirkte aber keine Ernüchterung. Die meisten Vorkriegsgesellschaften hatten sich aufgelöst. Im Februar 1933 ernannte der Reichspräsident Paul von Hindenburg (1847–1934) den Vorsitzenden der NSDAP, Adolf Hitler, zum Reichskanzler.

Die mit der Machtübernahme gleichgeschaltete Polizei konnte sich rasch einen Überblick über den aktuellen Stand der deutschen Astrologiebewegung verschaffen. Publikationen gab es genug; die gut dokumentierte Abhandlung von Dr. Karl Bayer, *Die Grundprobleme der Astrologie* (Leipzig, 1927), enthielt alle notwendigen Angaben und Hinweise. Bis dahin stieß die Beschäftigung mit Astrologie kaum noch auf prinzipiellen Widerstand; strittig war nur die Frage der Anwendungsmöglichkeiten.

Während die Jungianer, auf Ausgleich bedacht und ambitioniert genug, um sich den Herausforderungen der Zeit zu stellen, längst von der akademischen Wissenschaft akzeptiert wurden, hatten mittlerweile völlig neue »Schulen« die Szene betreten. Ihr Angebot war breit gefächert, ihre Thesen und Modelle grenzten sich zum Teil radikal voneinander ab, doch noch öfter überlappten sie sich derart, dass kaum Unterschiede zu erkennen waren. Ohne Anspruch auf detaillierte Vollständigkeit lassen sich folgende Richtungen unterscheiden:

Die Hamburger Schule

Bezeichnung einer Schrift von Dr. Wilhelm Hartmann (*1893) / Friedrich Sieggrün aus dem Jahre 1925, in der Alfred Witte (1878–1941) sein *Regelwerk für Planetenbilder* vorgestellt hatte, samt der von ihm entwickelten drehbaren Gradscheibe. Angefangen hatte es mit der »Entdeckung« des Transneptuniers Cupido durch die Autoren.

In der Folge wurde eine Reihe von hypothetischen Planeten eingeführt (angenommene Punkte in der Ekliptik, denen man »verstärkte Wirkungen« zuschrieb). Mit dieser Bereicherung machte sich die Hamburger Schule nicht so sehr um die Astrologie verdient als um den zu kurz gekommenen Olymp der griechischen Götter (wobei Kronos zeitweilig und unverständlicherweise durch Vulkanus ersetzt wurde).

Name des »Planeten«	Symbol	Wirkung
Zeus		Schöpfung
Kronos		Führung
Poseidon		Erleuchtung
Hades		Einsamkeit
Cupido		Geselligkeit
Apollo		Friede
Admetos		(max. Hemmung) Tod

Auch dem nur oberflächlich mit der Mythologie Vertrauten wird sofort auffallen, dass hier lediglich – unter ihrem griechischen Namen – bereits bekannte Götter / Planetenprinzipien nochmals ins Spiel gebracht werden, und zwar wieder nur Männer!

Auf die Qualität der »Zeichen« soll hier nicht eingegangen werden; sie bereiten schon in ihrer Zusammenstellung und den angegebenen »Wirkungen« jeder Erfahrung mit Symbolik erhebliche Schwierigkeiten.

Der Vorteil des bis heute im Handel befindlichen »Regelwerks« ist zweifellos, dass kein Astrologe, der sich nicht zur *Hamburger Schule* bekennt, mit den komplizierten Methoden der Berechnung dieser Planetenbilder etwas anfangen kann, womit sich Regeln wie Werk jeder Diskussion entziehen. Es war darüber schon auf den ersten Astrologie-Kongressen zum Krach gekommen, als Siggrün das »Witte-System« vorstellte. Grimm und der Alan-Leo-Schüler Wilhelm Becker attackierten sie als Häresie und schwarze Magie, Klöckler verteidigte sie im Prinzip (verstanden hatte er sie wohl auch nicht) mit dem Hinweis, das Deuten – nicht das Erstellen – eines Horoskops sei ohnehin eine »magische Operation«.

Die Kosmobiologisten (Aalener Schule)

In Deutschland gab Reinhold Ebertin seit 1928 das Magazin *Kosmobiologie* heraus und veranstaltete 1932 einen Kongress der »astrologischen Pioniere« und in der Folge Arbeitstagungen in Aalen (Württemberg), auf denen Ärzte, Naturwissenschaftler und Astrologen gemeinsam auf dem Gebiet der Krankheitszeichen forschen. Die Kosmobiologisten hielten sich an den Einfluss von Strahlungen (»Biorhythmus«), vor allem im Gefolge der Lunar-Periodizität. Ihnen nahestehenden Kreisen verdankte die Astrologie des 20. Jahrhunderts auch das Auftauchen der »Planetoiden«, jener *astronomischen Lückenbüßer* aus der berühmten Titius-Bode'-schen Reihe.

Der von vielen angezweifelte, von anderen mit Eifer propagierte »Bedarf« an weiteren Planeten brachte jene »Astroiden« wieder ins Spiel, die zwischen Mars und Jupiter durchs All schwirren. Die vier größten sind:

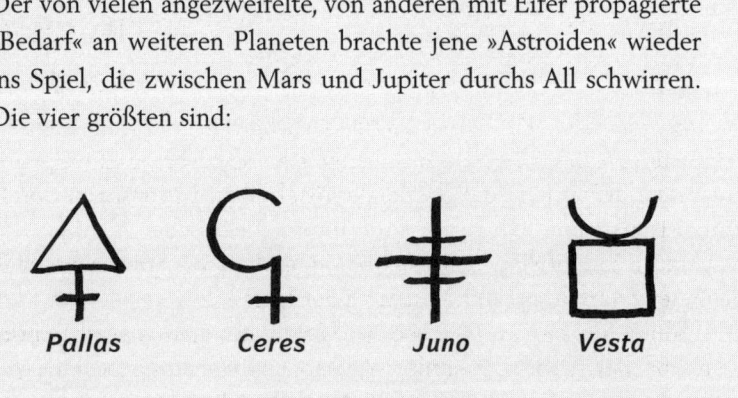

Pallas   **Ceres**   **Juno**   **Vesta**

Mit Beginn des 20. Jahrhunderts wurden weitere düstere »Regenten« aus der wiederentdeckten Magie-Truhe gezogen, wie Lilith, der Schwarze Mond sowie caput und cauda draconis (Kopf und Schwanz des Drachen, die Mondknoten). Sie alle wurden entweder total abgelehnt oder samt Ephemeriden als ordentliche Planeten gehandelt (wie von Rudolf Steiners Anthroposophen).

Mondknoten aufsteigend
caput draconis

Lilith

Mondknoten absteigend
cauda draconis

Man kann Lilith auch als die Rache der unterdrückten Frauen sehen, aber der modernen Astrologie wäre tatsächlich besser gedient, wenn der Zodiak und seine Häuser endlich mehr Weiblichkeit unter den entsandten »Herrschern« aufweisen würde.

Symbolisten und Typologisten

Beeinflusst durch die Tiefenpsychologie C. G. Jungs (Synchronität), erforschten die Symbolisten Zusammenhänge zwischen seelischen Gegebenheiten und kosmischen Konstellationen, wobei das Horoskop als Meditationsbild (Mandala) angesehen werden kann.

Einen eigenen Weg versuchte Thomas Ring zu beschreiten, dessen *Menschentypen in Bildern des Tierkreises gespiegelt* 1939 erschien. Darin erörterte er ganz im Sinne des Zeitgeistes »die Voraussetzungen einer organischen Typologie«, die Charakterisierung des Menschen durch das Tierkreisprinzip.

Auf sein Hauptwerk, *Astrologische Menschenkunde*, mit dem er einen bedeutenden Beitrag zur Schließung der Lücke leistete, die seit vierhundert Jahren klaffte, also seit die Astrologie aus dem wissenschaftlichen Lehrgebäude vertrieben wurde, folgte spät (1977) ein innovativer, interessanter Ansatz: *Astrologie neu gesehen – Der Kosmos in uns.*

**Ein Diskurs in Symbolik
und zur Ehre der Göttinnen**

*Vesta ist mit 58 geographischen Meilen im Durchmesser wesent-
lich kleiner geraten als Pallas mit 440, Ceres mit 344 und Juno
mit 303 (im Vergleich: Merkur mit 671 oder Mars mit 892 sind
auch nicht viel größer!).*

*Was die von unverbesserlichen Patriarchen hier einge-
setzten Zeichensymbole anbelangt, mag das für* **Vesta** *–
wenn nicht ein schlichtes Herdfeuer – einen Tempelaltar
samt Opferflamme (züngelnde Schlangen) darstellen
oder auch den griechischen Buchstaben π,
der nicht nur in der Zahlenmagie der Pythagoräer eine Rolle spielt, sondern auch im Zeichen der
Virgo seinen Niederschlag gefunden haben soll (s. Parthenos). Das lunare Gehörn darüber findet sich im
jungfräulichen Stier wieder (s. Vestalinnen).*

Das für **Juno** *erdachte Symbol ist nur schwer nachvollziehbar, auch in der grafisch gefälligen Form hat die
Matrone des Olymps kaum dieses ausge-
sprochen männliche (wohl vom Zeus der
Hamburger hergeleitete) Zeichen verdient.
Eine der* **Juno / Hera** *adäquate, frauliche Lösung steht
noch aus.*

Das für **Ceres** *(Göttin der Fruchtbarkeit und des Feldes)
verwendete Zeichen wurde von der Hamburger Schule
bereits für Hades genutzt (Gott der Unterwelt und des
Todes hat mit der Dame höchstens in deren Töchterchen
Persephone einen delikaten Berührungspunkt).
Von anderen Ausrichtungen wird das identische Zeichen für Lilith
eingesetzt, was immerhin einigen Sinn machen würde, wenn auch
der Schwarze Mond nicht gerade für »Cerealien« steht (es sei denn
für das giftige »Mutterkorn«).*

Die Göttin der Fruchtbarkeit fände durchaus eine passende Heimstatt in der Jungfrau, und die Waage ist sowieso der Pallas / Minerva auf den Leib geschneidert. Natürlich würde der Verlust des Merkur die Virgo vieler (nicht aller) interessanter Facetten berauben, während die Venus die Waage leichter verschmerzen könnte. Wenn man ein anderes Zeichensymbol für Ceres verwenden würde, wie es Yacinto Yaria vernünftigerweise vorschlug, bliebe die Reminiszenz an Hermes erhalten, darüber hinaus würde aber auch der erdhaften Fruchtbarkeit und Fraulichkeit Genüge getan.

Lediglich das »Dreieck der Spiritualität« über dem Kreuz der Materie für **Pallas Athene** ist akzeptabel. Ein Feuerkreis des Geistes zur Überhöhung würde das Symbol angemessen verstärken (wie auch auf die Kopfgeburt hinweisen). So sieht ein Vorschlag des römischen Astrologen Yacinto Yaria (1935–1991) aus, der sich auch der übrigen Asteroiden-Symbole angenommen hat.

Konsequenzen zieht niemand. Die immer noch recht ansehnlichen (Planetoiden-)Göttinnen bleiben ausgeschlossen. Ceres und Pallas wurden 1801 beziehungsweise 1802 entdeckt. Es mutet merkwürdig an, welche Mühe sich gewisse astrologische Schulen machten, um »hypothetische« Knoten zu rechtfertigen, wo sich doch mit diesen »nahen« (und nachgewiesenen) Größen das vermisste Wirken eines elften und zwölften Planeten – unter Inkaufnahme vertretbaren rechnerischen Aufwands – glaubwürdig korrigieren ließe.

Doch es geht auch um ausgleichende Gerechtigkeit: Entweder haben alle (klassischen) Planeten zwei Häuser oder keiner. Zum anderen würde dem Zodiak eine Erhöhung des Damenanteils gut anstehen. Aber nichts dergleichen geschah. Die Herren blieben unter sich.

Die Strukturalisten

Auch die Strukturalisten lehnten sich an die Psychoanalyse an. Jean Carteret beispielsweise sah die Astrologie als Projektion der Realität in das Bewusstsein. Entschlüsselung sollte durch verstärkten Dialog des Menschen mit eben dieser Realität des Universums möglich sein, eine Interpretation (auch) durch Intuition.

Diese Richtung hat den Vorzug, dass sie die Astronomie und ihre modernere Form, die Astrophysik, miteinbezieht. Das Problem ist die zunehmende Komplexität beider Gebiete, die sich nicht so einfach auf die griffige Formel reduzieren lassen:

Astronomie = wahr (objektiv)
Astrologie = richtig (subjektiv)

Mit dieser verstellbaren Scheibe des Petrus Apianus aus seinem *Astronomicum Caesareum*, ca. 1540, ließ sich die Position des »aufsteigenden Mondknotens« (*caput dragonis*) berechnen. Die Mondknoten bzw. »Kopf oder Schwanz des Drachens« dienten in der Astronomie zur Voraussage von Sonnen- und Mondfinsternissen. Holzschnitt, koloriert, mit beweglichen Papierscheiben.

Die noch ausstehende Lösung kann nur in der Richtung verlaufen, dass beide, logos und nomos, (wieder) zu einer umfassenden Wissenschaft von Forschung, Lehre und Deutung zusammenwachsen und verschmelzen.

Die Traditionalisten

Schon Henri Selva hatte beklagt, dass seine Zeitgenossen immer noch vom Werk des Alexandriners Ptolemäus zehrten, dem zwar das Verdienst zukomme, die hohe Kunst der Chaldäer bewahrt und der Nachwelt überliefert zu haben (in seinen beiden Hauptwerken *Centiloquium* und *Quadripartitum*), der aber noch dem später von Kopernikus widerlegten geozentrischen System angehangen habe. Hingegen gebühre dem von ihm wiederentdeckten Morin de Villefranche die Ehre, die heute noch gültigen Grundlagen der Astrologie des Okzidents systematisch dargelegt zu haben.

Friedrich Schwickert und Dr. Adolf Weiß, Herausgeber der Reihe *Bausteine der Astrologie* (1926), verfassten daraufhin eine moderne vierbändige, deutschsprachige Version der berühmten *Astrologia Gallica* (26 Bände) des Professors vom Collège de France. Obgleich sie als ausgewiesene Praktiker nicht jeden Standpunkt des »großen Meisters« teilten, stellten sie ihrer Übersetzungsarbeit einen Ausspruch Morins voran: »In der natürlichen Ordnung der Dinge soll man die Behauptungen nicht nach dem Gewicht der Autorität eines Namens, sondern nur nach den ihnen innewohnenden Beweisgründen beurteilen.« Noch höher als theoretische Kausalitätsfolgerungen stuften sie allerdings die Ergebnisse experimenteller Betätigung auf dem Gebiet der Astrologie ein.

Statistiker und Ignoranten

Inwieweit Arbeiten der »Statistiker« auf dieser noch mühevollen Straße hilfreich sein können, muss sich noch erweisen. In der Zeit nach dem Ersten Weltkrieg, begünstigt durch den Vormarsch der Elektronik in der Mathematik, begann man, Korrelationen zwischen stellaren Konstellationen und Individual- und Gruppenschicksalen statistisch zu untersuchen.

Die französischen Astrologen F. und M. Gauquelin hatten den *Traité* des Schweizer Astrologen Karl Ernst Krafft (1900–1945) überprüft und waren auf etliche Ungereimtheiten gestoßen. Den erfahrenen Statistikern hätten nicht nur die absonderlichen Theorien des Schweizers aufstoßen sollen, sondern auch das Horoskop dieses Mannes, dem seine Beschäftigung mit der Astrologie zum tragischen Schicksal wurde. Doch die These faszinierte sie und sie unterzogen sich der mühseligen Arbeit, Tausende von Horoskopen durchzugehen. Unter Respektierung der Forderung misstrauischer Kollegen fast aller anderen Fakultäten nach überprüfbarer Vorhersagbarkeit des Ausgangs des Experiments, stellte das Ehepaar per Reihenuntersuchung Behauptung und Beweis auf, dass Introvertierte signifikant mit Aszendent im Saturn, Extrovertierte mit Jupiter und Mars aufträten. Bei Dominanz Mars überwogen Sportler, bei Jupiter Schauspieler und Wissenschaftler, bei Saturn vor allem Ärzte. Die Ergebnisse wurden von Hans Jürgen Eysenck (*1916) geprüft und bestätigt. Unbewiesen blieben hingegen die landläufigen Ansichten, dass Tenöre fast ausschließlich Stiergeborene seien, Richter den Saturn im Hause hätten und dass Schütze das Zeichen mit den meisten Ehescheidungen sei.

Unter der Flut astrologischer Publikationen befanden sich auch die Übersetzungen der wichtigsten Werke Alan Leos (in sieben Bänden bei Vollrath). Im gleichen knappen Zeitraum tummelten sich nicht weniger als 26 astrologische Almanache auf dem Markt, ein halbes Dutzend monatlich (bzw. bimestral) erscheinender Zeitschriften meist prognostischen Inhalts. Allein die *Astrologische Rundschau* – keineswegs für ein Massenpublikum gedacht – brachte es auf eine Auflage von 6000 Exemplaren. Selbst die *Süddeutschen Monatshefte*, ein anerkanntes literarisches Magazin von hohem Niveau, sahen sich veranlasst, dem Phänomen im Mai 1927 eine Sonderausgabe zu widmen.

Alles in allem erschienen in den Zwanziger- und Dreißigerjahren in Deutschland über vierhundert Bücher, die sich mit Astrologie und ihren Randgebieten befassten.

XI

DIE EKLIPSE DER SCHWARZEN SONNE

IRRWEGE DES 20. JAHRHUNDERTS

INFLATION
UND SCHILLERNDE FIGUREN

Leipziger Astrologenkongress 1923. Von links nach rechts:
Theobald Becher, A. M. Grimm, A. Ulkan, Hugo Vollrath, M. E. Winkel.

Als 1918 der Krieg der Patriarchen, ausgetragen auf den Schultern wehr-
hafter Männer, verraucht war und die seelischen Trümmer offen zutage
lagen, entfalteten die Deutschen, wie immer mit der ihnen eigenen ver-
bissenen Gründlichkeit, eine geradezu atemraubende Tätigkeit auf dem
Gebiet der Astrologie. War zur ausgehenden Kaiserzeit noch die Beschäftigung mit Theosophie und Okkultismus oder einem wirren Gemisch aus
beiden in den gehobenen Kreisen der Gesellschaft Mode, fielen jetzt die
Barrikaden. Die hermetischen Bunker waren sturmreif geschossen, verlangt wurde eine Astrologie fürs Volk. Bereits 1923 übertraf der Ausstoß
an Astrologica und artverwandten Druckerzeugnissen bei weitem den
aller anderen europäischen Länder, England eingeschlossen. »Zusammen

kommt der große Hauf' und Herr Urian sitzt obenauf«, singt der Chor der Hexen in der »Walpurgisnacht« (*Faust I*).

Als die personifizierte Urania thronte »Dr.« Hugo Vollrath über dem lukrativen Geschehen. Er benötigte sogar klangvolle Pseudonyme, um der Nachfrage Herr zu werden. Als Walter Heilmann, Sekretär eines (ebenfalls fiktiven) deutschen Rosenkreuzer-Ordens, vertrieb er *Meisterbriefe*, als Dr. Johannes Walter vermittelte er den Eintritt in die exklusive *Bruderschaft des Lichts* eines (unsichtbar bleibenden) Bô Yin Râ oder Audienzen bei dem ominösen Abdul Bahaï, Metropolit der *Gnostischen Kirche von Haifa*. Diese Sekte immerhin gab es; sie war schon 1835 in Persien gegründet worden und hat heute noch viele Anhänger in den USA – nur ob man dort jemals vom Kollegen Dr. Vollrath gehört hat, ist zu bezweifeln.

Als eine Nummer dreister erwies sich seine Beteiligung an der Schummelei um die Herkunft der Rosenkreuzer-Meisterbriefe: Sie bezogen ihren wirren Inhalt aus Übersetzungen, die ein kalifornischer Erleuchteter namens Max Heindel herausgab. Als Max Grashof (1865–1919) hatte er in Berlin Vorträgen Rudolf Steiners gelauscht, tief beeindruckt, aber ohne jeden Zugang zu dem damals (um die Jahrhundertwende) noch theosophischen Gedankengut. In die USA ausgewandert, stieß er zu Kathleen Tingleys (1847–1929) *Universal Brotherhood* und gründete dann *The* Rosicrucian Fellowship. Deren Mitglieder waren angehalten (und meist auch willig), die berühmten Lehrbriefe zu beziehen. Diese stellten nicht einmal raffinierte Plagiate dar, sondern setzten sich ausnahmslos und wörtlich aus ins Englische übersetzten Reden Rudolf Steiners zusammen.

Die Heindel-Affäre stellte keinen Einzelfall dar. Vollrath war Mitglied der *Mazdaznan-Bewegung*, die ein aus Isfahan stammender Otoman Zar-Adusht Ha'nish ins Leben gerufen hatte und die sich Vegetarismus und Atemübungen verschrieben hatte – Otto Hanisch, 1854 in Posen geboren, starb als reicher Mann 1936 in Los Angeles; die Bewegung existiert noch.

1920 hatte Vollrath einen neuen Chefredakteur für seine *Astrologische Rundschau* ausgeguckt: den berühmt-berüchtigten Rudolf Freiherr von Sebottendorff (1875–1945): Adam R. Glauer wurde 1875 als Sohn eines sächsischen Lokomotivführers geboren, fuhr als Heizer zur See und tauchte geadelt als türkischer Staatsbürger 1911 wieder in Deutschland auf. Er wurde sofort in den 1912 gegründeten *Germanen-Orden* aufgenommen, der stramm rechts und erklärtermaßen antisemitisch war. Der

Edelmann verlegte seine meist konspirative Tätigkeit 1917 von Leipzig nach München, wo er zur Tarnung sofort die Gründung der *Thule-Gesellschaft* betrieb. Über zweihundert aktive und ungezählte stille, aber zahlungskräftige Mitglieder traten umgehend bei, darunter nicht wenige aus dem Generalstab und der Reichswehr.

1918 erwarb Sebottendorff im Auftrag des *Germanen-Ordens* den *Münchner Beobachter,* der alsbald zum antisemitischen Hetzblatt mutierte. Der Freiherr und seine Gefolgsleute von der *Thule-Gesellschaft* waren 1919 sowohl in den gewaltsamen Fall der bayerischen Räterepublik verwickelt als auch als Drahtzieher an der Gründung der Deutschen Arbeiterpartei beteiligt, obwohl Sebottendorff, selbst Prototyp eines Ur-Nazis, gerade jetzt die Szene verlassen musste.

Der Gefreite Adolf Hitler wurde Vorstandsmitglied der DAP und der *Münchner* titelte ab sofort als *Völkischer Beobachter.* 1920 erhielt die Deutsche Arbeiterpartei den Zusatz »Nationalsozialistische«.

DIE VORSEHUNG

1920 war Adolf Hitler in München aus den Diensten der Reichswehr entlassen worden und konnte sich uneingeschränkt der Führung seiner NSDAP widmen, die im gleichen Jahr den *Völkischen Beobachter* von einer Gruppe aus dem Dunstkreis von Sebottendorff erwarb. Der eifrige »Freiherr« übernahm die Redaktion der *Astrologischen Rundschau.*

Außerdem besorgte er für Vollraths *Astrologische Bibliothek* die deutsche Übersetzung des erfolgreichen Max Heindel (*The Message of the Stars*) und verfasste selber eine *Geschichte der Astrologie* (1923), die seine Verehrung der Rassenideologen Guido von List (1848–1919) und G. Lanz von Liebenfels (1874–1954) nicht verhehlte.

1923 zog sich Rudolf Freiherr von Sebottendorff wieder in die Türkei zurück – ein Unheil verheißender Komet, der seine Spuren hinterlassen hatte. 1925 erschien seine (autobiografische) Novelle *Der Talisman des Rosenkreuzers.* Sebottendorff hätte gut daran getan, sich nicht wieder in Deutschland sehen zu lassen, nachdem er dort 1933 sein Buch *Bevor Hitler kam* vorgelegt hatte. Die Publikation wurde von der Partei unterdrückt, er selbst 1934 verhaftet. Sein Erlöschen (Tod durch Ertrinken) erfolgte 1945 in der Türkei.

Hitler hatte sich inzwischen dem Münchner Arzt Dr. Wilhelm Gutberlet (1870–1933) anvertraut, ebenfalls ein Mitglied der *Thule-Gesellschaft* und Anhänger des *Siderischen Pendels*, das ihn befähigte, aus jeder

Ein Blick in die Zukunft

Elsbeth Ebertin (1880–1944) war ursprünglich eine professionelle »Graphologin«. The Psychology of Handwriting *(1925, R. Saudek) nennt als geistigen Vater der Graphologie den Abbé Jean Hippolyte Michon (1806–1881,* Le mystère de l'écriture *[1872]). Wissenschaftlich betrieben wurde sie in Deutschland durch Wilhelm Thierry Preyer (1841–1897), einen Pionier der Kinderpsychologie, den Kriminologen H. Busse, Begründer der* Deutschen Graphologischen Gesellschaft *(1896) sowie Ludwig Klages (1872–1956;* Handschrift und Charakter, 1917).

Die später berühmte Ebertin gelangte über ein Lehrbuch Brandler-Prachts (aus der Versandabteilung Vollraths) zur Erkenntnis, dass mit Astrologie viel mehr Geld zu verdienen sei. Die ersten Opuscula der fleißigen Schreiberin erschienen noch während des Ersten Weltkrieges.

Ab 1917 veröffentlichte sie ihren prophetischen Jahresalmanach Ein Blick in die Zukunft, *der so viel Aufsehen erregte, dass die Militärzensur sich seiner annahm. Die Ebertin wurde populär.*

Elsbeth Ebertin versetzte die Braunhemden in helle Aufregung, als sie ein Attentat auf den Führer genau vorhersagte.

Anzahl von Personen die anwesenden Juden mühelos »herauszupendeln«, was Hitler ungeheuer fasziniert haben muss. Dr. Hubert Korsch (1883–1942) nahm den Pendler in seine Liste »astrologisch versierter Mediziner« auf. Gutberlet war und blieb nicht der einzige Astrologe im weiteren Umfeld des »Führers«.

1923 hatte Hitler die politische Bühne bayrischer Bierkeller betreten. Eine seiner glühenden Verehrerinnen schickte der bekannten Astrologin sein Geburtsdatum (ohne den Namen zu nennen) und erbat ein Horoskop. Die Antwort veröffentlichte die Ebertin in ihrem Almanach: »... ein am 20. April 1889 geborener Kämpfer, bei dessen Geburt die Sonne auf 29 Grad im Widder stand, kann durch allzu kühnes Vorgehen in persönliche Gefahr geraten ... zu einer bedeutenden Führerrolle in zukünftigen Kämpfen bestimmt ... vom Schicksal dazu ausersehen ... sich für das deutsche Volk zu opfern ... den Anstoß zu einer deutschen Freiheitsbewegung zu geben ...« (Ellic Howe, Urania's Children).
Für jeden Münchner Nazi – und die lasen den Blick in die Zukunft – war völlig klar, wer gemeint war. Es gab für sie nur einen Führer. Außerdem gehörte der Völkische Beobachter zu den Abonnenten des Almanachs. Die »Prophezeiung« hatte kaum die Runde gemacht, als Hitler am 8. November 1923 seinen »Putsch« unternahm, den berühmten Marsch vom Bürgerbräukeller zur Feldherrnhalle. Eigentlich hatte sich der Siegeszug bis nach Berlin fortsetzen sollen, aber er endete bereits am Münchner Odeonsplatz. Einige Schüsse der Polizei schufen die ersten »Blutzeugen der Bewegung«, Hitler, Erich Ludendorff (1865–1937), Hermann Göring (1893–1946) und Julius Streicher (1885–1946) wurden festgenommen und vor Gericht gestellt. Der »Führer« erhielt fünf Jahre Festungshaft. Er durfte Landsberg allerdings schon nach neun Monaten wieder verlassen, mit dem größtenteils dort geschriebenen Mein Kampf *in der Tasche.*

Die Ereignisse im Zusammenhang mit dem »November-Putsch« verhalfen der Astrologin Elsbeth Ebertin zu besonderer Publizität. Sie war aus der Provinz nach München umgezogen, wo sie (laut Almanach 1925) weitere »erregende Geschehnisse« erwartete. Die Aufbruchstimmung der »völkischen Bewegung« hatte sie erfasst, bevor sie dem Phänomen mit der ihr eigenen Gabe nachzuspüren vermochte: »... dass es sich ... um einen ungewöhnlichen Charakter handelt, dem – wegen der kommenden Opposition Saturn/Sonne – das Glück nicht hold ist, wenn er etwas Wichtiges plant oder sich in etwas hineinziehen lässt« (E. Howe). Hitler kümmerte das wenig – mit »Was gehen mich die Frauen und die Sterne an?« hatte er ihre Warnungen in den Wind geschlagen.

Noch vor dem Prozess verfasste sie zusammen mit dem astrologisch versierten Journalisten L. Hoffmann ihren zu Recht viel beachteten Diskurs *Sternenwandel und Weltgeschehen*. 20 000 Exemplare gingen auf der Stelle weg, die Nachdrucke beliefen sich auf über 70 000. Bis heute halten sich hartnäckig Gerüchte und Anekdoten, Hitler sei – entsprechend seinen sonstigen Manien und Neurosen – besonders astrologiegläubig gewesen. Zu beweisen ist es nicht, im Gegenteil: Die bald aufkommende offizielle Haltung der Partei spricht eher dagegen. Das ändert nichts daran, dass sich in seinem Umfeld viele befanden, die zumindest den meist obskuren Randgebieten der Astrologie zugerechnet werden müssen. Schließlich ist der völkische Sumpf, dem die schwarze Blüte des Nationalsozialismus entstieg, ohne den Humus des Okkulten schwer vorstellbar. Auch seine geheimbündlerischen Tendenzen sind nicht wegzuleugnen. Die verquaste Ideologie ist sicherlich den Abwegen zuzurechnen, auf die die Astrologie seit dem 18. Jahrhundert mehr und mehr geraten war.

Der »Führer« verließ sich lieber auf die »Vorrsähung«. Elsbeth Ebertin ist die Entwicklung der Dinge nicht anzulasten. Höchstens muss man ihr den Vorwurf machen, dass sie nicht – statt Hitler zur Vorsicht zu mahnen – Deutschland vor *ihm* gewarnt hat (so blauäugig konnte sie als außerordentlich befähigte Astrologin nicht gewesen sein!). »... Hitler ... schüchtern ... das unbewusste Werkzeug höherer Mächte ... Aber es wird sich zeigen, dass gerade dadurch diese Bewegung sich nicht nur innerlich vertiefen, sondern auch äußerlich so verstärken wird, dass sie ein mächtiger Antrieb ... Schwungrad der Weltgeschichte ...« So war's dann ja auch.

HELLSEHER IM DRITTEN REICH

Während sich Etablierte und Neuerer des astrologischen Verbandswesens um die Vorherrschaft stritten, war der Kampf um die politische Führung in Deutschland an ihnen vorbei entschieden worden. Viele von ihnen, besonders die aus den okkulten Bereichen, hatten am Zustandekommen der neuen Lage mitgestrickt. Jetzt sahen sie sich nicht nur beiseitegeschoben, sondern von den neuen Machthabern bedroht. Ahnungslosigkeit ist das Letzte, das Astrologen für sich in Anspruch nehmen können.

Im Jahre 1931 war es den astrologischen Verlagen sogar noch möglich, sich für zeitgenössische expressionistische Kunst einzusetzen, die bald darauf ebenso verfemt war wie die Astrologie selbst. »Mars«, Aquarell von Rudolf Richter, 1928, aus »Glahns astrologischer Volkskalender«.

Lästige Weggenossen

Dem Hellseher Jan Erik Hanussen (1889–1933) wurde die Intimität mit der braunen Führungsclique schon früh zum Verhängnis. Seine Vision vom Reichstagsbrand bewirkte ein Feme-Urteil. Es wurde im Grunewald von der SA vollstreckt.

Ein Parteigenosse der ersten Stunde, Martin Pfefferkorn (*1904), hatte die ADA (Arbeitsgemeinschaft Deutscher Astrologen) gegründet. Er verlangte jetzt die Aufnahme seines Verbandes in Vollraths AGID. Der Vorstand (Dr. Gerhard Naumann samt Frau, Dr. Otto Kellner, Theobald Becher) lehnte ab, da der SA-Mann weder eine Satzung noch Mitglieder vorweisen konnte. Im März 1933 traten die Naumanns und Kellner »freiwillig« zurück und M. Pfefferkorn rückte nach. Sein erstes Rundschreiben, »Bekämpft die astrologische Scharlatanerie!«, wandte sich heftig gegen die Flut von Horoskopen des »Führers«, die jetzt in allen Zeitschriften erschienen, nachdem sich in den Jahren zuvor kaum jemand (außer der Ebertin) um das Schicksal eines Adolf Hitler geschert hatte. Seine Attacke »gegen die destruktiven und räuberischen Tendenzen ...« brachte viele dazu, ihre Voraussagen schleunigst zu ändern, andere ließen ganz die Finger davon. Verleger und Verbandsfürsten begannen – in vorauseilendem Gehorsam – umzuschwenken. Vollrath und Becher traten der Partei bei, desgleichen Korsch.

Das bewahrte den Herausgeber des Zenit aber nicht vor weiterer Unbill. Pfefferkorn nahm einen Artikel von Dr. Karl-Günther Heimsoth zum willkommenen Anlass, alte Rechnungen zu begleichen. Der Autor war ein alter Freikorps-Mann (1919/20) und seit damals eng mit Otto Strasser (1897–1974) befreundet, dem Führer des »revolutionären« linken Flügels der NSDAP. 1932 hatte er mit Hitler gebrochen. Schon 1928 hatte Dr. K.-G. Heimsoth Charakter-Konstellation verfasst, eine Studie über Homosexuelle. So war er an Ernst Röhm (1887–1934) geraten, den bekanntermaßen schwulen Stabsführer der Parteimiliz, der »Sturmabteilung« (SA). Der Briefwechsel zwischen den beiden geriet in die Hände der Gestapo und bot Hitler den gesuchten Vorwand, sich der alten Kampfgefährten zu entledigen. Bei einem Treffen in Bad Wiessee massakrierte die SS die gesamte SA-Spitze (Röhmputsch, 1934), darunter auch Georg Strasser und Heimsoth. Er sollte nicht der Letzte aus der astrologischen Ecke sein, den die Nazis abservierten.

1933 wurde ein neues Reichskonkordat mit der Kirche geschlossen, dank des guten Einvernehmens mit dem Doyen des diplomatischen Corps, S. E. Eugenio Pacelli (1876–1958), der als päpstlicher Nuntius in Berlin wirkte (bevor er 1939 als Pius XII. den Stuhl Petri bestieg). In diesen Jahren wurde die päpstliche Sternwarte nach Castel Gandolfo verlegt. Die Firma Zeiss/Jena lieferte für die *specula Vaticana* Kuppeln und Fernrohre und unter anderem einen beachtlichen Schmidt-Spiegel von einem Meter Durchmesser. Jesuiten übernahmen die Leitung des Betriebes.

Theobald Becher beeilte sich, in der *Astrologischen Rundschau* zu versichern:»…das Wissen um unser nationales Erbe und die Blutsbande der arischen Rasse ist unteilbar mit der astrologischen Wissenschaft verbunden.« In einem *AGID*-Rundschreiben betonte er die Notwendigkeit, alle»parasitären, fremden und subversiven Elemente« aus der Astrologiebewegung»auszumerzen« und sie im Licht ihrer früheren Haltung zum Nationalsozialismus zu beurteilen.

Professor J. S. Isberner-Haldane (1886–1966), ein bekannter Berliner Chiromant, war Schüler des Lanz von Liebenfels, des Wiener Begründers der *Ariosophischen Bewegung*, deren Zeitschrift *Ostara* auch Adolf Hitler zu ihren Lesern zählte. Der»Professor« gründete im Jahr der Machtergreifung zusammen mit Reinhold Ebertin die *Geistige Front*, einen Klub»professioneller« Charakterologen:»Grundsätzlich nicht aufgenommen werden: Juden oder andere rassisch minderwertige Personen, körperlich Missgebildete oder Krüppel (außer Kriegsversehrten), Scharlatane, Quacksalber sowie Personen, die als unzuverlässig anzusehen sind.« Die Satzung wurde in Ebertins *Mensch im All* im Oktober 1933 veröffentlicht. Das schützte Isberner-Haldanes *Einführung in die Astrologie*, trotz betont antisemitischer Passagen, dann doch nicht vor einem Verbot durch die Reichschrifttumskammer.

Auch Lanz von Liebenfels war nicht untätig geblieben. Ebenfalls 1933 gab er ein *Praktisch-empirisches Handbuch der ariosophischen Astrologie* heraus, das Max Reichstein in Berlin publizierte. Der verlegte auch die *Arische Rundschau*, doch ein darin abgedrucktes»Kabbalistisches Horoskop von Adolf Hitler« führte schnell zum Entzug der Druckerlaubnis. Das neue Image des Führers als nordischer Messias duldete keine Hinweise auf frühere okkulte Einflüsse. So wurde auch Sebottendorffs *Bevor Adolf Hitler kam* 1934 sofort unterdrückt, weil er darin offen und sogar stolz den Thule-Orden als geistigen Vater der Nazi-Ideologie benannt hatte.

Der einzige Verbandsastrologe, der jetzt wieder zum Zuge kam, war der »Reichsorganisationsleiter des Reichsverbandes Deutscher Berufsastrologen« Grimm. Auch der konnte nicht verhindern, dass 1934 der Polizeipräsident von Berlin alle Formen berufsmäßiger Wahrsagerei im Stadtgebiet verbot. Die Verordnung galt auch bald für das ganze Reichsgebiet und schloss den Vertrieb von Almanachen und astrologischen Zeitschriften mit ein. Die Polizei begann sofort, die entsprechenden Bestände bei Verlegern und Buchhändlern zu beschlagnahmen. Nur Christian Meier-Parm hatte den Mut, im Herbst gleichen Jahres eine Konferenz nach Berlin einzuberufen, um gemeinsam die Regierung zum Einlenken in Sachen Berufsverbot zu bewegen. Doch Korsch torpedierte das Vorhaben; die beiden sollen sich sogar geprügelt haben. Immerhin erreichte das schließlich gewählte Verhandlungskomitee (unter Wilhelm Becker), dass die Reichsschrifttumskammer ein Zensurbüro einrichtete.

Korsch durfte für 1936 einen Astrologiekongress organisieren, der als internationale Veranstaltung aufgezogen werden sollte. Und tatsächlich trafen sich im Olympiajahr vierhundert Teil-nehmer aus 16 Nationen in Düsseldorf. Adolf Hitler schickte ein Glückwunschtelegramm.

EINE OLYMPIADE DER WILLFÄHRIGEN

Unter den ausländischen Rednern auf dem Düsseldorfer Kongress befanden sich auch der Schweizer K. E. Krafft (»Sprachgeist«) und J. W. Tucker aus London, der 1935 dort die Zeitschrift *Science and Astro-logy* gegründet hatte. Der größte Teil der vom Start weg gewaltigen Auflage von 36 000 Exemplaren fand in den USA reißenden Absatz. Dieser Erfolg schwemmte auch sein Buch *The* »How« *of the Human Mind* (1930) in die Regale. Bereits 1933 hatte Tucker die *Scientific (Anti-Occult) Astrological Company* gegründet.

Als er im September 1936 Deutschland mit einem Blitzbesuch beehrte (er hatte sich vertraglich verpflichtet, seinen Lesern wöchentlich auf Anfrage ein »persönliches« Horoskop zu erstellen), war er unter dem Pseudonym »Scorpio« bereits ein berühmter Mann und hatte (für den *Sunday Dispatch*) seinen Kollegen R. H. Naylor (1889–1952) vom *Express* um Längen abgehängt.

Der internationale Kongress war, wie das sportliche Mammutereignis des Jahres 1936, für das die heilige Flamme vom griechischen Tempelhain in die nordische Feuerschale unter dem Symbol des (gegenläufig) rotierenden indischen Sonnenrads getragen wurde, symptomatisch für die Ehrbezeugung der Welt für das neue Regime in Deutschland.

Offen zur Schau getragene Sympathie bis hin zur Anbiederung, während der geplante Ausflug der Tagungsteilnehmer zur »Treptower-Kanone«, dem 21 Meter langen Riesenfernrohr des Archenhold-Refraktors, gestrichen wurde, weil sein jüdischer Stifter und unermüdlicher Förderer gerade aus seinem Haus gejagt worden war. Keine der Geistesgrößen vom Carnegie-Institut, dessen Ehrenmitglied er war, vom Harvard-Observatorium oder von der Westernuniversity (Pennsylvania), die ihm den Ehrendoktor verliehen hatte, rührte einen Finger. Auch Albert Einstein wurde nicht vermisst, er war bereits emigriert.

Ein »neutraler« Stern?

Der Schweizer Karl Ernst Krafft erhielt vom Züricher Observato-
rium eine herbe Abfuhr, als er dort stolz seine Forschungsarbeit
über Die planetarisch-zyklische Periodizität der Sonnenflecken
einreichte. Empört über diese Zurückweisung – er war schließlich
kein Unbekannter und veröffentlichte laufend Artikel in der Zeit-
schrift Uranus *des belgischen Verlegers Theodore Chapellier –*
beschloss er, nach Deutschland überzusiedeln, um dort sein
nächstes Projekt in Angriff zu nehmen: De l'Astrologie par la
Cosmobiologie à la Typocosmie *schwebte ihm als Titel vor.*
Er ließ sich in Urberg (Schwarzwald) nieder. Kaum hatte er das
Vorwort verfasst, drängte es ihn schon, sich vom Grafen Key-
serling seinen Geniestreich bestätigen zu lassen. Die Antwort
der Schule der Weisheit *verdient es, festgehalten zu werden:*
»... Ich habe den starken Eindruck ... dass Sie die Dinge
›zwingen‹ wollen ...«, schrieb Graf Keyserling. »... Sie sollten
sich mit dogmatischen Behauptungen über Dinge, die sich nicht

Karl Ernst Krafft, Studioportrait in London, 1924.

nachweisen lassen, zurückhalten, bis Sie, unabhängig von
jeglicher Tradition, wirkliche Erleuchtung erfahren, wie sie in
höchstem Grade Buddha zuteil wurde ... Ich bin davon überzeugt, dass Ihre Ansichten über den Sprachgeist pure Phantas-
tereien sind. Und ich bezweifle, dass siebzig Prozent Ihrer
typokosmischen Versprechungen irgendeinen Wert haben ...
Ich beschwöre Sie, werfen Sie all Ihre Papiere innerlich in den
Papierkorb, schreiben Sie dann Ihr französisches Buch und
lassen Sie all Ihre bisherigen astrologischen Ideen weg. Es ist
nicht im Mindesten gewiss, dass irgendeine astrologische oder
theosophische Idee auch nur den geringsten Wahrheitsgehalt
hat ...«
Krafft ignorierte die Ermahnungen und belehrte Keyserling über
seine »Aspekte«. Der Graf hatte bereits 1936 in seiner Zeitschrift
Der Weg zur Vollendung Kritik an Kraffts Sprachgeist-Theorie
geäußert. Dennoch billigte er grundsätzlich dessen Versuch –
wie er auch C. G. Jungs neue Ansätze respektiert hatte –, mit
der traditionellen Astrologie zu brechen (von der Keyserling
ohnehin nicht viel hielt). 1938, das Jahr des Münchener Ab-
kommens, verbrachte Krafft zum Teil in Monte Carlo bei dem
Astrologen Gabriel Trarieux d'Egmont (1870–1940), dessen
Bücher Que sera 1938? und Que sera 1939? damals in Frankreich verschlungen wurden.
Von dem Opus magnum für Brüssel war nicht mehr die Rede,
Krafft wechselte den Verleger und veröffentlichte 1939 sein
kürzeres Traité d'Astro-Biologie, das mit Typokosmie, Sprach-
geist und Nostradamus die Essenz aller »wissenschaftlichen«
Spekulationen Kraffts beinhaltet. Dann traf ein Brief von Dr.
Mrsic ein, der vor einem unmittelbar bevorstehenden Kriegs-
ausbruch im Osten warnte. Krafft entschloss sich, nicht in die
Schweiz zurückzukehren.

Die »Kanone von Treptow«, erbaut 1896–1909, war ein
bestauntes Unikum. In dieser Sternwarte hielt Albert Einstein
am 2. Juni 1915 den ersten öffentlichen Berliner Vortrag über
seine Relativitätstheorie. Dies hinderte die braunen
Machthaber nicht, sowohl ihn wie auch den Erbauer,
Friedrich Simon Archenhold, in die Emigration zu treiben.

Keiner der in Düsseldorf in Euphorie versammelten deutschen Astrologen sah voraus, dass es die letzte große Veranstaltung dieser Art sein
sollte. Olympia war vorbei, die Gäste und die Presse aus dem Ausland
waren wieder abgereist. Der für 1937 in Baden-Baden geplante Kongress
wurde – ohne Begründung – kurzfristig abgesagt.

Das Jahr 1937 bedeutete für viele, die sich für repräsentativ oder gar
unentbehrlich in der deutschen Astrologieszene hielten, das Aus. Die
Theosophische Gesellschaft wurde aufgelöst, ihr von Vollrath geführtes
Verlagshaus geschlossen. Seine *Astrologische Rundschau* konnte nicht
mehr erscheinen, und der Konkurrenz *Die Astrologie* von Wilhelm Becker

erging es nicht besser. Selbst Elsbeth Ebertin musste die Segel streichen: Ihr Almanach *Ein Blick in die Zukunft* wurde nicht mehr aufgelegt. Dr. Korschs *Zenit* erschien im Dezember 1938 zum letzten Mal; da war der Herausgeber schon verhaftet. Für das, was nun über die Welt hereinbrechen sollte, waren Prognosen, die nicht aus Joseph Goebbels' (1897–1945) Reichspropagandaministerium kamen, unerwünscht.

DER NUTZEN VON NOSTRADAMUS

Das Jahr 1937 stand für Krafft im Zeichen des »uranischen Umbruchs«. Für viele Astrologen bedeutet ein solcher Transit wenig Gutes, er gilt aber auch als Zeichen der Mobilmachung. In der Tat liefen die deutschen Kriegsvorbereitungen auf Hochtouren. Die Legion Condor probte in Spanien, die Achsenverträge mit Italien und Japan wurden abgeschlossen. Doch trotz aller Evidenz erhob sich in Europa keine warnende Stimme.

Die Schweizer bauten 1936/37 auf dem Jungfraujoch im Berner Oberland in 3573 Meter Höhe das Sphinx-Observatorium. Die touristische Attraktion ist bequem mit Zahnradbahn und Lift durch den Fels zu erreichen. Im gleichen Jahr richtete die deutsche Luftwaffe auf dem Wendelstein eine Versuchsstation für »Funkstrahlen« ein. 1940 wurde sie unbegreiflicherweise in ein Sonnen-Observatorium umgewandelt. Die Erforschung der Radarstrahlen und ihre Nutzanwendung überließ man den Engländern.

Den Angriff auf Polen vermochten die neuen Strahlen hingegen nicht vorherzusagen. Den hatten Deuter der Zunft aus den berühmt-berüchtigten »Quatrains« gesogen und deren Verfasser, dem französischen Astrologen Nostradamus, untergeschoben. Das kam Goebbels zu Ohren, der sofort den versteckten Propagandaeffekt solcher *Prophéties* witterte. Die vorher so inspirierten deutschen Übersetzer (u. a. Prof. H. H. Kritzinger) bekamen schnell kalte Füße und schlugen dem gefürchteten Minister als einzigen »Spezialisten« den Schweizer Krafft vor.

Der hatte gerade durch eine kaum verklausulierte Vorhersage des Attentats auf Hitler vom 8. November (Münchner Bürgerbräukeller) unangenehm auf sich aufmerksam gemacht. Das RSHA Heinrich Himmlers (1900–1945) war schneller als Goebbels. Walter Schellenberg, Leiter der Abteilung VI (Auslandsgeheimdienst), hatte sich Krafft bereits »gesichert«: Die Gestapo erschien bei dem »Hellseher« und schaffte ihn nach Berlin. Der Schweizer war so stolz auf seine Leistung, dass er bereits ein Telegramm an Rudolf Heß in die Reichskanzlei geschickt hatte. Der Sicherheitsdienst erkannte schnell den harmlosen Spinner in dem exaltierten, eitlen Eidgenossen. Außerdem war der Reichsführer SS Heinrich Himmler felsenfest davon überzeugt, dass die Bombe ein Werk Otto Strassers gewesen war.

Immerhin lockte Schellenberg am gleichen Tag an der holländischen Grenze zwei britische Geheimdienstoffiziere in eine Falle und ließ daraufhin einen anderen Verdächtigen verhaften, den Astrologen Harald Keun van Hoogerwoerd. Der hatte zwar auch nichts mit dem Bürgerbräukeller zu tun, dafür aber Anfang der Dreißigerjahre Louis de Wohl (1903–1961) in die Astrologie eingewiesen. Das sollte noch Folgen haben, zumindest für Krafft, der sich nach seiner Freilassung erst einmal in Berlin feiern ließ – auf einer Versammlung der Akademischen Gesellschaft für astrologische Forschung des Freiherrn von Klöckler (*Sterne und Mensch*).

Krafft willigte begeistert ein, sich voll und ganz in den Dienst der »Bewegung« zu stellen; sein Freund und Kollege F. G. Goerner warnte ihn vergeblich. Krafft glaubte an die uranische Macht seines eigenen Horoskops. Er sah besonders in den Männern des »Schwarzen Ordens« Seelenverwandte und rechnete fest damit, dass ihn höhere Ehren und Weihen erwarteten. Seiner Faszination vom aufwühlenden Geschehen unterm Hakenkreuz erlegen (gegen jedwede Kritik von außen hatte er sich Scheuklappen zugelegt), glich er etlichen kreativen »Machern« wie dem Architekten Albert Speer (1905–1981) oder der Filmerin Leni Riefenstahl (1902–2003). Endlich bekam er die ersehnten Kontakte, so mit Dr. Hans Frank (später Generalgouverneur von Polen, gehängt in Nürnberg) oder Robert Ley, dem Chef der Deutschen Arbeitsfront und Erfinder des »Kraft durch Freude«-Programms. Der rumänische Botschafter Virgil Tilea suchte seine Freundschaft und Krafft revanchierte sich mit beeindruckenden Proben seines Könnens. Tilea ging bei Kriegsausbruch nach

»Feindpropaganda!« Zwei Beispiele für die im 2. Weltkrieg vom britischen Geheimdienst über Deutschland abgeworfenen Broschüren mit angeblichen Prophezeiungen des Nostradamus bzw. für Vorhersagen des Kriegsendes zur Beeinflussung der Zivilbevölkerung gegen das Regime des Dritten Reichs 1943.

London, sie blieben im angeregten Schriftwechsel. Krafft empfahl seinen britischen Kollegen R. H. Naylor, doch bald diktierte ihm das RSHA den Text seiner Schreiben, Tendenz zunehmend prodeutsche Stimmungsmache. Krafft wurde zum Rädchen in der psychologischen Kriegsführung.

Als Nächstes durfte er Nostradamus propagandagerecht aufbereiten; verweigern konnte er sich nicht mehr. Sein Führungsoffizier winkte kühl lächelnd mit der immer noch möglichen Einweisung in ein Konzentrationslager und köderte Krafft mit der Drucklegung seiner *Prophéties*-Übersetzungen. Dabei dachte das RSHA nicht im Traum daran, die missverständlichen (und variabel auslegbaren) Voraussagen des Nostradamus unters eigene Volk zu bringen. Als Flugblätter in den entsprechenden Sprachen über den feindlichen Linien abgeworfen, machte das Unternehmen Sinn. Mit der Erledigung dieser Aufgabe hatten die Herren der SS auch keine weitere Verwendung mehr für den »Spezialisten«, er wurde freigestellt.

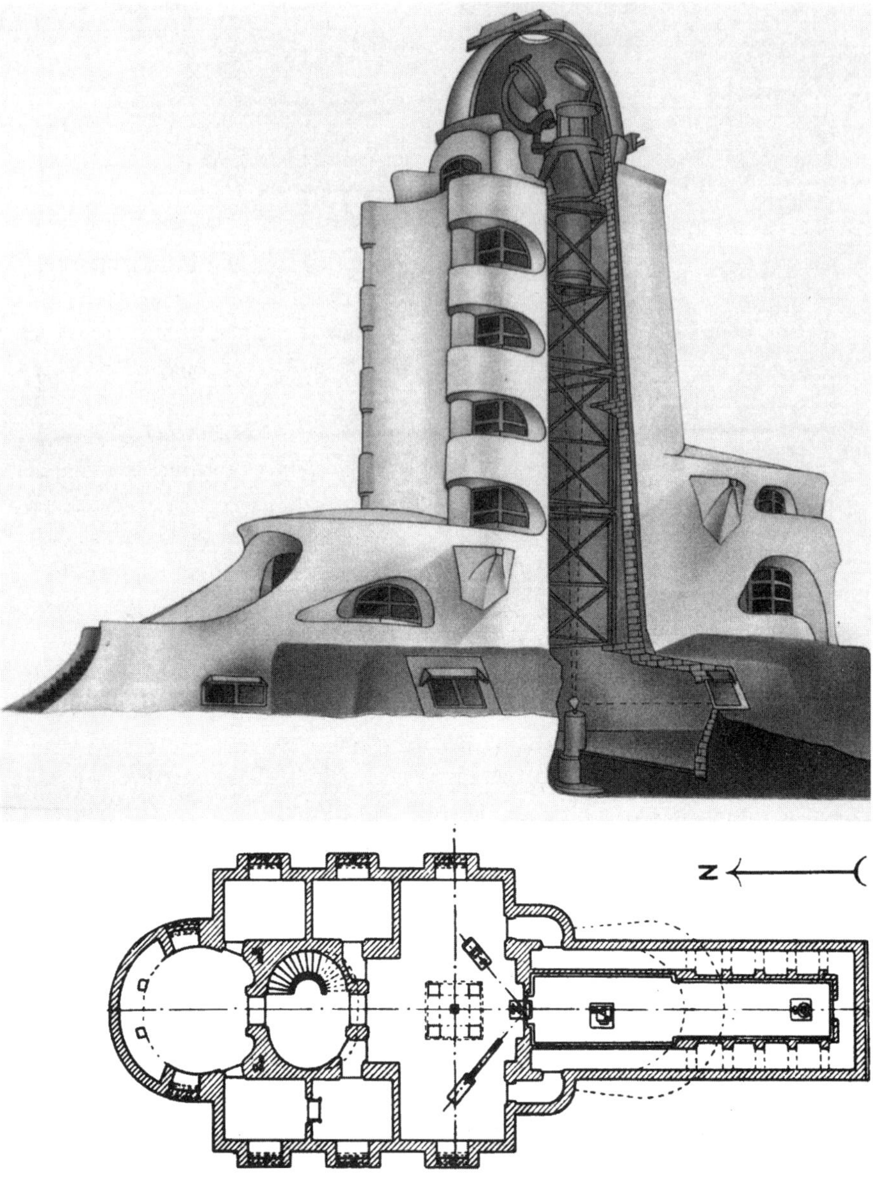

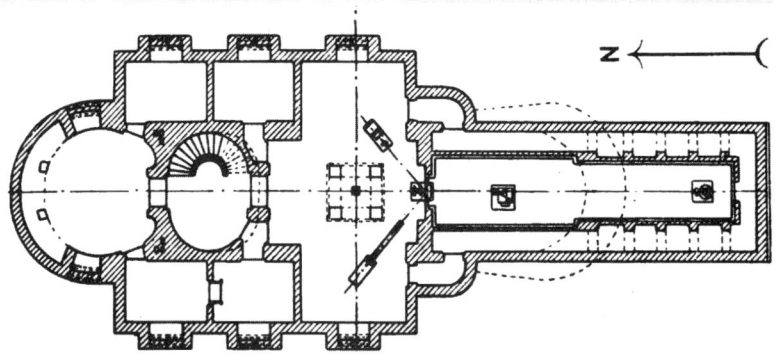

Der »Einsteinturm« in Potsdam, als Anlage zur Spektralanalyse
erbaut von dem Architekten Erich Mendelssohn 1920/21.

EIN SCHWARZES LOCH

Nun reiste Krafft durch die Lande und hielt immer gewagtere *Prophéties*-Vorträge. Sein Freund Goerner warnte ihn, dass er im Falle einer richtigen Voraussage zum falschen Zeitpunkt leicht ein Hochverratsverfahren am Hals haben könnte – und das würde ihn den Kopf kosten. Auch mit dem Vertrieb seines Buches sei er leichtsinnig. Krafft hatte in Klöcklers *Sterne und Mensch* die Anzeige drucken lassen, dass es bei ihm direkt zu beziehen sei. Währenddessen dienten die von ihm verfassten Schüttelreime (in einer abenteuerlichen anglofranzösischen Fassung) bereits dazu, die Bevölkerung Britanniens in Panik zu versetzen, eine terminlich genau abgestimmte Strategie, die geplante Invasion Englands vorzubereiten. Im Frühjahr 1940 lief für die deutsche Militärmaschine alles wie geschmiert, also ließ man Krafft und allen sonst mit Nostradamus befassten Astrologen die Zügel schießen. Nach den Repressalien der vergangenen Jahre witterte die Zunft wieder Himmelsblau. Krafft selbst war mit Aufträgen, Vorträgen und Signierstunden derart eingedeckt, dass er sich nach Urlaub im Schwarzwald sehnte.

Am Samstag, dem 10. Mai 1941, ließ Rudolf Heß, Stellvertreter des »Führers«, eine Me 110 volltanken und stieg um 5.45 Uhr Ortszeit in den Morgenhimmel auf. Der ehemalige Jagdflieger nahm Kurs auf Schottland. Die Nachricht schlug bei Hitler in Berchtesgaden wie eine Bombe ein, als ihm Heß' Adjudant einen Brief überbrachte. Eine plausible und repräsentable Erklärung für diesen »Verrat« musste gefunden werden und war auch schnell zur Hand: Heß war nicht nur geistig verwirrt, sondern stand unter dem Einfluss eines »astrologischen Klüngels«, wie Hitler donnerte – »Zeit, mit diesem Sterndeuterunfug radikal aufzuräumen!«

Hatte sich Heß nicht seit längerem um Subventionen für ein geplantes Zentralinstitut des Okkultismus bemüht? Oder war er von Magnetiseuren im Dienst des britischen Geheimdienstes in eine Falle gelockt worden? Die Londoner Times wusste zu berichten, dass Heß insgeheim Hitlers Leibastrologe gewesen sei, der jetzt erkannt habe, dass dessen kometengleiche Laufbahn ihren Zenit überschritten habe. Die nun folgende »Aktion Heß« (verantwortlich Abteilung IV) wurde von der Gestapo ebenso gründlich wie genüsslich vorbereitet. Schellenberg erinnert sich, dass Himmler, der eine Schwäche für Hellseherei und mystische Prophetie hegte, die Planungen mit gemischten Gefühlen sah, was Reinhard Heydrich (1904–1942) – mit einem Seitenhieb auf Generalfeldmarschall Hermann Göring – witzeln ließ:»Der eine sorgt sich um die Sterne an seinen Schultern, der andere um die in seinem Horoskop.« Martin Bormann (1900–1945) ließ bei dieser willkommenen Gelegenheit alle möglichen Staatsfeinde in einen Topf werfen:»Kirchen, Wahrsager, Astrologen und andere Schwindler ...« Ab sofort wurden öffentliche Vorführungen verboten, die mit »Okkultismus, Spiritismus, Hellseherei, Telepathie oder Astrologie ...« zu tun hatten. Das Propagandaministerium ergänzte die Liste verbotener Themen per Rundschreiben an alle Redaktionen wie folgt:»... Erdstrahlen, Radioästhesie, Fernheilung, Gesundbeten sowie die ariosophischen Lehren des Georg Lanz von Liebenfels ...«

Auch die Anthroposophen Rudolf Steiners, die Anhänger der Christian Science und etliche Psychotherapeuten sowie Psychologen erwischte es. Im Juni erfolgte eine Welle von Verhaftungen. Die meisten wurden nur nach ihrer Verbindung zu dem »Deserteur« befragt und dann wieder laufen gelassen.

Doch viele tatsächliche oder vermeintliche Regimegegner blieben in dem Netz hängen. Entweder widersprachen ihre Äußerungen der nationalsozialistischen Weltanschauung oder ihre Tätigkeiten waren dazu angetan, die Ruhe an der Heimatfront zu untergraben.»Professor« Isberner-Haldane saß bis zum Ende des Krieges im Gefängnis. Ob er sich mit seinen eigenen Worten tröstete, ist nicht überliefert:»Das Universum ist nicht nur wunderlicher, als wir annehmen, sondern wunderlicher, als wir annehmen können!«

Ins Gefängnis wurde auch Ernst Schulte-Strathaus (*1881) verbracht, jener Mann aus dem Stab von Heß, der für seine astrologischen Neigungen bekannt war. Er musste zugeben, dass er seinen Chef auf die ungewöhnliche »Große Konjunktion« (sechs Planeten gleichzeitig im Stier bei Vollmond) aufmerksam gemacht hatte, stritt aber ab, Heß zu diesem Termin geraten zu haben, denn der Aspekt sei so glückverheißend auch nicht gewesen. Heß habe mit niemandem über seine Reise gesprochen. Schulte-Strathaus konnte von Glück sagen, dass er 1943 schon wieder freikam.

Professor Karl Haushofer (1869–1946) unterhielt das bekannte Institut für Geopolitik, dem nachgesagt wird, es habe Hitlers Größenwahnsinn mit Ideen vom »deutschen Lebensraum im Osten« gespeist. Doch der alte Haushofer hatte schon vor 1939 erkannt, dass »der Führer« ein gefährlicher Irrer war.

Sein Sohn Albrecht (1903–1945) war Professor für politische Geografie in Berlin. Sie wurden beide verhaftet. Das folgende Verhör brachte die Spur zum Herzog von Hamilton zutage, zu dem Heß anscheinend geflogen war. Albrecht schloss sich später dem Widerstand an und wurde 1945 umgebracht.

Endlich fand die Gestapo auch den Mann, der als Heß' Astrologe galt – Dr. Ludwig Schmitt aus München. Der »Atemdoktor«, so genannt ob seiner Theorien der »richtigen« Sauerstoffinhalation, fand sich bald in einem Konzentrationslager wieder, während die Münchner Astrologin unentdeckt blieb, die später (*Das neue Zeitalter*, 1954) behauptete, Heß habe bei ihr schriftlich um einen günstigen Tag für eine Auslandsreise angefragt. Für den Rat »10. Mai 1941« habe sie ein Honorar in Höhe von hundert Reichsmark erhalten.

Dr. Hubert Korsch wurde in Düsseldorf festgenommen. Sein *Zenit* hatte schon 1938 das Erscheinen einstellen müssen. Korsch kam nicht wieder frei, sondern wurde 1942 im KZ Oranienburg liquidiert.

Der Bonner Philosophieprofessor Johannes Maria Verweyen, 1927 Gründungsmitglied der *Deutschen Kulturgemeinschaft zur Pflege der Astrologie*, gehörte ebenso zu den Verhafteten wie der Astrologe F. G. Goerner. Krafft betrachtete sich, schon aufgrund seiner »guten Beziehungen« zu etlichen Spitzen des Regimes, als persona grata, zumal er gerade im Deutschen Nachrichtenbüro arbeitete und bislang ungeschoren seine beliebten Nostradamus-Vorträge hielt. Er fiel aus allen Wolken, als die Gestapo an seinem Arbeitsplatz auftauchte und ihn aufforderte, ins Hauptquartier am Alexanderplatz mitzukommen.

BLACK BOOMERANG

In England wurde das Auftauchen von Heß ebenfalls im Zusammenhang mit der Großen Konjunktion gesehen, aber nur als der neueste Coup des Propagandaministeriums. Die Briten unterstellten Goebbels sogar, er unterhalte eine geheime AMO-Abteilung (»Astrologie-Metapsychologie-Okkultismus«), die schon die Redaktionen etlicher populärer Magazine aufs Glatteis geführt habe, so bei der angeblichen Invasion der Insel, die Englands Niederlage hätte einläuten sollen. Am 10. Mai fand ein ziemlich heftiger Luftangriff auf London statt, bei dem der einzige Astrologe ums Leben kam, der für diesen Tag ein historisches Ereig-

Im Dienst des Secret Service

*Louis de Wohl wurde von dem rumänischen Botschafter
Virgil Tilea dem* SOE *(Special Operation Executive) als
»Gegenstück« zu Krafft empfohlen. Der ehemalige Ludwig
von Wohl (jüdisch-ungarischer Abstammung) war 1935 nach
England emigriert. Vorher hatte er sich in den besten Kreisen
der Berliner Gesellschaft bewegt und so auch den jungen
Baron Harald Keun van Hoogerwoerd kennen gelernt, einen
holländischen Astrologen, der beim Königshof »akkreditiert«
war.*
*Der hatte ihn in die Künste der Astrologie eingewiesen. Und
da Louis de Wohl einen wachen Verstand besaß, verfügte er
auch in London bald über die richtigen Kontakte. So kam er
an Tilea und an die Krafft-Briefe.*
*Dem britischen Geheimdienst imponierte die Formel, die er
in Bezug auf »Hitler und die Astrologie« aufstellte. Dass der
»Führer« an die Macht der Sterne glaubte, konnte er bei
den führenden Köpfen des Secret Service als fest verankert
voraussetzen. Wenn er, Louis de Wohl, die gleichen Berech -*

nis angekündigt hatte. So gelangte man zu der Annahme, dass Heß, in Absprache mit dem ebenfalls für astrologiehörig gehaltenen Hitler, gezielt diesen Tag für seine Mission gewählt habe. Heß, der geglaubt hatte, man werde ihn als Friedenstaube mit offenen Armen aufnehmen, wurde von keinem ranghohen Regierungsvertreter empfangen, sondern interniert. Man hielt ihn wohl – ähnlich wie Hitler es tat – für nicht ganz zurechnungsfähig. Wesentlich mehr Aufmerksamkeit schenkte der britische Geheimdienst dem Umstand, dass Krafft spurlos aus Berlin verschwunden war, denn in ihm sah man Hitlers maßgeblichen Astrologen. Diese höchst mysteriösen Vorgänge bewirkten, dass sich London der Mithilfe eines gebürtigen Berliners versicherte. Sein Name: Louis de Wohl.

nungen anstelle wie Krafft, werde man rechtzeitig wissen, welchen Rat der »Führer« erhalten und befolgen werde.
Das war natürlich ein Bluff, denn es gibt zumindest so viele grundverschiedene prognostische Methoden innerhalb des astrologischen Lehrgebäudes wie strittige Häuser oder Planetendominanzen, und keine von ihnen kann sich auf eine wissenschaftlich prüfbare Grundlage berufen.
Die Prognosen eines tausend Meilen entfernten Astrologen waren also – ohne feste und verlässliche Absprache – völlig unvorhersehbar. Das vorgeschlagene Verfahren konnte gar nicht funktionieren. Aber auch in den Geheimen Diensten Ihrer Majestät zersetzte der Aberglaube den Schutzschild kritischer Vernunft: Louis de Wohl wurde eingestellt, erhielt den Rang eines Captain, eine prächtige Uniform und machte sich an die Arbeit.

Der Emigrant lernte Lady Chamberlain und Lord Edward Halifax (1881–1959), den damaligen Außenminister, kennen, außerdem Admiräle und Herzoginnen. Alle unterhielt er prächtig mit Hitlers Horoskop, das er – in sämtlichen Varianten – auswendig kannte. Bald residierte er im Grosvenor House Hotel, einer der ersten Adressen Londons. Sein *Büro für psychologische Forschung* verfertigte »schwarzes« Propagandamaterial für die PWE (*Psychological Warfare Executive*), für die auch Denis Sefton Delmers (1904–1979) berüchtigter Radiosender »Gustav Siegfried Eins« tätig war. Hier machte er die Bekanntschaft von Ellic Howe, dem besten Kenner aller geheimdienstlichen Tätigkeiten auf beiden Seiten des Ärmelkanals. Die *Schwarze Propaganda* (sein Insiderbericht über die geheimsten Operationen des britischen Geheimdienstes im Zweiten Weltkrieg) und *Uranias Kinder: Die seltsame Welt der Astrologie im Dritten Reich* stellen sicher die am gründlichsten und gewissenhaftesten recherchierten Arbeiten zu diesem Thema dar. Doch ausgerechnet als Heß in Schottland landete, hatte man Louis de Wohl auf eine Spezialmission nach Amerika geschickt. Von dort aus sollte er die neutrale internationale Presse betreuen und mit gezielten Falschinformationen versehen, damit die entsprechenden Horrorberichte (Tenor: »Deutschland kann diesen Krieg nur verlieren«) ihren Weg ins abgeschottete Reich fanden.

Die *American Federation of Scientific Astrologers (AFA)* veranstaltete im August 1941 einen Kongress in Cleveland. Für de Wohl war dies die Gelegenheit zu einem großen Auftritt. Er ließ sich über Hitlers Liebesleben aus, prophezeite der heimlichen Geliebten ein gewaltsames Ende (von Eva Brauns [1912–1945] Existenz konnte er noch gar nichts wissen), sagte das Scheitern des gerade erst begonnenen Russlandfeldzugs voraus, den Hitler gegen den Rat seines Schweizer Astrologen vom Zaun gebrochen habe. Dann lobte er die fachlichen Qualitäten von Krafft über den grünen Klee. Auch Haushofers *Institut für Geopolitik* bezog er in seine Ausführungen ein. Er malte ein wüstes Panorama weltumspannender Militärstrategie an die Wand, blähte dessen biederes Institut mit *über 2000 wissenschaftlichen Mitarbeitern* auf – Logistiker, Physiker, Ingenieure und Ökonomen – (dabei standen dem alten Haushofer zu jener Zeit gerade mal ein Assistent und eine Sekretärin zur Verfügung) und verstieg sich schließlich zu der kühnen Behauptung, Hitler plane aufgrund der astrologischen Einflüsterungen Kraffts und der »Planungen« Haushofers, den Krieg auf den amerikanischen Kontinent auszuweiten.

Die »Zeichen« sprächen dafür. Aber erst im Frühjahr 1942 würden Saturn und Uranus die Zwillinge transitieren, bekanntlich das zodiakale Herrschaftszeichen für die USA (dass Gemini auch für London gilt, verschwieg er wohlweislich).

Der gefeierte Festredner legte bei gleicher Gelegenheit auch eine Mine gegen den gepriesenen, »gefährlichen« Krafft. Er zeigte Journalisten heimlich und unter dem Siegel höchster Verschwiegenheit Passagen aus dem Tilea-Brief, aus der Hand gab er das »Dokument« jedoch nicht. Es handelte sich um eine Fälschung, in der Krafft andeutete, Hitler werde sich plötzlich aus dem Staub machen, weil er erkannt habe, dass Deutschland den Krieg nicht gewinnen könne. De Wohls Rechnung: Falls dieses Gerücht bis nach Deutschland durchsickerte, musste es für Krafft ähnlich fatale Folgen zeitigen, als wenn er wirklich so unvorsichtig gewesen wäre, dergleichen zu äußern. Dass diese Verleumdung dem Kollegen nicht nur den Kragen kosten konnte, nahm Louis de Wohl ungerührt in Kauf.

Als er nach London zurückkehrte, warteten Howe und D. S. Delmer mit der »Operation Black Boomerang« auf ihn: Er durfte 1943 drei Ausgaben von Dr. Korschs *Zenit* fälschen. Niemand nahm daran Anstoß, dass die Zeitschrift schon seit 1938 vom Markt war und dass ihr Herausgeber vor einem Jahr ebenfalls von der Liste gestrichen worden war. Die erstellten »Feldpost-Ausgaben« beinhalteten sogar die noch vertraute Werbung für Reinhold Ebertins *Mensch im All*. Sie waren vor allem für U-Boot-Besatzungen bestimmt, deren Moral durch einen Wust an ungünstigen Daten, Unglückstagen und nachträglichen Warnungen für tatsächlich versenkte Boote untergraben werden sollte.

Schließlich kamen auch de Wohls Arbeitgeber auf den Trichter mit Nostradamus, den sie als deutsche Untergrund-Edition auf feinstem Bibelpapier verbreiteten. Für die »Verfasser« dachten sie sich zwar akademisch verbrämte Phantasienamen aus, aber viele Indizien, dafür sorgte de Wohl, wiesen auf Krafft als Autor, denn inzwischen waren genügend in Deutschland produzierte Exemplare in ihrer Hand. Die Bombe tickte …

DAS SCHWEIGEN DER STERNE

Dies alles soll nicht den Eindruck erwecken, dass (richtig oder falsch) angewandte Astrologie den Verlauf des Zweiten Weltkrieges entscheidend beeinflusst oder gar entschieden habe. Deutsche U-Boote wurden durch das von den Engländern entwickelte Radar versenkt und nicht durch das Auspendeln ihrer Position. In den Konzentrationslagern kamen nicht nur Astrologen um, sondern Millionen jüdischer Bürger. Und Stalingrad, das im Kriegswinter 1942/43 auf dramatische Weise das Finale einläutete, kann nur unter einer weitaus schlimmeren Planetenkonstellation gestanden haben als die Heß-Konjunktion des Jahres 1941 – dennoch setzte sich Hitler über den Rat aller hinweg und befahl den Untergang seiner eigenen Armeen. Das könnte natürlich auch als

Prophetische Kunst der Endzwanziger.
Mit dem Titel »Der Gesetzgeber« ist Saturn gemeint,
zu dessen Herrschaftsbereich bald auch die Konzentrationslager
stoßen werden. Ludwig Fahrenkrog, 1929.

Beweis eines besonders unheilvollen Einflusses von Astrologen gedeutet werden – etwa in der Art jener Saat, die Louis de Wohl über den unseligen Karl Ernst Krafft ausbrachte.

Doch zu dieser Zeit war der Psychopath Hitler allein. Vor dem Attentat seiner Offiziere vom 20. Juli 1944 hatte ihn keiner gewarnt. Selbst die Führungsspitze der SS wandte sich mehr und mehr von ihm ab. Dessen ungeachtet sah der *Orden unter dem Totenkopf* (nach vergeblichen Geheimverhandlungen mit den Alliierten: Opferung des »Führers«/gemeinsames Vorgehen gegen Stalin) seinem Untergang ziemlich stoisch entgegen. Das alles begab sich – gegenteiliger »Black Propaganda« zum Trotz – ohne Zutun okkulter Kräfte, wenn man nicht Adolf Hitler ohnehin als einen Homunkulus des üblen Thule-Kreises sehen will.

Neben diesen düsteren Niederungen – man muss der Astrologie vorhalten, dass sie sich hineinziehen ließ – existierte das lichte Feld der großen Schwester Astronomie. Hier wurde, von den dunkel heranziehenden Wolken nahezu unbeeindruckt, in der Höhenluft der Berg-Observatorien weitergeforscht, entdeckt, in Spektrallabors technisch verfeinert, vergrößert, analysiert und in Instituten wissenschaftlich gestritten, begründet und verworfen.

Natürlich wurden die besten Astrophysiker dem Krieg verpflichtet. Der Erfinder der Relativitätstheorie, Albert Einstein, drängte darauf, die von Otto Hahn (1879–1968) schon 1938 entdeckte Kernspaltung zur Herstellung einer Atombombe zu nutzen. Nachdem schon 1942 Enrico Fermi (1901–1954) den ersten Reaktor in Betrieb gesetzt hatte, wurde die A-Bombe dann ab 1943 unter der Leitung von Robert Oppenheimer (1904–1967) gebaut. 1945 wurde sie als (bis heute umstrittener) Schlusspunkt des Krieges, Tod und Verderben über Hiroshima und Nagasaki bringend, zum Einsatz gebracht.

Auch die deutschen Physiker und Ingenieure waren nicht untätig geblieben. Unter der Führung des Hitler-Architekten Albert Speer, der sich, zum Rüstungsminister berufen, als blendender Organisator erwies, entwickelte Wernher von Braun (1912–1977) die V2-Raketengeschosse, die über London niedergingen und Vorläufer der Trägerraketen waren, welche heute Riesenteleskope und Explorer-Satelliten in den Weltraum befördern.

Zu dieser Zeit hatte die Entwicklung der Astrophysik einen anderen Charakter angenommen, ausgehend von der Relativitätstheorie Einsteins

(1905 und 1915), die von Beginn an enge Beziehungen zur Astronomie hatte, schon als Erweiterung der Newton'schen Gravitationslehre (gekrümmte Bewegung eines Lichtstrahls im Gravitationsfeld). Um den messbaren Beweis machten sich Sir Arthur Stanley Eddington (1882–1944) und der Potsdamer Astrologe Erwin Freundlich (1885–1964) bereits zu Beginn des 20. Jahrhunderts verdient.

Im Jahr 1943 fand Carl K. Seyfert (1911–1960) am Mount Wilson Observatory mittels Spektralanalyse die extrem hohen Expansionsgeschwindigkeiten von Massen (Sonnen), aber auch Gaswolken im Weltraum. Dann bewies James Clark Maxwell (1831–1879) die Zusammenhänge zwischen Magnetismus und Elektrizität sowie in der Verallgemeinerung der Lichtstrahlung die Möglichkeit von sich ausbreitenden Wellen auf der Basis der entsprechenden Experimente (1880) von Heinrich Hertz (1857–1894). Auf den Gedanken, dass auch die Sonne eine Quelle von Radiostrahlen sei, war 1890 in der Folge Thomas Alva Edison (1847–1931) gekommen, doch erst 1942 gelang James Stanley Hey der Nachweis (*1909). Zehn Jahre zuvor war Karl G. Jansky (1905–1950), Ingenieur von Bell Telephone Lab., bei der Untersuchung von Störungen im transatlantischen Telefondienst auf extraterrestrische Komponenten gestoßen, von denen einige in Verbindung mit der Milchstraße standen. Daraufhin wurde 1937 die erste große Parabolantenne gebaut, die auf den Weltraum ausgerichtet war. In den Vierzigerjahren konnte der Amerikaner Grote Reber (*1911), der dieses Radioteleskop (mit einer Schüssel von neun Metern) konstruiert hatte, die ersten Radiointensitätskarten des Himmels vorlegen.

Das ursprüngliche, von Einstein entworfene Bild des Universums ging von einem unveränderlichen Radius aus, war statisch, ohne Entwicklung. 1922 hatte der sowjetische Mathematiker Alexander A. Friedmann (1888–1925) nachgewiesen, dass eine solche Raumvorstellung zwar denkbar ist, aber nicht funktionieren kann. Die plastische Krümmung müsse sich im Laufe der Zeit verändern, ausdehnen oder zusammenziehen. Der Eddington-Schüler Georges Lemaître (1894–1966) führte den Gedanken weiter, dass die gegenwärtige Expansionsbewegung auf eine kosmische Singularität am »Anfang« der Welt zurückzuführen sei (Urknall). Einstein blieb 1930 bei seiner Version eines statischen Universums. Erst nach längerer Diskussion mit Edwin P. Hubble (1889–1953) ließ er sich von dessen empirischer Ableitung der linearen Beziehung

Panterra – ein Programm für die Zukunft

Albert Einstein war 1914 von Dr. Friedrich Simon Archenhold, dem Herausgeber des Weltall und Erbauer der Treptow-Sternwarte, nach Berlin geholt worden. Hier hielt er im folgenden Jahr seinen ersten öffentlichen Vortrag in Berlin über die Relativitätstheorie. Die freundschaftliche Beziehung überdauerte auch jene antisemitische Hetzwelle gegen den Physiker, die bereits zu Beginn der Zwanzigerjahre einsetzte. Unbeirrt gehörten beide Wissenschaftler 1925 neben den Raketenpionieren Rudolf Nebel (1894–1978), Johannes Winkler (1897–1947) und Hermann Oberth (1894–1989) zu den Gründern der pazifistischen Forschungsgesellschaft Panterra, deren Programm (Archiv Deutsches Museum München) heute kaum noch naivutopisch anmutet, sondern – bei einigen ökologischen Bedenken – durch seine Weitsichtigkeit besticht.

1. Entwicklung des Raketenfluges zwecks Weltraumfahrt

2. Atomenergie für friedliche Zwecke

3. Entwicklung von Robotern zur Erleichterung der menschlichen Handarbeit

4. Kraftwerke auf der Grundlage der Ausnutzung von Erdwärme

5. Schaffung eines Weltkraftwerkes Gibraltar, Absenkung des Meeresspiegels im Mittelmeer

6. Fruchtbarmachung der Wüste Sahara

7. Windkraftwerke großen Ausmaßes

8. Gezeitenkraftwerke

9. Einrichtung einer Erfinderzentrale mit Werkstätten, Erfinderbank und Verwertungsstelle.

Es blieb ein Traum. Einstein wurde ins Exil getrieben, Archenhold enteignet (»Volkssternwarte«), Raketen trugen die V2 nach London und die Atomenergie entfesselte ihre zerstörerische Kraft über Japan.

zwischen der Radiogeschwindigkeit von Sternsystemen und ihrer Entfernung überzeugen.

Der Beweis lag in der Nebelflucht. Wenn sich Nebelflecken (Sternhaufen) heute voneinander entfernen, müssen sie irgendwann einmal eng beieinandergestanden haben, mutmaßlich sogar in einem Punkt vereinigt, verdichtet gewesen sein. Kennt man die Geschwindigkeit ihres Auseinanderdriftens, ist sogar der Zeitpunkt dieses singulären Ereignisses berechenbar.

Was für die Komponenten des Universums gilt, muss auch für das Weltall als »Ganzes« oder besser »insgesamt« in seiner hüllenlosen Räumlichkeit gelten. Wie alt ist das Gebilde, in dem (unter anderem) die Menschen auf dem Planeten Terra leben? Wenn die Welt mit einem Urknall begonnen hat, wie und wann wird sie enden? Oder ist eine unendliche Folge aus Kompression, Explosion, Expansion vorstellbar, ein oszillierendes Universum? Die heute nachweisbaren entferntesten Objekte befinden sich in einem Abstand von 16 Milliarden Lichtjahren zur Erde, doch das sind nur die in ständiger Rotationsbewegung befindlichen Massen, deren Strahlung registriert wird.

Die Geschwindigkeit ihrer Fluchtbewegung, die mit zunehmender Entfernung wächst, ist für einen Nicht-Astrophysiker unvorstellbar hoch. Zum Verlassen eines Himmelskörpers ist eine ganz bestimmte Fluchtgeschwindigkeit erforderlich, um die Gravitationsbarriere zu durchbrechen. Für die Erde beträgt sie 11,2 km/sek, für die Sonne 617 km/sek, für einen kompakten Stern, einen so genannten Weißen Zwerg, sogar 10 000 km/sek. Wird durch das enorme Gravitationspotenzial eines Sterns die Fluchtgeschwindigkeit gleich der Lichtgeschwindigkeit, kann auch das Licht diesen Körper nicht mehr verlassen, weil – nach Einstein – der Weg eines Lichtstrahls im Schwerefeld gekrümmt wird. Der Strahl »fällt« gleichermaßen wie ein Bumerang auf den Stern zurück, es entsteht ein Schwarzes Loch. Diese Theorie stellte bereits 1916 Karl Schwarzschild (1873–1916) auf, aber erst noch zu entwickelnde Methoden der Strahlenerforschung und -messung könnten eine Beweisführung ermöglichen.

Schwarze Löcher sind – ebenso wie die Weißen Zwerge – ein mögliches Endstadium der Sternentwicklung. Der durch die Verdichtung bedingte ständige Ablauf von Fusionsprozessen führt irgendwann dazu, dass der Stern kollabiert (die dabei produzierte Wärmeenergie reicht nicht mehr aus, um die zunehmende Schwerkraft in Balance zu halten).

Im Verlauf dieses Kollapses werden die Trümmer, eine expandierende Gasmasse, explosionsartig abgestoßen: Es kommt – ein Aufblitzen! – zur Supernova. Der friedliche Sternenhimmel ist in Wahrheit ein tosendes Inferno von rasenden Rotationen, harten Strahlungen, irrsinnigen Hitzen, Blitzen, gleißenden Lichtfeuern, von unerträglichen Energien, zerstäubenden Massen sagenhafter Schwere, die sich abstoßen, anziehen, vernichten und gebären.

Das hier nur andeutungsweise – und ohne den geringsten Anspruch auf streng wissenschaftliche Darstellung – skizzierte Bild könnte auch dazu dienen, die Proportionen zurechtzurücken, den Blickwinkel zu justieren, aus dem die Ereignisse auf dem europäischen Teil des Globus in den Vierzigerjahren des 20. Jahrhunderts wahrgenommen werden sollte. Der Zweite Weltkrieg trat in sein Endstadium ein, kosmisch gesehen: eine Gaswolke, Staub und ein paar Trümmer. Das unendliche Leid, das er rund um den Globus anrichtete, ist weder den Sternen des Universums anzulasten noch ließen diese sich davon beeindrucken. Wie das meiste Erdengeschehen betraf es eine Menschheit, die mit ihrem Schicksal zumindest leichtfertig umgegangen war. Die vorausgehende völlige Pervertierung der Astrologie, ihr Missbrauch, hatte offensichtlich auch alle Alarmglocken ausgeschaltet, die sonst Kundigen eine derartige Katastrophe ankündigen.

MYTHENSUCHE

Auf der Hohen Tatra, dem höchsten Karpatengipfel im Generalgouvernement Böhmen und Mähren (heute wieder Slowakei), ließ R. Heydrich noch 1941 eine Seilbahn und ein Observatorium bauen. 1943, ein Jahr nachdem der Kronprinz Himmlers in Prag bei einem Attentat umgekommen war, wurden sie fertig gestellt. In den Jahren 1954 bis 1962 erweiterte man die Anlage durch eine noch höher (2634 Meter) gelegene Gipfel-Sternwarte. Von den Initiatoren zeugt keine Schrift, kein Wort. Die makabre Sehnsucht des Ordens unter dem Totenkopf nach den Sternen hat wenige sichtbare Spuren hinterlassen. Der Mythos ist mit den Opfern, selten mit den Tätern.

Der Gral des Reichsführers

Im Jahr 1934 hatte die SS mit der Suche nach einem sie überhöhenden Mythos begonnen, so wie er den mystischen Vorstellungen Himmlers entsprach. Otto Rahn (1904–1939), der Verfasser von Luzifers Hofgesind, *war ins Languedoc entsandt worden, damit er dort – auf den Spuren der Katharer – nach dem verschollenen Gral Ausschau hielt.*

Diese höchst geheime Mission wurde vom ranghohen SS-Gruppenführer Karl-Otto Wolff (1900–1984) persönlich geleitet. Was Rahn in den Tropfsteinhöhlen rund um den wagnerischen »Munsalvaetsch« tatsächlich fand, verschwieg er seinen Auftraggebern im Wesentlichen. Doch das, was er (z. T. in seinem berühmten Buch Kreuzzug gegen den Gral, *1933) berichtete, reichte, dass Himmler seine Wewelsburg – kreisrund wie den sagenumwobenen »Takt« – erbaute und seiner ausgesuchten Elite weiße knöchellange Mäntel verpasste, den Clamys des ebenfalls als Vorbild dienenden Templerordens nachempfunden: der rechte Rahmen für die Götterdämmerung eines ehemaligen Kaninchenzüchters! Otto Rahn trat 1936 der SS im Rang eines Unterscharführers bei, obgleich sein Verhältnis zu dem Orden –*

Die Verhaftungswelle von 1941 verebbte langsam, die meisten der einvernommenen Astrologen waren, eingeschüchtert und zu strengstem Stillschweigen vergattert, entlassen worden. Die Aktion hatte ihre Hintergründe in den latenten Machtkämpfen, die sich im Innern des Dritten Reiches abspielten. Die SS hatte sich längst zum Staat im Staat entwickelt. Hitler sah sich diesem Phänomen machtlos gegenüber, nachdem er selbst der »Schutzstaffel« erlaubt hatte, seiner alten braunen Hausmacht, der »Sturmabteilung«, das Rückgrat zu brechen, sodass nur noch Gala-Uniformen bei Aufmärschen und Staatsbegräbnissen von der einstigen Rabaukenmacht SA zeugten.

Die SS hob ab in eine diffuse »Neue Weltordnung« (in der für den Banausen Hitler kein Platz mehr vorgesehen war) – nur steckte sie mit ihren Schaftstiefeln tief im Blutmorast, den sie auf ihrem Marsch zu die-

nach der vorangegangenen Initiierung in die Bewusstseinsstufe der
»Reinen« – dies eigentlich hätte verbieten sollen. Einer (ziemlich
unglaubwürdigen) Legende zufolge soll die SS sogar noch im Jahr
1944 ein Geheimkommando unter dem bewährten Otto v. Skorzeny
(1900–1975) per Flugzeug ins Taborgebirge geschickt haben, um
nach dem Versteck des Grals zu suchen. Das Gerücht über diese
Mission hält sich im Schatten des Montségur bis heute. Doch ge-
funden hat er wohl nichts. Dem Obersturmführer Rahn war noch vor
Kriegsausbruch nahegelegt worden, einem geheimen Kriegsgerichts-
verfahren dadurch zuvorzukommen, dass er selbst die Konsequenzen
zog. Rahn ging in die winterlichen Berge und wurde im Schnee er-
froren aufgefunden. Die Umstände seines Endes wie auch seine SS-
Zugehörigkeit blieben bis lange nach dem Krieg verdeckt. Lediglich
Herman Weidelener raunte bald kryptisch von einem »Todesurteil
wg. Mysterien-Verrats, wie eben üblich bei geheimen Bruderschaften«.
Der französische Journalist Christian Barnadac brachte die mysteriöse
Geschichte in weiteres Zwielicht (Le Mystère Otto Rahn, 1954). *Die*
Wahrheit ist wahrscheinlich banaler: Rahns nachweisliche Homoerotik
war – nach der im Blut erstickten Röhm-Affäre – mit dem Ehrenkodex
der SS nicht länger vereinbar.

sen pseudoreligiösen Höhen hinterlassen hatte. Der Todesgeruch ihrer
Mordtaten klebte an ihr. Auch deshalb weigerte sich Sir Winston Chur-
chill (1874–1965) empört, als 1944 gewisse Kreise im amerikanischen
Geheimdienst mit der Idee eines separaten Waffenstillstandsabkommens
mit dem »Schwarzen Orden« an ihn herantraten. Das Tausendjährige
Reich trieb in seiner Endphase wieder dem germanischen Urschlamm
zu, aus dem es emporgestiegen. Nur geriet der herbeigesehnte grandiose
Untergang von Walhall zur erbärmlichen Inszenierung. Die Nibelungen-
treue der SS war schon Schall und Rauch, bevor Etzels Burg in Flammen
stand. Der Regisseur hatte sich in seinen Bunker verkrochen, sein Inspi-
zient M. Bormann hielt sich an Durchhalteparolen fest, die den galop-
pierenden Realitätsverlust nicht verdecken konnten.

CONIUNCTIO SATURNALIS

Das zunehmende Delirium der braunen Machthaber und ihrer schwarzen Schergen bekam der Astrologe Goerner zu spüren, der im KZ Oranienburg tagelang verhört wurde. Die harsche Befragung drehte sich um die Sprachgeist-Theorien Kraffts, dessen »arkane etymologische« Spekulationen kein akademisch gebildeter Philologe nachzuvollziehen in der Lage war. Erst recht mussten die unbedarften Beamten die Spinnerei für ein raffiniert getarntes Chiffresystem halten und Krafft für einen Spion. In einer Gefängniszelle am Alexanderplatz sahen sie sich wieder, in Gesellschaft eines gebrochenen Verweyen (der Professor kam 1945 in Bergen-Belsen um). Krafft wurde unter Druck gesetzt. Seine Lage habe er sich selbst zuzuschreiben: Es sei absolut nicht glaubwürdig, dass ein Schweizer Staatsbürger von der wirtschaftlichen Sicherheit eines neutralen Landes Abschied nehme, um sich unter Kriegsbedingungen mit einem relativ bescheidenen Lebensstandard zu begnügen – ergo handele Krafft auf Weisung fremder Mächte.

Doch von seinem kosmischen Symbolik-Anliegen, dessen Verwirklichung er sich in Deutschland vorgestellt hatte, mochte Krafft auch nicht mehr reden. Er war bitter enttäuscht. Die Gestapo gab sich nicht die Mühe, ihre Bedingungen für sein nacktes Überleben irgendwie zu verbrämen: Krafft habe – zusammen mit Goerner – von nun an als Häftling die Arbeiten auszuführen, die man ihm zuteilen werde. Die beiden wurden in eine bewachte Baracke des Propagandaministeriums verlegt und mussten in harter Fron Material der Abteilung für psychologische Kriegsführung bearbeiten: Handschriftenproben, Fotografien, Geburts- und Familiendaten von russischen Generälen, alliierten Staatsmännern und neutralen Diplomaten, Prinzessinnen und Kardinälen. Ihnen oblag es, deren Horoskope zu erstellen und nicht nur im Sinne ihrer Auftraggeber zu deuten, sondern auch auf die Schwächen und wunden Punkte hinzuweisen.

Goebbels war von der Leistung seiner »Okkultisten« sehr angetan, ohne jedoch ihre Situation im Geringsten zu erleichtern. Krafft tat das von sich aus, indem er testete, wie viel hanebüchenen Unsinn er seinen Quälgeistern zumuten konnte. Er erfand die Unterwanderung des Okzidents und der Wall Street im Besonderen durch Freimaurer gleich noch einmal oder zitierte frei aus den »Protokollen der Weisen von Zion« über die jüdische Weltverschwörung, die nun auch Amerika seiner Unabhängigkeit berauben werde. Das Ende seiner Karriere, die er dem braunen Regime angedient hatte (bis es ihn an sich kettete), verlief für den Diener in der gleichen Parabel eines unausweichlichen Fallens wie für seine Herren und Peiniger.

Hyleg, Erlöser ohne Trost

Karl Ernst Krafft vermochte sich auf die Dauer nicht in das Reich seiner blühenden Phantasie zu retten. Er konnte Goerner nicht mehr ertragen, verfiel in Depressionen und begann erst zu fasten, dann sich völlig zu verweigern. Aus seiner Paranoia rutschte er in eine Haftpsychose, vergaß alle Ermahnungen, verfasste wütende Beschwerden, die meist in wüsten Beschimpfungen endeten oder, was schlimmer war, in düsteren Prophezeiungen, den Kriegsausgang betreffend. Seine Bewacher fingen die meisten Schreiben ab, aber eines scheint durchgekommen zu sein. Die mit dem Fall befasste Dienststelle musste jetzt nur noch eine Entscheidung treffen: geschlossene Anstalt oder KZ. Im Februar 1943 wurde Krafft abgeholt. Goerner entließ man in die Freiheit, nachdem er ein Schriftstück unterschrieben hatte, dass er nie im Gefängnis und / oder für das Ministerium tätig gewesen sei.

Krafft war schon an Typhus erkrankt, als er im Konzentrationslager eintraf, und wurde in den Krankenblock eingewiesen. Es war nicht vorgesehen, dass er sich erholte. »Denn«, bemerkte ein ranghoher SS-Offizier ohne Bedauern, »sonst wird wieder alles, wie es war.«: Krafft wäre erneut zum Ärgernis geworden. Das Ende des Krieges war in Sicht, als Krafft – nur noch ein Wrack – nach Buchenwald gebracht wurde. Er verstarb am 8. Januar 1945 auf dem Transport, wie das Politische Department in Bern in Erfahrung brachte.Kaum jemand in der Schweiz hatte eine Vorstellung davon, was Krafft in den Jahren in Berlin getrieben hatte, bis BBC-Meldungen verbreiteten, er sei Hitlers Astrologe gewesen.

Spätestens als bei Kriegsende sein Tod bekannt wurde, musste Louis de Wohl wissen, dass die von ihm in die Welt gesetzte Krafft-Legende jeglicher Grundlage entbehrte. Das hielt ihn jedoch nicht davon ab, sie weiterhin zu kolportieren und damit viel Geld zu verdienen. Der »glorreiche Kampf gegen die Giftschlange am Nazibusen« verbrämte seine eigene Beschäftigung während des Krieges. So gelangte auch Louis de Wohl endlich zum ersehnten Ruhm.

Die Nazis – sich um ihr eigenes Verbot längst nicht mehr scherend – hatten mittlerweile andere »Spiritisten« aufgetrieben, die ihnen willig zuarbeiteten. Darunter waren auch »Pendler«, die, angeführt von einem gewissen Wilhelm Wulff, den unbekannten Aufenthaltsort Benito Mussolinis (1883–1945) herausfanden. So konnte der von Marschall Pietro Badoglio (1871–1956) gefangen gesetzte Duce schließlich in der berühmten »Operation Alarich« durch Otto von Skorzeny aus seinem Gefängnis auf dem Monte Sasso befreit werden. Die Aktion verlängerte Mussolinis Leben nur um die kurze Frist des makabren Zwischenreiches von Salò, dann bereiteten ihm die Schüsse von Dongo endgültig den Garaus. Der »Führer«, der sich nie etwas aus Astrologie gemacht hatte, soll sich in seinen letzten Tagen, angeregt durch Goebbels, der beiden Horoskope erinnert haben, die in den Archiven der Reichskanzlei lagerten. Das eine, vom 30. Januar 1933, wird von vielen (fälschlicherweise?) Elsbeth Ebertin zugeschrieben, das andere (Verfasser unbekannt) stammte aus dem Jahr 1918 und betraf das Schicksal der Republik. Sie stimmten, was vorher keiner festgestellt hatte, auf erstaunliche Weise überein: »1939 Kriegsausbruch, Siege bis 1941, dann sich steigernde Rückschläge bis in den April 1945 (der große Umbruch), Frieden, drei schwere Jahre für Deutschland, ab 1948 wundersamer Wiederaufstieg«. Das beein - druckte Hitler sehr. Am 12. April 1945 – die Rote Armee stand vor Berlin – erhielt Schwerin von Krosigk, der Reichsfinanzminister, telefonisch die Nachricht, dass Präsident Roosevelt (1882–1945) tot sei. Goebbels beglückwünschte den Führer: »Das ist die Wende! Wie in den Sternen geschrieben! Heute ist Freitag, der 13.!«

Hitler verlangte nun doch einen Astrologen zu sehen. Ein gewisser Bernd Unglaub († 1945), der im Jahre 1941 um Haaresbreite wegen Verbreitung defätistischer Äußerungen – sprich: Wehrkraftzersetzung – dem Fallbeil entgangen war, hauste unweit der Reichskanzlei in den Trümmern der Bülowstraße. Die verbliebenen Adjutanten beeilten sich, ihn herbeizuschaffen. Kurz darauf verließ er den Führerbunker zitternd, aber lebend. Es dauerte noch zwei Wochen, bis Hitler und Goebbels sich dazu durchrangen, sich samt ihrer Ehefrauen umzubringen.

Himmler, der sich im Gegensatz zu seinem Führer gegenüber der Macht der Sterne zeitlebens als nahezu hörig erwiesen hatte, ließ sich jetzt von seinem Leibdeuter, dem Pendler Wilhelm Wulff, nichts mehr raten. Er versuchte, verkleidet nach Südamerika zu entkommen. Als er aufgegriffen wurde, zerbiss er die stets mitgeführte Zyankalikapsel.

Damit war der Spuk vorbei. Ihn als eine Entgleisung der Weltgeschichte abzutun verbietet sich angesichts der Wunden, die er schlug. Seine Darstellung im Rahmen einer Geschichte der Astrologie mag übergewichtet anmuten, aber historische Tatsache ist, dass sich – spätestens mit Beginn des 20. Jahrhunderts – das Schwergewicht sämtlicher Bereiche, die mit der Astrologie zusammenhingen, nach Deutschland verlagerte, und dieses Deutschland stand nun mal (ob ursächlich, als Folgeerscheinung oder schicksalhaft) unter dem Zeichen einer missverstandenen, missbrauchten Swastika und demonstrierte ungehemmt, wozu die menschliche Gesellschaft fähig ist. Den Sternen ist dies alles nicht anzulasten: *stellae inclinant non necessitant.*

XII

EIN ANDERER BLICK IN DIE ZUKUNFT

AUSSICHTEN UND EINBLICKE

SUPERNOVA

Die USA, nicht die Sowjetunion, gingen als Sieger aus der Auseinandersetzung hervor, die von Europa auf Nordafrika, den Vorderen Orient und den Pazifikraum übergegriffen hatte. Nicht territorialer Zugewinn war ausschlaggebend, sondern Wirtschaftsmacht, abgesichert durch technischen Vorsprung. Kein Bild weist mehr Symbolgehalt auf, als die 27 gigantischen Parabolschüsseln des VLA(*Very Large Array*)-Interferometers, die sich in der Wüste von New Mexico erheben.

25 Meter beträgt der Durchmesser jedes dieser Radioteleskope auf stählernen Spinnenbeinen, die sich zu einem riesigen Antennennetzwerk zusammenschalten lassen – ein Horchorgan von 25 Kilometern hochsensibler Feldfläche. Schweigend lauschen diese Ohren jedem Wellenschlag, jeder noch so minimalen Strahlungseinheit, die aus dem Weltraum dringt. Begonnen hatte der Bau von Radioteleskopen, als zu Beginn der Dreißigerjahre K. G. Jansky, ein Ingenieur von Bell Telephone Lab., auf Interferenzen aus dem Bereich der Galaxis hinwies. 1967 versuchte eine Studiengruppe vom Mullard Radio-Astronomy Observatory in Cambridge, Massachusetts, Variationen in der Strahlung von Radiowellen im Zusammenhang mit dem Sonnenwindphänomen zu untersuchen.

Das hatte schon den amerikanischen Astrologen John Nelson beschäftigt, der zwischen 1946 und 1971 für das RCA-Sendernetz Funkstörungen nachging und eine so hohe Rate an Wechselbeziehungen zwischen Sonnenfleckentätigkeit und Klimazyklen entdeckte, dass seine Wettervorhersagen über Jahre hinweg – und oft Monate voraus – eine Trefferquote von über neunzig Prozent erzielten.

Die 1967 mit der Registrierung beauftragte Technikerin Jocelyn Bell (*1943) stellte dabei in einem bestimmten Himmelssektor Radiostrahlung fest, die Signale in Form von kurzen Pulsen mit der Regelmäßigkeit eines Uhrwerks abgab. Hatte sie etwa eine Spur außerirdischen Lebens entdeckt? Scherzhaft nannten ihre Kollegen diese und die zweite Quelle, die man kurz darauf fand, LGM 1 und LGM 2 – die Abkürzung steht für Little Green Men.

Die Lösung des Rätsels erkannte der britische Kosmologe Thomas Gold (*1920). Schon 1932/34 hatte der sowjetische Physiker Lev Landau (1908–1968) auf die mögliche Existenz von Neutronensternen hingewie-

Lauscher in der Wüste.
VLA(Very Large Array)-Radioteleskope in New Mexico, USA.

sen, eine Theorie, die auch von Walter Baade (1893–1960) und Fritz
Zwicky (1898–1974) diskutiert wurde. Gold, der schon am britischen
76-Meter-Radioteleskop von Jodrell Bank bei Manchester (errichtet 1957
von Bernard Lovell) auf ähnliche Phänomene gestoßen war, hatte sich
nicht getraut, damit an die Öffentlichkeit zu gehen.

Zusammen mit Franco Pacini (* 1939) erklärte er die Signale als Emissionen eines *Pulsars*, also eines Neutronensterns, der als Relikt einer Supernova-Explosion entstanden ist. Er rotiert mit enormer Geschwindigkeit um die eigene Achse und besteht aus einer Sternmasse von so ungeheurer, nicht vorstellbarer Dichte, dass ein Fingerhut voll seiner Neutronen-Materie über eine Milliarde Tonnen Masse ausmacht.

Dieser Extremzustand wird erreicht, wenn keine Kernfusionsprozesse mehr die Anziehungskraft ausgleichen und das Relikt unter der eigenen Gravitation kollabiert, wobei es mit diesem Potenzial allerdings auch die gewaltigen Fliehkräfte kompensiert. Die aufgefangenen Signale sind quasi Hilferufe vom Überlebenskampf des ergrauten Zwergs. Jürgen Hamel von der Archenhold-Sternwarte in Berlin bezeichnete die Pulsare als »kosmische Leuchtfeuer«.

Inzwischen hat MERLIN, das aus sechs Einzel-Radioteleskopen besteht und die Wirkung einer Parabolantenne von 133 Kilometer Durchmesser entfaltet, eine große Anzahl weiterer Pulsare entdeckt. Die dabei empfangenen Signale werden im Computer überlagert und ausgewertet, wodurch ein besonders hohes Auflösungsvermögen erreicht wird.

Aus der mittlerweile messbaren Expansionsgeschwindigkeit von Gasnebeln konnte ziemlich genau auf eine Supernova-Explosion in der Mitte des 11. Jahrhunderts geschlossen werden. Tatsächlich fand sich in chinesischen Registern für den 4. Juli 1054 ein »Gaststern«. Der byzantinische Kaiser Konstantin IX. Monomachos (Regierungszeit 1042–1055) ließ das Bild der Supernova auf Goldmünzen prägen, und indianische Felszeichnungen im Navajo Canyon (Arizona) stellen den Mond zusammen mit der Supernova dar. Nachträglich konnten auch unerklärliche, meist als Kometen verzeichnete Beobachtungen der Vergangenheit diesem neuen Phänomen zugeordnet werden, so die *Tychonische Nova* (1572) und die *Kepler'sche Nova* (1604).

Die Astrologie hatte in den USA ausgerechnet mit einem Richterwort »i. S. ./. Mrs. George E. Jordan« an bürgerlichem Ansehen gewonnen. Die Dame habe »die Astrologie zur Würde einer exakten Wissenschaft erhoben«, hieß es in der Begründung des Freispruchs von Evangeline Adams (1865–1932), die man der Scharlatanerie bezichtigt hatte.

Dane Rudhyar (1895–1985), ein amerikanischer Komponist, der über orientalische Klänge und Weisheiten zur Astrologie kam, vertrat die philosophische Ansicht, dass der Mensch durch sie »seine Wesensstruktur entdecken kann, die seine Individualität und sein Schicksal mit den oft verwirrend erscheinenden Ereignissen des täglichen Lebens prägt«. Sein 1970 erschienenes Spätwerk *Die Planetisierung des Bewusstseins* gehört zu den gescheitesten Beiträgen zum Zustand der Astrologie des Okzidents nach dem Krieg.

Zunehmend kamen nun fast die gesamte seriöse Fachliteratur oder die wirklich innovativen Abhandlungen aus dem angloamerikanischen Bereich – die Arbeit *A History of Astrology* (1983) von Derek und Julia Parker, *Der westliche Weg* von C. u. J. Matthews, *Astrology: The Celestial Mirror* von W. Kenton, *Der Blick in die Zukunft* von A. S. Lyons, *Mythic Astrology* von A. Guttman und K. Johnson und *The Secret Teachings of all Ages* von Manly Palmer Hall.

Die Neue Welt hat offensichtlich begonnen, den gesamten Bereich kritisch-kühl, aber auch wesentlich interessierter wahrzunehmen. Eine äußerst seriöse Bestandsaufnahme gelang Geoffrey Dean und Arthur Mather mit *Die neuesten Fortschritte in der Geburtsastrologie* (1977). Ziemlich harsch trennten sie die Spreu vom Weizen und legten schon im Ansatz zweifelhafte »Thesen«, schlampig durchgeführte »Experimente« und aus der Luft gegriffene »Beweise« derart schonungslos offen, dass die Autoren dieser sorgfältigen Faktensammlung von vielen Mitgliedern der astrologischen Zunft als »Netzbeschmutzer« hingestellt wurden. Auf jeden Fall war Bewegung in den Bauchladen der »erfüllbaren Träume« gekommen.

Bereits 1960 fand Marcia Moore neunhundert Berufsastrologen, die bereit waren, sich an einer schriftlichen Umfrage für eine Studie, an der sie gerade arbeitete, zu beteiligen. Eines der Ergebnisse bestand in der Hochrechnung, dass in Amerika über zehntausend Menschen 1969 direkt oder indirekt von der Astrologie leben werden.

In Europa hingegen war die geistige Auseinandersetzung mit der Astrologie ziemlich abgeflaut. Das lag sicher an den verheerenden Erfahrungen eines verlorenen Krieges, die speziell den Deutschen nicht erspart geblieben waren. Trotz »Entnazifizierung« hatten sie ihre Grundhaltung keineswegs abgelegt, sie war jetzt nur zu einer störrischen bis phlegmatischen Gemütslage mutiert. Reinhold Ebertin, der sich noch 1940, als die Astrologie längst in Acht und Bann geraten war, mit einer »Kombination der Gestirneinflüsse« zu Wort melden konnte, eröffnete zusammen mit seinem Sohn Baldur bereits 1948 seine *Aalener Schule* wieder.

Mutter Elsbeth war kurz vor Kriegsende in Freiburg bei einem Bombenangriff umgekommen, obgleich die Nachbarn sich in ihrer Nähe völlig sicher gefühlt hatten. Viele Astrologen bedenken ihr eigenes Schicksal nicht mit der anderen anempfohlenen Aufmerksamkeit. Die unerschütterlichen Kosmobiologisten erhielten neuen Zulauf durch Yves Rocard (1903–1992; Sensibilisierung von Frauen gegenüber dem magnetischen Feld der Erde, s. auch Flugorientierung bei Tauben) und Maki Takata (*1951; Einfluss der Sonneneruptionen auf den »Flockulations-Exponenten«, sprich Gerinnungsgrad von Bluteiweiß). Die Ebertiner widmeten sich bald wieder dem Einfluss von Strahlungen, insbesondere dem von ihnen eifrig propagierten Biorhythmus, gemessen an der Lunar-Periodizität. Ermutigt wurden sie dabei durch die 1960 begonnenen Versuchsreihen (Nachweis chemischer Reaktionen auf Mondperioden und Sonnenflecken) des Florentiners Giorgio Piccardi und von der tatkräftigen Unterstützung seitens der Taschencomputer-Industrie. Die handlichen Messgeräte waren der Chic der Sechzigerjahre für jene abgehobene Minderheit, die sich nicht für Ernesto Che Guevara (1928–1967) oder gegen Vietnam ins Zeug legte.

Die Massenbewegungen gerieten zusehends grenzüberschreitend. Das Beispiel von Evangeline Adams machte auch in Europa Schule. Maurice Woodruff in London, Yacinto Yaria in Rom, Madame Teissier in Bonn,

Paris und Brüssel hatten begriffen, welche Rolle den Medien mehr und mehr zufiel. Der erfolgreiche Astrologe durfte die Öffentlichkeit nicht scheuen. Caroll Righter (1900–1988) in Los Angeles gab sich noch etwas konventioneller, dafür schaffte es einer der von ihr betreuten Filmstars bis ins Weiße Haus. Auch die Regierungspräsidentin von Indien, Indira Gandhi (1917–1984), und viele andere Politiker machten aus ihrem Vertrauen in die Macht der Sterne bzw. in die Ratschläge eines Hofastrologen kein Hehl.

Alan Leos Nachfolger, Charles E. O. Carter, titelte das altehrwürdige *The Astrologer's Magazine* um in *Modern Astrology*. Er war auch der erste Vorsitzende der *Faculty of Astrological Studies*, die er mit M. Hone ins Leben gerufen hatte. Mit einem Diplom dieser Fakultät gründete John Addey das Konkurrenzunternehmen *Astrological Association* samt eigener Zeitschrift, dem *Astrological Journal*. In dem jetzt beginnenden Jahrmarkt der Geburtshoroskope nahm sich der Engländer Addey wie ein Fossil aus, wenngleich er einer der wenigen war, die noch einen Beitrag zum Fortschritt der Astrologie leisteten: *Harmonien der kosmischen Perioden* ist der Titel seines in der Stille verfassten Lebenswerkes.

Weder Strom noch Strömung sind wohl aufzuhalten. Sich als neu gebärdende Lehren wie die Anthropologie und die Theosophie hatte die Astrologie geduldig ausgesessen und schließlich integriert. Das Mikrokosmos-Makrokosmos-Denken (nicht etwa neu, sondern in bester hellenistischer Geistestradition) kommt ohne ihre Elemente nicht aus; Astrosophen, Anhänger von Reinkarnation und Karma, Spiritisten und Astralgeist-Gläubige berufen sich auf ihre Symbolik. Sie alle fanden – insbesondere nach dem Zweiten Weltkrieg und später Vietnam – immer mehr Gefolgschaft.

Doch auch die neuen (anerkannten) Wissenschaftszweige wie Psychoanalyse und der ganze Verbund von Astrometrie, Astronautik, Stellardynamik, Kosmogonie und Astrobiologie greifen direkt oder indirekt auf die Astrologie zurück. Ausgerechnet das Unternehmen, dessen Name wie ein Symbol für interstellare Futuristik steht, die NASA, stellt immer mehr Mittel für ihre Erforschung und Verwendbarkeit bereit.

Ihre Faszination bezieht die Astrologie aus höchst divergierenden Quellen: Sie erscheint als möglicher Schlüssel zum Fluchtweg bei Anzeichen einer schleichenden Apokalypse oder als der ersehnte Code für den Zutritt in eine glücklichere Welt, womöglich in weit entfernten Galaxien.

DAS WELTALL: ENDLICHE UNENDLICHKEIT ODER UNENDLICHKEIT OHNE ANFANG UND ENDE?

Amerika hatte auch auf dem Gebiet der Sternenforschung, der klassischen Astronomie, bereits zu Beginn des letzten Jahrhunderts dem alten Kontinent den Rang abgelaufen.

Die Geschichte ihrer längst weltberühmten Observatorien mit den größten Fernrohren hatte mit George E. Hale (1868–1938) begonnen. Als der engagierte Astronom von zwei wertvollen Gläsern von 105 Zentimeter Durchmesser erfuhr, die in Paris zu haben waren, überredete er einen reichen Geschäftsmann aus Chicago, sie kaufen und schleifen zu lassen und auch gleich den Bau eines Refraktors und einer passenden Sternwarte in der Williams Bay zu finanzieren. Das Yerkes-Observatorium wurde das größte in den Vereinigten Staaten. Auch das Fernrohr – 19,4 Meter lang und 20 Tonnen schwer – ist nicht mehr zu überbieten, denn jede noch größere Linse aus einem Stück würde die Halterung mit ihrem Eigengewicht verformen.

Bald nach der Fertigstellung (1897) erhielt G. E. Hale eine noch größere Summe von der Carnegie-Stiftung und installierte auf dem Mount Wilson bei Pasadena, Kalifornien, einen 2,54-Meter-Spiegel, den berühmten Hooker-Reflektor, der erst 1917 übergeben werden konnte. Mit dem damals größten Fernrohr der Welt entdeckte dann E. P. Hubble den so genannten *Hubble-Effekt*, das Auseinanderfliehen aller Galaxien mit zunehmender Geschwindigkeit. Dies war der entscheidende Anstoß zur Urknall-Theorie.

Der Ehrgeiz von Hale war immer noch nicht gestillt. Ihm stand der Sinn nach einer doppelt so großen Linse, als Geldgeber stellte sich die Rockefeller-Foundation zur Verfügung. 1935 wagten es die Corning-Glaswerke in New York, einen genügend großen Block aus Pyrex-Glas zu gießen, die Abkühlung dauerte Monate, dann begann der Eisenbahntransport nach Kalifornien. In der optischen Werkstatt des *Institute of*

»The two hundred inch telescope«.
Sternwarte auf Mount Palomar bei San Diego, Kalifornien,
seit 1949 in Betrieb.

Technology wurde die Scheibe elf Jahre lang geschliffen. Hale starb 1938, ohne die Erfüllung seines Traums erlebt zu haben.

Der neue Reflektor – Durchmesser 508 Zentimeter – wurde 1948 im Mount Palomar Observatory eingeweiht. Das 530 Tonnen schwere Ungetüm erlaubt es dem menschlichen Auge, bis zu einer Entfernung von fünf Milliarden Lichtjahren in das All vorzudringen.

Es trägt den Namen seines Ideators und erforderte – ein weiterer Superlativ – mit 42 Metern die bisher größte Kuppel einer Sternwarte. Im gleichen Jahr machte auch das Radcliffe-Observatorium in den Tafelbergen von Sutherland (Südafrika) wieder von sich reden. Dort wurde zwar nur ein 1,88-Meter-Reflektor in Betrieb genommen, aber kombiniert mit dem Elisabeth-Teleskop (Reflektorspiegel 102 cm Durchmesser) der Königlichen Sternwarte von Kapstadt (1820–1828) bildeten sie eine der astronomisch ergiebigsten Anlagen nach dem Krieg. Mount Palomar legte sich in der Folge noch zwei Schmidt-Spiegel zu, von denen der größere 1,8 Meter misst (»Big Schmidt«). Mit ihm wurde bis 1959 der fotografische Atlas des nördlichen Sternenhimmels erstellt, *The Palomar Observatory Sky Survey*.

Es blieb dem *Max-Planck-Institut* in Heidelberg vorbehalten, mit einem 3,5-Meter-Zeiss auf Calar Alto (Andalusien) in eine Tiefe von zehn Milliarden Lichtjahren vorzustoßen und damit beide, Russen wie Amerikaner, relativ »jung« aussehen zu lassen. Der neue Rekord traf vor allem die Russen an empfindlicher Stelle. Bei der Belagerung von Petersburg (Leningrad) im Zweiten Weltkrieg waren die Bauten der Hauptsternwarte Pulkowo fast völlig zerstört worden (inzwischen sind sie restauriert). Das hinderte die sowjetischen Wissenschaftler nicht, ihr ehrgeizigstes Projekt weiterzuverfolgen: Mount Palomar mit seinem Fünf-Meter-Spiegel zu übertrumpfen! 1976 war der aus Pyrex-Glas geschliffene Sechs-Meter-Spiegel fertig.

Der Riesenreflektor wurde im Kaukasus (Selentschuk, 2080 Meter hoch) aufgestellt und hielt den Größenweltrekord bis 1991 (Keck-Teleskop, Mauna-Kea, Hawaii). Doch es gab von Anfang an Genauigkeitsprobleme, weil der Spiegel (mit einer Dicke von 65 cm) am Abend zu langsam abkühlte.

Im Jahre 1957 waren die USA durch Pieptöne eines unbekannten Satelliten unsanft von den Sowjets geweckt worden: Sputnik zog seine Kreisbahn um die Erde. Im gleichen Jahr wurde die NASA gegründet und der Kampf um die Vormacht im nahen All aufgenommen. Der Explorer machte sich auf den Weg. 1959 umkreiste Lunik 1 die Sonne, Lunik 2 prallte (»harte Landung«) auf den Mond. Explorer VI lieferte aus 27 Kilometer Höhe die ersten Bilder von der Erde, 1960 ging Laika ins All, 1961 folgten Wostok I (Oberst Jurij Gagarin, 1934–1968) und II (Major German S. Titow, * 1935). Als 1962 der erste US-Astronaut, John H. Glenn (* 1921), aus der Kapsel von Friendship III stieg, hatte die russische Kosmonautin Valentina Tereschkova (* 1937) den Globus bereits 48-mal umkreist.

Andy Warhol (1928–1987),
»Hopeful Aries« (Hoffnungsvoller Widder),
um 1959.

Doch 1969 waren die Amerikaner Neil Armstrong (* 1930) und Edwin Aldrin (* 1930) die ersten Männer auf dem Mond – das Apollo-Programm hatte begonnen. Von nun an ließen sich die USA ihr Primat im All nicht mehr nehmen. Es folgten die Pioneer- und Viking-Missionen; Mariner 10 flog »zum Greifen nah« am Merkur vorbei (1974), Voyager 1 kümmerte sich um die Trabanten des Jupiter (1979), Voyager 2 bestätigte 1989 den 1977 bereits teleskopisch ausgemachten Neptun-Ring.

1990 trug die Raumfähre Discovery das Hubble Space Telescope mit seinem 2,4-Meter-Spiegel auf die vorgesehene Umlaufbahn. Die Bilder, die es zur Erde sandte, stellten alles in den Schatten, was das menschliche Auge bisher von den Sternen zu Gesicht bekommen hatte. Darüber hinaus waren Aufnahmen von entfernten Galaxien dabei, die den Teleskopen auf Erden bisher verborgen geblieben waren.

Die Zahl der von Hubble entdeckten Systeme, Sternhaufen und Spiralnebel übertraf alle Erwartungen. So wie Saturn seine Einmaligkeit als »Ring-Besitzer« verlor, war es jetzt um die Singularität der Monde des Jupiters geschehen. Alle entfernten Planeten können sich solcher Trabanten rühmen: Saturn 18, Uranus 15, Neptun 8, der Herr des Olymps muss sich mit 16 bescheiden; selbst Pluto kann Charon aufweisen, der sogar halb so groß ist wie sein Meister.

1994 gelang Pathfinder eine weiche Landung auf dem Mars, nachdem zwei Viking-Sonden 1976 die notwendige Kundschafterarbeit geleistet hatten. 1995 erreichte Galileo nach sechs Jahren den Jupiter, umkreiste ihn, bevor die Reise weiterging zu Saturn, Uranus, Neptun.

Neben der Besichtigung der bekannten Planeten des Sonnensystems suchten viele Observatorien systematisch den Himmel nach Körpern ab, die eventuell nicht in Ellipsenbahnen das Zentralgestirn des Menschen umkreisen, sondern von anderen Gravitationen abhängig sind und das System höchstens am Rande streifen. Die Suche nach dem so genannten Planet X–11, auch Transpluto genannt, begann mit zwei Anfang der Siebzigerjahre gestarteten Pioneer-Raumsonden. Sie sind mittlerweile (nach Passieren von Jupiter, Saturn und Uranus) fast bis an den »Rand« des bekannten Sonnensystems vorgedrungen, ohne auf eine konkrete Spur des mysteriösen X–11 gestoßen zu sein.

Dennoch halten NASA-Experten an ihrer Hypothese fest, dass ein nicht identifizierter Körper durch seine Schwerkraft etwa alle 850 Jahre die Bahnen von Uranus und Neptun störe. X–11 könnte auch vor 26 Millionen Jahren das Dinosaurier-Sterben ausgelöst haben, indem er in ferne Kometenschwärme eintauchte, deren Trümmer dann die Atmosphäre der Erde verdüsterten und einen letalen Klimaumschwung auslösten. Der Unbekannte wird fünfmal so schwer wie Terra eingeschätzt und auf einer stark versetzten Ekliptik vermutet. Es kann sich aber durchaus um eine Planetenruine handeln, also einen Asteroiden, von dem ein kräftiger Brocken abgesprengt wurde, der auf der Erde einschlug und die fatale Polachsenverschiebung verursachte.

1997 startete die Cassini-Huygens-Sonde, die dem Saturn im Jahre 2004 auf den Leib rücken soll. Die Erfahrung mit solchen Reisezeiten ist für die Menschheit ziemlich jung, die zurückzulegenden Strecken sind schwer vorstellbar. Doch was sind sie gegen die Dimensionen, in die die Augen von Calar Alto oder Hubble den Menschen blicken lassen? Er sieht etwas, das nicht ist! Eine Entfernung von zehn Milliarden Lichtjahren bedeutet, dass das Licht vom Moment des Entstehens oder Verglühens eines Sterns diese Zeitspanne unterwegs ist, der Stern, die Lichtquelle also mit Sicherheit – so wie das Auge sie wahrnimmt – nicht mehr existiert. Diese Zeitverschiebung, diese absolute Inkongruenz, zwischen Sein und Schein muss man erst einmal verkraften.

Raumfahrt, Mondlandung, Fotosonden auf den näheren, Satelliten zu den entlegeneren Planeten, die Wiederbegegnung mit Halley und Hubbles Wundertaten geben ansehnliche physikalische Aufschlüsse, ziehen aber existenzielle Zweifel und Frustration nach sich. Bilder von erlesener Schönheit, gigantische Zahlenwerte aus eisiger Kälte, ohne humanen Bezug, ohne erkennbaren Sinn machen das Fehlen einer interpretierenden, vermittelnden Astrologie erst recht spürbar. Man fühlt sich kleiner denn je.

Mene, mene tekel ufarsim – übersetzt:»Gewogen, gewogen und zu leicht befunden« (Orakelschrift an der Palastwand des Königs Belsazar von Babylon). Überbringer schlechter Nachrichten zu töten ist zwar ein archaischer Brauch, doch aus dem Blickwinkel der damaligen Zeit ist es nicht unverständlich, dass Giordano Bruno (1548–1600) den Flammen überantwortet wurde. Der Gedanke an ein unendliches All hatte um 1600, an der Schwelle zur Neuzeit, noch etwas derartig Beklemmendes, dass die Reaktion der kirchlichen Autorität – letztlich hilflos – konsequent war. Heute nimmt man selbst Hiobsbotschaften mit einem Phlegma hin, dass Warnungen vor Raubbau und Versteppung, Smog und Pollution, Verlust des Ozon-Schutzschildes, Schmelzen der Polarkappen lediglich als geradlinige Konsequenz des Bisses in den Apfel erscheinen. Die ökologischen Mahner zu verbrennen fällt dem Menschen (noch) nicht ein. Zwischen Entsetzen und Scherz sieht er sich als notorischer Spieler in einem finalen Zeitalter, der hysterisch-ängstlich beziehungsweise sarkastisch-blasiert abwartet, in welches Loch die Kugel fällt: erfrieren oder ersticken. Defätisten allesamt, doch mit jenem Strohhalmhoffen, dass der Welt eine Zero-Lösung, die Michael Krüger (*1943) bereithält (»die Atombombe dereinst als Gnade empfinden«), erspart bleiben möge. Das überfordert selbst die Trostvorstellung von Anonymen Lethargikern.

Was das Weltall anbelangt, widerspricht seine Dimension jeder Aussicht auf interstellare Eroberung. Allein das Problem der Zeitbarriere zu lösen ist zurzeit nicht möglich. Mit den bereits für das erste Jahrhundert des neuen Milleniums avisierten Mitteln und Verfahren ist kaum ein minimales Teilstück (wie die nächsten Sonnensysteme) zu erfahren, geschweige denn zu begreifen oder gar seelisch zu verkraften. Der Rest ist Science Fiction.

Die Erde Mittelpunkt, der Mensch Universum?

Vermutlich übertrifft der Kosmos alle Vorstellungen aus der Trickkiste von Cyber-Effekten und potenzierter Action. Was sich hinter dem stillen, sternenglitzernden Firmament des samtig-dunklen Nachthimmels abspielt, ist Inferno, ein gleißendes Chaos, wabernde Balance von sich fressenden, sich auskotzenden Energien einer Dichte, einer Weite – alles unfassbar für die reduzierte Geistigkeit des heutigen Menschen.

Eines sollte er sich allerdings bei diesen nicht denkbaren Bildern vor sein verborgenes Auge halten: Wenn die These von der Interrelation Mikrokosmos-Makrokosmos stimmig ist (und dagegen spricht nichts), dann heißt das auch Abschied nehmen von Harmoniebedürfnis und der Sehnsucht nach Frieden. Dann stimmt der Satz des Heraklit vom »Krieg als Vater aller Dinge«, Erkenntnis eines genialen Mathematikers, wohlgemerkt. Denn der Kosmos kennt keinen Stillstand, nicht einmal einen einzigen Augenblick (»... verweile doch, du bist so schön!«). Es ist dies die entscheidende Bedingung von Dr. Faustus' Pakt mit dem Teufel (J. W. v. Goethe, *Faust I*, Vers 1699 ff). Die Menschheit hat solchen Pakt nicht erst geschlossen, als sie das Paradies verließ. Ihr Entstehen auf diesem Planeten schloss diese *condition humaine* von vornherein mit ein. Sie lebt also in einer von ihr als gewaltsam empfundenen, sich ständig verändernden Welt. Diese Welt wird sich dem Menschen nicht anpassen, er kann sie nicht verändern. Was ihm allein bleibt, ist die Entwicklung innerer Energien, von Fähigkeiten aus sich selbst heraus, die ihn in Einklang bringen mit dem Makrokosmos, dem er angehört – ob er nun will oder nicht!

Moderne Altertumsforscher gehen heute daran, inspiriert nicht zuletzt von C. G. Jung, die auffällige Ähnlichkeit von Mythen mit der Realität auszuloten, ihre Deutung auf mehreren Ebenen anzuregen, ähnlich wie Zeugnisse älterer Vergangenheit in immer tieferen Schichten zutage treten und jedes Mal neue Aspekte eröffnen. Die Geschichte der Menschheit birgt noch viele Rätsel; das der Präzession, ihre Ursache und die Folgen, ist nur das augenfälligste. Irgendwann wird man mehr in Erfahrung gebracht haben über diesen Unfall der Terra, und vielleicht beantworten sich dann auch die meisten Fragen nach der Sintflut oder nach Atlantis. Schon jetzt wollen einige erkennen, dass die Pyramiden zu dem ermittelten Zeitpunkt ihres Entstehens *so* nicht hätten gebaut werden können, *ohne* einen ziemlich plötzlichen »Zufluss« an Wissen.

Es steht inzwischen wohl außer Zweifel, dass die drei Pyramiden von Gizeh sowohl in ihrer terrestrischen Position als auch in ihrer Anordnung zueinander exakt dem Gürtel des Orion entsprechen. Der Erste, der dies feststellte und belegte, war Robert Bauval [* 1918], der in seinem *The Orion Mystery* einem Hinweis von Sir Joseph Norman Lockyer [1836–1920] in dessen Standardwerk *The Dawn of Astronomy* (1894) nachging. Darüber hinaus weisen ihre Ecken wie eine Windrose genau in die vier Himmelsrichtungen, ihr quadratischer Grundriss ist ebenso perfekt angelegt wie ihre völlig waagrechte Basisfläche. Doch erst im vertikalen Schnitt durch den Körper der Pyramide offenbaren sich ein astronomisches Wissen und eine Präzision, die weit über die Fähigkeiten der Menschen zur Zeit ihrer Errichtung (2450 v. Chr.) hinausreicht, sowohl rückwärts gewandt in eine ferne Vergangenheit, von der nur Legenden tradiert sind, als auch in die Zukunft gerichtet, der der Mensch kaum ahnungsloser gegenübersteht. Das Frappierendste an dieser Forschungsarbeit (die Mark Vidler in seinem *The Star Mirror* [1998] aufgreift), ist jedoch die Anlage des Gebäudes als Sextant.

Da – dank des Phänomens der Präzession – die heute lebenden Menschen den Himmel ungefähr so sehen können wie die Erbauer, werden auch die aufgestellten Thesen nachprüfbar. Doch das bedingt noch längst nicht die bereits gezogenen Schlussfolgerungen. Dienten Grabkammer und Schächte nicht nur der Verehrung des göttlichen Pharao, sondern stellten ausdrücklich ein magisches Kräftefeld, eine *Verbindung* zur Gottheit dar?

Die Rolle des Sirius (ursprünglich die weibliche Gottheit Isis) ist ebenfalls mit bislang ermittelten Peillinien, Winkeln und geometrischen Figuren, die offensichtlich dem (damaligen Sternenhimmel) kongruent entlehnt worden sind, nicht zu erklären – weder einfach noch kompliziert. Murry Hope, der in seiner *The Sirius Connection* (1996) die beachtenswerte These aufstellt, dass die frühen ägyptischen Götter »Fremde aus dem Westen« waren, zieht für deren Herkunft ähnliche Schlüsse wie die Anhänger der »Orion-Variante« in *The Star Mirror*. Er geht nur einen Schritt weiter, indem er die Ankunft der Wissensboten mit dem Entstehen der frühägyptischen Götterwelt gleichsetzt. Eine faszinierende, durch nichts Faktisches belegte Idee.

Das Verhältnis der Pyramiden-Maße zum Umfang der Erde, der durchaus nicht gleichmäßigen Form (Äquatorwulst) des blauen Planeten und seiner verschobenen Polachse mag kein Zufall sein. Doch was war da passiert? War es das erste Mal, wird es sich, kann es sich wiederholen? Wann und wie? Die Spitze der Großen Pyramide von Gizeh weist wieder genau auf den Stern Sirius, genauso wie zum Zeitpunkt ihrer Erbauung. Daran ist nicht zu rütteln. Abgesehen von dem auch herauslesbaren Hinweis für den Umgang mit Katastrophen drängt sich vor allem das überlieferte Bild auf, das die archaische Himmelsgöttin Nut über den Erdgott Geb gewölbt zeigt. Dessen Erektion weist ausdrücklich auf die angedachte geschlechtliche Vereinigung hin. Nut und Geb gelten als das Elternpaar von Isis und Osiris, Zwillinge wie sie. Diesem göttlichen Gespann wurde sowohl eine irdische Erscheinungsform zuerkannt als auch die strahlende Manifestation am Firmament, als Sirius und Orion. Aber besagt das schon, dass Erich von Dänicken doch Recht hat und die Erde einst von »Außerirdischen« besucht wurde? Den Gedanken »des Göttlichen in ihm« ist der Mensch zunehmend in der Lage nachzuvollziehen. Die Unendlichkeit auf menschliches Maß reduziert, Rückbesinnung auf die schlummernden Kräfte der Psyche, die Versöhnung mit dem Mythos, das sind alles Angebote, die durchaus berechtigt sind angesichts einer diffusen Weltuntergangsstimmung, des dumpfen Gefühls, an die Grenzen gestoßen zu sein: aus Überdruss an der Ratio, der Globalisierung und Vernetzung, aus Lebensangst oder Flucht in eine Welt, für die man nicht verantwortlich ist. Eine relative Freiheit der Entscheidung ist dem Menschen gegeben, er muss sie nur erkennen und sich erarbeiten, wobei die Genießbarkeit solcher Frucht der Erkenntnis keineswegs garantiert ist. Abwendung von dieser Welt, schlichte Verinnerlichung wird dem Geschenk der Erkenntnis nicht gerecht. Besinnung – auch auf sich selbst – ist eine Meditationsübung und als solche kein Selbstzweck. Das Ziel kann nur sein, durch Konzentration Energien freizusetzen, die den Menschen dem Göttlichen wieder näherbringen. Immer vorausgesetzt, dass IHM daran gelegen ist.

Die seit Jahrtausenden angewandte Methode der Astrologie, die Erde als Bezugspunkt ihres gesamten Systems zu sehen, macht schließlich nur Sinn, wenn auch der Makrokosmos in das Beziehungsgeflecht eingebunden ist. In Fortentwicklung der Einstein'schen Theorie haben die Menschen versucht, sich in ihren Köpfen ein Bild vom endlich-unendlichen All zu machen, dieser gewaltigen Energieblase, die da pocht in nicht erkannten Rhythmen von Kontraktion und Expansion, durchtobt von Konflikten gigantischen Ausmaßes, unfassbaren Temperaturen und Geschwindigkeiten, ein Rasen und Kollabieren in extremis, sich allen erfahrbaren, messbaren Vorstellungen entziehend. Doch gleichgültig, ob man sich die geistige Kraft, die alles in Bewegung hält, als kreativen motus spiriti vorstellt oder als perpetuum mobile, man kommt nicht umhin, ihr Göttlichkeit zuzuschreiben, ganz gleich, wie und wo sie wirkt.

Das omnipotente Gottwesen manifestiert sich also durchaus auch im Himmelszelt, kann die Form jedes strahlenden Sternenlichts annehmen. Sollte die Astrologie, deren Priester dieses ungeheuerliche Wissen hüteten, ihre über Jahrtausende währende Königsposition unter allen Wissenschaften allein schon deswegen innegehalten haben?

Wirkt das Geheimnis des Grals, der – nach allen Überlieferungen – seine Macht aus überirdischem Lichtglanz bezog, letztlich doch durch einen *lapis ex coelis*, »einen Stein vom Himmel«, als Symbol für das Erfahren der nie abreißenden Verbindung zu Gott?

Das würde auch die Bedeutung der permanenten »Suche« erklären (»Der Weg ist das Ziel«), denn das Erkennen des Gottes wäre zu viel für den Irdischen. Die Astrologie würde demnach – für sich genommen, allen nutzlosen Beiwerks entkleidet, ohne den ganzen törichten Tand – die eigentliche Lehre der Annäherung an das Göttliche darstellen, den Versuch zu verstehen, was nicht zu verstehen ist, zu sehen, was nicht zu sehen ist?

Fortschritt in die Vergangenheit

Gleich, ob nun als Katastrophenszenario angelegt oder als New-Age-Schwebeflug in eine andere, bessere Welt – ob nun verschlüsselte Botschaften von fernen Sternen zu den Pyramiden als Empfangsstationen oder von leibhaftigen Götterboten, strahlend schön und von stattlichem Wuchs, persönlich überbracht oder durch kleine grüne Männchen, die Ufos entsteigen – alle diese Überlegungen stellen vorerst nichts als Spekulation dar.

Einzig eine wissenschaftliche Herangehensweise, die sich auf Fakten stützt, die der Astrologie wieder Rang und Status einer Wissenschaft zugesteht, basierend auf Forschung und Lehre (und zwar in dieser Reihenfolge), wird in der Lage sein, sie aus der Sackgasse zu führen, in die Ideologien und Sektiererei, Manipulation und Kommerzialisierung die Kunde von den Sternen gezerrt, getrieben haben.

In den letzten fünfzig Jahren haben Forschung, Erkenntnis und Deutung schon allein deswegen erhebliche Fortschritte zu verzeichnen, weil im Zuge der Globalisierung auch eine Vernetzung entstand, die schließlich zu einem gewaltigen Zuwachs an Manpower führte, die solche Anstrengungen überhaupt erst ermöglicht. Davon profitiert zusehends

Die von Max Ernst ins Observatorium eingeschmuggelten Figürchen
nannte er »Plopp-Plopp«. Aus »Maximiliana, die widerrechtliche Ausübung
der Astronomie«, 1974.

auch eine völlig neue Art von Archäologie, die den Menschen in die Situation versetzt, mehr über den Zustand der Erde erfahren zu müssen als je zuvor, die ihn aber auch an die ursprüngliche Form der Astrologie heranführen kann, die ihren archaischen Anfängen entspricht. Die Vorfahren des Menschen standen allen machtvollen Erscheinungen der Natur, dem Himmelszelt, der Wucht der Elemente wie den rätselhaften Regungen der Erde mit ihren periodischen Wiederholungen zu Beginn erst einmal ratlos gegenüber, bis sich dann die Kaste der Eingeweihten herausbildete, die ihr Wissen im Lauf der Menschheitsgeschichte erweiterte und verfeinerte, bis zu dem Stand, den man heute als gegeben nimmt, aber letztlich Generationen von Forschern, Lernenden und Lehrern verdankt.

Die Interpretation von zigtausend Ausgrabungen und archäologischen Funden, vor allem im Mittelmeerraum, Nordafrika wie im nördlichen Europa, gewähren Zug um Zug Einblick in eine längst vergangene Anschauung von der Welt, in der jeder Teilaspekt von eigener, besonderer Bedeutung war und dennoch in einem geheimnisvollen, arationalen Bezug mit allen anderen stand. Heute vermag man sich mit dem Einsatz modernster Technologie dem geheimen Wissen (wieder) anzunähern, das Megalithkonstruktionen wie Stonehenge, Monumentalbauten wie die Pyramiden möglich, erstrebenswert oder erforderlich machte. Alles schien buchstäblich (in Hieroglyphen oder Zahlenmystik) miteinander verbunden, ein riesiges Netz von Signalen (Hinweisen wie Verweisen), Verknüpfungen und Beziehungen erzeugend, das nicht einer Erklärung durch kausale Logik bedurfte. Dieses hochkomplexe System spiegelt auf bemerkenswerte, »merkwürdige« Weise jene Realität, die den Menschen auf ewig unzugänglich bleiben wird, doch es erlaubt ihnen, die erstaunlichen Entsprechungen festzustellen zu dem, wie sie die Welt erleben.

Gerade dieses Erkennen der Urformen der Astrologie, die eine moderne Archäologie anhand zunehmender Entdeckung, wissenschaftlicher Prüfung und exakter Zuordnung heute neu und gesäubert anbietet, lässt die Verformungen, aber auch die Abnutzung deutlich zutage treten, denen die Lehre vom Wirken der Gestirne, ihre Bedeutung für Leben und Welt ausgesetzt war, einem Muff esoterischer Ausdünstungen, der sich im Lauf von Jahrhunderten, Jahrtausenden auf ihr abgelagert hat wie das Fett menschlichen Umgangs, vermengt mit dem Staub der Zeit, auf den einst leuchtenden Farben eines antiken Freskos. Doch Verwehungen und Versunkensein bieten dem Archäologen auch die einmalige Chance, unter Wüstensand oder aus Meeresschlamm Artefakte zu bergen, die sich ihre reine, ursprüngliche Form erhalten haben. Das Ergebnis solcher Forschungsarbeiten könnte dazu dienen, dem Menschen dieses hoch entwickelte System, dieses fein gesponnene Gespinst von Deutung, Bedeutung, den einzigartigen Zusammenhang zwischen irdischem Leben und dem Kosmos vor Augen zu führen und in der kraftvollen, poetischen Weltsicht zu begreifen, die auf einem Entsprechungsdenken beruht und nicht auf der vertrauten Ratio.

Der Mensch sollte sich der Vorstellung nicht länger entziehen, dass ihm »Wahrheit« nur im Spiegel vorgehalten wird, »Wirklichkeit« nur Spiegelungen eines wohl – und lange – überlegten, wenn nicht überlegenen Denkens ist. Offensichtlich spiegelt sich jedes Gedankengebäude in einem anderen, universale Größe ebenso einbezogen wie Mikroskopie. Der Sinn ergibt sich für menschliches Empfinden nur aus dem Zusammenhang, dem Zusammenhalt. Je gewaltiger und geheimnisvoller die Wahr-Nehmung solcher Beziehungen, desto größer das Erlebnis: Faszination der Astrologie.

ANHANG

DIE TIERKREISZEICHEN, PLANETEN UND ELEMENTE IM ÜBERBLICK

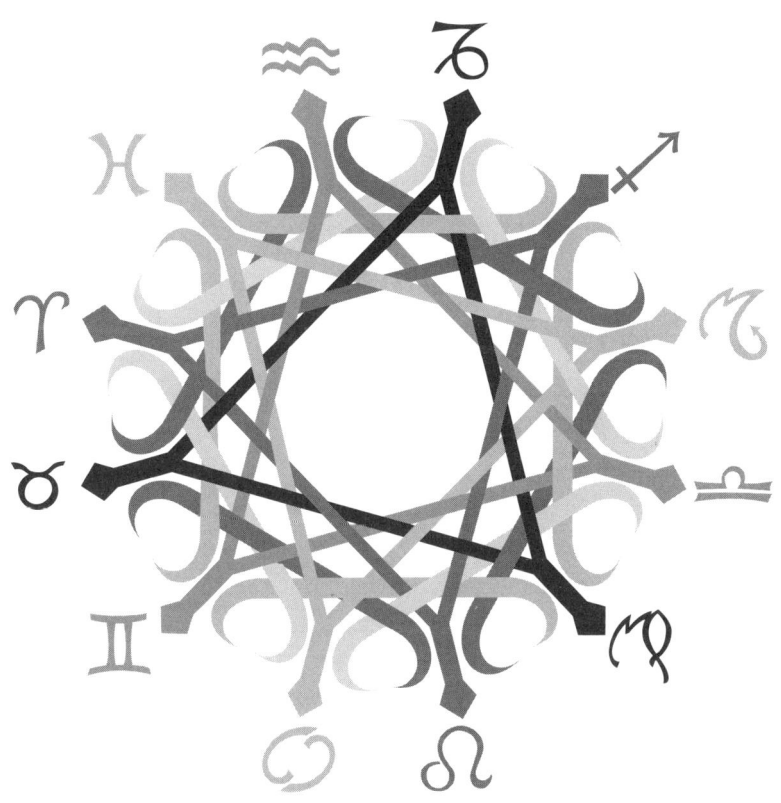

Widder (Aries) I. Haus Taghaus des Mars	21. März (Äquinoktium/ Frühlingsbeginn) bis 20. April
Geschlecht: männlich	**1. Dekan**: Mars (Pluto)
Charakter: kardinal	**2. Dekan**: Sonne
Element: Feuer	**3. Dekan**: Venus

Weisheit der Almanache

Energie, Heftigkeit, Angriffslust, Pioniergeist – provozierend lauert der Widder auf die Herausforderung, um ihr mit trotzigem Mut bis zur Tollkühnheit zu begegnen, bricht jedoch das hastig und begeistert begonnene Unternehmen bald ab, um sich auf neue zu stürzen. Nach außen gibt er sich als couragierter Macho/Eroberer, innerlich ist er eher weich, reizbar und verwundbar.

Mit seinem Stolz, seinem Aufbrausen, seiner Eifersucht handelt er sich pausenlos Schwierigkeiten ein, seine Hektik führt zu Fehleinschätzungen und Schlappen, seine Aggressivität zur Unterdrückung Schwächerer, aber auch zur Selbstzerstörung. Offen, aufrichtig bis grob, aber nicht nachtragend, eigensinnig, egoistisch – ein tapferer Kämpfer. Nicht zu vergessen: unter Männern und Frauen ein guter, aufopfernder Freund/in, treu und hilfsbereit.

Stier (Taurus)	21. April (Frühling)
II. Haus	bis 21. Mai
Nachthaus der Venus	
Geschlecht: weiblich	1. Dekan: Merkur
Charakter: stabil	2. Dekan: Mond
Element: Erde	3. Dekan: Saturn

	siehe Seiten
Wesen, Genealogie und Symbolik	20–21, 56–59, 84, 150, 220–223, 224, 226, 231, 233
Mythologie	73, 113 ff.
Körper und Gesundheit	186–187, 191, 196–197
Beziehungen und Einflüsse	58–59, 90, 95, 128, 193–195, 211
Wirkung des Mondes	42
Glück, Talismane	193–194
Tarot und Kabbala	199–203
Alchemie	206

Weisheit der Almanache

Ein Finanzgenie! Kreativität, Besitzstreben, musische Talente, Beständigkeit – arbeitsam und beharrlich. Mit sicherem Sinn für Schönheit wie auch für materielle Werte ist der Stier auf Ordnung und seinen Vorteil bedacht. Jede Veränderung wird stur, fast dogmatisch abgewehrt. Mäzenatische Marotten erlaubt er sich nur im Bereich der Kunst (exquisite Veranlagung für Mode, Oper und Haute Cuisine). Seine Sinnlichkeit erweckt Sympathie, sein Selbstvertrauen wirkt beruhigend, wenn man sich nicht an seiner Dickköpfigkeit stört. Standhaft, relaxed, ausgleichend, genießerisch, bedächtig bis langsam im Denken und Handeln.

Zwillinge (Gemini) III. Haus Taghaus des Merkurs	22. Mai bis 21./22. Juni (Frühlingsende)
Geschlecht: männlich	**1. Dekan**: Jupiter (Neptun)
Charakter: mobil	**2. Dekan**: Mars
Element: Luft	**3. Dekan**: Sonne

Weisheit der Almanache

Geistige Interessen, Geschicklichkeit, Idealismus, Ruhelosigkeit, Nervosität. Ihr ausgeprägter Intellekt, ihre schnelle Auffassungsgabe und ihre Kommunikationsgewandtheit machen die Zwillinge zu idealen Trägern und Propagandisten des Fortschritts; über Unzulänglichkeiten täuschen sie wendig mit Rhetorik und Diplomatie hinweg. Sie sind neugierig, aber nicht gründlich, sondern eher flatterhaft und empfindsam bis zur Oberflächlichkeit und kleinen Betrügereien. In ihrem Liebesleben, vor allem in der Partnerwahl, verhalten sie sich ähnlich unentschieden, spielerisch – zu Unrecht werden sie als Flittchen bzw. Gigolo abgewertet. Besondere Eignung als Rechtsanwälte und Pädagogen wird ihnen dennoch nachgesagt – Talent für Pferdewetten und als Schriftsteller.

Krebs (Cancer)	21./22. Juni
IV. Haus	(Solstiz / Sommerbeginn)
Nachthaus des Mondes	bis 22. Juli
Geschlecht: weiblich	**1. Dekan**: Venus
Charakter: kardinal	**2. Dekan**: Merkur
Element: Wasser	**3. Dekan**: Mond (Jupiter)

Weisheit der Almanache

Das Hausmütterchen. Von gewisser Trägheit, mal ängstlicher, mal grüblerischer Unsicherheit, doch wehe, jemand tritt dem Nest zu nahe. Da wächst der Matrone sogleich ein Schalenpanzer, sie gibt sich robust, energisch und kann durchaus lästig werden. Ansonsten: verständnisvoll, beschützend, verletzlich, romantisch-schüchtern – sein Gefühlsleben dominiert den diskreten Krebs. Der stark emotionale Familiensinn äußert sich in mütterlicher Fürsorge, recht konventioneller Häuslichkeit, übertriebener Anpassung und furchtsamem Sicherheitsdenken. Einbildung und Wirklichkeit fließen ineinander über; aus dieser Befangenheit heraus kann er launisch und schwierig wirken, aber auch eine düstere Phantasie entwickeln. Sentimentaler Andenkensammler, phänomenales Gedächtnis. Daher auch Zeichen für Historiker und Schauspieler.

Löwe (Leo) V. Haus Taghaus der Sonne	23. Juli (Sommer) bis 22. August
Geschlecht: männlich	**1. Dekan**: Saturn
Charakter: stabil	**2. Dekan**: Jupiter
Element: Feuer	**3. Dekan**: Mars / Pluto

	siehe Seiten
Wesen, Genealogie und Symbolik	20–21, 56–59, 150, 220–223, 230, 232
Mythologie	76, 113 ff.
Körper und Gesundheit	186–187, 191, 196–197
Beziehungen und Einflüsse	58–59, 95, 128, 193–195, 211
Wirkung des Mondes	42
Glück, Talismane	193–194
Tarot und Kabbala	199–203
Alchemie	206

Weisheit der Almanache

Vitalität, Wille, Optimismus, Grandezza und Generosität, ausgeprägtes Herrschertum – wenig Beherrschung. Die überschüssige Energie der Sonne verleitet den Löwen zu grandiosen Gesten, gewaltigen, oft dramatischen Unternehmungen und meist leichten Siegen. Er glaubt, das Glück gepachtet zu haben, lässt andere großmütig daran teilhaben, reagiert verärgert, wenn sein Vertrauen, seine Güte und vor allem sein Willen nicht gebührend beachtet werden. Entschlossene Führernatur, gefällt sich in der Feldherrnpose edler Würde mehr, als dass er sich mit Kleinigkeiten (wie materiellen Bedingungen) aufhalten würde. Wenn es um Schmeichelei, die eigene Taktlosigkeit und Größenwahn geht, ist er blind. Intelligenz: meist praktisch (er lässt andere für sich arbeiten).

Jungfrau (Virgo) VI. Haus Nachthaus des Merkur	23. August bis 21./22. September (Sommerende)
Geschlecht: weiblich	**1. Dekan**: Sonne
Charakter: mobil	**2. Dekan**: Venus
Element: Erde	**3. Dekan**: Merkur

Weisheit der Almanache

Das Trachten nach Wohlstand und Vermögen ist fast jeder meist schwerblütigen Jungfrau eigen. Dafür wird bescheiden gelebt und fleißig gespart. Sie steht mit beiden Beinen fest auf dem Boden. Dann aber trennen sich (dank Merkur) die Wege: Die eine gedeiht zur (nahezu) perfekten Sekretärin, die ihre Pflichten erfüllt (auch mal besserwisserisch), der andere schafft den Sprung zum hoch qualifizierten Redakteur. Von Haus aus bauernschlau, erarbeitet sich Virgo ihre Intelligenz, ihr Talent. Meist urteilssicher in der Analyse, wenn auch ihrer Kritik manchmal Dünkel anhaftet. Ein letztlich nicht unangenehmer, anspruchsvoller Partner. Erotisch, allerdings oft konservativ bis puritanisch gefühlskalt, frönen beide Varianten gern heimlichen Genüssen bis zur Sucht (mehr alkohol- als drogengefährdet) in bevorzugter Einsamkeit. Auch in der Sexualität empfindet sie sich als Dienerin. Bei allem, was sie unternimmt, agiert sie nie triebhaft, sondern mit klarem Bedacht.

Waage (Libra) VII. Haus Taghaus der Venus	22./23. September (Äquinoktium/Herbst- beginn) bis 22. Oktober
Geschlecht: männlich	**1. Dekan**: Mond
Charakter: kardinal	**2. Dekan**: Saturn
Element: Luft	**3. Dekan**: Jupiter

	siehe Seiten
Wesen, Genealogie und Symbolik	20–21, 56–59, 150, 220–223, 225, 226, 230, 234
Mythologie	77, 113 ff.
Körper und Gesundheit	186–187, 191, 196–197
Beziehungen und Einflüsse	58–59, 90, 95, 128, 193–195, 211
Wirkung des Mondes	42
Glück, Talismane	193–194
Tarot und Kabbala	199–203
Alchemie	206

Weisheit der Almanache

Gleichgewicht, Gerechtigkeit, Verhandlungsgeschick, Aufnahmefähigkeit, Schönheit. Gern trägt die Waage diese Attribute. Dazu ist sie liebevoll, praktisch. Die heile Welt ist ihr Ideal, eine Welt, in der Frieden, Harmonie und klare, saubere Verhältnisse herrschen. Am liebsten ist der Waage ein Ambiente der Kultiviertheit, des gehobenen Lebensstils, in dem sie – bei entsprechendem gesellschaftlichem Umgang – einem freien Beruf nachgehen und ihren Ideenreichtum ausdrücken kann. So drängt sie stets taktvoll auf Ausgleich, diplomatische Vermittlung, Kompromisse, statt auf die Änderung unerfreulicher Missstände. Selten, dass die elegante Partnerin ihre Freundlichkeit einmal vergisst. Berühmt allerdings sind ihre Auseinandersetzungen mit dem diametralen Widder.

Skorpion (Scorpius) VIII. Haus Nachthaus des Mars	23. Oktober (Herbst) bis 22. November
Geschlecht: weiblich	**1. Dekan**: Mars
Charakter: stabil	**2. Dekan**: Sonne (Uranus)
Element: Wasser	**3. Dekan**: Venus

Weisheit der Almanache

Der Skorpion ist Symbol des erbitterten Kampfes zwischen Tag und Nacht, Leben und Tod, Liebe und Hass des Geschlechterstreits. Gefühlsbetonte Willenskraft, eiferndes Streben. Seinen hoch gesteckten Zielen geht der Skorpion zwar skeptisch beobachtend, tief schürfend und akkurat forschend, doch entschlossen nach, zumal wenn es sich um wissenschaftliche Probleme handelt (je geheimnisvoller, desto anziehender für ihn).

Aber blitzschnell sticht er zu, wenn zwischenmenschliche Beziehungen zur Diskussion stehen, insbesondere die des Sexus. Hier bekommt der Skorpion Symbolcharakter! In Verfolgung seiner Ziele sind impulsive Gewalt und Rachsucht bis zur Zerstörung nicht auszuschließen. Verschlossener Tüftler, scharfsinniger Analytiker, schlagfertiger Redner bis zum fanatischen Täter. Intensität ist seine *conditio vitae*, Leidenschaft sein Banner.

Schütze (Sagittarius)	23. November
IX. Haus	bis 21. Dezember
Taghaus des Jupiters	(Herbstende)
Geschlecht: männlich	**1. Dekan**: Merkur
Charakter: mobil	**2. Dekan**: Mond
Element: Feuer	**3. Dekan**: Saturn

	siehe Seiten
Wesen, Genealogie und Symbolik	20–21, 56–59, 150, 220–223, 230, 232
Mythologie	79, 113 ff.
Körper und Gesundheit	186–187, 191, 196–197
Beziehungen und Einflüsse	58–59, 95, 128, 193–195, 211
Wirkung des Mondes	42
Glück, Talismane	193–194
Tarot und Kabbala	199–203
Alchemie	206

Weisheit der Almanache

»Zu wes' Herrn Diener ich mich bestell', der hat seinen Meister schon gefunden!« Der Schütze möchte Mephistos Einstellung gegenüber Doktor Faustus widerspiegeln: frivol, sarkastisch, antiautoritär vom hellen Kopf bis zum schnellen Fuß. Seine Aufsässigkeit ist angeboren, wird aber durch großzügige Hilfsbereitschaft und Humor abgemildert. Sein furchtloser Unabhängigkeitsdrang und seine ungezügelte Wissbegierde treiben den Schützen zu weiten Forschungsreisen und in jede Art von Abenteuer. Mangelnde Disziplin und Ziellosigkeit behindern seine einfallsreiche, fundierte Intelligenz – er wäre sonst ein cleverer Außenpolitiker und gesuchter Jurist. Bei aller Widersprüchlichkeit ist er anhänglich, ein Opfer seiner (durchaus sportlichen) Spielleidenschaft und (meist selbstverschuldeten) Eheschwierigkeiten – immer in der Hoffnung auf eine Wende zum Besseren.

Steinbock (Capricornus)	22. Dezember
X. Haus	(Solstitium / Winterbeginn)
Nachthaus des Saturns	bis 20. Januar
Geschlecht: weiblich	1. Dekan: Jupiter
Charakter: kardinal	2. Dekan: Mars
Element: Erde	3. Dekan: Sonne (Uranus)

	siehe Seiten
Wesen, Genealogie und Symbolik	20–21, 56–59, 150, 220–223, 230, 233
Mythologie	80, 113 ff.
Körper und Gesundheit	186–187, 191, 196–197
Beziehungen und Einflüsse	58–59, 95, 128, 193–195, 211
Wirkung des Mondes	42
Glück, Talismane	193–194
Tarot und Kabbala	199–203
Alchemie	206

Weisheit der Almanache

Konzentration, Vorsicht, Ausdauer (und gelegentliche Opposition) befähigen den Steinbock für Verwaltung und Innenpolitik. Geradlinigkeit, Geduld und Bildung als Lehrer und Erzieher (manchmal von exzessiver Strenge). Doch was immer der Steinbock nach reiflicher Überlegung auch unternimmt, er wird sich absichern. Sparsam bis geizig und stets in der Verteidigung, legt das patriarchalische Familienoberhaupt Wert sowohl auf seinen Ruf wie auf seinen materiellen Status. Dass sein Pessimismus ihn mehr hemmt als alle Widrigkeiten des Daseins, vermag auch die Altersweisheit nicht zu ändern. Sein Verantwortungsbewusstsein und sein Pflichtgefühl machen den ernsthaften Statthalter Saturns zum gehobenen Beamten par excellence. In der Hinterhand hält er aus purer Langeweile ein erstaunliches Arsenal an allerlei Schabernack und bösen Spielchen parat – Zynismus und Grausamkeit nicht immer ausgeschlossen.

Wassermann (Aquarius) XI. Haus, Taghaus des Uranus (ex Saturn)	21. Januar (Winter) bis 19. Februar
Geschlecht: männlich	**1. Dekan**: Venus
Charakter: stabil	**2. Dekan**: Merkur
Element: Luft	**3. Dekan**: Mond (Neptun)

	siehe Seiten
Wesen, Genealogie und Symbolik	20–21, 37, 56–59, 150, 220–223, 230, 234
Mythologie	81, 113 ff.
Körper und Gesundheit	186–187, 191, 196–197
Beziehungen und Einflüsse	58–59, 95 128, 193–195, 211
Wirkung des Mondes	42
Glück, Talismane	193–194
Tarot und Kabbala	199–203
Alchemie	206

Weisheit der Almanache

Passend zum Jahrhundert der Entdeckung seines neuen Herrn (humanité, liberté, égalité), gilt der Aquarius als Freund aller Menschen (was ihn der Verantwortung für den Einzelnen enthebt) und als entschlossener Vertreter des Neuen. Er versucht, idealistische Reformen sozialer Fragen mit bahnbrechendem Fortschritt in der Technik unter einen Hut zu bringen. (Vorsicht: Der Uranus steht weniger für Greenpeace als für den großen Gau!)

Privat ist der Wassermann eher ein exzentrischer Einzelgänger, unangepasst, begabt und uneigennützig, bei glasklarem Verstand und oft blitzendem Schalk, ein unkonventioneller Erfinder und Aufklärer, Verfechter von sexueller Ambiguität, Avantgarde und genialischen Theorien. Ein treuer Kumpel, politisch ein Unruhestifter, bis hin zum Revoluzzer und radikalen Anarchisten.

Mit dem Saturn hat man dem Wassermann auch den strengen Erzieher, den Aufpasser genommen. Bei seinem neuen Ziehvater Uranus, der in vielem des gleichen Geistes Kind ist, darf er ungezügelt über die Stränge schlagen. Ob die beiden sich unheilvoll oder zum Wohle der Menschheit ergänzen, wird das Zeitalter des Wassermanns zeigen.

Fische (Pisces)	20. Februar
XII. Haus, Nachthaus	bis 20. März (Winterende)
des Neptuns (ex Jupiter)	
Geschlecht: weiblich	**1. Dekan**: Saturn
Charakter: mobil	**2. Dekan**: Jupiter
Element: Wasser	**3. Dekan**: Mars

	siehe Seiten
Wesen, Genealogie und Symbolik	20–21, 37, 43–44, 56–59, 72, 150, 220–223, 230, 235
Mythologie	82, 153 ff.
Körper und Gesundheit	186–187, 191, 196–197
Beziehungen und Einflüsse	58–59, 93, 95, 128, 193–195, 211
Wirkung des Mondes	42
Glück, Talismane	193–194
Tarot und Kabbala	199–203
Alchemie	206

Weisheit der Almanache

Als Symbole für Mystik und Eingebungen, Metaphysik und die psychische Erbschaft aus dem vergangenen Leben (Seelenwanderung – daher auch im Okkulten bevorzugtes Medium) gelten die Fische als besonders gefühlsbetont, sensibel und empfindsam. Ein nachgesagter Mangel an Energie, Selbstvertrauen und Entschlossenheit hält sie nicht davon ab, gut für sich selbst zu sorgen und anderen verständnisvoll zu helfen, aufopfernd bis zum Masochismus. Verschwiegen und schwer durchschaubar (was oft mit Furcht verwechselt wird) gehen sie ihren Intuitionen nach, um vielseitig kreativ (tolerant gegenüber Plagiaten – auch den eigenen) und schüchtern ihre Begabung auch gegen eigene Hemmungen durchzusetzen. Im schlimmsten Fall faul, verlogen, lieblos, depressive oder hysterische Alkoholiker, utopische Fantasten, Träumer, oft aber auch wahre Lebenskünstler. Den Wechsel zum Neptun haben sie verkraftet, obgleich sie unter dem Schutz des Jupiters auch an seiner herrscherlichen Macht teilhatten. Gekümmert haben sich beide Götter nicht um die Kinder des Meeres – so ist von ihnen auch keine Liebe zu erwarten. Fische sind meist (selten bekennende, doch im Grund ihrer Seele) Egoisten.

Wie findet man seinen Aszendenten?

Der Aszendent (Asc.), auch das aufsteigende Zeichen genannt, ist das Tierkreiszeichen, das bei Ihrer Geburt gerade am Osthorizont aufging. Der Aszendent gilt als Grundlage nahezu jedes Geburtshoroskopes und als wichtigster Punkt der Ekliptik für die Horoskop-Berechnung.

Viele moderne Astrologen sehen im Aszendenten die Grundbedürfnisse beschrieben, die der Native in seinem Leben verwirklichen möchte. Man kann den Aszendenten auch als die Richtung der Charakterentwicklung sehen, die in einem Leben verfolgt wird. Entsprechend dominiert in vielen Deutungen das Wesen des Aszendenten in der zweiten Lebenshälfte über die Charakterzüge des Geburtszeichens.

Zur Ermittlung des Aszendenten gehen Sie wie folgt vor:

- Man addiert zur Geburtsstunde die Siderale, die man (unter seinem Geburtsdatum) der Tabelle auf den Seiten 382/383 entnimmt.
- Ist die Summe höher als 24,00, zieht man 24,00 ab.
- Mit der so gewonnenen Zahl findet man in der nebenstehenden Tabelle »seinen« Aszendenten. Diese Tabellen beziehen sich auf Geburtsorte in Mitteleuropa. Die Sideralzeit ist die von Breitengraden unabhängige, angenommene astrologische Mittelzeit.

Beispiel: Peter ist Dienstag, den 20. März 1934 um 13.30 Uhr geboren.

13.30 + 11.48 = 24.78

24.78 − 24.00 = 0.78

0,78 (Min) = 01,18 (Stunde)

01.18 = Aszendent Löwe

---

von	bis	Tierkreiszeichen	
0,35	3,17	Löwe	♌
3,18	6,00	Jungfrau	♍
6,01	8,43	Waage	♎
8,44	11,25	Skorpion	♏
11,26	13,53	Schütze	♐
13,54	15,43	Steinbock	♑
15,44	17,00	Wassermann	♒
17,01	18,00	Fische	♓
18,01	18,59	Widder	♈
19,00	20,17	Stier	♉
20,18	22,08	Zwillinge	♊
22,09	0,34	Krebs	♋

Bei allen Ergebnissen, die ausgesprochene Randwerte aufweisen (Nähe zum Übergang von einem Tierkreiszeichen zum anderen von 30 Minuten oder weniger), empfiehlt es sich, den Aszendenten von einem Astrologen berechnen zu lassen. Dazu gehört die Kenntnis der – möglichst auf die Minute genauen – eigenen Geburtszeit. Man achte auch auf die Verschiebungen durch die Sommerzeit. Zu beachten ist weiterhin, dass zur präzisen Bestimmung des Aszendenten auch der Breitengrad des Geburtsortes hinzugezogen werden muss (plus Beachtung einer eventuellen Zeitverschiebung durch veränderte Normalzeit). Diese Tabel - len gehen von Greenwich +1 aus, also EUNT (Normalzeit der Europäischen Union).

Der dem Aszendenten gegenüberliegende Schnittpunkt des Westhorizonts mit der Ekliptik heißt entsprechend Deszendent (Dsc.), während die Schnittpunkte des Meridians mit der Ekliptik in der oberen Hälfte als Medium Coeli (M.C.), in der unteren, gegenüberliegenden als Imum Coeli (I.C.) bezeichnet werden. Der Meridian ist ein gedachter Kreis, der sowohl senkrecht auf dem Äquator als auch auf dem Horizont steht, also in einer Nord-Süd-Ebene verläuft. Seine hypothetischen Scheitelpunkte werden nicht etwa Himmelspole genannt, sondern Zenith (der obere) und Nadir (der gegenüberliegende untere).

Tag	Januar	Februar	März	April	Mai	Juni
1	6,36	8,38	10,33	12,36	14,33	16,36
2	6,40	8,42	10,37	12,40	14,37	16,40
3	6,44	8,46	10,40	12,44	14,41	16,43
4	6,48	8,50	10,44	12,48	14,45	16,48
5	6,52	8,54	10,48	12,52	14,49	16,50
6	6,56	8,58	10,52	12,55	14,53	16,55
7	7,0	9,02	10,56	12,58	14,57	16,58
8	7,04	9,06	11,00	13,02	15,01	17,02
9	7,08	9,10	11,04	13,06	15,05	17,07
10	7,12	9,14	11,08	13,10	15,09	17,11
11	7,15	9,18	11,12	13,14	15,13	17,15
12	7,19	9.22	11,16	13,18	15,17	17,19
13	7,23	9.26	11,20	13,22	15,21	17,23
14	7,27	9,30	11,24	13,26	15,24	17,27
15	7,31	9,33	11,28	13,30	15,28	17,31
16	7,35	9,37	11,32	13,34	15,32	17,34
17	7,39	9,41	11,36	13,38	15,36	17,38
18	7,43	9,45	11,40	13,42	15,40	17,42
19	7,47	9,49	11,44	13,46	15,44	17,46
20	7,51	9,53	11,48	13,50	15,48	17,50
21	7,55	9,57	11,52	13,54	15,52	17,54
22	7,59	10,01	11,55	13,58	15,56	17,58
23	8,03	10,05	11,58	14,02	16,00	18,02
24	8,07	10,09	12,02	14,06	16,04	18,06
25	8,11	10,13	12,06	14,10	16,08	18,10
26	8,15	10,17	12,10	14,14	16,12	18,14
27	8,19	10,21	12,14	14,18	16,16	18,18
28	8,23	10,25	12,18	14,22	16,20	18,22
29	8,26	10,29	12,22	14,26	16,24	18,26
30	8,30		12,26	14,29	16,28	18,30
31	8,34		12,30		16,32	

Juli	August	September	Oktober	November	Dezember
18,34	20,37	22,39	0,37	2,39	4,38
18,38	20,41	22,43	0,41	2,43	4,42
18,42	20,45	22,47	0,45	2,47	4,46
18,46	20,49	22,51	0,49	2,51	4,50
18,50	20,53	22,55	0,53	2,55	4,54
18,54	20,57	22,59	0,57	2,59	4,57
18,58	21,00	23,03	1,01	3,03	5,01
19,02	21,04	23,07	1,05	3,07	5,05
19,06	21,08	23,11	1,09	3,11	5,09
19,10	21,12	23,14	1,13	3,15	5,14
19,14	21,16	23,18	1,17	3,19	5,17
19,18	21,20	23,22	1,21	3,23	5,21
19,22	21,24	23,26	1,25	3,27	5,25
19,26	21,28	23,30	1,29	3,31	5,29
19,30	21,32	23,34	1,32	3,35	5,33
19,34	21,36	23,38	1,36	3,39	5,37
19,38	21,40	23,42	1,40	3,43	5,41
19,42	21,44	23,46	1,44	3,47	5,45
19,46	21,48	23,50	1,48	3,50	5,49
19,50	21,52	23,54	1,52	3,54	5,53
19,53	21,56	23,58	1,56	3,58	5,57
19,57	22,00	0,02	2,00	4,02	6,01
20,02	22,04	0,06	2,04	4,06	6,05
20,06	22,08	0,10	2,08	4,10	6,09
20,10	22,12	0,14	2,12	4,14	6,13
20,14	22,16	0,18	2,16	4,18	6,17
20,18	22,20	0,23	2,20	4,22	6,21
20,22	22,24	0,26	2,24	4,26	6,24
20,26	22,27	0,30	2,28	4,30	6,28
20,30	22,31	0,34	2,32	4,34	6,32
20,33	22,35		2,36		6,36

Terra (Gea)

Wesen (als Planet):   solar

Geschlecht (als Element):   weiblich

Schon weil sich unsere frühen Vorfahren nichts anderes vorstellen konnten, wurde ihnen die Erde, auf der sie lebten, zum Mittelpunkt ihrer Kosmologie. Sie verehrten sie als »Große Mutter«, was in der Folge in den Kult der Erdgöttin Maia/Gea einmündete. Auch als sich dann die Göttlichkeit von Mond und Sonne durchsetzte, blieb sie Standpunkt aller Betrachtungsweisen des sich über ihr wölbenden Firmaments. So kam auch nie der Gedanke auf, diese zentrale Basis in eine sich entwickelnde geistige Konstruktion, in die Lehre der Astrologie als handelnde Kraft einzubeziehen. Nicht einmal die (soweit uns bekannt) relativ späte Erkenntnis, dass die Erde keine Scheibe, sondern eine Kugel darstellt, die Sonne umkreist, also Teil eines astronomischen Systems ist, änderte etwas an dieser Ausgangslage. Völlig zu Recht, denn es geht nicht um den Planeten Terra, sondern um die Menschheit, die sich auf ihm entwickelt hat. Menschen schufen sich die Lehre von der Deutung der Sterne zum Verständnis ihrer Existenz und vor allem als Versuch, mit dem »überirdischen« Göttlichen in Verbindung zu treten, das offenbar ihr Schicksal bestimmte. So entstand die Astrologie, wurde Urmutter aller Wissenschaften, ohne dass sie ihre erfahrenen und erarbeiteten Prinzipien im Wesentlichen ändern musste. Einzig als »Element« erhielt »Erde« Anerkennung in dem kunstvollen Gedankengebäude, als Ausdruck festen verlässlichen Bodens der Materie und Körperlichkeit, von dem aus »Zeit«, Entfernung und Geschwindigkeit erfahren werden konnten.

	siehe Seiten
Genealogie und Symbolik	58–63, 150, 232 ff.
Mythologie (Erdgottheiten)	16–19, 23–28, 100, 102–103, 105, 109, 110, 113 ff.
Astronomie	162 ff., 260 ff., 357 ff.
Kalendarium	131 ff.

Die Sonne (sol)

Domizil:	im V. Haus
Taghaus:	Löwe (Leo)
Exil:	im Wassermann
Exaltation:	im Widder
Fall:	in der Waage
Natur:	heiß/trocken
Wochentag:	Sonntag
Wesen:	solar

	siehe Seiten
Genealogie und Symbolik	21 ff., 115, 150, 157, 215, 219, 398
Eigenschaften und Wirkungsweisen	88, 216
Astronomie (Sonnensystem)	15 ff., 25 ff., 28, 41, 162 ff., 175, 176, 260 ff.
Mythologie	13, 47, 76, 99–101, 103 ff., 114, 115, 118–121, 156, 157
Sonnengottheiten	11 ff., 22, 24, 47, 76, 100, 114, 224–225
Körper und Gesundheit	186, 187, 197, 218
Beziehung und Einflüsse	137 ff., 187 ff.
Glück, Talismane	187 ff.
Tarot und Kabbala	199 ff.
Alchemie	207 ff.
Duales System	53 ff., 100, 101, 132, 189, 220
Das Herrscherpaar	20, 21, 54, 101, 220, 224
Yin-Yang	53, 55, 212
Qualität	187 ff.

Der Mond (luna)

Domizil:	im IV. Haus
Nachthaus:	Krebs (Cancer)
Exil:	im Steinbock
Exaltation:	im Stier
Fall:	im Skorpion
Natur:	kalt/feucht
Wochentag:	Montag
Wesen:	lunar

Merkur (Hermes)

Domizile:	im III. Haus	im VI. Haus
	Taghaus:	**Nachthaus:**
	Zwillinge	Jungfrau
	(Gemini)	(Virgo)

Exil:	in den Fischen, im Schützen
Exaltation:	in der Jungfrau
Fall:	in den Fischen
Natur:	kalt/trocken
Wochentag:	Mittwoch
Wesen:	solar/lunar (beides positiv)

Venus (Aphrodite)

Domizile:	im II. Haus	im VII. Haus
	Nachthaus:	**Taghaus:**
	Stier	Waage
	(Taurus)	(Libra)

Exil:	im Widder, im Skorpion
Exaltation:	in den Fischen
Fall:	in der Jungfrau
Natur:	kalt/feucht
Wochentag:	Freitag
Wesen:	solar

Mars (Ares)

Domizile:	im I. Haus	im VIII. Haus
	Taghaus:	**Nachthaus:**
	Widder	Skorpion
	(Aries)	(Scorpio)

Exil:	in der Waage, im Stier
Exaltation:	im Steinbock
Fall:	im Krebs
Natur:	heiß/trocken
Wochentag:	Dienstag
Wesen:	solar/lunar (beides negativ)

	siehe Seiten
Genealogie und Symbolik	21 ff., 104, 115, 150, 219 ff.
Eigenschaften und Wirkungsweisen	22, 91, 216, 295
Astronomie (Sonnensystem)	42, 47, 162 ff., 260 ff., 355
Mythologie	21–24, 69, 73, 78, 91, 103 ff., 111, 112, 114, 115, 118–121, 311
Körper und Gesundheit	186, 187, 197, 198
Beziehung und Einflüsse	95, 224 ff.
Glück, Talismane	187 ff.
Tarot und Kabbala	199 ff.
Alchemie	207 ff.
Qualität	187 ff., 224

Jupiter (Zeus)

Domizile:	im IX. Haus	im XII. Haus
	Taghaus: Schütze (Sagittarius)	**Nachthaus:** Fische (Pisces) abgegeben an Neptun

Exil:	in den Zwillingen, in der Jungfrau
Exaltation:	im Krebs
Fall:	im Steinbock
Natur:	heiß/feucht
Wochentag:	Donnerstag
Wesen:	lunar

Saturn (Kronos)

Domizile:	im X. Haus	im XI. Haus
	Nachthaus:	**Taghaus:**
	Steinbock	Wassermann
	(Capricornus)	(Aquarius)
		abgegeben an
		Uranus

Exil:	im Löwen, im Krebs
Exaltation:	in der Waage
Fall:	im Widder
Natur:	kalt/trocken
Wochentag:	Samstag
Wesen:	lunar

	siehe Seiten
Genealogie und Symbolik	21 ff., 104, 115, 150, 236 ff., 295, 330, 355
Eigenschaften und Wirkungsweisen	22, 92, 216, 295
Astronomie (Sonnensystem)	42, 47, 95, 162 ff., 260 ff., 354
Mythologie	91, 92, 105 ff., 109 ff., 115, 116, 118, 119, 330
Körper und Gesundheit	186, 187, 197, 198
Beziehung und Einflüsse	44, 95, 198, 226 ff.
Glück, Talismane	187 ff.
Tarot und Kabbala	199 ff.
Alchemie	207 ff.
Qualität	187 ff.

Uranus (Uranos)

Domizil:	im XI. Haus
Taghaus:	Wassermann (Aquarius)
	ex Saturn
Exil:	im Löwen
Exaltation:	im Skorpion
Fall:	im Stier
Natur:	variabel
Wesen:	solar

Neptun (Poseidon)

Domizil:	im XII. Haus
Nachthaus:	Fische (Pisces)
	ex Jupiter
Exil:	in der Jungfrau
Exaltation:	im Löwen
Fall:	im Steinbock
Natur:	heiß/feucht
Wesen:	lunar

	siehe Seiten
Genealogie und Symbolik	115, 236 ff., 295
Eigenschaften und Wirkungsweisen	93, 216, 264, 265, 295
Astronomie (Sonnensystem)	42, 47, 95, 162 ff., 246 ff., 259, 260 ff., 355
Mythologie	74, 92, 93, 109, 110, 114, 115, 118–121
Körper und Gesundheit	187, 197, 198
Beziehung und Einflüsse	44, 95, 198, 264, 265
Glück, Talismane	187 ff.
Tarot und Kabbala	199 ff.
Alchemie	207 ff.
Qualität	187 ff.

Pluto (Hades)

Pluto hat kein Domizil. Einige Karma-Anhänger siedeln ihn, ohne den Hausherrn zu fragen, einfach in den Häusern des Mars an – Ausdruck der totalen Unsicherheit gegenüber dem am weitesten entfernten Planeten, der so mehr und mehr zum Liebling der Okkultisten wird. Mangels jeder Kenntnis ist auch kein Wesen zu vermerken; es wäre – wohl oder übel – beidseitig negativ im Widder und positiv im Skorpion. Letzteres VIII. Haus wäre seinem ebenso starken Charakter wie dunklem Wesen allemal angemessener.

Pluto ist der Herr der Unterwelt, des Unbewussten, des Jenseitigen, der Totenwelt. Das alte Bedürfnis der Menschen, das Unterbewusste wie den Tod zu verdrängen, machen ihn noch heute zum Planeten der Furcht, der Angst vor den Abgründen der Seele, der letzten Geheimnisse der Natur (wozu sicher auch die Astrologie gehört). Sein Nachtcharakter verhüllt die Kraft seiner Ausstrahlung.

Pluto ist Vernichtung und Regeneration aus dem Urschlamm heraus, das Prinzip der totalen Veränderung. Sein Wesen ist radikal, seine Wirkung die eines Amplifikators: Um welche Charakterzüge es sich auch handeln mag, Pluto verstärkt sie ins Extrem. Seinem Wirken werden Massenbewegungen und Massenunfälle zugeschrieben, Naturkatastrophen, Weltkriege und das Ende der Welt. Doch dem stehen Wiedergeburt, Auferstehung und die Überwindung der Macht des Todes gegenüber. Pluto ist weniger ein Charakterindiz des einzelnen Menschen als das der Menschheit insgesamt.

Als Letzter entdeckt (erst in diesem Jahrhundert), unvorstellbar weit entfernt im Weltraum seine eigenartige (teilweise die Bahnen von Uranus und Neptun kreuzend) Ellipse ziehend, ist er den Menschen nicht geheuer. Da sie wenig von ihm wissen, fürchten sie ihn. Er verbreitet Angst und Schrecken, denn genau genommen wurden ihm alle negativen Aspekte von Uranus und Neptun (übersteigert) zugeschrieben. Seine Heilsbotschaft, die der völligen Erneuerung, wird ignoriert.

	siehe Seiten
Genealogie und Symbolik	96, 115, 236 ff., 284, 295
Mythologie	77, 92, 93, 96, 109, 111, 118, 283
Astronomie	282 ff., 355

Der persönliche Planet

Um in Erfahrung zu bringen, unter welchem Planeten jemand geboren ist, ist es notwendig, den entsprechenden Wochentag namentlich zu bestimmen. Auf der Tabelle auf S. 396 suche man das Geburtsjahr, verlängere dann in der Waagrechten bis zum Geburtsmonat auf der nebenstehenden Tabelle und zähle zu der gefundenen Ziffer aus dieser Tabelle das tatsächliche Geburtsdatum hinzu (nur den Tag). Mit Hilfe dieser kombinierten Zahl findet man auf der untenstehenden Tabelle den Wochentag seiner Geburt und damit seinen persönlichen Planeten. Zur Auswahl stehen allerdings nur die klassischen Planetengötter der Wochentage.

Die Astrologie misst diesen »Amuletten« keinerlei Bedeutung zu, sie werden auch beim Erstellen von Horoskopen selten in Betracht gezogen. Anders verhält es sich mit dem gleichen Begriff des »Persönlichen Planeten«, bei denen auf den sog. »Achsen« nach Planetenkonjunktionen gesucht wird, also sowohl auf der ASC-DSC-Achse als auch auf der MC-IC-Achse (nähere Erläuterungen hierzu im Kapitel »Eine kleine Horoskoplehre«).

Tabelle zum Auffinden des Tages

Sonntag SONNE	☉	1	8	15	22	29
Montag MOND	☽	2	9	16	23	30
Dienstag MARS	♂	3	10	17	24	31
Mittwoch MERKUR	☿	4	11	18	25	32
Donnerstag JUPITER	♃	5	12	19	26	33
Freitag VENUS	♀	6	13	20	27	34
Samstag SATURN	♄	7	14	21	28	35

Tabellen zum Auffinden des Wochentages der Geburt (Persönlicher Plane

Das Jahr der Geburt 1902–2008				Jan.	Feb.	März	Apr.	Mai	Juni	Juli	Aug.
	25	53	81	4	0	0	3	5	1	3	6
	26	54	82	5	1	1	4	6	2	4	0
	27	55	83	6	2	2	5	0	3	5	1
	28	56	84	0	3	4	0	2	5	0	3
	29	57	85	2	5	5	1	3	6	1	4
02	30	58	86	3	6	6	2	4	0	2	5
03	31	59	87	4	0	0	3	5	1	3	6
04	32	60	88	5	1	2	5	0	3	5	1
05	33	61	89	0	3	3	6	1	4	6	2
06	34	62	90	1	4	4	0	2	5	0	3
07	35	63	91	2	5	5	1	3	6	1	4
08	36	64	92	3	6	0	3	5	1	3	6
09	37	65	93	5	1	1	4	6	2	4	0
10	38	66	94	6	2	2	5	0	3	5	1
11	39	67	95	0	3	3	6	1	4	6	2
12	40	68	96	1	4	5	1	3	6	1	4
13	41	69	97	3	6	6	2	4	0	2	5
14	42	70	98	4	0	0	3	5	1	3	6
15	43	71	99	5	1	1	4	6	2	4	0
16	44	72	2000	6	2	3	6	1	4	6	2
17	45	73	2001	1	4	4	0	2	5	0	3
18	46	74	2002	2	5	5	1	3	6	1	4
19	47	75	2003	3	6	6	2	4	0	2	5
20	48	76	2004	4	0	1	4	6	2	4	0
21	49	77	2005	6	2	2	5	0	3	5	1
22	50	78	2006	0	3	3	6	1	4	6	2
23	51	79	2007	1	4	4	0	2	5	0	3
24	52	80	2008	2	5	6	2	4	0	2	3

Der Geburtsmonat

Sept.	Okt.	Nov.	Dez.
2	4	0	2
3	5	1	3
4	6	2	4
6	1	4	6
0	2	5	0
1	3	6	1
2	4	0	2
4	6	2	4
5	0	3	5
6	1	4	6
0	2	5	0
2	4	0	2
3	5	1	3
4	6	2	4
5	0	3	5
0	2	5	0
1	3	6	1
2	4	0	2
3	5	1	3
5	0	3	5
6	1	4	6
0	2	5	0
1	3	6	1
3	5	1	3
4	6	2	4
5	0	3	5
6	1	4	6
1	3	6	1

Feuer

Von seiner Bändigung hängt ab, ob sein Brennen kreative Energie oder destruktive Kräfte freisetzt. Gänzlich ist sein Potenzial, seit Prometheus es auf die Erde brachte, nicht in den Griff zu bekommen, Fahrlässigkeit rächt es schnell: »Nicht mit dem Feuer spielen!« Feuer ist der große Verwandler, bis hin zur Metamorphose (»Phönix aus der Asche«). Es sollte den Menschen heilig sein, denn in keinem anderen Element zeigte sich ihnen das Göttliche öfter und eindrucksvoller, vom brennenden Dornbusch des Moses bis zu Sodom und Gomorrha, von Vulkanausbrüchen bis zu den Scheiterhaufen, vom Blitzschlag bis Hiroshima.

Synonyma	Sonne/Tag, Intellekt, Wille
Natur	trocken/warm
Geschlecht	männlich
Wesen und Wirken	siehe Seiten 58–63, 232 ff.

Erde

Als Element war Erde in der Astrologie seit jeher das grundsätzliche Synonym für Schwere, Diesseitigkeit, Fruchtbarkeit, materielle Werte wie auch deren Genuss. Dem Zeichen Erde wird ausgeprägter Realitätssinn nachgesagt: »mit beiden Beinen fest auf der Erde stehen«. In der Astrologie ist das Zeichen auch als *Glückspunkt* bekannt.

Synonyma	Materie, Körperlichkeit
Natur	trocken/kalt
Geschlecht	weiblich
Wesen und Wirken	siehe Seiten 11 ff., 16 ff., 58–62, 100, 103, 232

Luft

Das schwer zu fassende, als unsichtbar geltende Element steht für Bewegung, Wechsel und Beziehungen. Kluge Menschen machen sich seine Spiritualität zunutzen, wissen, »woher der Wind weht«. Ihre »Leichtigkeit« trügt. Da sich Luft gern verflüchtigt, gilt sie auch als Synonym für Unstetigkeit und (zu Unrecht) mangelnde Verlässlichkeit. Wenn sie den Menschen nicht vorher »ausgeht«, vermag sie, komprimiert oder als Vakuum, ungeahnte Kräfte zu entfalten, Vorurteile wegzublasen, Revolutionen auszulösen.

Synonyma	Geist, Spiritualität
Natur	feucht/warm
Geschlecht	männlich
Wesen und Wirken	siehe Seiten 58–61, 63, 232 ff.

Wasser

Ungeachtet der Tatsache, dass das Wasser 80 Prozent des menschlichen Körpers ausmacht, wird es als das mysteriöse Element betrachtet, und zwar aufgrund seiner erstaunlichen Verwandlungsfähigkeit in die Extreme Dampf und Eis. Dem Wasser werden Sensibilität, Unterbewusstsein und alles Irrationale zugeschrieben, von der Mystischen Hochzeit in der Alchemie bis zur Vorstellung, dass das menschliche Ego in den ewigen Ozean der Göttlichkeit eintaucht. Folglich ist Wasser auch das Symbol für das Seelische. Von den Menschen geliebt und gefürchtet, wirkt es im Überfluss wie im Mangel verheerend.

Synonyma	Mond/Nacht, Seele, Intuition
Natur	feucht/kalt
Geschlecht	weiblich
Wesen und Wirken	siehe Seiten 58–61, 64, 232 ff.

Funktionen der Sonnen, Monde und Planeten

Symbol	als Planet im Tierkreis	als Element	als Planet im Sonnensystem	Wesen	als Wochentag	mit Domizil im Taghaus	Nachthaus
☉	Sonne	(Sonne)	—	solar ☉	Sonntag	♌	
☽	Mond	(Mond)	—	lunar ☽	Montag		♋
(Erde)	Erde	—	⊕	solar ☉	—		
(Luft)	Luft	—	Merkur	lunar negativ solar positiv	—		
☿	Merkur	—	Venus	beides positiv	Mittwoch	♊	♍
♀	Venus	—	Mars	solar ☉	Freitag	♎	♉
♂	Mars	—	Jupiter	beides negativ	Dienstag	♈	♏
♃	Jupiter	—	Saturn	lunar ☽	Donnerstag	♐	
♄	Saturn	—	Uranus	lunar ☽	Samstag		♑
♅	Uranus	—	Neptun	solar ☉	—	♒	
♆	Neptun	—	Pluto	lunar ☽	—		♓
♇	—	—	—	beides negativ	—		

TABELLENVERZEICHNIS

LITERATURVERZEICHNIS

Adler, O. *Das Testament der Astrologie* Hugendubel 1994
Andreas, P. / Davies, R. L. *Das verheimlichte Wissen* Ansata 1984
Aubier, C. *Dictionnaire pratique d'Astrologie* M. A.
Archeologia e Astronomia Accademia Nazionale dei Lincei 1995
Arroyo, S. *Astrologische Psychologie in der Praxis* Hier & Jetzt 1984
Bärsch, C.-E. *Die politische Religion des Nationalsozialismus* Fink 1998
Becker, U. *Lexikon der Astrologie* Pawlak 1988
Bender, H. *Sonne,Mond und Sterne* Insel 1976
Bertozzi, M. *La tirannia degli astri (2 Exemplare)* Sillabe 1999
Boll, F. / Bezold, C. *Storia dell'astrologia* Laterza 1979
Bonnefoy, Y. *Dictionnaire des Mythologies* Flammarion 1981
Bonora, M. *Lo zodiaco del principe (la casa del tempo, Schifanoia, Ferrara)* Tosi Edit 1996
Braem, H. *Das Geheimnis der Pyramide* Heyne 1978
Brown, D. *Mesopotemian Planetary Astronomy-Astrology* Styx 2000
Buendia R. / Longnon J. *Las muy ricas horas del Duque de Berry* Editorial Casariego 1989
Bürgel, B. H. *Der Mensch und die Sterne* Aufbau 1946
Campbell, J. *Masks of God: Creative Mythology* Pinguin 1968
Carmin, E. R. *Das Schwarze Reich – Geheimgesellschaften im 20. Jahrhundert* Heyne 1997
Charpentier, L. *Die Riesen und der Ursprung der Kultur* Hans E. Günther 1972
Chevalier, J. / Gheerbrant, A. *Dictionnaire des Symboles* Laffont 1983
Cornelius, G. / Devereux, P. *Die Geheime Sprache der Sterne und Planeten* Hugendubel 1996
Crafton, A. *Cardanos Kosmos* Berlin 1999
Dahlke, R. *Das senkrechte Weltbild – Denken in astrologischen Urprinzipien* Heyne 1992
Davoigneau, J. *Observateurs astronomiques* L'Inventaire
Diederichs, U. (Hrsg.) *Germanische Götterlehre (Prosa-Edda)* Diederichs 1984
Döbereiner, W. *Astrologischer Lebensfahrplan* Heyne 1983
Fabricius, J. *Alchemy* The Aquarian 1976
Gebelein, H. *Alchemie – Die Magie des Stofflichen* Diederichs 1991
Godwin, M. *Engel, eine bedrohte Art* Zweitausendeins 1991
Göll, H. *Illustrierte Mythologie* Spamer 1884
Grossinger, R. *Der Mensch, die Nacht und die Sterne* Goldmann 1988
Guidoni, E. / Magni, R. *Monumente großer Kulturen – Inka* Kunstkreis / Hasso Ebeling 1974
Guirand, F. *Mythologie Générale* Larousse 1994
Guttman. A. / Johnson, K. *Mythic Astrology* Llewellyn 1993
Hall, M. P. *The Secret Teachimngs of All Ages* Philosophical Research Society 1988
Hamel, J. *Geschichte der Astronomie* Birkhäuser 1998
Hand, R. *Das Buch der Horoskopsymbole* Hugendubel 1990
Haussig, H. W. (Hrsg.) *Wörterbuch der Mythologie, Bd. I* Klett 1965
Haussig, H. W. (Hrsg.) *Wörterbuch der Mythologie, Bd. II* Klett 1973
Herschel Holden, J. *A History of Horoscopic Astrology* American Federation on Astrologers 1996
Herrmann, D. B. *Blick in das Weltall (Archenhold)* Paetec 1994
Hevelius, J. *The Star Atlas* Fan Press Uzbek SSR 1978
Hope, M. *Im Zeichen des Sirius* Heyne 1996
Howe, E. *Uranias Kinder* Beltz 1995
Hübner, W. *Die Begriffe ›Astrologie‹ und ›Astronomie‹ in der Antike* Steiner 1990
Jacober, N. *Vorstoß ins All* Neuer Kaiser 1998
Jung, C. G. *On Synchronicity and the Paranormal* Princeton Univesity Press 1998
Kennedy, E. S. *Astronomy and Astrology in the Medival Islamic World* Ashgate 1998
Kircher, S. J. *Il Museo del Mondo* De Luca 2001
Klein, N. *Das Arbeitsbuch der Astrologie* Hugendubel 1990

Koch, R. *Das Zeichenbuch* Insel 1936
Lange, H.-J. *Otto Rahn – und die Suche nach dem Gral* Arun 1999
Lau, T. *Das große Buch der chinesischen Astrologie* Droemer 1996
Levi, E. *Geschichte der Magie* Sphinx 1985
Lionel, F. *Die Heilige Astrologie* Aurum 1987
Lippincott, K. *The Story of Time and Space* Addax Retail
Lyons, A. S. *Der Blick in die Zukunft: Eine illustrierte Kulturgeschichte* Dumont 1991
Magoni, G. *Le cose non dette sui Decani di Schifanoia* Corbo Edit 1997
Mansall, C. *Manuale di Astrologia* Newton 1997
Martin, B. *Handbuch der spirituellen Wege* Heyne 1997
Maury, J.-P. *Comment la terre devint ronde* Gallimard 1989
Maury, J.-P. *Newton et la mécanique céleste* Gallimard 1990
McIlwain, J. *Winchester Castle and the Great Hall* Pitkin 1994
Mertz, B. A. *Grundlagen der klassischen Astrologie* Goldmann 1989
Molnar, N. R. *The Star of Bethlehem: The Legacy of the Magi* Rutgers University Press 1999
Monte, F. *Astrologia Occulta* Ed. Mediterranee 1979
Müller, P. *Sternwarten in Bildern* Springer 1992
Neubert, S. *Die Tempel von Malta* Lübbe 1988
Paltrinieri, M./Rader, E. *Il libro della Astrologia* Mondadori 1981
Papke, W. *Die Sterne von Babylon* Lübbe 1989
Parker, D. u. J. *Astrologie – Ursprung – Geschichte – Symbolik* Panorama 1983
Parker, D. u. J. *Universum der Astrologie* Pawlak 1986
Parry, R. *In Defense of Astrology* Llewellyn 1997
Ptolemaei, C. *Cosmographia – Tabulae* Hier et Demain
Philibert, M. *La naissance du symbole* Dangles 1991
Rafael's *Astronomical Ephemerides of the Planet's Places 1995* Foulsham 1994
Reichel, U. *Astronomie und Sterndeutung – Die Entwicklung der abendländischen Astrologie
    im Mittelalter* Tectum 1996
Ring, T. *Astrologie neu gesehen* Aurum 1977
Roob, A. *Das hermetische Museum: Alchemie & Mystik* Benedikt Taschen 1996
Rudhyar, D. *Astrologischer Tierkreis und Bewußtsein* Hugendubel 1984
Rüttner-Cova, S. *Frau Holle – die gestürzte Göttin* Hugendubel 1998
Sachs, G. *Die Akte Astrologie* Goldmann 1997
Santillana, G. de/Dechent, H.v. *Die Mühle des Hamlet* Springer 1994
Sayce, A. H. *Astronomy and Astrology of Babylonians* Wizards Bookshop 1991
Schadewald, W. *Sternsagen* Insel 1976
Schultz, U. (Hg.) *Scheibe, Kugel, Schwarzes Loch* Insel 1996
Schwickert, F./Weiß, A. *Die astrologischen Elemente* Barth 1926
Sesti, T. M. *Le dimore del cielo* Novecento 1987
Seymour, P. *The Scientific Basis of Astrology* St. Martin's Press 1992
Swerdlow, N. M. (Hg.) *Ancient Astronomy and Celestial Divination* M. I. T. Press 2000
Tester, J. *Storia dell'astrologia occidentale* ECIG 1990
Tennant, C. *Sternstunden* Wunderlich 1994
The Magi Society *Astrology Realy Works!* Hay House 1995
Tripp, E. *Reclams Lexikon der antiken Mythologie* Reclam 1974
Turner, A. K. *The History of Hell* Harcourt Brace 1993
Vidler, M. *The Star Mirror* Harper Collins 1998
Viehöver, I. *Hanussen* Heyne 1988
Vollmer's *Wörterbuch der Mythologie* Hoffmann 1874
Vorgrimler, H. *Geschichte der Hölle* Fink 1993
V.V.A.A. *Il libro infernale. Tesoro delle Scienze Occulte* Ed. Mediterranee 1984
Walker, B. G. *Die geheimen Symbole der Frauen* Heyne 1997
Washington, P. *Madame Blavatsky's Baboon* Seeker & Warburg 1993
Weidelener, H. *Die Götter in uns* Goldmann 1987

ABBILDUNGS- UND QUELLENVERZEICHNIS

Alle hier nicht aufgeführten Abbildungen entstammen dem Archiv des Autors. Trotz intensiver Recherche konnten die entsprechenden Rechte nicht in jedem Fall ermittelt werden. Wir bitten ggf. um Mitteilung.

Sämtliche astrologische Symbole und Zeichen wie auch die Graphiken zur Darstellung der astrologischen Zusammenhänge, die in diesem Buch abgebildet sind, stammen von Peter Berling.

Wir danken den Rechteinhabern für die Genehmigung des Abdrucks folgender Abbildungen:

13 Babylonisches Relief aus dem 13. Jh. v. Chr. Abbildung aus dem Nachlass des Yacinto Yaria (1935–1991), Rom.

14 Kupferstich, altkoloriert. Aus: Friedrich Justin Bertuch, Weimar, 1792. *Foto: akg-images*

19 *o.:* Aus: Giuseppe Maria Sesti: *Le Dimore del Cielo. Archeologia e Mito delle Costellazioni.* Palermo 1987 (Novecento Editrice), Zeichnung von Giuseppe Maria Sesti, S. 474; *u. l.:* aus: *Vollmer's Wörterbuch der Mythologie aller Völker,* Stuttgart 1874., S. 286, Fig.179; *u. r.:* Dürer, Albrecht (1471–1528),»Maria auf der Mondsichel«, 1511. Holzschnitt. Titelblatt der Folge: *Das Marienleben,* erschienen 1511. *Foto: akg-images*

25 Illustration aus: Jean-Philippe Lauer, *Fouilles a Sakkarah* (Planche LVII)/ *La Pyramide a Degres* (Service des Antiquites de l'Egypte / Institut Francais d'Archeologie Orientale / Le Claire, 1936. *Foto: akg-images* / Gilles Mermet

26 *o.:* Aus: Thomas Maurice: *Indian Antiquities,* London 1800; *u.: Opferfest in Stonehenge,* Aquatinta von Robert Havell, 1816. Paris, Privatsammlung. *Foto: akg-images*

28 *Zauberhut,* (östliches Mitteleuropa, genauer Fundort unbekannt), 10. bis 9. Jh. v. Chr. Katalog-Nr. II c 6068. Mit freundlicher Genehmigung des Museum für Vor- und Frühgeschichte der Staatlichen Museen zu Berlin – Preußischer Kulturbesitz.

33 *Himmelsscheibe von Nebra,* gefunden am 4. Juli 1999 von Raubgräbern in einer Steinkammer auf dem Mittelberg nahe der Stadt Nebra in Sachsen-Anhalt. Seit 2002 gehört sie zum Bestand des Landesmuseums für Vorgeschichte Sachsen-Anhalt in Halle.

34 *Stele des Adadniraris III.,* Tell rimah, © Irak Museum, Bagdad, Inv. Nr. 70543

30 »Planisphere du petit appartement sur le temple de Tentyris«, Kupferstich aus: Dominique Vivant Denon: *Voyage dans la Haute et Basse-Egypte pendant les campages du General Bonaparte,* Paris 1802, Tafel 130. Paris, Privatsammlung. *Foto: akg-images / Gilles Mermet*

38 *Astrolabium* von Heinrich Arboreus (1532–1602). Wohl Hall in Tirol, 1594. Messing, Durchmesser 21,7 cm, Benedektinerstift St. Stephan, Augsburg. *Foto: akg-images*

45 Römische Münze aus der Zeit Kaiser Augustus. Aus: Albert S. Lyons: *Der Blick in die Zukunft. Eine illustrierte Kulturgeschichte,* Köln 1986. (Dumont Buchverlag), S. 38. Mit freundlicher Genehmigung des Verlags.

48 Lesnovo (Mazedonien), Michaelis-Kirche, erbaut 1341. Fresko, 1347/49. *Foto: akg-images / Erich Lessing*

53 Andrea Mantenga: *Geometria XXIIII,* Tarotkarte. Mit freundlicher Genehmigung der Bibliothèque Nationale, Paris.

54 »Sol indiget luna, ut gallus gallina«, Kupferstich von Matthaeus Merian d. Ae (1593–1650), aus: Michael Meier: *Atalanta Fugiens,* Oppenheim 1618. *Foto: akg-images*

60 Druck aus dem 15. Jh. Aus dem Archiv des Autors.

61 aus: Michael Maier, *Atalanta Fugiens,* Emblem Nr. 29, Oppenheim 1618.

62 aus: Michael Maier, *Atalanta Fugiens,* Emblem Nr. 1, Oppenheim 1618.

63   aus: Michael Maier, *Atalanta Fugiens*, Emblem Nr. 36, Oppenheim 1618.
70/71   Caprarola (Latium, Italien), Villa Farnese (erbaut 1559–1573 von G. Da Vignola),
     Deckenfresko von 1572/75, unbekannter Maler (Beroja / Lelio Orsi?).
     Foto: akg-images / Jürgen Sorges
72   Einzelblatt aus einer Serie von Drucken zu den Sternbildern, 17. Jh. Aus dem Archiv
     des Autors.
75   *o.:* aus: Hermann Göll: *Göttersagen und Kultusformen der Hellenen, Römer, Ägypter, Inder,
     Perser und Germanen,* Leipzig und Berlin 1884, S. 260; *u.:* C. J. Hyginus: *Fabularum liber,*
     Basel 1535, S. 88.
79   *o.:* Aus dem Nachlass des Yacinto Yaria (1935–1991), Rom;
     u.: Hinke, William J., *A New Boundary Stone of Nebuchadnezzer I from Nippur with a
     Concordance of Proper Names and a Glossary of the Kundurru Inscriptions Published this Far,*
     Philadelphia 1907. S. 123.
80   Französische Buchmalerei, Deckfarben auf Pergament, Blattformat 26 × 18 cm, um 1423
     Add. 18850, fol. 12. London, British Library. *Foto: akg-images / British Library*
81   *o., u.:* Hinke, William J., *A New Boundary Stone of Nebuchadnezzer I from Nippur with a
     Concordance of Proper Names and a Glossary of the Kundurru Inscriptions Published this Far,*
     Philadelphia 1907, S. 123.
82   Ms. Cotton Tiberius B V, part I, fol. 33 v. London, British Library. *Foto: akg-images*
84   Schifanoia, Pittura Ferrarese: *Mese di Aprile.* Mit freundlicher Genehmigung von
     Scala Group S.p.A., Firenze.
87   Kupferstich, koloriert. Aus: Christoph Cellarius, *Harmonia Macrocosmica,* 1660.
     Foto: akg-images
90   Buchminiatur aus dem Kodex *De Sphaera,* Modena, Biblioteca Estense, 15. Jh.
     Foto: akg-images
92   Buchminiatur aus dem Kodex *De Sphaera,* Modena, Biblioteca Estense, 15. Jh.
     Foto: akg-images
99   Hermann Göll: *Göttersagen und Kultusformen der Hellenen, Römer, Ägypter, Inder, Perser und
     Germanen,* Leipzig und Berlin 1884. Zeichnung von N. Schweizer nach einem antiken
     Muster, S. 9.
101   Aus dem Nachlass des Yacinto Yaria (1935–1991), Rom.
104   *Die Offenbarung des St. Johannes,* Holzschnitte von Albrecht Dürer aus dem Jahre 1498,
     hier: »Die vier Reiter der Apokalypse«, Tafel IV.
105   Hermann Göll: *Göttersagen und Kultusformen der Hellenen, Römer, Ägypter, Inder, Perser und
     Germanen,* Leipzig und Berlin 1884. Zeichnungen von C. F. Klimsch und H. Leutemann
     nach antiken Mustern von Künstlern, S. 10.
107   ebenda, S. 46.
108   ebenda, S. 24.
110   ebenda, S. 97.
113   ebenda, S. 50.
116/117   ebenda, S. 28, 64, 75, 78, 106.
120/121   *Das Urteil des Paris* von Max Klinger,1887. Das Foto wurde von Kameramann Viktor
     Schamoni für Peter Berlings Film »Entwürfe und Träume« (1963) aufgenommen im Haus
     der Kunst, München, während der großen Jugendstil-Ausstellung. © *Artothek, Weilheim*
125   Kupferstich, koloriert. Aus: Christoph Cellarius, *Harmonia Macrocosmica,* 1660.
     Foto: akg-images
127   aus: *Hortus deliciarum,* hrg. V. H.G. Rott u. G. Wild, Mühlhausen 1944. *Foto: akg-images*
129   Graphik des Autors unter Verwendung von: *Zodiakus,* Holzschnitt aus dem Jahre 1499.
     Foto: akg-images
135   Blatt aus einem aus einem englischen Kalender aus dem Jahre 1503. Reproduktion aus
     dem Nachlass des Yacinto Yaria (1935–1991), Rom.
136   Hermann Göll: *Göttersagen und Kultusformen der Hellenen, Römer, Ägypter, Inder, Perser und
     Germanen,* Leipzig und Berlin 1884. Zeichnungen von C. F. Klimsch und H. Leutemann
     nach antiken Mustern von Künstlern, S. 375.

138 *Zodiakus*, farbige Miniatur von Giovanni Battista Agnese, 16. Jh., Venedig, Museo Civico Correr. *Foto: akg-images*
143 *Die Häuser und ihre Bedeutung*, nach J. W. Pfaff, *Astrologie*, 1816.
147 Türkische Miniaturmalerei um 1620, Gotha, Forschungsbibliothek. *Foto: akg-images*
149 Flämische Buchmalerei, 15. Jh., Ms. Add. 24189, fol. 15, London, British Library. *Foto: akg-images*
150 Kupferstich, undatiert, von Wolfgang Kilian (1581–1662), Berlin, Slg. Archiv für Kunst & Geschichte. *Foto: akg-images*
154 Reprodukation aus dem Archiv des Autors.
157 Aztekischer Sonnenkalender, Vorlage aus dem Nachlass des Yacinto Yaria (1935–1991), Rom.
159 aus: Jan Helvelius: *The Star Atlas*, 1687 (hier in dem Reprint von Tashkent, 1976), S. X.
161 Holzschnitt, Deutschland, Anfang 16. Jh. *Foto: akg-images*
163 Aus dem Kodex *Hammer*, kompiliert 1506/08 in Florenz und Mailand. Kunsthandel Christie's, New York, 11.11.1994. *Foto: akg-images*
164 Petrus Apianus, alias Peter Bennewitz (1495–1552), *Cosmographicus liber*, Holzschnitt, aus der Erstausgabe, 1524. *Foto: akg-images*
166 Druck nach einem Originalmotiv aus dem 17. Jh. Aus dem Archiv des Autors.
167 aus: Athanasius Kircher: *Iter extaticum*, Herbipoli (*Würzburg*), 1660.
168 Holzschnitt »Der Astrologe« von Albrecht Dürer (1471–1528). *Foto: akg-images*
170 Horoskop Wallensteins von Johannes Keppler (1571–1630). Aus dem Nachlass des Yacinto Yaria (1935–1991), Rom
171 Johannes Kepler (1571–1630), *Epitome Astronomiae Copernicanae. Doctrina Sphaerica*, Titelseite der Ausgabe von 1635, Frankfurt. *Foto: akg-images*
172 Galileo Galilei (1564–1642), eigenhändige astronomische Zeichnung und Berechnungen, 10. Januar 1611. *Foto: akg-images*
175 Kupferstich koloriert. Aus: Johannes Hevelius (1611–1687), *Selenographia, seu descripto lunae*, Danzig, 1647. Bibliotheque Nationale, Paris. *Foto: akg-images/VISIOARS*
176 Attanasius Kircher: *Sciatericon totius motus primi mobilis*. Abdruck mit freundlicher Genehmigung des Museo Astronomico e Copernicano annesso all' Osservatorio Astronomico di Roma.
178 Kupferstich, spätere Kolorierung. Aus: Pere le Comte, *Histoire des Voyages*, 1747. *Foto: akg-images*
179 Kupferstich von Isaak Saal nach Zeichnung von Andreas Stech (1635–1697). Aus: Johannes Hevelius, *Machina coelestis*, Danzig, 1673. *Foto: akg-images*
185 Holzschnitt von Johan Schroeter, Basel, 1605. Papier 38,2 × 30,5 cm. Nürnberg, Germanisches Nationalmuseum. *Foto: akg-images*
188 »L'Influence de la lune sur la tete des femmes dans« Franz. Kupferstich, 16. Jahrhundert. Aus: *Dictionnaire Pratique d'Astrologie*. Mit freundlicher Genehmigung der Bibliothèque Nationale, Paris.
191 Holzschnitt, 1484. Aus: Helmut Gebelin, *Alchemie*, München 1991.
195 Tabelle »Zuordnung der Planeten zu Tierkreiszeichen, Elementen, Farben und Tugenden«, entnommen aus: J. Berne: *Blazon of Gentry*, 1824.
199 aus: Jean Baptiste Belot, *Les Oeuvres de Jean Belot*, Rouen 1640.
200/201 Tarotkarten nach Illustrationen von Pamela Cole Smith. Aus: Arthur Edward Waite, *The Pictorial Key to the Tarot*, London 1911.
203 Holzschnitt, aus: Paulus Ricius, *Porta Lucis*, Augsburg 1516.
206 »Der Berg der Eingeweihten«, aus: Steffan Mittelsbacher, *Cabala, speculum artis et naturae, in alchymia*, Augsburg 1654.
211 »Four Humours«, Radierung aus L. Thurneysser's *Quinta Essentia*, 1574.
225 aus: Jost Ammaus, *Kunstbüchlin*, 1599.
244 Indische Sternwarte zu Delhi, Holzstich um 1850. *Foto: akg-images*
247 Holzstich aus: Camille Flammarion, *Astronomie populaire*, Paris 1884, Buch IV, Kap. VIII, S. 72.

248 Umrissstich nach Zeichnung von Karl Friedrich Schinkel (1781–1841). Aus: *Sammlung architektonischer Entwürfe*, 1836. *Foto: akg-images*

251 »La lunette colossale de M. Nevall«, Holzstich aus: Camille Flammarion, *Astronomie populaire*, Paris 1884, Buch V, Kap. IV, Abb. 286. *Foto: akg-images*

253 Grundriss, aus: Josef Durm, *Handbuch der Architektur*, Darmstadt 1888.

256 *Sala dell'Equatoriale del Collegio Romano*, Druck aus dem 18. Jh., Archiv des Autors.

265 Farblithographie, 1897. Sammelbildchen Liebig Company's Fleisch-Extract, Nr. VIII der Serie: *Der Thierkreis*. Druck: Gebrüder Klingenberg, Detmold. Berlin, Slg. Archiv f. Kunst & Geschichte. *Foto: akg-images*

266 Holzschnitt, 18. Jh. Aus der Serie: *Thierkreiszeichen und damit verbundene Charaktereigenschaften*. *Foto: akg-images*

269 Foto von H. P. Blavatsky, zwischen den Seiten 64–65, mehrere Seiten Bilder, davon die dritte Abbildung, aus: *H. P. B. – In Memory of Helena Petrovna Blavatsky*, 1931. Mit freundlicher Genehmigung der Staatsbibliothek München.

271 Anzeige aus: *Die Astrologie. Monatszeitschrift für theoretische und angewandte Astrologie*, Berlin 3/1928, S. 497. Mit freundlicher Genehmigung der Staatsbibliothek München.

272 Buchumschläge mit freundlicher Genehmigung des Verlages Llewellyn U. S. A.

274 Kolorierter Holzschnitt und Typendruck. Aus: *Geheime Figuren der Rosenkreuzer*, 1785/88. Paris, Bibliotheque Nationale. *Foto: akg-images*

275 *o.*: Daguerreotypie von Abbé Alphonse Luois Constant d. i. Eliphas Levi, ca. 1862. Aus dem Nachlass des Yacinto Yaria (1935–1991), Rom; *u.*: Buchumschlag der deutschen Ausgabe des Sphinx Verlages, Basel, von Elipphas Lévi, *Geschichte der Magie (Dogme et Rituel de Haute Magie)*, 1985.

277 Titelseite Franz. Straßenverkaufs-Almanach, 1843. Aus dem Nachlass des Yacinto Yaria (1935–1991), Rom.

279 Observatoire de la Cote d'Azur. Abdruck mit freundlicher Genehmigung der Verwaltung.

282 »Das Glück (als irdische Täuschung)« von Hanna Forster, zwischen Seite 48, 49, Sonderseite (Rückseite leer). Aus; Uranus-Kalender, *Glahns astrologischer Volkskalender 1930*, 8. Jahrgang, hrsg. v. A. Frank Glahn, Uranus-Verlag, Memmingen. Mit freundlicher Genehmigung der Staatsbibliothek München

284 »Der neuentdeckte Planet Pluto«, Seite 77, Uranus-Kalender, *Glahns astrologischer Volkskalender 1932*, 10. Jahrgang, hrsg. v. A. Frank Glahn, Uranus-Verlag, Memmingen. Mit freundlicher Genehmigung der Staatsbibliothek München.

287 Innentitel Oscar A. H. Schmitz, *Der Geist der Astrologie*, München 1930. Mit freundlicher Genehmigung der Staatsbibliothek München.

291 »La lunette colossale de M. Nevall«. Holzstich. Aus: Camille Flammarion, *Astronomie populaire*, Paris 1884, Buch V, Kap. IV.

293 Titelbild der Zeitschrift *Die Astrologie. Monatszeitschrift für theoretische und angewandte Astrologie*, Berlin 3/1928. Mit freundlicher Genehmigung der Staatsbibliothek München.

300 Holzschnitt, koloriert, mit beweglichen Papierscheiben. Aus: Petrus Apianus alias Peter Benneker (1495–1552), *Astronomicum Caesareum*, 1540. Kloster, Kremsmünster. *Foto: akg-images*

305 Aus dem Nachlass des Yacinto Yaria (1935–1991), Rom.

308 Titelbild *Blick in die Zukunft. Den Freunden der wissenschaftlichen Astrologie* von Elsbeth Ebertin, Verlag: Fr. Paul Lorenz, Freiburg (Baden). Mit freundlicher Genehmigung der Staatsbibliothek München.

311 »Mars«, Aquarell von Rudolf Richter (1928), zwischen Seite 104, 105, Sonderseite (Rückseite Erläuterungen), Uranus-Kalender, *Glahns astrologischer Volkskalender 1931*, 9. Jahrgang, Herausgegeben von A. Frank Glahn, Uranus-Verlag, Memmingen.

314 Titelbild 1932 von *Der Prophetische Bote. Geistiger Jahrweiser 1932*, 8. Jahrgang, Astrologischer Volkskalender, Begründet: von L. F. L. Feuerstein, hrsg. v. Anny Hoffmann, Tages- und Wetterprognosen von Otto Pöllner, Gesellschaft für Bildungs- und Lebensreform, Kempten im Allgäu. Mit freundlicher Genehmigung der Staatsbibliothek München.

316 Karl Ernst Krafft, Studio-Portrait in London, 1924. Aus dem Nachlass Yacinto Yaria (1935–1991), Rom.

318 Postkarte der Archenhold Sternwarte in Treptow Berlin. Rechte mit freundlicher Genehmigung der Archenhold Sternwarte, Berlin Treptow.

321 Buchabbildungen. Abdruck mit freundlicher Genehmigung der Staatsbibliothek München.

322 aus: Peter Müller: *Sternwarten in Bildern. Architektur und Geschichte der Sternwarten von den Anfängen bis ca. 1950*, Berlin, 1992 (Springer Verlag), S. 122. Mit freundlicher Genehmigung des Verlags.

330 »Der Gesetzgeber«, nach einem Original von Ludwig Fahrenkrog, zwischen Seite 80, 81, Uranus-Kalender, *Glahns astrologischer Volkskalender 1932*, 10. Jahrgang, hrsg. v. A. Frank Glahn, Uranus-Verlag, Memmingen. Mit freundlicher Genehmigung der Staatsbibliothek München.

346/347 Radioteleskope Very Large Array, New Mexico. Photo mit freundlicher Genehmigung des Ullstein Bilderdienstes Berlin.

352 »*The two hundred inch telescope*«, Zeichnung von Russell W. Porter, 1938. *Foto: akg-images*

354 Andy Warhol: *Hopeful Aries*, Tusche und Collage auf Papier, um 1959, handkoloriert, 60,3 × 45,7 cm. Sammlung Jose Mugrabi, New York. *Foto: akg-images*

362 aus: Peter Schamoni, *Max Ernst, Maximiliana, Die widerrechtliche Ausübung der Astronomie*, München 1974, S. 71. Mit freundlicher Genehmigung von Peter Schamoni, München.

410 *Peter Berling*: mit freundlicher Genehmigung des Autors
Nachsatz: Peter Berling Astrologus von Alberte Barsaq, Paris, aus dem Jahre 1988.
Mit freundlicher Genehmigung der Künstlerin.

DANK

Über zwei Jahrzehnte zog sich die Arbeit an dem Buch *Zodiak* hin, von den ersten Anstößen und Überlegungen bis zu der nun vorliegenden Fassung. Ich hätte diese Strecke kaum durchgestanden ohne die unbeirrte, beharrliche Ermunterung seitens vieler Freunde.

Höchste Anerkennung zolle ich Roman Hocke für das umfangreiche Lektorat, der – assistiert von seiner Frau Andrea – mich auch bei der Auswahl der Illustrationen und Dokumente inspirierend beriet und die schwierige Aufgabe der Bildbeschaffung auf sich nahm.

Mein Dank gilt gleichermaßen meinen Mitarbeitern, allen voran der treuen und unermüdlichen Sylvia Schnetzer, die meine Arbeit von der ersten Stunde an begleitet hat. Ich will an dieser Stelle auch die geduldige, präzise Zuarbeit all derer gewürdigt wissen, die mir die notwendigen Umsetzungen meiner eigenen Kreationen in Computergrafiken ermöglichten: Claudia und Jan Grandjean sowie Norbert Masanek, Köln, und »princess« Anne Kristin Baumgaertel, Ulm.

Für professionelle Anregungen und zur Verfügung gestelltes Material bin ich Imma Giovannini verpflichtet, der römischen Nachlassverwalterin des Astrologen Yacinto Yaria, der mich zeitlebens in meinem Vorhaben bestärkte. Desgleichen seinen Kolleginnen Alberte Barsaq (Paris), Elisabeth Heinrich-Becker (Amorbach), Bibiane M. Wachter (Prien) sowie meinem Freunde Peter Schamoni.

Wertvolle kulturhistorische Hinweise hingegen empfing ich von Prof. Dario della Porta (Aquila), Dr. Gudrun Weiß (Gießen), Dr. Simone Huber (Parma), Wieland Schulz-Keil (Palermo) und Prof. Klaus Bärsch (Duisburg). Technische Hilfestellung gaben mir Marco Delogu (Fotografie), Merle Egdorf, Dietmar Schneider, Nina Arrowsmith sowie Anke Dowideit-Ceccatelli.

Alle Mühen und der gewaltige Aufwand hätten wenig gefruchtet, wenn mir nicht immer wieder freundschaftliche Ermutigung zuteil geworden wäre. Seit Anbeginn (in dieser zeitlichen Reihenfolge) seitens Michael Krüger, Walter Fritzsche, Christian Brandstätter, Mario Muchnik und Anna Stümpel. Sie hätten jedoch nie das gewünschte Ergebnis gezeigt, wenn nicht der Ullstein Verlag unter Lothar Menne sich energisch des Projektes angenommen und es unter der sachkundigen Redaktion von Thomas Rathnow, dem Layout von Michael Hempel und der Herstellung von Harald Becker zum jetzt vorliegenden Buch *Zodiak* geformt hätte.

Das gilt in gleicher Weise für die jetzt vorgelegte überarbeitete Fassung, die unter zusätzlicher kreativer Mitarbeit, besonders, was das Layout anbelangt, von Rena Keller (Zell), entstanden ist und jetzt im Verlag Allegria erscheint.

Ich danke allen.
Peter Berling
Rom

DER AUTOR

Peter Berling wurde am 20. März 1934 in Meseritz-Obrawalde (ehem. Grenzmark) als erster Sohn der Berliner Architekten und Pölzig-Schüler Max und Asta Berling geboren (Fisch/Löwe). Nach turbulenter Gymnasialzeit im westlichen Nachkriegsdeutschland (u. a. Internat von Georg Picht), Abschluss ohne Abitur und einer Maurerlehre, ging er 1954 nach München und wurde bald darauf von der Akademie der Bildenden Künste in die Graphik-Klasse aufgenommen, wobei sein Hauptinteresse (soweit es sein Studium betraf) sich auf Schrift und Zeichen ausrichtete. Bereits Ende der fünfziger Jahre begann er mit Alexander Kluge seine ersten Kurzfilme zu produzieren, was ihm in der Folge die Kooperation mit fast allen wichtigen Regisseuren des so genannten »Jungen Deutschen Films« und etliche Preise und Prämien einbrachte. Ab 1969 konzentrierte Berling sich auf seine Zusammenarbeit mit Rainer Werner Fassbinder und Werner Schröter. Gleichzeitig siedelte er nach Rom um, das für ihn zum Ausgangspunkt für internationale Co-Produktionen in aller Welt wurde, bei denen er auch zunehmend als Darsteller (möglichst kleiner Rollen) mitwirkte und sich als Filmjournalist (*cinema*) betätigte.

1989 erschien, angeregt durch den gleichnamigen Film, sein erster Roman »Franziskus – oder das zweite Memorandum«. Bereits 1991 folgte das Buch, das weltweit zum Bestseller wurde: »Die Kinder des Gral«, der Beginn einer höchst erfolgreichen Pentalogie.

Die intensive Beschäftigung mit dem Mittelalter zur Zeit der Kreuzzüge, eine Epoche, die schon den Schüler faszinierte, die Erfahrung des hellenistisch-arabischen Kulturerbes ließ Berling unvermeidlich auf das Phänomen eines gemeinsamen Wissens stoßen: die Lehre von den Sternen. Die Auseinandersetzung mit der Astrologie floss in seine historischen Arbeiten ein, bis er sich dann entschloss, diesem Gebiet ein eigenes Buch zu widmen, das seine spezifische Kenntnis und Sicht der Geschichte spiegelt. Es sollte allerdings noch Jahre dauern, bis es in der Form veröffentlicht werden konnte, die dem Autor von Anfang an vorgeschwebt hatte. In der Zwischenzeit entwickelte Berling – ganz in der Familientradition (seine Mutter Asta hat einen Namen als Designerin für Kinderspielzeug und Spiele für Kinder) – aus den Elementen der Astrologie, ihren Beziehungen, Einbindungen und Kontrasten, sowie seinen eigenen Erfahrungen als Zocker ein kompetitives Gesellschaftsspiel, das – schon lange erwartet – demnächst auf den Markt kommt.

REGISTER MIT GLOSSAR

Aalener Schule
Siehe Ebertin 296
Abu Simbel (Ägypten)
Zwei bedeutende Felsentempel,
1290–1224 v. Chr. von Ramses erbaut.
Drohten nach Errichtung des Assuan-
Staudamms in den Nilfluten zu ver-
sinken. Von der UNESCO abgetragen
und etwa 60 Meter höher wieder
errichtet 21
Achromatisches Fernrohr
245
Adadniraris III. (810–783 v. Chr.)
Babyl. Herrscher 34
Adams, John Couch (1819–1892)
Brit. Astronom. Direktor der Sternwarte
von Cambridge, war an Entdeckung des
Neptuns beteiligt 258
Adams, Evangeline
Pseudonym von Mrs. George E. Jordan;
amerik. Astrologin, bekannt durch astrolog.
Rundfunksendungen. 1926 *The Bowl of
Heaven* 272, 348, 349
Addey, John (1920–1982)
Brit. Astrologe, Gründer der *Astrological
Association; Harmonien der kosmischen
Perioden*, in *Astrological Journal*, (1958)
270, 350
Adler, Oskar (1875–1955)
Wiener Arzt und Astrologe; 1949 *Testament
der Astrologie* 289
Adonis
Griech. Myth. 107
Aeneas
Griech.-röm. Myth., Sohn der Venus,
Vater von Ascalonius Iulus, Stammvater
der Julier 107, 108
Äquinoktium / Äquinox
Frühjahrs-Tagundnachtgleiche
(20./21. März), Herbst-Tagundnachtglei-
che (22./23. Sept.) 21, 129
AGID
Astrologische Gesellschaft in Deutsch-
land, gegründet 1924 von Vollrath, *siehe
auch Brandler-Pracht*
Agrippa von Nettesheim (1486–1535)
Dt. Philosoph, Arzt und Theologe, eigtl.
Heinrich Cornelius. Bekämpfte die scho-
lastische Wissenschaft 186, 203
Ägypten, Ägypter
21, 30, 31, 32, 36, 38, 82, 100, 101, 113,
130, 131, 133, 154, 172, 237, 264
Ahura Masda
Siehe Ormuzd
Alamut (Persien)
Hist. Hauptsitz der Assassinen-Sekte, im
Gebirge südl. des Kaspischen Meeres 158
Alan Leo
Siehe Leo, Allen
Al-Biruni, Abur-Raihan (973–1050)
Gelehrter des islam. Mittelalters, Astro-
loge, Astronom und Geograph 82
Albanus (Leon)
Siehe Leo, Allen
Albategnius
Siehe Al-Battani
**Al-Battani, Mohammed ibn Djabir
(858–929)**
Lat. Albategnius, islam. Astronom.
Bestimmte die Präzession mit großer
Genauigkeit. Sein astronomisches Hand-
buch wurde im 11. Jh. ins Lateinische
übersetzt 159
Albertus Magnus (1193–1280)
Gelehrter 152
Albohazen (Mitte 10. Jh.)
Ali Ibn Abi'r-Rigal, arab. Philosph u.
Astrologe, auch als Haly Abenragel
bekannt, erläuterte die Elementarzuge-
hörigkeit (Aristoteles) als feurig, irdisch,
luftig, wässrig 60
Albumasar
Siehe Al-Kindi
Alcabitius († 967)
Abd al Azzis al Kabisi, arab. Astrologe
148

Alchemie
38, 204 ff., 273
Aldrin, Edwin (*1930)
Amerik. Astronaut, 1969 erste Mond-
landung (mit Armstrong) mit *Apollo 11*
355
Alexander VII. (1599–1667)
Papst (1655–1667)   177
Alexandria (Ägypten)
Sitz der bedeutendsten Bibliothek des
Altertums 36, 41, 45, 46, 101, 148, 172
Alexander der Große (356–323 v. Chr.)
König von Makedonien, Feldherr   35
Alfonso X. (1226–1284)
König von Kastilien; beauftragte arab.,
jüd., christl. Gelehrte mit der Erstellung
genauer Planetentafeln   149
Alilat
Arab. Göttin der Liebe   108
Al-Kamil (1218–1238)
Sultan von Kairo   151
Almagest
13-bändiges Hauptwerk zur Astronomie
des Ptolemäus (2. Jh. n. Chr.), *siehe Ptole-*
mäus, Claudius   42
Al-Kindi (813–870)
(Albumasar) »Vater« der arab. Astrologie,
Philosoph, Mathematiker, Astronom   147
Al-Mansor (754–775)
Kalif v. Bagdad, erbaute größtes Observa-
torium seiner Zeit   148
Al-Sufi, Abu al-Husai (903–986)
Persischer Astronom, sammelte in einem
Buch alle in der arab. Literatur erwähnten
Sterne und Sternennamen   159
Altmann, Max
Dt. Herausgeber von astrologischen
Büchern. 1908 Verleger der Monatsschrift
Zentralblatt für Okkultismus in Leipzig
281
Ammon-Ra (Amun)
Ägyptischer Herden- und Weidegott, der
Jupiter der Ägypter   72
Angkor-Vat (Tempelanlage in Kambodscha)
154, 158
Andreae, Joh. Val. (1587–1654)
Verfasser von *Die Christburg*, allegor.

Dichtung aus dem mystischen Rosenkreu-
zerkreis   273 ff.
Antares (Stern)
235
Antiochos I. (324–261 v. Chr.)
König der Seleukiden-Dynastie 281–261
v. Chr., siegte über die Galater, erhielt Bei-
namen »Soter«   76
Anubis
Ägypt. Götterbote   113
Anum
Sumer. Gott   24
Aphrodite / Venus
Griech.-röm. Göttin der Liebe
13, 22, 23, 74, 77, 79, 82, 90, 105, 106–
108, 111, 114–118, 222, 224, 228 ff.
Apianus, Petrus (1495–1552)
Astronom, Geograph und Mathematiker
164, 300
Apoll (Helios) / Sol
Griech.-röm. Sonnengott. Sohn des Zeus
74, 89, 100–102, 109, 111, 114, 115,
119, 136, *siehe auch Sol / Sonne*
Appolonius von Tyana (1. Jh.)
Hofastrologe des röm. Kaisers Caligula
45
Aquarius (Wassermann)
Tierkreiszeichen. *Weitere Seitenverweise*
siehe Anhang   378
Aquin, Thomas von (1225–1274)
Bedeutender Philosoph und Theologe,
Verfasser der *Summa Theologiae*   151, 152
Araber
113, 147 ff., 190
Aratos (ca. 310–245 v. Chr.)
Mythograph, astron. Lehrgedicht
Phainomena   37, 76
Arcana
Siehe Tarot
Archenhold, Friedrich Simon (1861–1939)
Dt. Astronom, Hg. der Zeitschrift *Das*
Weltall, Begründer der Treptower Stern-
warte, Opfer des NS-Regimes
315, 318, 335
Ares (Mars)
Myth. griech.-röm. Gott des Krieges; urspr.
Gottheit für Wald, Feld und Herde. Vom

Atlas (Gebirge in Nordwestafrika)
Megalith. Kultstätten 16
Aton
Altägyptischer Sonnengott,
ca. 3000 v. Chr. Früheste Verehrung der
Sonnenscheibe. Erschien zum Sonnenaufgang als Chepra, mittags als Re und ging
als Atum unter 75, 100, 102
Aubrey'sche Löcher
Vom engl. Schriftst. John Aubrey
(1627–1697) in Stonehenge entdeckte
Mulden, die auf Steinversetzungen für
abwechselnde Sonnen-/Mondbeobachtung
hinweisen 25, 26
Augustinus (354–430)
Röm. Kirchenvater und -lehrer 49
Augustus, Octavius (63 v. Chr–14 n. Chr.)
Gaius Octavius, erster röm. Kaiser, Caesars
Adoptivsohn und Rächer 30, 40, 107, 128
Avarroes
Siehe Jbn Ruschd
AZ
»Astrologische Zentralstelle«, gegründet
1923 von Grimm 290
Azteken
Mittelamerik. Volksstamm 28, 155 ff., 163

Baade, Walter (1893–1960)
Dt.-amerik. Astrophysiker, Erforscher der
Neutronensterne 346
Baal/Bel
Phöniz. Gott 35, 47, 73, 108
Baalbek, Ruinen von (Syrien)
73
Babylon (hist.)
13, 17, 18, 24, 28, 33, 35 ff., 78, 79, 81,
82, 87, 100, 107, 108, 112, 144, 154, 158,
192, 222, 237, 264
Backmund, Aquilin (1876–1938)
Dt. Astrologe, Pseudonym: Alexander
Bethor. Hrsg. der Monatszeitschrift
Zodiakus (1909–1912). Mitglied der
Cosmos-Gesellschaft Dt. Astrologen
281
Bacon, Francis (1561–1626)
Engl. Gelehrter; Verfasser des Essays
Astrologia sana 169, 181

Bacon, Roger (1214–1294)
Engl. Verfasser des *Speculum Astronomicae*
153, 162
Badoglio, Pietro (1871–1956)
Marschall der ital. Armee, 1943/44 Minis -
terpräsident; schloss 1943 separaten
Waffenstillstand m. d. Alliierten 336
Bagdad
148, 158, 159
Bailey, Edward Harold (1876–1959)
Brit. Astrologe (Mitarbeiter von Alan Leo;
These über den Tierkreis als Abbild des
Lebens, Hrsg. der Zeitschrift *Destiny*
(1904–1905), stand in Verb. mit
Schwickert (Sindbad) u. Dr. A. Weiß 270
Baillaud, Edouard Benjamin (1848–1934)
Frz. Astronom, 1903–1907 Leiter der
Sternwarte Pic du Midi der Universität
von Toulouse
Baphomet
angebl. Götze der Tempelritter 81
Baily, Francis (1774–1844)
Brit. Astronom und Astrologe
209 ff., 216
Barlet, F. Ch.
(Pseudonym) *siehe Faucheux*
Barnadac, Christian (1937–2003)
Frz. Journalist und Buchautor, 1957
Le Mystère de Otto Rahn 337
Basken
156
Bauval, Robert (1948)
Arbeit über astronom.-astrolog. Hintergrund der ägypt. Kultur: 1994 *The Orion
Mystery* 358
Bayer, Johann (1572–1625)
Dt. Astronom und Advokat. 1603 Verfasser des ersten Sternatlas (*Uranometria*)
173
Bayer, Karl
Dt. Astrologe, Abhandlung: *Die Grund -
probleme der Astrologie* (Leipzig, 1927)
294
Beaverbrook, Lord William Maxwell Aitken
(1879–1964)
Brit. Politiker und Verleger, Hrsg. des
Sunday Express 271

Becher, Theobald
Dt. Astrologe, Redakteur der *Astrologischen Rundschau*, Vorstandsmitglied der von Vollrath gegründeten *AGID*, führte dessen Verlag   305, 312 ff.

Becker, Wilhelm
Dt. Astrologie-Pionier, ab 1910 Praxis in Berlin, Schüler von Alan Leo, Publizist, Herausgeber der Zeitschrift *Die Astrologie* (bis 1937)   281, 292, 296, 314

Beheim-Schwarzbach, Martin (1900–1985)
Dt. Schriftsteller, Lyriker und Erzähler
171

Bell, Jocelyn (*1943)
Brit. Astrophysikerin, Technikerin   345

Belot, Jean Baptiste (Ende 16. Jh.)
Frz. Kupferstecher und Chiromant   199

Belsazar
Letzter akkad. Thronerbe von Babylon, 539 v. Chr. von den Persern geschlagen
356

Berlin, Observatorien
243, 249 ff.

Berossos (ca. 340–270 v. Chr.)
Babylon. Priester des Gottes Marduk, chaldäischer Astrologe   35

Bessel, Friedrich Wilhelm (1784–1846)
Dt. Astronom und Mathematiker. Hrsg. d. *Astronomischen Beobachtungen* der Sternwarte Königsberg. Heliometer. Erste Berechnung der genauen Erdgestalt   253, 259

Bethlehem
43, 44, 50

Bingham, Hiram (1875–1956)
Amerik. Archäologe, galt lange Zeit als der Entdecker des Machu Pichu   155

Blackford Hill, Edinburgh
Sternwarte   250

Blavatsky, Helena Petrowna (1831–1891)
Gründerin der *Theosophischen Gesellschaft* (1875 in New York); Schriften: 1877 *Isis Unveiled*   269 ff., 275, 280, 281, 279

Bode, Johann Elert (1747–1826)
Dt. Astronom, Direktor der Berliner Sternwarte. Veröffentlichung der *Uranographia* mit über 17 000 Positionen, »Titius-Bode'sche Reihe«   246, 252, 296

Bologna, Universität
149, 249

Bonatus (eig. Guido Bonatti, 1230–ca. 1300)
Ital. Franziskaner, Astrologe, Verfasser der *Anima Astrologiae*   243

Bonn, Sternwarte
251, 259

Bonner Durchmusterung
Erfassung und Klassifizierung aller sichtbaren Sterne   251, 254

Borda, Jean-Charles (1733–1799)
Frz. Physiker und Geodät, Erbauer von Vollkreisgeräten (1775), Paris   245

Bormann, Martin (1900–1945)
Dt. NS-Politiker, Parteisekr., Leiter der Reichskanzlei, enger Mitarbeiter Hitlers
324, 337

Bouvard, Alexis (1767–1843)
Frz. Astronom, entdeckte 1821 durch Berechnungen den Störer der Uranus-Bahn, Voraussetzung für spätere Entdeckung des Neptuns   258

Bradley, James (1693–1762)
Engl. Astronom, Entdecker der Aberration des Lichts   180, 253, 257

Braem, Harald (*1944)
Dt. Autor von Sachbüchern und Romanen. Prof. für Kommunikation und Design an der Fachhochschule Wiesbaden. Veröff. u. a. *Das magische Dreieck*   28

Brahe, Tycho (1546–1601)
Dän. Astronom, richtete mit der Uranienburg erste dän. Sternwarte ein, später am Hofe Rudolfs II. in Prag. Anhänger eines modifizierten geozentr. Weltsystems (Tychonisches System)   166 ff., 170, 278

Brandler-Pracht, Karl (1864–1939)
Geb. in Wien, Chefredakteur des *Prana-Journal für experimentelle Gemeinwissenschaften*, Mitbegründer der modernen dt. astrologischen Bewegung (*Astrologische Gesellschaft in Deutschland*)
281, 190, 308

Braun, Eva (1912–1945)
Lebensgefährtin und (1945) Ehefrau Adolf Hitlers   328

Braun, Wernher von (1912–1977)
Dt. Physiker, Konstrukteur der V2-Raketen, ab 1945 bei der NASA für bemannte Raumfahrt tätig 331
Breslau, Jesuiten-Sternwarte
249
Bretagne
Fundort megalith. Steinkreise u. Menhire 25, 31
Broughton, Luke (1828–1899)
Amerik. Astrologe u. Mediziner. *Elements of Astrology, The Monthly Planet Reader and Astrological Journal* 272
Bruno, Giordano (1548–1600)
Ital. Philosoph, Neoplatoniker, erster monistischer Denker der Renaissance, in Rom v. Inquisition auf dem Scheiterhaufen verbrannt 174, 177, 356
Buddha, Gautama (ca. 560–480 v. Chr.)
Religionsstifter 158, 317
Bunsen, Robert Wilhelm (1811–1899)
Dt. Chemiker, Erfinder des Bunsenbrenners, *siehe Spektralanalyse*
Burnham, Sherburne Wesley (1838–1921)
Amerik. Astronom 254
Busse, Hans Heinrich
Dt. wissenschaftl. Graphologe und Kriminologe; 1896 Mitbegründer der *Deutschen Graphologischen Gesellschaft* 308
Byzanz
Nach der röm. Reichsteilung als Ost-Rom bis 1453 existierendes Kaiserreich am Bosporus, Hauptstadt Konstantinopel 47, 50, 151, 158, 348

Caduceus
Myth. Stab, Attribut des Hermes 90
Caesar, Gaius Julius (100–44 v. Chr.)
Röm. Feldherr, Staatsmann und Schriftsteller, sein julianischer Kalender wurde 45 v. Chr. eingeführt. Jul. Jahr enthält 365, 25 Tage (alle vier Jahre ein Schalttag) 40, 78, 107, 128, 133, 165, 173
Cagliostro de, Graf Alessandro (1743–1795)
Eigentl. Giuseppe Balsamo, ital. Alchemist, Goldmacher, Geisterbeschwörer und Freimaurer 205 ff.

Caligula (12–41 n. Chr.)
Röm. Kaiser 40, 45
Caltonhill (Schottland)
Sternwarte bei Edinburg 250
Campanella, Thomaso (1568–1639)
Ital. Dominikanermönch und Philosoph 169 ff.
Campanus, Giovanni (1233–1296)
Ital. Gelehrter, Domizilkonstruktionen 159
Cancer (Krebs)
Tierkreiszeichen. *Seitenverweise siehe Anhang* 371
Capricornus (Steinbock)
Tierkreiszeichen. *Seitenverweise siehe Anhang* 377
Caracol (Belize)
Observatorium der Maya 155
Cardanus, Hieronymus (1501–1576)
Cardano Geronimo, ital. Mathematiker, Arzt u. Philosoph. Veröffentl. Lösungsmethoden mathem. Gleichungen 160
Carnac (Bretagne)
Megalith. Kultstätten 31
Carter, Charles E. O. (1887–1968)
Erster Vorsitzender Faculty of Astrological Studies, Leiter der Zeitschrift *Modern Astrology* (vormals: *The Astrologer's Magazine*), England 270, 350
Cary, William (1759–1825)
Engl. Hersteller von Positionsmessgeräten 245
Casa Grande
Ruine in Arizona 156
Cassini
Ital. Hofastronom Ludwig XIV. 174 ff.
Cato d. Ä., Marcus Porcius (234–149 v. Chr)
Röm. Politiker und Schriftsteller 40, 41
Ceres
Siehe Planetoiden, siehe auch Demeter
Chaco Canyon (New Mexico)
156
Chaldäer
Gruppe aramäischer Stämme, seit dem 9. Jh. v. Chr. im Süden Babyloniens ansässig 21, 23, 39, 40, 41, 113, 158, 180, 264, 301

Domna, Julia
Syrerin, 2. Frau des Kaisers Septimius
Severus   47
Domus Aurea (Rom)
Palast des Kaisers Nero mit Planetarium
(erhalten)   46
Doppler-Effekt
Siehe Huggins
Dorotheus von Sidon
Verfasser d. *Pentateuch*, Grundlagenbuch
der arab. Astrologie   40
Draco
Lat. Drache (cauda / caput draconis),
hypothetischer Aspekt im Horoskop,
siehe Mondknoten   190, 297
Dunsink-Observatorium (Dublin, Irland)
250
Dürer, Albrecht (1471–1528)
Dt. Maler und Holzstecher   104
Dur-Kurigalzu
Mesopotamien. Zikkurat. 1360 v. Chr.
von den Kassäern errichtet   25
Dur-Scharruken
Hauptstadt Assyriens, errichtet von König
Sargon   24

Ebertin, Baldur (*1933)
Sohn von Reinhold Ebertin, Wieder -
eröffnung der Aalener Schule 1948,
siehe Kosmobiologisten   349
Ebertin, Elsbeth (1880–1944)
Dt. Graphologin, später Astrologin und
Publizistin. Verfasserin des prophetischen
Jahresalmanachs *Ein Blick in die Zukunft*
(ab 1917). Veröffentl. (1933): *Sternen -*
wandel und Weltgeschehen, Mensch im All
292, 308 ff., 319, 340, 349
Ebertin, Reinhold (1901–1988)
Dt. Astrologe (Sohn der Elsbeth Ebertin).
Hrsg. des Magazins *Kosmobiologie* ab 1928.
Kongressveranstalter, Wiedereröffnung
1948 der Aalener Schule (mit Sohn
Baldur). *Mensch im All, Kombination der*
Gestirneinflüsse   292, 296, 313, 329, 349
Edda
Isländ. Sammlung myth. Überlieferungen
133, 153

Eddington, Sir Arthur Stanley
(1882–1944)
Brit. Astrophysiker, Pionier der relativisti-
schen Astrophysik, entdeckte die Massen-
Helligkeitsbeziehung der Sterne   332
Edison, Thomas Alva (1847–1931)
Amerik. Erfinder u. a. des Phonographs
und der Glühbirne   332
Eiffel, Gustave Alexandre (1832–1923)
Frz. Ingenieur, Konstrukteur des Eiffel-
turms sowie der Kuppel der Sternwarte
von Nizza (Coupole Bischoffsheim),
erbaut v. Garnier   279
Einstein, Albert (1879–1955)
Dt. Physiker, entwickelte die Relativitäts-
theorie (1905 die spezielle, 1915 die
allgemeine)   315, 318, 331 ff., 334, 360
Einsteinturm (Potsdam)
Observatorium zur Spektralanalyse,
erbaut v. Mendelsohn   278, 322
Eklipse
Sonnen- bzw. Mondfinsternis   23
Elba (Syrien)
Königsarchive von   23
Elemente, die vier aristotelischen
(Astrolog.) Feuer / ignis (m.), Wasser /
aqua (w.), Erde / terra (w.), Luft / aer (m.),
Seitenverweise siehe Anhang   398 ff.
Eliphas Levi
(Pseudonym) *siehe Constant*
Elisabeth I. (1533–1603)
Königin von England, regierte seit 1558
169
Ely Star
(Pseudonym) *siehe Jakob*
Eugène Encausse, Girard (1865–1916)
Pseudonym: Papus, frz. Schriftsteller;
Okkultist, Kabbalist und Alchemist. 1891
Traité méthodique de la Science occulte,
1889 Le *Tarot des Bohémiens*   273
Enki
Sumer. Gott der Weisheit   24
Enlil
Sumer. Gott, Herr des Sturmes   24, 108
Enuma Anu Enlil
Sumer. Omen-Sammlung aus dem
2. Jt. v. Chr. Kompendium der Astrologie.

Frühestes Keilschriftdokument im
Bereich der theomorphen Astrologie
17, 108
Eos / Aurora
Griech.-röm. Göttin der Morgenröte
100
Ephemeriden-Tabellen
Planetenpositionen 121, 126, 141
Erasmus von Rotterdam (1466–1536)
Niederländ. Humanist und Theologe,
Vordenker der Aufklärung 166
Eratosthenes von Kyrene
(280–200 v. Chr.)
Griech. Universalgelehrter 37, 82
Erde
Siehe Terra
Er Grah (Bretagne)
Größter Megalith der Welt, »Le Grand
Menhir Brisé« 31
Erd-Zeichen (nach Aristoteles)
Astrolog.: Stier, Jungfrau, Steinbock
58 ff.
Ernst, Max (1891–1976)
Dt. Künstler und Maler, Surrealist;
lebte u. arbeitete in Frankreich / USA,
Promoter des Astronomen E. W. L. Tempel
362
Eros / Amor
Griech.-röm. Liebesgott 82, 106
Euklid (4. Jt. v. Chr.)
Griech. Verfasser des ersten Lehrbuches
der Geometrie (erstes Koordinatensystems)
37, 159
Europa
Griech.-Myth. Phöniz. Königstochter, von
Zeus (in Gestalt eines Stieres) entführt
73, 222
Evangelisten
Johannes, Matthäus, Lukas, Markus
43, 79, 223, 234, 235
Externsteine
German. Steinheiligtum im Teutoburger
Wald 27
Eysenck, Hans Jürgen (1916–1997)
Brit. Psychologe dt. Herkunft, veröffentl.
1982 *Astrologie – Wissenschaft oder Aber-*
glaube? 302

Fabra, Barcelona
Observatorium auf dem Tibidabo 280
Fabre, d'Olivet (1767–1825)
Frz. Schriftsteller; Okkultist und Kabba-
list. 1824 *Histoire philosophique du genre*
humain 273
Fahrenkrog, Ludwig (1897–1952)
Dt. Dichter und Maler der NS-Zeit,
Gründer der *Germanischen Glaubens-*
gemeinschaft 330
Faucheux, Albert (1838–1921)
Frz. Astrologe, Pseudonym: F. Ch. Barlet.
Mitglied im *Ordre Kabbalistique de la*
Rosecroix; Vater der neuen frz. Astrologie-
bewegung 276
Ferdinand II. (1578–1637)
Röm.-dt. Kaiser (1619–1637) 171
Fermi, Enrico (1901–1954)
Ital. Physiker, setzte 1942 ersten Kern-
reaktor in Betrieb 331
Ferro (El Hierro, Kanarische Inseln)
Durch die urspr. der Nullmeridian der
Gradeinteilung des Globus verlief 174
Feuer-Zeichen (nach Aristoteles)
Astrolog.: Widder, Löwe, Schütze 59 ff.
Ficinus, Marsilius (1433–1499)
Arzt, Verfasser des *De Vita triplici* (med.
Lehrbuch auf astrolog. Grundlage) 160
Firmicus Maternus (4. Jh.)
Sizil. Konsul, Verfasser des *Matheseis*
47, 49, 130
Fische
Siehe Pisces
Flambart, Paul
(Pseudonym) *siehe Choisnard, Paul*
Flamsteed, John (1646–1719)
Engl. Astronom, Direktor der Sternwarte
von Greenwich, Sternkarten, Katalog
mit 2866 durchnummerierten Sternen
178, 180, 258
Fomalhaut
(Pseudonym) *siehe Nicoullaud,*
Abbé Charles
Foucault, Jean Bernard Léon
(1819–1868)
Frz. Physiker; focaultscher Pendelversuch
zum Nachweis der Erdrotation (1850 / 51),

Glauer, Adam R.
Siehe Sebottendorff
Glenn, John H. (*1921)
Amerik. Major, erster US-Astronaut.
Raumkapsel Friendship III (1962)   354
Goebbels, Joseph (1897–1945)
Dt. NS-Politiker, Reichspropaganda-
minister   319, 326, 338 ff.
Göring, Hermann (1893–1946)
Dt. Jagdflieger im Ersten Weltkrieg, 1933
preußischer Ministerpräsident, 1935 NS-
Oberbefehlshaber der Luftwaffe   309, 324
Goerner, F. G. (1898–1979)
Dt. Astrologe, astro-graphologischer Bera-
ter. Freund und Kollege von Karl Ernst
Krafft   320, 323, 325, 338 ff.
Goethe, Johann Wolfgang von (1749–1832)
Dt. Dichter u. Denker   180, 278, 358
Gold, Thomas (1920–2004)
Brit. Astrophysiker, entdeckte mit Franco
Pacini die Neutronensterne   345
Goldenes Vlies
Siehe Argonauten, siehe Chrysomallus
Granusturm, Aachen
Observatorium Karl des Großen   148
Grashof, Max (1865–1919)
Dt. Theosoph und Okkultist. Hrsg. der
Rosenkreuzer-Meisterbriefe unter dem
Pseudonym Max Heindel, Gründer der
Rosicrucian Fellowship; 1900 Auswande-
rung in die USA   272, 306 ff.
Greenwich, Sternwarte bei London
Heutige Position des Nullmeridians
174, 178, 259
Gregor XIII. (1502–1585)
Papst. Zuständig für die Kalenderreform u.
Einführung d. *gregorianischen Kalenders*,
löste den julianischen Kalender ab   133,
173
Grimaldi, Francesco Maria (1618–1663)
Ital. Physiker und Astronom; bestätigte
Galileis Fallgesetze an frei fallenden
Körpern, erkannte Beugung des Lichtes
an den Schattengrenzen   180
Grimm, A. M. (1892–1962)
Dt. Astrologe und Publizist. 1923 in
Leipzig Vorsitzender vom *europäischen*

astrologischen Kongress. Gründer der
Astrologischen Zentralstelle (AZ) in
München, 1933–34 Reichsorganisations-
leiter des Reichsverbandes dt. Berufs-
astrologen   290, 292, 296, 305, 314
Große Arcana
Siehe Tarot, siehe Jacob, Eugene
Guaita, Stanislas de (1861–1897)
Frz. Okkultist, Kabbalist u. a. Neo-
Rosenkreuzer, einer der ersten Schüler
von H. P. Blavatsky, Haupt des *Ordre
Kabbalistique de la Rose-Croix*   275
Gutberlet, Dr. Wilhelm (1870–1933)
Münchner Arzt, Mitglied der Thule-
Gesellschaft. Anhänger des Siderischen
Pendels, Astrologe und Vertrauter Hitlers,
(*Zenit*, 1931) aufgeführt in der Liste
astrologisch versierter Mediziner   308 ff.
Guttman, Arielle (*1949)
Autorin von *Mythic Astrology*   348

Hades / Pluto
Griech.-röm. Gott der Unterwelt (Toten-
reich). Galt ursprüngl. als Gott der Ernte,
des Heils und des Überflusses
77, 93, 111, 114, 115, 120
Hadley, John (1682–1744)
Hofastronom König Georgs III. Hersteller
von Sextanten. 1723 Erfinder des Spiegel-
teleskops   245
Hadrian, Publius Aelius (76–138)
Röm. Kaiser (117–138)   45, 46
Hale, George E. (1868–1938)
Amerik. Astronom und Instrumenten -
bauer, u. a Bau des 5-m-Spiegels auf
Mount Palomar   351 ff.
Halifax, Lord Edward (1881–1959)
Brit. konservativer Politiker, 1938–40
Außenminister   328
Hall, Manly Palmer (1901–1990)
Amerik. Okkultist und Astrologe, Haupt-
werk The *Secret Teachings of all Ages*   348
Halley, Edmond (1656–1742)
Engl. Mathematiker und Astronom,
Direktor des Observatoriums von
Greenwich, Entdecker des Halley'schen
Kometen   44, 180, 254

Hamburger Schule
Astrolog. Lehrmeinung nach Wilhelm
Hartmann und Alfred Witte   294 ff.
Hamel, Jürgen (*1951)
Dt. Prof. der Astronomiegeschichte,
Archenbold-Sternwarte Berlin; 1998
Geschichte der Astronomie   256 ff., 347
Hamlets Mühle
Siehe de Santillana / siehe Dechend
Hanisch, Otto (1844–1936)
Dt.-amerik. Gründer d. Mazdaznan-Bewe-
gung, Pseudonym: Otoman Zar-Adusht
Ha'nish   306
Hansen, Rahlf
Dt. Astronom am Planetarium Hamburg
32
Hanussen, Jan Erik (1889–1933)
Hellseher und Astrologe, von der SA er-
mordet   312
Harding, Carl-Ludwig (1765–1834)
Dt. Astronom; Entdecker des Planetoiden
Juno. (1804) *Atlas novus coelestis* (Stern-
karten). Bessels Vorgänger als Observator
an der Schroeter'schen Sternwarte,
Professor in Göttingen   252, 258
Harris, John (1702–1773)
Engl. Astronom, Kartograph von Stern-
karten   247
Hartmann, Dr. Wilhelm (1893–1965)
Dt. Astronom, ab 1929 Leiter der Nürn-
berger Sternwarte, 1950 *Die Lösung des
uralten Rätsels um Mensch und Stern*
294
Hartmann, Franz (1842–1912)
Dt. Theosoph, Mitarbeiter von
Dr. Hübbe-Schleiden (*Die Sphinx*);
1898 *Denkwürdige Erinnerungen*   281
Harun al-Raschid (766–809)
Kalif von Bagdad   148
Hathor-Tempel (Ägypten)
Erbaut von Ptolomäus XII. in Dendera,
vollendet um die Zeitenwende unter
Kaiser Augustus   30
Hathor
Ägypt. Göttin der Liebe   107
Häuserlehre
Siehe Domizil   131, 137 ff., 162, 226, 299

Hahn, Otto (1879–1968)
Dt. Chemiker, 1938 Entdecker der Kern-
spaltung   331
Haushofer, Albrecht (1903–1945)
Dt. Professor für politische Geographie,
Schriftsteller, Sohn von Karl Haushofer,
wg. Verbindung zum Widerstand vom
20. Juli 44 von der Gestapo erschossen
323
Haushofer, Karl (1869–1946)
Dt. Professor und Geograph, unterhielt
das Institut für Geopolitik (ab 1924),
Hrsg. der *Zeitschrift für Geopolitik*
324, 329
Hebriden (Schottland)
Megalith. Kultstätten   28
Heimsoth, Dr. Karl-Günther (1899–1934)
Dt. Mediziner, Psychologe, Astrologie-
Autor, Mitglied der *Akademischen Gesell-
schaft für astrologische Forschung* in Berlin,
alter Freikorps-Mann und enger Freund
von Otto Strasser, ermordet beim Röhm-
putsch, 1928 *Charakter-Konstellation*   312
Heindel, Max
(Pseudonym) *siehe Grashof*
Heinrich IV. (1553–1610)
König von Frankreich (1589–1610)   168
Hel (Hölle)
Germ. Myth. Riesin, verwaltet die Unter-
welt   111, 120
Hellas
35, 73, 100, 133, 154
Helle
Griech. Myth. Namensgeberin des
Hellespont   73
Henri II. (1519–1559)
König von Frankreich (1547–1559)   170
Hephaistos / Vulkan
Griech.-röm. Schmiedegott
93, 107, 111, 114, 115, 225
Hera, Juno
Griech.-röm. Göttin des Herdes und der
Familie   19, 73, 111, 114, 115, 116 ff.,
119, 228, 298
Herakles / Herkules
Myth. Held der griech. Antike
70, 74, 75, 76, 78, 79

Heraklit (ca. 500 v. Chr.)
Griech. Gelehrter, Haupt d. ionischen
Naturphilosophen 358
Herbais de Thun, Vicomte Charles de
(1862–1946)
Belg. Astrologe, 1944 Verfasser der
*Encyclopedie du mouvement astrologique de
langue française* 277
Hermanubis
Myth. Versuch der Griechen, Hermes
mit dem ägypt. Götterboten Anubis zu
verbinden 113
Hermaphroditos
Griech. Myth. Sohn d. Hermes und d.
Aphrodite (zweigeschlechtlich/Zwitter)
107, 112
Hermes/Merkur
Griech.-röm. Götterbote. Sohn des Zeus
und der Maia
22, 74, 77, 89, 90, 104, 107, 112, 114,
115, 118, 135, 228, 230, 229
Hermes Trismegistos
»Hermes, der dreimal Größte« (Alche-
mie). Späterer griech. Name des Thot
(ägypt. Gott der Schrift und Gelehr-
samkeit). Legend. Weiser und Gesetzgeber
in der spätantiken hermet. Literatur
38, 39, 90, 120, 141, 177, 206, 272
Hermetik
Geheimlehre, *siehe Hermes Trismegistos*
Hermeneutisch
Griech. Erklärungs- bzw. auslegungsfähig,
deutungsbegabt
Herschel, Caroline Lucretia (1750–1848)
Brit. Astronomin, Schwester von
F. W. Herschel, Entdeckerin vieler Kome-
ten u. d. Andromedanebels 255
Herschel, Friedrich Wilhelm
(1738–1822)
Brit. Astronom (dt. Herkunft), 1776
Erbauer eines 20-Fuß-Spiegelteleskops,
1781 Entdecker des Planeten Uranus,
1785 *Über den Bau des Himmels*,
Erforschung der sog. Doppel-Sterne
238, 247, 252 ff., 257
Hertz, Heinrich (1857–1894)
Dt. Physiker, Entdecker der elektromagne-

tischen Funkwellen, nach ihm benannt:
Hz (Maßeinheit der Frequenz) 332
Hertzsprung, Ejnar (1873–1967)
Dän. Astronom, entw. Hertzsprung-
Russell-Diagramm 254
Hesiod (ca. 700 v. Chr.).
Griech. Dichter, Verfasser der *Theogenie*
105
Hesperos
Siehe Venus als Abendstern 106
Hestia/Vesta
Griech.-röm. Göttin der Feuerstelle
95, 107, 114, 115, 296
Heß, Rudolf (1894–1987)
NS-Politiker, ab 1933 Stellvertreter des
Führers, floh 1941 nach England. In
Nürnberg zu lebenslänglich verurteilt
320, 323 ff., 326 ff.
Hevelius, Johannes (1611–1687)
Johann Hevel, Astronom und Instrument-
bauer, kartographierte Mondoberfläche
mit Namensgebung 175, 179
Hey, James Stanley (1909–2000)
Astrophysiker, 1942 Nachweis für die
Sonne als eine Quelle von Radiostrahlen
332
Heydrich, Reinhard (1904–1942)
»Kronprinz« Himmlers, ab 1936 Chef
der Sicherheitspolizei, in Prag ermordet
324, 335
Himmelsscheibe von Nebra
Bronzescheibe (ca. 2100–1700 v. Chr.)
Kalender-Messgerät 31 ff.
Himmler, Heinrich (1900–1945)
Gründer und ab 1926 Reichsführer
der SS, ab 1936 Chef der gesamten
dt. Polizei, Organisator der Vernichtung
der Juden 320, 323, 335 ff., 341
Hindenburg, v. Paul (1847–1934)
Generalfeldmarschall, Reichspräsident
von 1925–1934. Ernennt 1934 Hitler
zum Reichskanzler 294
Hipparchos von Nikäa (190–125 v. Chr)
Auch: Hipparch. Griech. Entdecker des
Rhythmus der Äquinoktien und Solstitien.
Katalog über 1000 Gestirne (mit Koordi-
naten). Übertragung der Tierkreiszeichen

auf Teile des menschlichen Körpers
36 ff., 38
Hippokrates (460–377 v. Chr.)
Griech. Arzt und Naturforscher, Eid des
Hippokrates 166, 190
Hitler, Adolf (1889–1945)
Dt. »Führer« und NS-Reichskanzler
(1933–45) 293, 307 ff., 313 ff., 320,
323 ff., 326 ff., 330 ff., 340 ff.
Hoëne Wronski, Józef Maria (1776–1853)
Frz.-poln. Philosoph und Mathematiker
273
Hoffmann, Ludwig
Astrolog. versierter bayer. Journalist.
Verfasst zusammen mit Elsbeth Ebertin:
Sternenwandel und Weltgeschehen 310
Hoggar, Algerien
15
Hohe Tatra, Observatorium (Tschechien)
335
Homer
Griech. Dichter der Antike, Verfasser
der beiden wichtigsten altgriech. Epen
Ilias und *Odyssee* 103, 113
homo africanus
Frühmensch 16
homo erectus
Frühmensch 156
Hone, Margaret (1892–1969)
Mitgründerin *Faculty of Astrological
Studies*, (1960) England 270, 350
Hoogerwoerd, Harald Keun van
Holländ. Baron und Astrologe 320, 326
Hope, Murry
Autorin von *The Sirius Connection* 359
Horus
Ägypt. Gott 100, 113
Howe, Ellic (1910–1991)
Brit. Schriftsteller, Spezialist für Fäl-
schungen im brit. Geheimdienst,
Abtlg. Special Operations Executive (SOE),
veröffentlichte *Urania's Children*
309 ff., 328 ff.
Hübbe-Schleiden, Wilhelm (1864–1916)
Erster Vorsitzender der dt. Sektion der
Theosophischen Gesellschaft, gegründet
1884 in Elberfeld, ab 1885 Hrsg. der

Monatszeitschrift *Die Sphinx* (Theosophie
und Okkultismus) 281
Hubble, Edwin P. (1889–1953)
Amerik. Astronom, Entdecker des sog.
Hubble-Effekts 332, 351, 355
Hubble Space Telescope
2,4-Meter-Spiegel, seit 1990 in Erd-
umlaufbahn 355
Huggins, William (1824–1910)
Brit. Astrophysiker, Messung Sternbewe-
gung nach »Doppler-Effekt« 277
Hulagu (1217–1265)
Mongol. Ilkhan v. Persien (ab 1256) 159
Humanismus
160 ff.
Hunan (China)
Sternwarte, Relikt aus der Han-Dynastie
159
Huygens, Christiaan (1629–1695)
Niederl. Mathematiker, Physiker, Astro-
nom, entdeckt 1656 Orionnebel und
Gestalt Saturnring 180
Hydra
Griech. Myth. Vielköpfiges Ungeheuer
75, 79
Hygin (207 n. Chr.)
Röm. Mythograph, *Poetica Astronomica* 80
Hyleg
Der Planet oder Himmelsort, der das
Schicksal entscheidet 339
Hypostelen-Halle (Karnak, Ägypten)
Erbaut v. Ramses II. (1290–1223 v. Chr.)
21
Hypothetische Planeten
Angenommene Punkte in der Ekliptik, de-
nen man verstärkte Wirkungen zuschrieb
(eingeführt durch die Hamburger Schule)
294 ff.
Hypsikles (ca. 200 v. Chr.)
Griech. Astronom, Theorie v. d. Aufgangs-
zeiten der Tierkreiszeichen 37

Iatromathematik
Astrolog. Medizin / med. Astrologie. Aus
Makro- / Mikrokosmos-Vorstellung ent-
wickeltes Zuordnungssystem, *siehe auch
Melothesie* 38, 190 ff., 210, 212

Klinger, Max (1857–1920)
Dt. Maler, Grafiker und Bildhauer, letzter
Vertreter des Idealismus i. d. Malerei;
»Das Urteil des Paris« 121
**Klöckler, Herbert Freiherr von
(1896–1950)**
Dt. Fachautor für Astrologie, Pionier der
Psychologischen Astrologie, *Sterne und
Mensch*, Standardwerk: 1926 *Grundlagen
für die astrologische Deutung*
288, 292, 296, 320
Königsberg, Sternwarte
253, 258
Kolumbus (1451–1506)
Cristobal Colon. Genuesischer Seefahrer
in span. Diensten, 131, 162 ff.
Kommagene
Megalith. Kultstätte in der Türkei 45, 76
Konfuzius (Kung-tse) (551–479 v. Chr.)
Chin.Philosoph und Sittenlehrer 158
Konjunktion / Coniunctio
»Zusammenschein«, Aspekt von Gestirnen
gleicher Länge, astrolog. Verstärkung der
Aspekte 21
Konnotation
Anmerkung, Nebenbedeutung, Begleitvor-
stellung 24
Konstantin IX. Monomachos
Byzant. Kaiser (1042–1055) 348
Konstantin der Große (280–337 n. Chr.)
Röm. Kaiser (306–337), erklärte das
Christentum zur Staatsreligion 47
Konzil von Braga (563)
Exkommunikation der ersten Astrologen
49
Konzil von Laodikeia (400)
Definition jeder Beschäftigung mit Astro-
logie als Ketzerei 49
Konzil von Toledo (381)
Verbot der Astrologie für Geistliche 49
Konzil von Trient (1545–1563)
168
Kopenhagen, Sternwarten
170, 178, 259, 278
Kopernikus, Nikolaus (1473–1543)
Eigtl. Koppernigk, Astronom und
Mathematiker, Domherr in Frauenburg

(Thorn, Polen), kopernikanische Wende,
heliozentrisches System 37, 87, 125,
164 ff., 171, 173, 177, 180, 253
Korsch, Dr. Hubert (1883–1942)
Düsseldorfer Anwalt, Mitglied der
A.G.i.D., ab 1929 Vorsitzender der
Astrologischen Zentralstelle, ab 1930
Herausgeber des *Zenit* (offizielles Organ
der AZ bis 1938), Organisator von
Astrologiekongressen, Tod im KZ
Oranienburg
292 ff., 309, 312, 314, 319, 325, 329
Kos, Schule von
Gegründet durch den Astrologen Berossos
35
Kosmobiologisten, die
Aalener Schule: Einfluss von Strahlungen
auf den Menschen, (später »Biorhythmus«
genannt), vor allem als Folgen der
Lunar-Periodizität, Sonnenflecken u. Ä.,
siehe Ebertin 296
Krafft, Karl Ernst (1900–1945)
Schweiz. Astrologe, Forschungsarbeit:
*Die planetarisch-zyklische Periodizität
der Sonnenflecken*. Entwickelte »Sprach-
geist-Theorie«, Nostradamus-Spezialist,
vom brit. Geheimdienst für Astrologen
Hitlers gehalten und zu Fall gebracht.
Veröffentlichungen in der Zeitschrift
Uranus; 1939 *Traité d'Astro-Biologie*.
Tod im KZ Buchenwald 301, 315 ff.,
319 ff., 323, 325, 326 ff., 331, 338 ff., 340
Krebs
Siehe Cancer
Kremsmünster, Observatorium
»Mathematischer Turm« der Benediktiner-
Sternwarte 249
Kretschmer, Ernst (1888–1964)
Dt. Psychiater, erstellte eine Konstitutions-
typologie; 1921 *Körperbau und Charakter*
288
Kreuzzüge (1096–1292)
148, 151, 158
Kristallkugel-Affäre
Prophezeiung Zadkiels 1861 betraf
Albert, Prinzgemahl der Königin Viktoria
268

Machu Pichu (Peru)
Bergfestung der Inka 155
Macrobius Theodosius
Verfasser der *Saturnalia* (um 398) 194
Mädler, Johann Heinrich von (1794–1874)
Dt. Astronom, Observator an der königlichen Sternwarte Berlin, danach Direktor der Sternwarte Dorpat, Publikationen: *Große Mondkarte, Populäre Astronomie* 254
Magalhães (1480–1521)
Span. Magellan, portug. Entdecker und Erdumsegler 172
Mahatma
Altind.: eine große Seele besitzend, nach theosoph. Lehre: Geistmensch oder Gottmensch 269
Makara
Sanskrit, Meeresungeheuer 237
Malta, Tempelruinen
16
Mandeville, John (1300–1372)
Engl. Weltreisender und Gelehrter 149
Manichäer
Anhänger des Mani (215–273), Prophet einer universalen Offenbarungsreligion mit starkem Missionsdrang und strenger Aufteilung des Kosmos in Gut und Böse 49
Manilius, Marcus (1. Jh. n. Chr.)
Röm. Astrologe und Dichter 95, 118, 130
Mantegna, Andrea (1431–1506)
Ital. Maler u. Kupferstecher. Kupferstiche zum Thema der *Großen Arcana* 53, 275
Manuel I. Komnenos (1120–1180)
Byz. Kaiser (1143–1180) 148
Mara / Maia
Griech. Myth. Urgöttin des Meeres, Tochter des Atlas; Affäre mit Zeus 102, 112, 114, 128
Marie Antoinette (1755–1793)
Gemahlin Ludwig XVI., Königin von Frankreich (1770–1794) 175
Marduk
Stadtgott von Babylon (seit 2000 v. Chr.), Tempel auf dem Zikkurat 25, 108, 112

Marokko
Megalith. Kultstätten 15, 29
Mars (Ares) (astrolog.)
Domizil im Widder (Aries) und im Skorpion (Scorpio). *Seitenverweise siehe Anhang* 389
Mars (astronom.)
Planet im Sonnensystem 24, 42, 121, 260 ff., 355
Mars (Ares)
Myth. Griech.-röm. Gott des Krieges 19, 22, 91, 111 ff., 114, 115, 119, 128, 140
Marsilius Ficinus (1433–1499)
Platon-Übersetzer, Accademia Platonica Florenz, Werke u. a. *De sole* 102
Maskelyne, Nevil (1732–1811)
Brit. Astronom, Direktor der Sternwarte von Greenwich, Bestimmung der Erddichte 254
Mather, Arthur
Brit. Astrologe, 1977 unter Pseudonym G. Dean: *Die neuesten Fortschritte in der Geburtsastrologie* 348
Matriarchat
Herrschaft der Mütter 12, 18 ff., 31, 73, 101, 113, 224
Matthews, Caitlin und John
Brit. Autorenpaar; 1986 *Der westliche Weg* 348
Maximillian I. (1459–1519)
Röm.-dt. Kaiser (1508–1519) 165
Max-Planck-Institut, Heidelberg
Errichtete Sternwarte auf Calar Alto (Andalusien) 353
Maxwell, James Clark (1831–1879)
Brit. Physiker, bewies Zusammenhänge zw. Magnetismus u. Elektrizität 332
Maya
Mittelamerik. Volksstamm 131, 154 ff., 163
Mayer, Johann Tobias (1723–1762)
Mathematiker und Astronom, 1750 Erfinder des Vollkreisgeräts, Mondtafeln, Sternkatalog 245, 254, 258
Mazdaznan-Bewegung
Gegründet um 1900 v. Otto Hanisch, esot. Bewegung in den USA, *siehe Hanisch, Otto*

Meder
Persischer Volksstamm mit indogerm.
Sprache 23, 43
Medina (Saudi-Arabien)
147, 158
Medusa
Griech. Myth. Ungeheuer mit Schlangen-
haupt, dessen Anblick jeden zu Stein
erstarren ließ 107, 110
Megalithen
Senkrecht aufgestellte Riesensteine, finden
sich v. a. in Bretagne, Irland u. Schottland,
siehe auch Mehire 26, 28, 29, 31, 363
Meier-Parm, Christian (1905–1987)
Dt. Astrologe aus Hamburg, veröffent-
lichte 1931 in Klöcklers *Sterne und
Mensch* die Horoskope von 35 Mädchen
in Bordellen, organisierte die Konferenz
der Astrologiebewegung am 27. 10. 1934
in Berlin 292, 314
Melanchthon, Philipp (1497–1560)
Theologe, Humanist und Reformator, eigtl.
Philipp Schwartzerdt. Freund Luthers.
Verfasste die erste wissenschaftl. Formulie-
rung der reformat. Theologie (1521): *Loci
communes rerum theologicarum* 165 ff.
Melich-Pak
König von Babylon 13
Meller, Harald (*1960)
Landesarchäologe Sachsen-Anhalt 32
Melothesie
Analoge Anwendung der Astrologie auf
alle menschlichen Lebensbereiche, *siehe
auch Iatromathematik*
185 ff., 190 ff., 207, 210, 212
Mendelsohn, Erich (1887–1953)
Dt. Architekt, 1920 Erbauer des Einstein-
turms in Potsdam 278
Mene, mene tekel ufarsim
Zu Dt.: Gewogen, gewogen und zu leicht
befunden (myth. Orakelschrift an der
Palastwand des Königs Belsazar von
Babylon). AT, Buch Daniel, Kap. 5 356
Menhir(e)
Aufrecht stehend, einzelne Steine der
Megalithkultur m. kult. Bedeutung. Bis zu
20 m hoch, u. a. im breton. Carnac 30 ff.

Mercurius of Bath
Pseudonym eines Autors der ersten Astro-
logiepublikation: *The Astrologer's Magazine*
(1793), England 267
Merkur / Hermes (astrolog.)
Domizil in den Zwillingen (Gemini) und
der Jungfrau (Virgo), *Seitenverweise siehe
Anhang* 387
Merkur (astronom.)
Planet im Sonnensystem 24, 260 ff.
Merkur / Hermes (Mercurius)
Myth. Röm.-griech. Gott des Handels,
Götterbote 22, 74, 77, 89 ff., 101, 112 ff.,
115, 119, 120
Mesopotamien (Zweistromland)
15, 16, 18, 25, 75, 100, 154
Messier, Charles (1730–1817)
Frz. Astronom. Messier-Katalog:
Nebelflecken und Sternhaufen 255
Metopososkopie
Stirnfaltenlesekunst 199 ff.
Meudon
Observatorium bei Paris 278
Mexiko
131, 154, 156 ff.
Michaelis-Kirche
Lesnovo, Mazedonien, 1341 erbaut 48
**Michon, Abbé Jean Hippolyte
(1806–1881)**
Frz. Schriftsteller, begründete die frz.
Graphologie; 1872 *Le Mystère de l'écriture*,
1875 *Système de la Graphologie* 308
Minerva
Siehe Pallas Athene
Minotauros
Griech. Sagengestalt, halb Mensch, halb
Stier (Labyrinth des M. auf Kreta) 73
Mithras
Persischer Gott des Rechts u. der staatl.
Ordnung. Der Mithraskult erreichte auch
Athen und Rom 45, 46, 48, 101, 102
Mittelberg
Ausgrabungsort eines bronzezeitl. Obser-
vatoriums bei Nebra (Sachsen-Anhalt)
34
Mitra
Persische Göttin der Liebe 108

Nuraghen, Sardinien
Rudimentäre Steinbauten, Fluchtburgen oder Kultstätten, entstanden gleichzeitig mit den Pyramiden (ca. 2500 v. Chr.)
27
Nut
Ägypt. Himmelsgöttin 101, 359

O berth, Hermann (1894–1989)
Dt. Raketen- und Raumfahrtpionier 333
Obskuren, Die
Die unsichtbaren Planeten, wie z. B. der intermerkurische Vulkan oder Lilith, der Schwarze Mond, usw. 102, 285
Ockham, William von (1285–1349)
Engl. Philosoph und Franziskantertheologe. Begründer des Nominalismus. Vorbild für die gleichnamige Figur in Umberto Ecos *Der Name der Rose* 153, 162
Olbers, Heinrich-Wilhelm M. (1758–1840)
Dt. Astronom, Entdecker der Planetoiden *Vesta* (1807) und *Pallas*, Olberssches Paradoxon 252
Old, Walter Richard (1864–1898)
Brit. Astrologe und Theosoph, Pseudonym: Sepharial, gründete mit Alan Leo *The Astrologer's Magazine* 270
Olymp / Olympus (Griechenland)
Myth. Sitz der Götter
36, 70, 83, 91, 93, 101, 113, 120
Ombrios
babylonischer Regengott 81
Ondrejov, Böhmen
Observatorium 280
Operation Alarich
Befreiung Mussolinis aus Haft (Gran Sasso) 1943 durch dt. Fallschirmtruppen (v. Skorzeny) 340
Oppenheimer, Robert (1904–1967)
Amerik. Atomphysiker, leitete Bau erster Atombombe 1943, Los Alamos 331
Orden unter dem Totenkopf
Synonym für SS, *siehe SS*
Orden vom Stern im Osten
Gehörte zur theosoph. Gesellschaft, Repräsentant für Deutschland: Dr. Hugo Vollrath 281

Oresme von, Nicolaus (1320–1382)
Frz. Mathematiker, Physiker, Astronom, nahm erstmals Achsendrehung der Erde an 162
Orfeus
Pseudonym, astrolog.Werk, 2. Jh. 39
Origines (ca. 185–254)
Griech. Theologe und Philosoph, *Hexapla* (Altes Testament im Textvergleich hebr.-griech. Mythen), Mitglied der Theologenschule von Alexandria. Reduzierung der Astrologie auf Lehre von Sternen und Zeichen 50
Orion
Sternbild am Äquator 18, 78, 83, 358 ff.
Orion (griech. Mythos)
Gewalttätiger Riese und Jäger aus Böotien, Sohn d. Meergottes Poseidon u. d. Gorgone Euryale 78, 265
Ormuzd (Ahura Mazda)
Herr d. Weisheit, Schöpfergott d. Perser 45
Osiris
Ägypt. Sonnengott 100, 359
Otoman Zar-Adusht Han'ish
(Pseudonym) *siehe Hanisch, Otto*

Pacelli, Eugenio (1876–1958)
Spärerer Papst Pius XII. (1939–1958), war seit 1933 Nuntius in Berlin 313
Pacini, Franco (*1939)
Astrophysiker, Entdecker 1970 / 1977 (mit Thomas Gold) der Neutronensterne 347
Padua
Universität 151
Pallas
Planetoid zw. Mars u. Jupiter, vermutetes Bruchstück eines verlorenen Planeten, (nach d.Titius-Bode'schen Reihe) 1802 entdeckt 121, 252, 299
Pallas Athene / Minerva
Griech.-röm. Göttin der Wissenschaft und des Handwerks 77, 114, 115, 116, 117, 119, 222, 228, 299
Palazzo Poggi, Bologna
Observatorium 247
Palomar Observatory Sky Survey
Fotograf. Atlas des nördl. Sternenhimmels,

erstellt 1959 im Mount-Palomar-Obser-
vatorium 352 ff.

Pan
Griech. Myth. Hirtengott 80

Panaitios von Rhodos (ca.180–109 v. Chr.)
Hellen. Philosoph, Begründer der mittl.
Stoa, sein Werk beeinflusste Cicero 39

Panterra
Pazifistische Forschungsgesellschaft,
gegr. 1925 333

Pantheon-Tempel, Rom
Errichtet von Kaiser Hadrian
118–128 n. Chr. 47

Papus
(Pseudonym) *siehe Encausse*

Paracelsus (1494–1541)
Pseudonym des Philippus Theophrastus,
dt. Philosoph und Arzt, Wanderleben durch
Mitteleuropa, Begründer einer neuen Heilkunde als Alternative zur damaligen Schulmedizin 143, 166, 191

Paris, Urteil des
Griech. Mythos, spricht Aphrodite den
Apfel als der Schönsten zu, was Trojan.
Krieg auslöst 108, 116, 121

Parker, Derek (*1932) u. Frau Julia (*1932)
Brit. Journalist und brit. Astrologin, gemeinsam Autoren von astrologischen Büchern
u. a. (1983) *A History of Astrology* 348

Parsen
Persische Sekte von Feueranbetern
(Zarathustra), unter islam. Druck nach
Indien ausgewandert 46

Parthenos
Griech.: Jungfrau, Beiname der Athene 77

Pasqually, Martinez de (ca. 1727–1774)
Freimaurer und Mitglied der Illuminaten,
siehe Illuminaten 273

Patriarchat
Herrschaft d. Väter 19, 25, 31, 113 ff., 228

Patridge, John (1643–1715)
Brit. Berufsastrologe und Autor,
Publikation: *Merlinus liberatus* 267

Paul III. (1468–1549)
Papst (1534–1549) 165

Paul Flambart
(Pseudonym) *siehe Choisnard*

Pearce, Alfred James (1840–1923)
Brit. Astrologe u. Astromediziner, Mitglied
der Astro-Meteorological Society, leitete
Almanach von Zadkiel nach dessen Tod.
(1879–1889) *Book of Astrology* 268

Peking
Sternwarte 159, 178

Péladan, Joseph (1859–1918)
Frz. Schriftsteller, einer der ersten Schüler
von H. P. Blavatsky 275

Perrault, Claude (1613–1688)
Frz. Architekt unter Ludwig XIV., erbaute
Sternwarte in Paris 174

Persephone
Griech. Myth., Tochter von Zeus und
Demeter, von Pluton in die Unterwelt
entführt 77, 107, 298

Persien (Iran)
43, 49, 50, 158

Petosiris
Fiktiver, astrologiekundiger ägypt. Priester,
erwähnt im ersten astrologischen Handbuch *Nechespso-Petosiris* (Verfasser unbekannt) 38, 186

Petrus Chrysologus (ca. 380–450)
Kirchenlehrer, Bischof von Ravenna 49

Pfaff, Julius W. A. (1774–1835)
Dt. Professor (Erlangen), erste vollständige
Übertragung des *Tetrabiblos* (von Claudius
Ptolemäus) ins Deutsche, Nürnberg, 1816:
Kulturgeschichte d. Astrologie 280

Pfefferkorn, Martin
Dt. Ingenieur, Initiator einer NS-Astro-
logie-Bewegung, gründet 1932 ADA
(*Arbeitsgemeinschaft Dt. Astrologen*), 1933
Vorstandsmitglied der *AGID* 312

Pharos, Leuchtturm von Alexandria
Eines der Sieben Weltwunder, erbaut
ca. 300–279 v. Chr. 36

Phillips, Bessy (1858–1931)
Brit. Theosophin, Handleserin und
Publizistin, als Bessy Leo Ehefrau von
Alan Leo 270

Philon von Alexandria (25 v. Chr.–50 n. Chr.)
Jüd.-hellen. Philosoph 194

Phöbe
Griech. Myth. Beiname der Artemis 103

Phönizier
Handelsmacht im Mittelmeer, Hauptstadt
Karthago   101
Phosphoros
Siehe Venus als Morgenstern   23, 100, 262
Piazzi, Giuseppe (1746–1826)
Ital. Astronom, 1801 Entdecker des Plane-
toiden Ceres, Direktor der Sternwarten
von Palermo u. Neapel   250, 252, 258
Picatrix
Sammlung astr.-mag. Texte aus dem
span.-arab. Kulturkreis, beeinfl. Agrippa
von Nettesheim   203
Piccardi, Giorgio (1895–1972)
Florentiner Kosmobiologist u. Astrologe
349
Pickering, William (1858–1938)
Amerik. Astronom, berechnete 1919
am Mount Wilson ungefähre Position des
noch unbekannten Plutos   283
**Pico della Mirandola, Giovanni
(1463–1494)**
Ital. Humanist und Philosoph, Schrift:
De dignitate hominis   203, 274
Pinax
Ältestes erhaltenes Dokument griech.
Astrologie, drehbare Deutungsscheibe,
Kritodemos zugeschrieben   35
Pisces (Fische)
Tierkreiszeichen, *Seitenverweise siehe
Anhang*   379
Pius XII.
Siehe Pacelli, Eugenio
Placidus de Titis (1603–1668)
Ital. Astrologe und Geistlicher,
»placidianische Häuser«   141
Planeten (Domizilherren)
Astrolog. Klassisch: Sonne, Mond, Merkur,
Mars, Venus, Jupiter, Saturn. Neuzeitl.
zusätzl. Uranus, Neptun   94, 95
Planeten (im Sonnensystem)
Astronom.: Merkur, Venus, Erde, Mars,
Jupiter, Saturn, Uranus, Neptun, Pluto
260 ff.
Planeten, die »teleskopischen«
Astronom.: Uranus, Neptun, Pluto
236 ff., 259, 263

Planetoiden
Kleinere, um die Sonne kreisende
Himmelskörper, die meisten zw. Mars
und Jupiter (Pallas, Ceres, Juno, Vesta)
121, 246, 250, 252, 260, 199
Platon (427–347 n. Chr.)
Griech. Philosoph, Schüler des Sokrates.
De republica   160, 194
Plejaden
Griech. Myth. Die sieben Töchter des
Atlas, Astronom.: das nach ihnen benannte
»Siebengestirn« im Sternbild Stier. Astro-
log. Unglücksboten   18, 157
Plinius d. Ältere (23–79 n. Chr.)
Lat. Schriftst. (*Naturalis Historia*), kaiserl.
Admiral, starb b. Ausbruch des Vesuv   23
Plotin (205–270 n. Chr.)
Griech. Philosoph   41
Pluto (astrolog.)
Ohne Domizil, *Seitenverweise siehe
Anhang*   394
Pluto (astronom.)
Planet im Sonnensystem   282 ff., 355
Pluto (Hades)
Myth. Röm.-griech. Gott der Unterwelt
77, 92, 109, 111, 114, 115, 120
Pöllner, Otto
Dt. Theosoph u. Graveur, München, Freund
von Alexander Bethor, Mitglied der *Cosmos-
Gesellschaft Deutscher Astrologen*   281, 290
Popol Vuh
Schöpfungsepos der Maya   155
Porphyrios von Tyros (ca. 234–304)
Griech. Philosoph, Schüler des Plotin,
Schrift: *Utrum stellae aliquid agant*   41, 50
Poseidon / Neptun
Griech.-röm. Myth., Gott mit dem Drei-
zack, Herrscher über die Meere (erhielt
dieses Reich als Dank für die Teilnahme
am Kampf gegen die Titanen des Uranos)
72, 93, 109, 110, 114, 115, 118, 119
Poseidon (astrolog.)
Hypothetischer Planet der Hamburger
Schule   295
Poseidonios von Apameia (135–51 v. Chr)
Lehrer Ciceros, »Erfinder« der Naturphilo-
sophie   36, 39

Religions-Philosophische Arbeitsgemeinschaft
Gegründet 1933 in Augsburg von Hermann Weidelener, Theologe u. Philosoph, (aus der Anthroposophie Steiners hervorgegangen) 289
Repsolds, Johann Georg (1770–1830)
Dt. Feinmechaniker, Gründer einer Optik-Werkstätte in Hamburg 245
Reuchlin, Johannes (1455–1522)
Dt. Humanist, mystische Richtung des Neuplatonismus, *De arte cabbalistica* 274
Rhea / Terra / Gaia
Myth. Griech.-röm. Erd- und Muttergottheit,»Große Mutter« 11, 16, 17, 82, 100, 102, 103, 105, 109, 110, 384
Richard I., Löwenherz (1157–1199)
König von England 1189–1199, Kreuzfahrer 1191–92 76
Richelieu (1585–1642)
Frz. Staatsmann, Kardinal u. Kanzler 169
Riefenstahl, Leni (1902–2003)
Dt. Filmregisseurin. Filme u. a.: 1934 *Triumph des Willens*, 1938 *Olympia* 320
Righter, Caroll (1900–1988)
Amerik. Astrologin, Los Angeles, Beriet mit ihren Horoskopen u. a. Ronald Reagan 350
Ring, Thomas (1892–1983)
Dt. Astrologe und Schriftsteller. 1939 *Menschentypen in Bildern des Tierkreises gespiegelt*, 1959 *Astrologische Menschenkunde*, 1977, *Astrologie neu gesehen – Der Kosmos in uns* 289, 297
Rocard, Yves (1903–1992)
Frz. Kosmobiologist, untersuchte Wirkungen von Magnetfeldern auf den Menschen 349
Röhm, Ernst (1887–1934)
Stabsführer der SA, ermordet in Bad Wiessee (»Röhmputsch«) 312
Rom
39, 46, 47, 49, 78, 101, 106, 109, 133, 151, 154
Römer, Ole (Olaf, 1644–1710)
Dän. Astronom, bestimmte aus Verfinsterung der Jupitermonde erstmals Licht-

geschwindigkeit (300 000 km / sec.), konstruierte 1678 automatisches Planetarium 180
Römisches Reich
41, 48, 72, 78, 92, 102, 107, 110, 111, 133, 136, 152, 185
Romulus und Remus
Röm. Myth., Gründer der Stadt Rom, Kinder des Aeneas 74, 112
Roosevelt, Franklin D. (1882–1945)
32. amerik. Präsident (1933–1945) 340
Rosenkreuzer
Bewegung mit pansophischen, deistischen Tendenzen, Name hergeleitet von Buch (1616) J. V. Andreae: *Chymische Hochzeit Christiani Rosencreutz, Anno 1459*, verbreitet seit Anfang des 17. Jh. 273, 274, 306, 307
Rosenkreuzer-Meisterbriefe
Um 1919 verbreitet von Hugo Vollrath unter dem Pseudonym Walter Heilmann, geschrieben von Max Grashof alias Max Heindel 306
Rosenkreuzer-Orden / Rosenkreuzer
Siehe Rosenkreuzer
Rudhyar, Dane (1895–1985)
Amerik. Komponist und Astrologe. »Rudhyar« ist Sanskrit-Name (»Saatmann«), *Von humanistischer zu transpersonaler Astrologie, Das astrologische Häuser-System, Die astrologischen Zeichen*, (1936) *Die Astrologie der Persönlichkeit*, (1970) *Die Planetisierung des Bewusstseins* 348

SA

»Sturmabteilung«, Militantes Organ der NSDAP 312
Sagittarius (Schütze)
Tierkreiszeichen, *Seitenverweise siehe Anhang* 376
Sahara (nordafrikanische Wüste)
Megalith. Ruinen und Tumuli 15, 16, 24, 156, 333
Saint-Germain, Graf von (ca. 1710–1784)
Frz. Alchimist, Chiromant. Unter dem Namen »Althotas« auftretender Hochstapler und Komplize Cagliostros 204 ff.

Saint-Martin, Louis Claude de (1743–1803)
Frz. Theosoph, Mitglied der Illuminaten,
Le Philosophe inconnu 273
Sakkara
Pyramiden (Ägypten) 25
Salisbury, Johannes von (1115–1180)
Engl. Kirchenlehrer 152
Salmeschiniaka
Griech. hermet. Schrift mit astrolog.
Geheimlehre 38
Samarkand (heute Usbekistan)
Sternwarte 158 ff.
Samschi-Adad I. (1813–1781 v. Chr.)
König von Assur 24
Sardinien
Nuraghen 27
Sargon von Akkad (ca. 2350 v. Chr.)
Herrscher in Mesopotamien 18, 24
Saturn (astrolog.)
Domizil (klassisch) im Wassermann und
Steinbock, *Seitenverweise siehe Anhang* 391
Saturn (astronom.)
Planet im Sonnensystem
24, 42, 43, 172, 260 ff., 355 ff.
Saturn (Chronos / Kronos)
Myth. Gott der Zeit, der Weisheit,
des Alters 22, 92, 105 ff., 109, 115, 118
Savary, Felix (1797–1841)
Frz. Astronom an der Sternwarte von
Paris, bewies 1827, dass auch ferne
Systeme gleichen Gravitationsgesetzen
folgen wie unser Sonnensystem 254
Schamasch (ca. 2000 v. Chr.)
Sonnengott im assyr.-babyl. Zweistrom-
land, Sohn des Mondgottes Sin und Bru-
der der Ischtar. Zusammen bilden sie erste
Triade Mesopotamiens 24, 100
Schellenberg, Walter (1910–1952)
Leiter des Amtes VI (Auslandsgeheim-
dienst) im SS-Reichssicherheitshauptamt
(RSHA) 320
Schelling, Friedrich Wilhelm
(1775–1854)
Dt. Philosoph, führender Vertreter des
Deutschen Idealismus, sein späteres
Denken war von der Romantik geprägt,
»Identitätsphilosophie« 182

Schifanoia (Ferrara, Italien)
Palazzo mit astrologischen Wand- und
Deckenmalereien 83, 84, 119
Schiller, Friedrich von (1759–1805)
Dt. Dichter, sein ehemaliges Wohnhaus
in Jena in Bau der Universitätssternwarte
miteinbezogen 181, 278
Schinkel, Karl Friedrich (1781–1841)
Dt. Architekt, Preußens Oberbaumeister,
Bauten des Klassizismus in Berlin:
Neubau der Königl. Sternwarte Berlin
(1832–1835) u. der Universitätsstern-
warte Bonn 248 ff.
Schlegel, August Wilhelm (1767–1845)
Dt. Schriftsteller, Sprach- u. Literatur-
wissenschaftler, bedeutender Shakespeare-
Übersetzer, Mitarbeiter der *Allgemeinen
Literatur-Zeitung* 182
Schlosser, Wolfhard (*1940)
Dt. Astronom a. d. Universität Bochum 32
Schmidt-Spiegel
Fernrohrtyp, erfunden von Bernhard
Schmidt (1897–1935), Install. 1931
Observatorium Bergedorf / Hamburg,
Patent bei Zeiss / Jena 280, 313, 353
Schmitt, Dr. Ludwig (1896–1963)
Bayer. Arzt in München, Astrologe v. Rudolf
Heß, genannt »der Atemdoktor« 325
Schmitz, Oskar A. H. (1873–1931)
Dt. Romanschriftsteller und Feuilletonist,
(1922) *Der Geist der Astrologie* 286 ff.
Schöner, Johannes (1477–1547)
Dt. Astrologe, *Lehrbuch der Astrologie* 165
Schottland
Megalithen 24, 27, 31
Schroeter, Johann Hieronymus (1745–1816)
Dt. Justiz-Amtmann u. Amateur-Astronom,
Leiter des Observatoriums Lilienthal,
Bremen 252, 258
Schule der Weisheit (Darmstadt)
1920 gegr. von Hermann Graf Keyserling,
Programm: den Menschen durch
schöpferische Erkenntnis zur Selbstver-
wirklichung führen. *Reisetagebuch eines
Philosophen* 286, 316
Schulte-Strathaus, Ernst (1881–1935)
Dt. Literaturhistoriker und Amateur-

Astrologe, ab 1935 Mitarbeiter von Rudolf Heß als Experte für Okkultes u. Astrologie im Braunen Haus, München 324

Schuré, Edouard
Der »Große Eingeweihte«, Name wahrscheinlich Pseudonym, Verfasser okkulter und esoterischer Werke 293

Schütze
Siehe Sagittarius

Schwab, Dr. Friedrich (1878–1946)
Dt. Arzt, 1924 Mitbegründer der *Akademische Ges.* für astrologische Forschung, (1923) *Sternmächte und Mensch* 290

Schwarzes Loch
Endstadium eines Sterns von ungeheurer Dichte nach einer Supernova-Explosion, *siehe Neutronenstern* 334 ff.

Schwarzer Mond
Der unsichtbare Planet, *siehe Lilith*, *siehe die Obskuren*

Schwarzer Orden
Synonym, *siehe SS*

Schwarzschild, Karl (1873–1916)
Dt. Astronom, Potsdam, 1909 Direktor des Astrophysikal. Observatoriums, Arbeiten zur Photometrie der Fixsterne, 1916 erste Theorie der Schwarzen Löcher 334 ff.

Schwickert, Friedrich (1857–1930)
Österr. Astrologe, Pseudonym: Sindbad, »Superieur Inconnu« des Martinisten-Ordens, Mitglied im Neutempler-Orden, verfasste 1927 mit Dr. Adolf Weiß *Bausteine der Astrologie* (moderne Version d. *Astrologia Gallica*, Morin de V.) 286, 301

Science and Astrology
1935–36 in London herausgegebene Zeitschrift, *siehe W. J. Tucker* 315

Scorpio (Skorpion)
Tierkreiszeichen, *Seitenverweise siehe Anhang* 375

Scotus, Johannes Duns (1266–1308)
Schott. Gelehrter, Begründer des Nominalismus, verfasste Kommentare zu Aristoteles, Lehrer des William von Ockham 153

Scotus, Michael (1175–1235)
Schott. Gelehrter, schrieb die erste selbständige Darstellung der Astrologie des Abendlandes: *Liber Introductorius*, überwachte die Übersetzung der Werke des Aristoteles aus dem Arabischen 149, 151

Season, Henry
Autor von Almanachen in England, Publikation: *Speculum anni* 267

Sebottendorff, Rudolf, Freiherr von (1875–1945)
Pseudonym von Adam R. Glauer, gründet 1917 die Thule-Gesellschaft, erwirbt 1918 den *Münchner Beobachter* (später: *Völkischer Beobachter*), Redaktion: *Astrologische Rundschau*, 1923 *Geschichte der Astrologie*, 1925 *Der Talisman des Rosenkreuzers*, 1933 *Bevor Hitler kam* 307 ff.

Selene
Griech. Göttin d. Vollmonds 76, 100, 102

Selentschuk, (Kaukasus)
Observatorium 353

Selva, Henri (1861–1952)
Pseudonym von A. Vlès, frz. astrolog. Schriftsteller, Wiederentdecker der *Astrologia Gallica* von Morin de V., (1902) *La théorie des déterminations astrologiques de Morin de Villefranche* 179, 276, 286, 301

Semele
Griech. Myth. Mutter des Dionysos, thebanische Königstochter 114

Semper, Gottfried (1803–1879)
Dt. Architekt, Dresden, 1861–1864 Entwurf d. Technischen Hochschule Zürich, Opernhaus Dresden, Burgtheater Wien 278

Seneca, Lucius (4 v. Chr. – 65 n. Chr.)
Röm. Schriftsteller, Philosoph, Stoiker, neben Cicero der bedeutendste röm. Prosa-Autor: Lehrer v. Claudius, Erzieher Neros, *Epistulae morales ad Lucilium*, *Naturales quaestiones* 45

Seni
Astrologe Wallensteins 173

Sephariel
Pseudonym für Walter Richard Old 187

Septimius Severus (146–211 n. Chr)
Erster afrik. Kaiser auf römischem Thron, erbaute anlässlich seiner 2. Heirat das

Taurus (Stier)
Tierkreiszeichen, *Seitenverweise siehe Anhang* 369
Tauz (Sahara)
Nekropolis (ca. 2500 v. Chr) 29
Teissier, Elisabeth (*1938)
Dt. Astrologin, beriet Regierungspolitiker in Bonn ca. 1960–70, promovierte über Astrologie an der Sorbonne 349
Tempel, Ernst Wilhelm Leberecht (1811–1889)
Dt. (Amateur-)Astronom u. Kometenforscher aus d. Niederlausitz, Vizedirektor des Observatoriums von Arcetri (bei Florenz), die NASA benannte zwei Kometen nach ihm, *siehe Max Ernst, Maximiliana* 362
Templer (volkstüml. Bezeichnung)
Ritterorden der Kreuzzugszeit, gegr. offiz. 1118 in Jerusalem, aufgelöst offiz. 1307, seitdem sekt. Nachahmer (Neutempler) im Untergrund, offiziöse Nachf.-Org. in Spanien, Portugal u. Schottland 81, 274
Tereschkova, Valentina (*1937)
Sowjet. Kosmonautin, erste Frau der Raumfahrt, flog 1963 mit *Wostock VI* um die Erde 354
Terra (Erde)
Astronom. Planet im Sonnensystem, *Seitenverweise siehe Anhang* 384
Terra (Erde)
Astrolog. Element im Tierkreis, *Seiten - verweise siehe Anhang* 384
Tetrabiblos
Bezeichnung für vierbändige Ausgabe des *Almagest, siehe Ptolemäus, Claudius* 41
Teukros von Babylon
Vermutl. chaldäisch-ägypt. Astrologe 130
Themis
Griech. Myth. Mutter d. Astraia 76, 77, 81
Theodoros Meliteniotes (10. Jh.)
Byz. Gelehrter 148
Theodosius I. (347–395)
Röm. Kaiser, Verbot der Astrologie 49
Teotihuacan
Ruinenstadt in Mexico 156
Thor / Thyr
Germ.-isländ. Gott, zorniger Hammerwerfer, Vorgänger Wotans 69, 108, 112, 119, 134, 136
Thot
Ursprünglich ägypt. Sonnengott, auch zuständig für Totenreich u. Weisheit, wechselte sich mit Re / Aton ab, später wurde er dem griech. Hermes angeglichen, meist mit Hundekopf dargestellt 90, 101 ff., 113
Thrasyllos von Mendes (1. Jh.)
Griech. Philosoph u. Astrologe 45
Thule-Gesellschaft
Mystisch-ariosophische Gesellschaft in München nach dem Ersten Weltkrieg, unter deren Deckmantel sich republikfeindliche, rechtsradikale Kräfte zusammenschlossen, Mitbegründer: Freiherr von Sebottendorff 307 ff.
Tiberius (42 v. Chr. – 37 n. Chr.)
Röm. Kaiser, Adoptivsohn d. Augustus, baute Observatoriumsturms (Specularium) auf Capri, Schüler des Thrasyllos aus Alexandria 40, 45
Tiberius Claudius Balbillus (20–79)
Sohn des Thrasyllos, astrolog. Berater der Kaiser Tiberius, Caligula, Claudius und Nero 45, 46
Tibet
158, 269
Tierkreis von Dendera (Ägypten)
Deckengemälde im Hathor-Tempel, an seinem Außenrand befinden sich die 36 Dekane als ägyptische Götter 301, 131
Tierkreiszeichen
siehe Seitenanhang 368–379
Tilea, Virgil (1896–1972)
Rumän. Botschafter in London ab 1939 320, 326 ff.
Tingley, Kathleen / Katherine (1847–1929)
Amerik. Theosophin, Gründerin der *Universal Brotherhood* 306
Tin Hinan (Marokko)
Grab-Tumulus d. gleichnamigen Königin der Tuareg 29
Titius, Johann Daniel (1729–1796)
Dt. Naturwissenschaftler, Professor in

Wittenberg, 1766 Mitentdecker der Titius-Bode'schen Reihe, *siehe auch Bode* 246 ff.

Titow, German, S. (1935–2000)
Sowjet. Major u. Astronaut, Raumkapsel Wostok II 354

Tolteken
Präkolumb. Kultur Mittelamerikas 155

Tombough, Clyde W. (1906–1997)
Amerik. Astronom am Lowell-Observatorium, Entdecker des Plutos 283

Trajan (53–117 n. Chr.)
Röm. Kaiser (98–117 n. Chr.) 46

Trarieux d'Egmont, Gabriel (1870–1940)
Frz. Berufsastrologe, Bücher u. a.: *Que sera 1938?*, *Que sera 1939?* 317

Trent, A. G.
(Pseudonym) *siehe Garnett*

Treptow (Berlin)
Archenhold-Sternwarte mit der *Treptower Kanone* (21 m langes Riesenfernrohr) 315, 318, 333

Treu, Abdias (1597–1669)
Physik- und Mathematikprofessor 191

Triton
Griech. Myth., Meeresbewohner 237

Troja
108

Tropicus
Wendekreis d. Krebses bzw. Steinbocks 15

Tucker, William Joseph (1896–1981)
Brit. Astrologe und Publizist, Pseudonym: Scorpio, 1930 *The »How« of the Human Mind*, 1936 Zeitungshoroskope im *Sunday Dispatch*, 1933 *Scientific* (Anti-Occult) *Astrological Company*, 1935 Hg. Zeitschrift *Science and Astrology*, London 315

Tumulus, tumuli
Lat.: Hügel, meist Grabhügel 15 ff., 24, 29, 30

Tyche / Fortuna
Griech.-röm. Göttin des Glücks 77

Tychonische Nova
Von Tycho Brahe 1572 entdeckter neuer Stern 348

Typhon
Griech. Myth., Ungeheuer 80, 82

Ulug Beg (1394–1449)
Tatarenherrscher und Astronom, erbaute Observatorium von Samarkand 158 ff.

Ur (Uruk)
Stadt und Land in Mesopotamien 23, 24

Uranien-Burg
Observatorium. Erste Sternwarte Europas auf der dänischen Insel Hven 170

Uranus (astrolog.)
Domizil (neo) im Wassermann (Aquarius), *Seitenverweise siehe Anhang* 392

Uranus (astronom.)
Planet im Sonnensystem 247 ff., 255, 260 ff., 355 ff.

Uranos (Uranus)
Myth. Griech.-röm. Erdgott, schwängert Tochter der Gaia, Geburt der Titanen, die ihren Vater kastrieren 93, 95, 103, 105, 115, 118

Urban VIII. (1568–1644)
Papst (1623–1644) 169, 177

Uri, Stier von
Siehe Mithras 73

Ur-Nammum (2112–2095 v. Chr.)
König, gründet 3. Dynastie von Ur 24

Vandea (Marokko)
Tumulus (Megalithikum) 29

Varahamihira (505–587)
Ind. Astrologe, Verfasser des *Pankasiddhantika* 130

Venus (astrolog.)
Domizil des Stieres (Taurus) u. d. Waage (Libra), *Seitenverweise siehe Anhang* 388

Venus (astronom.)
Planet im Sonnensystem. Abendstern / Morgenstern, *siehe Hesperos, siehe Phosphoros* 23, 24, 33, 42, 131, 155, 260 ff.

Venus (Aphrodite)
Myth. Göttin der Liebe 22, 74, 90, 95, 105, 106 ff., 114, 115, 116 ff., 118 ff.

Venus-Kalender
34, 131

Versus
Lat.: gegen

Witte, Alfred (1878–1941)
Dt. Astrologe, erfand mit F. Sieggrün die Transneptunier der Hamburger Schule, 1928 *Regelwerk für Planetenbilder* 294
Wohl, Louis de (1903–1961)
Jüd.-ungar. Autor, bürgerl.: Ludwig von Wohl, bis 1933 Romanautor und Journalist, 1935 Emigration von Berlin nach England, Astrologe im Dienst des brit. Geheimdienstes, 1937 *I follow my Stars* (Autobiographie), 1951 *Sterne, Krieg und Frieden* 320, 326 ff., 328 ff., 340
Wolff, Karl (1900–1984)
SS-Gruppenführer, Chefadjutant von Himmler, 1937 Chef des persönlichen Stabes Reichsführer SS, beaufsichtigte 1930–32 Otto Rahn im Languedoc (»Gralssuche«) 336
Woodruff, Maurice (1916–1973)
Brit. Wahrsager und Astrologe, viele Hollywood-Stars als Klienten, Stephen Friars porträtierte ihn in seinem Film *The Life and Death of Peter Sellers* 349
Wotan / Odin
Germ. Gott 102, 108, 119, 120, 134, 135, 137, 152
Wronski, Hoëne (1778–1843)
Frz. Philosoph und Mathematiker (poln. Herkunft) 273
Wulff, Wilhelm (1893–1984)
Dt. Astrologe und Pendler, beriet Himmler 340 ff.

Yaria, Yarzintho (1935–1991)
Ital. Astrologe 299, 349
Yerkes-Observatorium (USA)
Williams Bay, Wisconsin 351
Yin-Yang
Grundprinzip des chin. dual. Systems (Bipolarität): im Gegensätzlichen immer auch ein Stück des anderen 53, 59, 189, 212, 217
Ymir
Isl.-germ. Myth. Urriese, erschlagen von Odin 105, 119
Yucatán (Halbinsel von Mexiko)
131, 155 ff., 261

Zach, Franz Xaver Freiherr von (1754–1832)
Dt. Astronom, Direktor der Sternwarte auf dem Seeberg bei Gotha 252, 258
Zadkiel
(Pseudonym) *siehe Morrison, Richard J.*
Zarathustra
(Zoroaster, ca. 630–553 v. Chr)
Persischer Religionsstifter 39, 159
Zeiss, Carl (1816–1888)
Dt. Mechaniker und Unternehmer, Gründer der Optischen Werke Zeiss-Jena 278, 313
Zenit
Dt. astrol. Zeitschrift (1930–1938), begründet von Dr. Hubert Korsch, offizielles Organ d. *Astrologischen Zentralstelle* (AZ) 292 ff., 312, 319, 325
Zentaur
Griech. Myth. Halb Mensch / halb Tier (menschl. Kopf / Leib eines Pferdes) 20, 229
Zeus / Jupiter
(Deus / Giovis / Io-Piter / Dis-Pater)
Myth. Griech.-röm. Göttervater, ursprünglich Gott des Lichts (Sonne und Mond), stammte aus einfachen Kreisen (Ackerbau), setzte sich erst als *primus inter pares* durch, stieg dann zum Göttervater auf 22, 73, 74, 76, 77, 80, 81, 91, 101, 102, 105, 107, 108 ff., 110, 111, 112, 114, 115, 118, 135, 134, 229
Zikkurat
Babyl. Stufenpyramide, oberste Plattform diente zur Sterndeutung 24 ff., 155
Zodiakos Kyklos
Griech.: Kreis der Tiere 20
Zwehrenturm, (Kassel)
Observatorium 249
Zwicky, Fritz (1898–1974)
Schweiz. Physiker u. Astronom, erforschte Supernovae und Neutronensterne 344
Zwillinge
Siehe Gemini

Das aktuelle Thema der Szene

CAREL BERND NOSSACK
Das 2012 Rätsel
Zeitwende oder Weltende?
€ [D] 14,95
€ [A] 15,40 / sFr 27,50
ISBN 978-3-548-74474-2

Das Jahr 2012 ist die nächste große Wendemarke der Weltgeschichte und die nächste apokalyptische Prophezeiung der Eso-Gemeinden weltweit. Im Jahr 2012 endet der Maya-Kalender und »the world, as we know it«. Bernd Nossack erklärt in seinem Buch die Maya-Prophezeiungen, untersucht den zyklischen Charakter von apokalyptischen Visionen, ihre Bedeutung für die menschliche Psyche und populäre Mythologien und zeigt die komplexe Wechselwirkung zwischen Vision und Realität.